黑龙江大学"十二五"规划教材

民事诉讼制度精解

哈书菊　于锐　主编

知识产权出版社

全国百佳图书出版单位

图书在版编目（CIP）数据

民事诉讼制度精解 / 哈书菊，于锐主编.—北京：知识产权出版社，2016.3
ISBN 978-7-5130-4067-9

Ⅰ.①民… Ⅱ.①哈…②于… Ⅲ.①民事诉讼－司法制度－研究－中国
Ⅳ.①D925.104

中国版本图书馆CIP数据核字（2016）第026408号

内容提要

本书紧扣2013年《民事诉讼法》和2015年《最高人民法院关于适用〈中华人民共和国民事诉讼法〉的解释》相关内容，通过"图表解析""知识点详解""历年真题"三位一体的结构安排，较为全面而细致地阐释了我国民事诉讼制度的基本理论，并将民事诉讼的重点及难点内容通过简明直观的知识点图表、记忆口诀、程序流程图等方式鲜明地呈现给读者，有助于读者梳理、记忆繁杂的诉讼法知识点，实现民事诉讼理论知识的融会贯通。本书力图实现法学专业知识与法律职业资格考试的有效衔接，全书体系完整、脉络清晰、言简意赅、可读性强，有助于提高读者们学习民事诉讼理论制度的效率。本书可作为法学专业本科生、研究生及法律职业从业者参考用书。

责任编辑：许 波

民事诉讼制度精解

MINSHISUSONG ZHIDU JINGJIE

哈书菊　于锐　主编

出版发行：知识产权出版社 有限责任公司		网　　址：http://www.ipph.cn	
		http://www.laichushu.com	
电　话：010—82004826			
社　址：北京市海淀区马甸南村1号		邮　编：100088	
责编电话：010—82000860转8380		责编邮箱：xbsun@163.com	
发行电话：010—82000860转8101 / 8029		发行传真：010—82000893 / 82003279	
印　刷：三河市国英印务有限公司		经　销：各大网上书店、新华书店及相关专业书店	
开　本：720mm×1000mm　1/16		印　张：29.5	
版　次：2016年3月第1版		印　次：2016年3月第1次印刷	
字　数：460千字		定　价：88.00元	

ISBN 978-7-5130-4067-9

【编写说明：本书图表中法条字母或者缩写的含义】

F=《中华人民共和国民事诉讼法》=《民事诉讼法》

J=《最高人民法院关于适用〈中华人民共和国民事诉讼法〉的解释》=《民诉解释》

《调》=《最高人民法院关于人民法院民事调解工作若干问题的规定》=《民事调解规定》

《证》=《最高人民法院关于民事诉讼证据的若干规定》

《简》=《最高人民法院关于适用简易程序审理民事案件的若干规定》

《经审规定》=《最高人民法院关于在经济审判工作中严格执行〈中华人民共和国民事诉讼法〉的若干规定》（1994年12月22日）

《经改规定》=《关于民事经济审判方式改革问题的若干规定》（1998年7月6日）

《执行规定》=《最高人民法院关于人民法院执行工作若干问题的规定（试行）》

《执行解释》=《最高人民法院关于适用〈中华人民共和国民事诉讼法〉执行程序若干问题的解释》

《仲裁法》=《中华人民共和国仲裁法》

《婚解（一）》=《最高人民法院关于适用〈中华人民共和国婚姻法〉若干问题的解释（一）》

《海诉》=《中华人民共和国海事诉讼特别程序法》

《诉费》=《中华人民共和国诉讼费用交纳办法》

《劳动争议解释》=《最高人民法院关于审理劳动争议案件适用法律若干问题的解释》

《担保法解释》=《最高人民法院关于适用〈中华人民共和国担保法〉若干问题的解释》

《合同法解释》=《最高人民法院关于适用〈中华人民共和国合同法〉若干问题的解释（一）》

《审监解释》=《最高人民法院关于适用〈中华人民共和国民事诉讼法〉审判监督程序若干问题的解释》

《审限规定》=《最高人民法院关于严格执行案件审理期限制度的若干规定》

本书历年真题中问题后面的括号内容是指××年司法考试第×张卷子第××题，如：（2008-3-33）代表"2008年司法考试试卷三第33题"

前　言

PREFACE

　　作为本科及研究生教学的授课教师，多年来我们一直在积极探索着学习民事诉讼制度的最佳途径，试图在教学过程中实现法学教育与法律职业教育的有效衔接，本书的写作即缘于这样一种探索或尝试。我们通过"图表解析"、"知识点详解"、"历年真题"三位一体的结构安排，较为全面而细致地阐释了我国民事诉讼制度的基本理论，并将民事诉讼的重点和难点内容通过简明直观的知识点图表、记忆口诀、程序流程图等方式鲜明地呈现给读者，使读者们能够更好地学习和理解民事诉讼制度，更加有效地梳理、记忆民事诉讼制度的重点、难点和考点。此外，"图表解析"部分还特别增加了清晰的法条索引，并在每章之后附有完整的司法考试真题解析，力求提高读者们的学习效率。

　　近年来，司法改革日益深化，为了切实回应民事司法实践领域的客观需求，我国的《民事诉讼法》进行了几次修订。相较于2007年的局部修订，2013年新《民事诉讼法》分别从基本原则、基本制度、具体制度和主要程序等方面进行了较为系统的修正。2015年2月4日公布实施的《最高人民法院关于适用〈中华人民共和国民事诉讼法〉的解释》（以下简称《民诉解释》）以552条的巨幅篇章对民事诉讼的具体制度与程序作出了详尽的规定；《民诉解释》不仅对原有司法解释进行了大幅度的实质性修改，并新增了许多内容。如何理解并掌握修改后的《民事诉讼法》及司法解释的相关内容是广大法科学生面临的重要问题。本书的体系安排和基本内容与修改后的《民事诉讼法》相契合，特别是"历年真题"中的部分题目，作者依据修改后的《民事诉讼法》以及《民诉解释》的最新内容，针对原有的司法考试试题答案作出

了详尽的修正与解析。为了满足复习司法考试的读者们的需求，本书主要采用诉讼法学界的通说，不拘泥于理论介绍的面面俱到，力求重点突出、深入浅出地阐释民事诉讼的基本理论内容。本书凝结着作者多年来教学探索的精华，体系完整、脉络清晰、简洁明快、可读性强，不仅适用于法学专业的本科生，也适用于法律硕士研究生、自学考试或远程教学的学生们阅读。

本书获得了黑龙江大学"十二五"规划教材项目的资助。在撰写过程中，袁红、曹熹、陈玲玲、张淇等同学在资料的收集整理以及排版校对等方面做了大量的工作，也提出了很多有价值的建议，在此致以谢意。由于作者能力有限，诚恳地欢迎读者批评指正。

哈书菊　于　锐

2015年10月

目 录
CONTENTS

目录
CONTENTS

民事诉讼制度体系

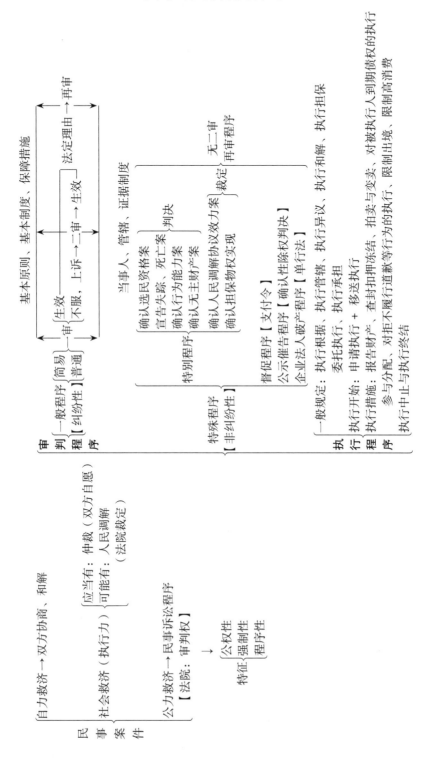

第一章　民事诉讼与民事诉讼法

※【图表解析】

一、民事诉讼

民事纠纷：平等主体——人身财产

（一）民事纠纷的解决方式
- 自力救济：协商——和解
- 社会救济：人民调解 + 仲裁
- 公力救济：民事诉讼

（二）民事诉讼的特点
- 公权性
- 强制性
- 程序性

二、民事诉讼法

（一）民事诉讼法

（二）民事诉讼法的效力
- 时间效力
  - 1991/4/9通过
  - 2007/10/28修正
  - 2012/8/31修正（2013年1月1日生效）
- 对人的效力F3：平等主体
- 对事的效力F3：人身/财产
- 空间效力F4：中国域内

※【知识点详解】

一、民事诉讼

民事诉讼，是指法院、当事人和其他诉讼参与人，在审理民事诉讼案件的过程中所进行的各种诉讼活动，以及由这些诉讼活动所产生的各种诉讼关系的总和。

（一）民事纠纷的解决方式

1.民事纠纷

民事纠纷又称民事冲突、民事争议，是指平等主体之间发生的、以民事权利义务为内容的社会纠纷。

2.解决方式

（1）私力救济。私力救济又称自力救济，是指纠纷主体在没有中立的第三者介入的情况下，主要依靠自身或者其他私人力量解决纠纷实现权利。

（2）社会救济。社会救济，是指依靠社会力量解决民事纠纷的一种机制。主要包括调解和仲裁。

（3）公力救济。公力救济，包括行政救济和司法救济，司法救济在民事领域的表现形式是民事诉讼。民事诉讼是最具权威和强制性的纠纷解决机制，其程序规范性最强。

（二）民事诉讼的特点

（1）公权性。民事诉讼主要依靠国家公权力为后盾来解决纠纷。

（2）强制性。民事诉讼解决纠纷的过程和结果具有强制性。

（3）程序性。民事诉讼解决纠纷应当严格按照法律规定的程序进行。

二、民事诉讼法

民事诉讼法，是指国家制定或认可的，规范法院、当事人和其他诉讼参与人进行诉讼活动的法律规范的总和。

民事诉讼法的效力如下：

1.时间效力

民事诉讼法的时间效力，是指民事诉讼法在什么时间范围发生效力，包括何时生效、何时失效以及是否具有溯及力。作为程序法，民事诉讼法一般具有溯及既往的效力。

2.对人的效力

民事诉讼法适用于在中国领域内进行民事诉讼的一切人，包括具有中国国籍的公民、法人或其他组织，也包括在我国人民法院进行民事诉讼的外国人、无国籍人以及外国的企业和组织。对于享有外交特权和豁免权但根据国际惯例或我国的有关规定，其民事案件应受到我国法院管辖的外国人，其在中国进行民事诉讼时，适用我国民事诉讼法。

3.对事的效力

通常情况下，只要是平等主体之间的民事纠纷都属于《中华人民共和国民事诉讼法》（以下简称《民事诉讼法》）的主管范围，法律另有规定的除外。

4.空间效力

凡在中华人民共和国领域内（包括中国的领土、领海和领空，以及领土的自然延伸部分）进行民事诉讼，必须遵守我国《民事诉讼法》。

※【相关法律法规】

《民事诉讼法》

第3条　人民法院受理公民之间、法人之间、其他组织之间以及他们相互之间因财产关系和人身关系提起的民事诉讼，适用本法的规定。

第4条　凡在中华人民共和国领域内进行民事诉讼，必须遵守本法。

第二章　基本原则与基本制度

第一节　基本原则

※【图表解析】

1.当事人诉讼权利平等原则F8：在当事人之间适用

2.同等原则与对等原则F5：中国人与外国人之间适用；待遇同等，限制对等

3.独立审判原则F6：不受任何行政机关、社会团体和个人的干预

4.法院调解自愿与合法原则F9：
- 意思自愿，内容合法
- 适用程序限制
  - 执行阶段不能调解
  - 非讼程序无需调解

5.辩论原则F12：
- 辩论主体：主要是当事人
- 辩论内容：实体＋程序
- 辩论方式：口头＋书面
- 不适用的程序
  - 执行阶段
  - 非讼程序

6.诚实信用原则F13：约束民事诉讼法律关系主体（广泛性）

7.处分原则F13：
- 主体：当事人
- 内容：实体权利＋程序权利
- 受审判权制约
- 限制审判权范围：判决内容受诉求限制，调解协议内容可超诉求范围

8.检察监督原则F14：
- 范围：民事诉讼活动＋执行活动（全面监督、全程监督）
- 方式：审判生效后的抗诉＋全程的检察建议

9.支持起诉原则F15：
- 支持主体：机关、社会团体、企事业单位（无自然人）
- 被支持主体：受损害的单位＋个人
- 适用情形：损害国家、集体、个人民事权益的行为

※【知识点详解】

一、当事人诉讼权利平等原则

当事人诉讼权利平等原则，是指在民事诉讼中，当事人诉讼地位平等，当事人平等地享有和行使诉讼权利。人民法院审理民事案件，应当保障和便利当事人行使诉讼权利，对当事人在适用法律上一律平等。

（一）当事人诉讼地位平等

（1）诉讼权利有相同，即在诉讼过程中当事人的很多权利都是相同的，如提供证据、参与庭审的权利等。

（2）诉讼权利对应，是指双方当事人的诉讼权利因其诉讼地位不同而无法相同时，其诉讼权利应处于相对应的状态，如原告的起诉权和被告的应诉答辩权等。

（二）人民法院平等地保障当事人行使诉讼权利

（1）法院在诉讼程序进行中应给予双方当事人平等的机会、便利和手段。

（2）法院对双方当事人提出的主张和证据予以平等的关注，并在作出裁判时将双方的观点均考虑在内。

二、同等原则与对等原则

（一）同等原则

同等原则是指外国人、无国籍人、外国企业和组织在人民法院起诉、应诉，同中华人民共和国公民、法人和其他组织有同等的诉讼权利义务。

（二）对等原则

对等原则是指外国法院对中华人民共和国公民、法人和其他组织的民事诉讼权利加以限制的，中华人民共和国人民法院对该国公民、企业和组织的民事诉讼权利，实行对等原则。

三、独立审判原则

（1）民事案件的审判权由人民法院行使。

（2）人民法院依照法律规定对民事案件独立进行审判，不受行政机关、

社会团体和个人干涉。

四、法院调解自愿与合法原则

是指人民法院审理民事案件，应当根据自愿和合法的原则进行调解；调解不成的，应当及时判决。

（一）自愿原则的主要内容是，当事人是否同意调解以及调解协议的具体内容应当在当事人自愿的情况下实现，强调主观意思是自愿的。

（二）合法原则的主要内容是，调解的程序应当合法，调解协议和调解书的内容不能违反法律的禁止性规定，不得损害国家、集体以及他人的合法权益。

五、辩论原则

辩论原则贯穿于审判程序始终，是指人民法院审理民事案件时，当事人就有争议的事实问题和法律问题，在法院的主持下陈述各自的主张和意见，互相进行反驳和答辩，以维护自己合法权益的原则。

（1）辩论原则贯穿于审判程序的整个过程，如一审程序、二审程序、再审程序等。但是，在特别程序、督促程序、公示催告程序等特殊程序中，以及法院的强制执行过程中不适用辩论原则。

（2）辩论的形式，既可以是口头的，也可以是书面的。除了当事人在庭审的法庭辩论阶段所进行的言辞辩论外，当事人的起诉状和答辩状等也是书面行使辩论权的体现。

（3）辩论的内容，既可以是实体方面的，也可以是程序方面的。

（4）人民法院应当保障当事人充分行使辩论权。

六、诚实信用原则

诚实信用原则，是指法院、当事人以及其他诉讼参与人在审理民事案件和进行民事诉讼时必须公正、诚实和善意。

（一）诚实信用原则对当事人的适用

1.禁止恶意诉讼

要求当事人不得主观上恶意提起无根据的民事诉讼或利用诉讼、调解、执行等方式侵害他人的合法权益。《民事诉讼法》第112条规定，当事人之间恶意串通，企图通过诉讼、调解等方式侵害他人合法权益的，人民法院应当驳回其请求，并根据情节轻重予以罚款、拘留；构成犯罪的，依法追究刑事责任。第113条规定，被执行人与他人恶意串通，通过诉讼、仲裁、调解等方式逃避履行法律文书确定的义务的，人民法院应当根据情节轻重予以罚款、拘留；构成犯罪的，依法追究刑事责任。

2.禁止矛盾行为

要求当事人的诉讼行为必须前后一致，不允许实施前后矛盾的行为。

3.禁止滥用诉讼权利

要求当事人不得违背诉讼权利设置的目的，借行使诉讼权利之名，以达到拖延诉讼等目的，损害国家和对方当事人的利益。

4.真实义务

要求当事人在诉讼中应作真实的陈述，禁止当事人虚假陈述。

5.诉讼上的权利失效

它是指一方当事人怠于行使诉讼权利，并因此导致对方利益受损时，法院可以违反诚实信用原则为由确认该权利失效或称为"失权"。

（二）诚实信用原则对法官的适用

主要是对法官的自由心证、自由裁量权进行规制，防止秘密裁判以及滥用自由裁量权。例如，修改后的《民事诉讼法》第152条强调"判决书""裁定书"应当写明判决、裁定结果和作出该判决及裁定的理由，即体现了诚实信用原则。

（三）诚实信用原则对其他诉讼参与人与诉讼代理人的适用

例如证人应当亲自出庭作证，不得作伪证；诉讼代理人不得滥用和超越代理权限等。

七、处分原则

处分原则，也称处分权原则，是指当事人有权在法律规定的范围内处分自己的民事权利和诉讼权利。

（1）处分权的享有者只限于民事诉讼当事人，没有经过特别授权的其他诉讼参与人不享有处分权。

（2）当事人行使处分权的对象包括处分自己依法享有的民事权利和诉讼

权利。具体而言，可以表现为下面几种形式：

①民事诉讼程序是否启动由当事人决定。

②当事人在起诉时有权选择司法权保护的范围和方法。

③诉讼开始后，原告可以申请撤诉，终结诉讼程序；被告可以反诉，保护自己的民事权利。

④诉讼中，原告可以放弃诉讼请求，被告可以全部或者部分承认对方的诉讼请求。

⑤诉讼中，原告可以变更诉讼请求。

⑥诉讼中，当事人有权决定是否调解、达成调解协议或自行和解。

⑦当事人可以选择是否提起上诉、对生效裁判是否申请再审以及是否申请强制执行。

（3）处分原则贯彻于民事诉讼的全过程。除了一审、二审、再审等审判程序之外，执行程序同样适用处分原则，如"执行和解"制度即体现了处分原则在执行中的适用。

（4）处分权不是绝对的，不得违反法律规定，不得损害国家、社会、他人的合法权益。

（5）审判权应当保障处分权的实现。

八、检察监督原则

检察监督原则，是指人民检察院有权对民事诉讼实行法律监督。2013年《民事诉讼法》将检察院对民事诉讼进行监督的权利，由民事审判阶段扩大到整个民事诉讼过程中。

（一）监督对象

主要是法院的审判活动和执行活动。

（二）监督的方式

1.抗诉

生效裁判和调解书：（《民事诉讼法》第208条）。

2.检察建议

（1）生效裁判和调解书。

（2）审判人员的违法行为：针对再审程序以外的其他审判程序（《民事诉

讼法》第208条第3款）。

（3）执行活动的法律监督（《民事诉讼法》第235条）。

（三）监督的手段

因检察建议或抗诉需要，可以向案外人或当事人调查核实相关情况。

九、支持起诉原则

（1）支持主体：机关、社会团体、企事业单位，不包括自然人。

（2）被支持主体：受损害的单位或者个人。

（3）适用情形：国家、集体或者个人的民事权益受到损害。

※【相关法律法规】

《民事诉讼法》

第5条　外国人、无国籍人、外国企业和组织在人民法院起诉、应诉，同中华人民共和国公民、法人和其他组织有同等的诉讼权利义务。

外国法院对中华人民共和国公民、法人和其他组织的民事诉讼权利加以限制的，中华人民共和国人民法院对该国公民、企业和组织的民事诉讼权利，实行对等原则。

第6条　民事案件的审判权由人民法院行使。

人民法院依照法律规定对民事案件独立进行审判，不受行政机关、社会团体和个人的干涉。

第8条　民事诉讼当事人有平等的诉讼权利。人民法院审理民事案件，应当保障和便利当事人行使诉讼权利，对当事人在适用法律上一律平等。

第9条　人民法院审理民事案件，应当根据自愿和合法的原则进行调解；调解不成的，应当及时判决。

第12条　人民法院审理民事案件时，当事人有权进行辩论。

第13条　民事诉讼应当遵循诚实信用原则。

当事人有权在法律规定的范围内处分自己的民事权利和诉讼权利。

第14条　人民检察院有权对民事诉讼实行法律监督。

第15条　机关、社会团体、企业事业单位对损害国家、集体或者个人民事权益的行为，可以支持受损害的单位或者个人向人民法院起诉。

第208条　最高人民检察院对各级人民法院已经发生法律效力的判决、裁定，上级人民检察院对下级人民法院已经发生法律效力的判决、裁定，发现有本法第200条规定情形之一的，或者发现调解书损害国家利益、社会公共利益的，应当提出抗诉。

地方各级人民检察院对同级人民法院已经发生法律效力的判决、裁定，发现有本法第200条规定情形之一的，或者发现调解书损害国家利益、社会公共利益的，可以向同级人民法院提出检察建议，并报上级人民检察院备案；也可以提请上级人民检察院向同级人民法院提出抗诉。

各级人民检察院对审判监督程序以外的其他审判程序中审判人员的违法行为，有权向同级人民法院提出检察建议。

第235条　人民检察院有权对民事执行活动实行法律监督。

第二节　基本制度

一、合议制度【F39~42】

※【图表解析】

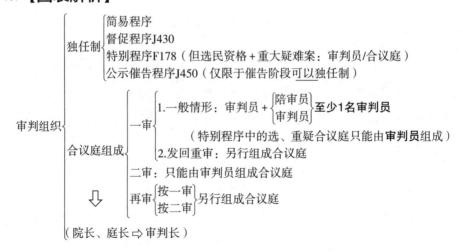

页眉

- 独任制
  - 简易程序
  - 督促程序J430
  - 特别程序F178（但选民资格+重大疑难案：审判员/合议庭）
  - 公示催告程序J450（仅限于催告阶段可以独任制）

- 审判组织
  - 合议庭组成
    - 一审
      1. 一般情形：审判员 + 陪审员/审判员 至少1名审判员
      （特别程序中的选、重疑合议庭只能由审判员组成）
      2. 发回重审：另行组成合议庭
    - 二审：只能由审判员组成合议庭
    - 再审 按一审/按二审 另行组成合议庭
  - （院长、庭长⇨审判长）

提示:

1.合议制度:必须3人以上单数审判人员(审判员≈陪审员、同等权利)

2.人民陪审员:只能适用于一审,包括发回重审、再审;适用的法院级别无限制

3.另行组成合议庭:同一个人不能两次审理同一个案件;可以有陪审员

4.法院调解,可以由审判员一人主持,也可以由合议庭主持,并尽可能就地进行F94

※【知识点详解】

合议制度,是指由3名以上的单数人员组成合议庭对民事案件进行集体审理和评议裁判的制度。

(一)合议庭的组成:3人以上单数,1人担任审判长

(1)一审程序或按一审普通程序(如发回重审程序)审理的案件可以有陪审员,陪审员适用的法院级别无限制,但审级有限制,即二审程序中不能有陪审员。

(2)二审或按二审程序(如按二审程序再审)审理的案件不能有陪审员。

(3)再审案件必须组合议庭,不能独任。

①原来是第一审的,按照第一审程序另行组成合议庭。

②原来是第二审的,按照第二审程序另行组成合议庭。

③上级人民法院或者最高人民法院提审的,按照二审程序另行组成合议庭。

④同一个人不能两次审理同一个案件,但发回重审的案件又进入二审程序的,原二审程序中的会议庭组成人员不受此限。

(4)特别程序中,通常由审判员独任审理,但重大疑难的案件或选民案件由审判员组成合议庭。注意:在特别程序和公示催告程序中,即使在组成合议庭的情形下,也不得有陪审员参加。

(5)法院调解,可以由审判员一人主持,也可以由合议庭主持,并尽可能就地进行。

(二)活动原则

陪审员的权利相当于审判员的权利,少数服从多数,不能形成多数意见时,提交审委会讨论,不同意见记入笔录。

二、回避制度

※【图表解析】

回避制度【F44~47】：证人不适用回避（证人具有不可替代性）

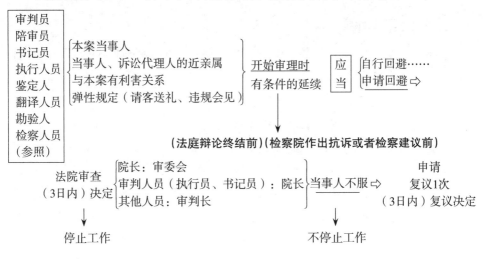

※【知识点详解】

回避制度：是指审判人员和有关人员遇有法律规定的不宜参加审理的情形时，退出某一案件审理或者与审理有关的活动的制度。

（一）适用对象（主要有8类人）

①审判员；②陪审员；③书记员；④执行人员；⑤翻译人员；⑥鉴定人；⑦勘验人；⑧检察人员。

注意：证人不适用回避（因为证人具有不可替代性）。

（二）申请回避的原因

（1）是本案当事人或者当事人、诉讼代理人近亲属的；

（2）与本案有利害关系的；

（3）与本案当事人、诉讼代理人有其他关系，可能影响对案件公正审理的；

（4）接受当事人、诉讼代理人请客送礼，或者违反规定会见当事人、诉讼代理人。

（三）回避的申请时间

（1）开始审理时提出；

（2）回避的事由是在开始审理后得知的，最迟在法庭辩论终结前提出；

（3）对于检察监督程序中申请回避：人民检察院作出提出抗诉或者检察建议决定前。

（四）回避的方式

（1）自行回避；

（2）申请回避：书面/口头；

（3）指令回避。

（五）回避的决定

人民法院对于当事人提出的回避申请，应当在申请提出的3日内，以口头或书面形式作出决定：

（1）院长担任审判长时，其回避由审判委员会决定；

（2）审判长的回避，院长决定；

（3）审判人员（含执行员、书记员）的回避，院长决定；

（4）其他人员（翻译人员、鉴定人、勘验人）的回避，审判长决定。

（六）回避的效力

（1）在当事人提出回避申请至法院作出是否回避的决定期间，除案件需要采取紧急措施之外（如应当立即对标的物进行财产保全措施的），被申请回避的人员原则上应暂时停止执行有关本案的职务。

（2）法院决定回避的，被申请回避的人退出本案的审判或诉讼；法院决定驳回回避申请的，被申请回避的人员恢复案件的审理职务或参加案件的有关诉讼活动。

（3）当事人对决定申请复议的，人民法院应当在3日内作出复议决定，并通知复议申请人。复议期间，被申请回避的人员不停止参与本案的审判或诉讼。

三、公开审判制度

※【图表解析】

例外：

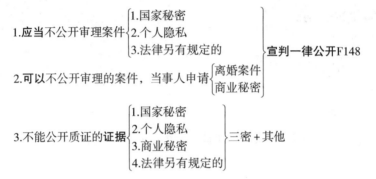

※【知识点详解】

公开审判制度，是指除有法律明文规定的例外情形，人民法院审理民事案件的过程和结果应当依法公开的制度。

（一）公开审判的内容

公开既包括向群众公开也包括向社会公开。向群众公开，是指群众可以旁听民事案件的审理过程。向社会公开，是指允许新闻媒体对案件的审理进行报道，向社会披露案件。

（二）公开审判制度的例外

（1）法定不公开：涉及国家秘密、个人隐私或者法律另有规定的案件。

（2）申请不公开：离婚案件，涉及商业秘密的案件。

（3）不公开质证：涉及国家秘密、商业秘密和个人隐私或者法律规定的其他应保密的证据不得在开庭时公开质证。

（三）不能公开质证的证据

（1）涉及国家秘密、商业秘密和个人隐私的证据应当保密，需要在法庭出示的不得在公开开庭时出示。

（2）涉及国家秘密、商业秘密和个人隐私或者法律规定的其他应当保密的证据，不得在开庭时公开质证。

（四）公开宣判

（1）人民法院公开审理或者不公开审理的案件，一律公开宣告判决。

（2）公众可以查阅发生法律效力的判决书、裁定书，但涉及国家秘密、商业秘密和个人隐私内容的除外。

四、两审终审制度

※【图表解析】

两审终审制度：两级审，不是两次审

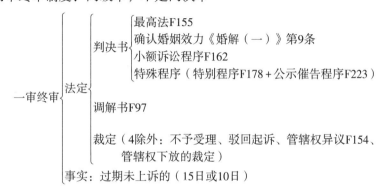

※【知识点详解】

两审终审制度，是指一个民事案件经过两级人民法院审理后即告终结的制度。

（一）两审终审制度的例外

（1）最高人民法院作为一审法院审理的案件。

（2）人民法院按照特别程序、督促程序、公示催告程序以及破产程序审理的案件。

（3）民事诉讼法规定不得上诉的裁定。

（4）调解书。注意：法院制作的调解书均不得上诉，人民调解委员会等其他机构制作的调解书不能获得此效力。

（5）小额诉讼程序案件。

（6）申请宣告婚姻无效的案件中，有关婚姻效力的判决。

（7）过期未上诉的案件。

（二）可以上诉的裁定

不予受理裁定、驳回起诉裁定、管辖权异议裁定、上级法院将其管辖的第一审民事案件交由下级法院审理的裁定，但是针对小额诉讼作出的驳回起诉裁定、管辖权异议裁定不得上诉。

※【相关法律法规】

《民事诉讼法》

第10条　人民法院审理民事案件，依照法律规定实行合议、回避、公开审判和两审终审制度。

第39条　人民法院审理第一审民事案件，由审判员、陪审员共同组成合议庭或者由审判员组成合议庭。合议庭的成员人数，必须是单数。

适用简易程序审理的民事案件，由审判员一人独任审理。

陪审员在执行陪审职务时，与审判员有同等的权利义务。

第40条　人民法院审理第二审民事案件，由审判员组成合议庭。合议庭的成员人数，必须是单数。

发回重审的案件，原审人民法院应当按照第一审程序另行组成合议庭。

审理再审案件，原来是第一审的，按照第一审程序另行组成合议庭；原来是第二审的或者是上级人民法院提审的，按照第二审程序另行组成合议庭。

第41条　合议庭的审判长由院长或者庭长指定审判员一人担任；院长或者庭长参加审判的，由院长或者庭长担任。

第42条　合议庭评议案件，实行少数服从多数的原则。评议应当制作笔录，由合议庭成员签名。评议中的不同意见，必须如实记入笔录。

第43条　审判人员应当依法秉公办案。

审判人员不得接受当事人及其诉讼代理人请客送礼。

审判人员有贪污受贿，徇私舞弊，枉法裁判行为的，应当追究法律责任；构成犯罪的，依法追究刑事责任。

第44条　审判人员有下列情形之一的，应当自行回避，当事人有权用口头或者书面方式申请他们回避：

（一）是本案当事人或者当事人、诉讼代理人近亲属的；

（二）与本案有利害关系的；

（三）与本案当事人、诉讼代理人有其他关系，可能影响对案件公正审理的。

审判人员接受当事人、诉讼代理人请客送礼，或者违反规定会见当事人、诉讼代理人的，当事人有权要求他们回避。

审判人员有前款规定的行为的，应当依法追究法律责任。

前三款规定，适用于书记员、翻译人员、鉴定人、勘验人。

第45条　当事人提出回避申请，应当说明理由，在案件开始审理时提出；回避事由在案件开始审理后知道的，也可以在法庭辩论终结前提出。

被申请回避的人员在人民法院作出是否回避的决定前，应当暂停参与本案的工作，但案件需要采取紧急措施的除外。

第46条　院长担任审判长时的回避，由审判委员会决定；审判人员的回避，由院长决定；其他人员的回避，由审判长决定。

第47条　人民法院对当事人提出的回避申请，应当在申请提出的三日内，以口头或者书面形式作出决定。申请人对决定不服的，可以在接到决定时申请复议一次。复议期间，被申请回避的人员，不停止参与本案的工作。人民法院对复议申请，应当在三日内作出复议决定，并通知复议申请人。

第97条　调解达成协议，人民法院应当制作调解书。调解书应当写明诉讼请求、案件的事实和调解结果。

调解书由审判人员、书记员署名，加盖人民法院印章，送达双方当事人。

调解书经双方当事人签收后，即具有法律效力。

第134条　人民法院审理民事案件，除涉及国家秘密、个人隐私或者法律另有规定的以外，应当公开进行。

离婚案件，涉及商业秘密的案件，当事人申请不公开审理的，可以不公开审理。

第148条　人民法院对公开审理或者不公开审理的案件，一律公开宣告判决。

当庭宣判的，应当在十日内发送判决书；定期宣判的，宣判后立即发给

判决书。

宣告判决时，必须告知当事人上诉权利、上诉期限和上诉的法院。

宣告离婚判决，必须告知当事人在判决发生法律效力前不得另行结婚。

第154条　裁定适用于下列范围：

（一）不予受理；

（二）对管辖权有异议的；

（三）驳回起诉；

（四）保全和先予执行；

（五）准许或者不准许撤诉；

（六）中止或者终结诉讼；

（七）补正判决书中的笔误；

（八）中止或者终结执行；

（九）撤销或者不予执行仲裁裁决；

（十）不予执行公证机关赋予强制执行效力的债权文书；

（十一）其他需要裁定解决的事项。

对前款第一项至第三项裁定，可以上诉。

裁定书应当写明裁定结果和作出该裁定的理由。裁定书由审判人员、书记员署名，加盖人民法院印章。口头裁定的，记入笔录。

第155条　最高人民法院的判决、裁定，以及依法不准上诉或者超过上诉期没有上诉的判决、裁定，是发生法律效力的判决、裁定。

第162条　基层人民法院和它派出的法庭审理符合本法第157条第一款规定的简单的民事案件，标的额为各省、自治区、直辖市上年度就业人员年平均工资百分之三十以下的，实行一审终审。

第169条　第二审人民法院对上诉案件，应当组成合议庭，开庭审理。经过阅卷、调查和询问当事人，对没有提出新的事实、证据或者理由，合议庭认为不需要开庭审理的，可以不开庭审理。

第二审人民法院审理上诉案件，可以在本院进行，也可以到案件发生地或者原审人民法院所在地进行。

第178条　依照本章程序审理的案件，实行一审终审。选民资格案件或者重大、疑难的案件，由审判员组成合议庭审理；其他案件由审判员一人独任审理。

第223条　利害关系人因正当理由不能在判决前向人民法院申报的，自知道或者应当知道判决公告之日起一年内，可以向作出判决的人民法院起诉。

《最高人民法院关于适用〈中华人民共和国民事诉讼法〉的解释》

第46条　审判人员有应当回避的情形，没有自行回避，当事人也没有申请其回避的，由院长或者审判委员会决定其回避。

第103条　证据应当在法庭上出示，由当事人互相质证。未经当事人质证的证据，不得作为认定案件事实的根据。

当事人在审理前的准备阶段认可的证据，经审判人员在庭审中说明后，视为质证过的证据。

涉及国家秘密、商业秘密、个人隐私或者法律规定应当保密的证据，不得公开质证。

第146条　人民法院审理民事案件，调解过程不公开，但当事人同意公开的除外。

调解协议内容不公开，但为保护国家利益、社会公共利益、他人合法权益，人民法院认为确有必要公开的除外。

主持调解以及参与调解的人员，对调解过程以及调解过程中获悉的国家秘密、商业秘密、个人隐私和其他不宜公开的信息，应当保守秘密，但为保护国家利益、社会公共利益、他人合法权益的除外。

第278条　当事人对小额诉讼案件提出管辖异议的，人民法院应当作出裁定。裁定一经作出即生效。

第279条　人民法院受理小额诉讼案件后，发现起诉不符合民事诉讼法第一百一十九条规定的起诉条件的，裁定驳回起诉。裁定一经作出即生效。

第430条　人民法院受理申请后，由审判员一人进行审查。经审查，有下列情形之一的，裁定驳回申请：

（一）申请人不具备当事人资格的；

（二）给付金钱或者有价证券的证明文件没有约定逾期给付利息或者违约金、赔偿金，债权人坚持要求给付利息或者违约金、赔偿金的；

（三）要求给付的金钱或者有价证券属于违法所得的；

（四）要求给付的金钱或者有价证券尚未到期或者数额不确定的。

人民法院受理支付令申请后，发现不符合本解释规定的受理条件的，应当在受理之日起十五日内裁定驳回申请。

第454条 适用公示催告程序审理案件，可由审判员一人独任审理；判决宣告票据无效的，应当组成合议庭审理。

《最高人民法院关于适用〈中华人民共和国婚姻法〉若干问题的解释（一）》

第9条 人民法院审理宣告婚姻无效案件，对婚姻效力的审理不适用调解，应当依法作出判决；有关婚姻效力的判决一经作出，即发生法律效力。

涉及财产分割和子女抚养的，可以调解。调解达成协议的，另行制作调解书。对财产分割和子女抚养问题的判决不服的，当事人可以上诉。

※【历年真题】

1.关于辩论原则的表述，下列哪些选项是正确的？（2009-3-82）

A.当事人辩论权的行使仅局限于一审程序中开庭审理的法庭调查和法庭辩论阶段

B.当事人向法院提出起诉状和答辩状是其行使辩论权的一种表现

C.证人出庭陈述证言是证人行使辩论权的一种表现

D.督促程序不适用辩论原则

【答案】BD

【解析】辩论权之行使贯穿于审判程序的整个过程，不限于一审程序中。开庭审理的法庭调查和法庭辩论阶段。因此，A项错误。当事人向法院提出起诉状和答辩状就是在行使其辩论权。因此，B项正确。证人出庭陈述证言是证人在履行作证义务，而非是在行使辩论权。因此，C项错误。督促程序是一种非讼程序，它不解决当事人之间债权债务关系的争议。在整个程序过程中，没有双方当事人对质，不存在对债权债务关系本身的争议问题，也就没有辩论原则适用的余地。因此，督促程序不适用辩论原则，D项正确。

2.关于民事诉讼法基本原则在民事诉讼中的具体体现，下列哪一说法是正确的？（2011-3-38）

A.当事人有权决定是否委托代理人代为进行诉讼，是诉讼权利平等原则

的体现

B.当事人均有权委托代理人代为进行诉讼，是处分原则的体现

C.原告与被告在诉讼中有一些不同但相对等的权利，是同等原则的体现

D.当事人达成调解协议不仅要自愿，内容也不得违法，是法院调解自愿和合法原则的体现

【答案】D

【解析】选项A错误，此是处分原则的体现，而非诉讼权利平等原则的体现。选项B错误，当事人在适用法律上一律平等，均有权委托诉讼代理人，此是诉讼权利平等原则的体现，而非处分原则的体现。选项C错误，原告与被告在诉讼中有一些不同但相对等的权利，是对等原则的体现，而非同等原则的体现。选项D正确，此规定是法院调解自愿和合法原则的体现。

3.甲向法院起诉，要求判决乙返还借款本金2万元。在案件审理中，借款事实得以认定，同时，法院还查明乙逾期履行还款义务近一年，法院遂根据银行同期定期存款利息，判决乙还甲借款本金2万元，利息520元。关于法院对该案判决的评论，下列哪一选项是正确的？（2008-3-38）

A.该判决符合法律规定，实事求是，全面保护了权利人的合法权益

B.该判决不符合法律规定，违反了民事诉讼的处分原则

C.该判决不符合法律规定，违反了民事诉讼的辩论原则

D.该判决不符合法律规定，违反了民事诉讼的平等原则

【答案】B

【解析】根据《民事诉讼法》第13条的规定，本题中，法院就当事人未提出的事项——利息问题进行裁判，实际上是违反了民事诉讼的处分原则。因此B选项正确。

4.根据我国民事诉讼法和相关司法解释的规定，下列关于审判组织的哪一表述是错误的？（2006-3-37）

A.第二审程序中只能由审判员组成合议庭

B.二审法院裁定发回重审的案件，原审法院可以由审判员与陪审员共同组成合议庭

C.法院适用特别程序，只能采用独任制

D.独任制只适用于基层法院及其派出法庭

【答案】C

【解析】根据《民事诉讼法》第40条的规定，A项是正确的。根据《民事诉讼法》第39—40条的规定，B项内容是正确的。根据《民事诉讼法》第178条的规定，C选项错误。特别程序和简易程序审理的案件都由基层人民法院管辖，所以D选项正确。

5.关于回避，下列哪一说法是正确的？（2010-3-37）

A.当事人申请担任审判长的审判人员回避的，应由审委会决定

B.当事人申请陪审员回避的，应由审判长决定

C.法院驳回当事人的回避申请，当事人不服而申请复议，复议期间被申请回避人不停止参与本案的审理工作

D.如当事人申请法院翻译人员回避，可由合议庭决定

【答案】C

【解析】根据《民事诉讼法》第46条的规定，选项A、B错误。根据《民事诉讼法》第47条的规定，选项C正确。翻译人员属于《民事诉讼法》第46条中规定的"其他人员"，因此选项D错误。

6.唐某作为技术人员参与了甲公司一项新产品研发，并与该公司签订了为期2年的服务与保密合同。合同履行1年后，唐某被甲公司的竞争对手乙公司高薪挖走，负责开发类似的产品。甲公司起诉至法院，要求唐某承担违约责任并保守其原知晓的产品信息。关于该案的审判，下列哪一说法是正确的？（2012-3-36）

A.只有在唐某与甲公司共同提出申请不公开审理此案的情况下，法院才可以不公开审理

B.根据法律的规定，该案不应当公开审理，但应当公开宣判

C.法院可以根据当事人的申请不公开审理此案，但应当公开宣判

D.法院应当公开审理此案并公开宣判

【答案】C

【解析】根据《民事诉讼法》第134条，第148条的规定，C选项说法正确，当选。

7.关于民事诉讼的基本原则，下列哪一选项是正确的？（2008-3-36）

A.当事人诉讼权利平等原则意味着当事人拥有相同的诉讼权利

B.处分原则意味着法院无权干涉当事人诉讼权利的行使

C.原告提起诉讼与被告进行答辩是辩论原则的表现

D.调解原则适用于民事审判程序和民事执行程序

【答案】C

【解析】诉讼权利平等并不意味着双方当事人的诉讼权利相同，故A项说法错误。当事人行使处分权并不是完全没有限制的，需要在法律规定的范围内进行，因此B项说法错误。原告起诉和被告答辩都是辩论原则的体现，故C项说法正确。调解原则是指人民法院在审理民事案件的时候，可以根据自愿和合法的原则进行调解。调解原则只适用于审判程序中，并不包括执行程序，故D项说法错误。

8.A县法院对甲诉乙侵权纠纷一案未经开庭审理即作出了判决，该审判行为直接违反了下列哪一项原则或者制度？（2008-3-49）

A.违反了当事人诉讼权利平等原则

B.违反了辩论原则

C.违反了合议制度

D.违反了回避制度

【答案】B

【解析】根据《民事诉讼法》第12条的规定，选项B正确，根据题意，并没有信息表示A县法院违反了A、C、D三项所涉及的原则及制度。本题的正确答案为B项。

9.社会主义法治的价值追求是公平正义，因此必须坚持法律面前人人平等原则。下列哪一民事诉讼基本原则最能体现法律面前人人平等原则的内涵？（2014-3-35）

A.检察监督原则

B.诚实信用原则

C.当事人诉讼权利平等原则

D.同等原则和对等原则

【答案】C

【解析】法律面前人人平等既包括义务平等也包括权利平等，因此法律面前人人平等的内涵包括当事人诉讼权利平等。

10. 根据《民事诉讼法》规定的诚信原则的基本精神，下列哪一选项符合诚信原则？（2014-3-37）

A.当事人以欺骗的方法形成不正当诉讼状态

B.证人故意提供虚假证言

C.法院根据案件审理情况对当事人提供的证据不予采信

D.法院对当事人提出的证据任意进行取舍或否定

【答案】C；

【解析】A选项属于当事人恶意制造诉讼状态违反诚信原则的行为；B选项属于其他诉讼参与人违反诚信原则的行为；D选项属于法院滥用自由裁量权违反诚信原则的行为。

11. 某区法院审理原告许某与被告某饭店食物中毒纠纷一案。审前，法院书面告知许某合议庭由审判员甲、乙和人民陪审员丙组成时，许某未提出回避申请。开庭后，许某始知人民陪审员丙与被告法定代表人是亲兄弟，遂提出回避申请。关于本案的回避，下列哪一说法是正确的？（2015-3-36）

A.许某可在知道丙与被告法定代表人是亲兄弟时提出回避申请

B.法院对回避申请作出决定前，丙不停止参与本案审理

C.应由审判长决定丙是否应回避

D.法院作出回避决定后，许某可对此提出上诉

【答案】A

【解析】根据《民事诉讼法》第44条至47条第规定，A项正确，其余选项错误。

第三章　主管与管辖

第一节　主管

※【知识点详解】

一、主管的概念

主管，是指人民法院与其他国家机关、社会团体之间解决民事纠纷的分工和权限，即人民法院受理民事案件的权限范围。

二、主管的范围

（一）民法调整的平等主体之间因财产关系和人身关系引起的案件

包括争议性案件和非争议性案件。如经济法调整的平等权利主体之间因经济关系发生纠纷而引起的案件；婚姻、收养、继承法调整的平等权利主体之间因婚姻家庭关系、继承、收养关系发生纠纷而引起的案件；适用特别程序、督促程序、公示催告程序审理的几类非民事权益争议案件。

（二）劳动法调整的用人单位与劳动者之间因劳动关系发生纠纷而引起的案件

劳动争议案件实行"仲裁前置程序"：劳动仲裁（如不服，通常可起诉）（《劳动争议调解仲裁法》第4、5条）。

（三）商事仲裁与民事诉讼——或裁或审原则

由商法调整的商事关系引起的诉讼，当事人达成仲裁协议，一方向人民法院起诉未声明有仲裁协议，人民法院受理后，另一方在首次开庭前提交仲裁协议的，人民法院应当驳回起诉，但仲裁协议无效的除外；另一方在首次开庭前未对人民法院受理该案提出异议的，视为放弃仲裁协议，人民法院应当继续审理。

※【相关法律法规】

《民事诉讼法》

第124条第（二）项　依照法律规定，双方当事人达成书面仲裁协议申请仲裁、不得向人民法院起诉的，告知原告向仲裁机构申请仲裁；

《仲裁法》

第26条　当事人达成仲裁协议，一方向人民法院起诉未声明有仲裁协议，人民法院受理后，另一方在首次开庭前提交仲裁协议的，人民法院应当驳回起诉，但仲裁协议无效的除外；另一方在首次开庭前未对人民法院受理该案提出异议的，视为放弃仲裁协议，人民法院应当继续审理。

《劳动争议调解仲裁法》

第4条　发生劳动争议，劳动者可以与用人单位协商，也可以请工会或者第三方共同与用人单位协商，达成和解协议。

第5条　发生劳动争议，当事人不愿协商、协商不成或者达成和解协议后不履行的，可以向调解组织申请调解；不愿调解、调解不成或者达成调解协议后不履行的，可以向劳动争议仲裁委员会申请仲裁；对仲裁裁决不服的，除本法另有规定的外，可以向人民法院提起诉讼。

第二节　管辖概述

※【图表解析】

确定管辖的原则 {
便于诉讼
便于审理和执行
保证公正审判
均衡法院负担
确定性与灵活性结合
维护国家主权
}

管辖恒定 {
级别恒定：诉讼中增加诉讼请求，从而加大诉讼标的额，不改变管辖

地域恒定：诉讼中 {
行政区域变更
当事人**住所**地变动
} 不改变地域管辖
}

→ 户籍地+经常居住地（看病就医除外）

管辖分类 {
法律上 {
级别管辖
地域管辖 {
一般地域管辖
特殊地域管辖
协议管辖
专属管辖
}
移送管辖
指定管辖
}
理论上 {
法定管辖和裁定管辖
专属管辖和协议管辖
共同管辖和合并管辖
}
}

※【知识点详解】

　　民事诉讼中的管辖，是指各级人民法院之间、同级人民法院之间受理第一审民事案件的分工和权限。

一、确定管辖的原则

根据我国《民事诉讼法》的规定，确定管辖的原则主要有如下几项：便于当事人进行诉讼；便于案件的审理和执行；保证案件的公正审判；均衡各级人民法院的工作负担；确定性与灵活性相结合；有利于维护国家主权。

二、管辖恒定

管辖恒定，是指案件管辖权的确定以起诉时为标准，法院的管辖权不因确定管辖的事实在诉讼中发生变化而影响其管辖权。包括级别管辖恒定和地域管辖恒定。

（1）级别管辖恒定，是指级别管辖按照起诉时的标的额确定后，不因诉讼过程中标的额的增加或减少而变化，但是当事人故意规避有关级别管辖规定的除外。

（2）地域管辖恒定，是指地域管辖按照起诉时的标准确定后，不因诉讼中据以确定地域管辖的因素变动而变动。例如，被告住所地或者行政区划等发生变更时，案件仍由最初受理诉讼的法院管辖。

三、管辖的分类

（一）管辖在法律上的分类

我国《民事诉讼法》第一编第二章专门对管辖作出了规定，这些规定将民事诉讼管辖分为级别管辖、地域管辖、移送管辖和指定管辖。其中地域管辖又包括一般地域管辖、特殊地域管辖、协议管辖和专属管辖。

（二）管辖在理论上的分类

（1）依管辖是由法律直接规定还是由人民法院裁定确定为标准，可将管辖分为法定管辖和裁定管辖。

（2）依管辖是否由法律强制规定，是否允许当事人协商变更为标准，可将管辖分为专属管辖和协议管辖。

（3）以诉讼关系为标准，可以将管辖分为共同管辖和合并管辖。

第三节　级别管辖

※【图表解析】

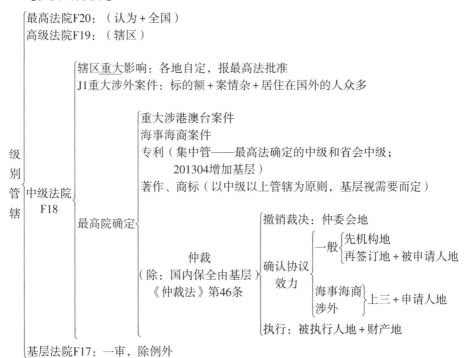

级别管辖

- 最高法院F20：（认为 + 全国）
- 高级法院F19：（辖区）
- 中级法院 F18
  - 辖区重大影响：各地自定，报最高法批准
  - J1重大涉外案件：标的额 + 案情杂 + 居住在国外的人众多
  - 重大涉港澳台案件
  - 海事海商案件
  - 专利（集中管——最高法确定的中级和省会中级；201304增加基层）
  - 著作、商标（以中级以上管辖为原则，基层视需要而定）
  - 最高院确定
    - 仲裁（除：国内保全由基层）《仲裁法》第46条
      - 撤销裁决：仲委会地
      - 确认协议效力
        - 一般：先机构地／再签订地 + 被申请人地
        - 海事海商涉外：上三 + 申请人地
      - 执行：被执行人地 + 财产地
- 基层法院F17：一审，除例外

※【知识点详解】

级别管辖，是指按照一定的标准划分上下级人民法院之间受理第一审民事案件的分工和权限。

一、基层人民法院的管辖

（1）第一审民事案件原则上由基层法院管辖，法律另有规定的除外。

（2）最高人民法院根据实际情况，可以指定基层人民法院管辖第一审专利纠纷案件。

二、中级人民法院的管辖

（一）本辖区内有重大影响的案件

各地高级人民法院根据案件繁简、诉讼标的金额大小、在当地的影响等，对本辖区内一审案件的级别管辖提出意见，报最高人民法院批准。

（二）重大的涉外案件（并非所有的涉外案件都由中院一审）

重大涉外案件，是指争议标的额大或者案件复杂，或者一方当事人人数众多等具有重大影响的案件。

（三）最高人民法院确定由中级人民法院管辖的案件

主要包括下面几种案件：

（1）重大的涉港澳台民事案件。

（2）海事、海商案件——海事法院。

（3）专利民事纠纷案件——知识产权法院及最高院指定的中院，最高人民法院根据实际情况，可以指定基层人民法院管辖第一审专利纠纷案件。

（4）著作权纠纷、商标民事纠纷——中院及最高院指定的基层人民法院。我国目前在北京、上海和广州设立了知识产权法院，对辖区内知识产权民事案件和行政案件进行管辖。

（5）仲裁案件，除国内仲裁证据保全与财产保全案件由基层法院管辖外，均由中级人民法院管辖，具体包括认定仲裁协议效力的案件、撤销仲裁裁决的案件、仲裁裁决的执行案件、不予执行仲裁裁决的案件、涉外仲裁中的证据保全与财产保全案件。

三、高级人民法院的管辖

在本辖区内有重大影响的案件。

四、最高人民法院的管辖

（1）在全国有重大影响的案件。

（2）认为应当由本院审理的案件。

第四节　地域管辖

地域管辖，是指按照法院的辖区和民事案件的隶属关系来划分诉讼管辖。包括一般地域管辖和特殊地域管辖。

一、一般地域管辖

※【图表解析】

一般地域管辖
【住所确定管辖】

- 原则F21：原告就被告J3~8
- 例外
  - F22：在原告地
    - 限于身份纠纷
      - 在境外不好找
      - 找不着
    - 被告自由受限
      - 被监禁
      - 被强制教育
  - J9：追索赡养费、抚育费、抚养费，几个被告，**可以**由原告地
  - J10：监护，被监护人地
  - J11：非军人对非文职军人的离婚，由原告地
  - J12：夫妻一方离开住所地超1年的离婚，由原告地
  - J13：国内结婚，国外定居：婚姻缔结地＋一方最后住地
  - J14：国外结婚，国外定居：一方原住地＋最后地
  - J15：一方国内，一方国外，不论谁诉离婚，国内均有权
  - J16：双方国外，但未定居，离婚，原告＋被告原住地
  - J5：没有办事机构的合伙，被告注册地，几被告地均有权

※【知识点详解】

（一）一般地域管辖的确定标准

通常以当事人的所在地与法院的隶属关系来确定诉讼管辖。我国民事诉讼法主要以被告所在地管辖为原则，以原告所在地为例外来确定一般地域管辖。

1.公民

（1）住所地，即户籍所在地。

（2）经常居住地，即公民离开住所地至起诉时连续居住满一年以上的地

方，但住院就医的除外。

2.法人、其他组织

法人或者其他组织的主要办事机构所在地。法人或者其他组织的主要办事机构所在地不能确定的，其注册地或登记地为住所地。

（二）原则——原告就被告

即对公民提起的民事诉讼，由被告住所地人民法院管辖；被告住所地与经常居住地不一致的，由经常居住地人民法院管辖。对法人或其他组织提起的诉讼，也应当到该法人或其他组织主要办事机构所在地的法院起诉。该原则有利于防止原告滥用诉权，并有利于传唤被告和保全财产、执行生效判决。

除《民事诉讼法》的原则性规定外，司法解释还作出了补充规定：

（1）双方均被注销城镇户口的，由被告居住地人民法院管辖。

（2）双方当事人都被监禁或采取强制性教育措施的时候，主要看被告。被告被监禁或者被采取强制性教育措施（即劳动教养）不满1年的，由被告原住所地管辖；被告被监禁或者被采取强制性教育措施1年以上的，由被告被监禁地或者被采取强制性教育措施地的法院管辖。

（3）双方当事人均为军人或者军队单位的民事案件由军事法院管辖。

（4）夫妻双方离开住所地超过一年，一方起诉离婚的，由被告经常居住地法院管辖。

（三）例外——被告就原告

根据《民事诉讼法》第22条的规定，下列诉讼由原告住所地法院管辖，原告住所地与经常居住地不一致的，由原告的经常居住地人民法院管辖。

（1）对不在中华人民共和国领域内居住的人提起的有关身份关系的诉讼。

（2）对下落不明或者宣告失踪的人提起的有关身份关系的诉讼。

（3）对被采取强制性教育措施的人提起的诉讼。

（4）对被监禁的人提起的诉讼。

此外，应当注意《最高人民法院关于适用〈中华人民共和国民事诉讼法〉的解释》（以下简称《民诉解释》）第9~17条的相关规定：

（1）追索赡养费案件的几个被告住所地不在同一辖区的，可以由原告住所地人民法院管辖。

（2）不服指定监护或变更监护关系的案件，由被监护人住所地人民法院管辖。

（3）已经离婚的中国公民，双方均定居国外，仅就国内财产分割提起诉讼的，由主要财产所在地法院管辖。

（4）夫妻一方离开住所地超过一年，另一方起诉离婚的案件，由原告住所地人民法院管辖。

（5）在国内结婚并定居国外的华侨，如定居国法院以离婚诉讼须由婚姻缔结地法院管辖为由不予受理，当事人向人民法院提出离婚诉讼的，由婚姻缔结地或一方在国内的最后居住地人民法院管辖。

（6）在国外结婚并定居国外的华侨，如定居国法院以离婚诉讼须由国籍所属国法院管辖为由不予受理，当事人向人民法院提出离婚诉讼的，由一方原住所地或在国内的最后居住地人民法院管辖。

（7）中国公民一方居住在国外，一方居住在国内，不论哪一方向人民法院提起离婚诉讼，国内一方住所地的人民法院都有权管辖。如国外一方在居住国法院起诉，国内一方向人民法院起诉的，受诉人民法院有权管辖。

（8）中国公民双方在国外但未定居，一方向人民法院起诉离婚的，应由原告或者被告原住所地的人民法院管辖。

（9）对没有办事机构的个人合伙、合伙型联营体提起的诉讼，由被告注册登记地法院管辖。没有注册登记，几个被告又不在同一辖区的，被告住所地的法院都有管辖权。

二、特殊地域管辖

※【图表解析】

```
                  合同┌被告住所地
                  F23│合同履行地：有约定从约定，无约定/约定不明：依据J18
                     └┌───────────────────────────────────────────┐
                      │没实际履行，双方住所≠约定履行地，仅被告地管辖│
                      └───────────────────────────────────────────┘

                  保险合同┌F24一般：被告地+保险标的物地
                         └J21运输工具或货物：被告地+登记地+目的地+事故地
                  运输合同F27：被告地+始发地+目的地
2.特殊地域管辖              ≠交通事故纠纷F29、30：被告地+事故地+最先到达地
【住所+其他      侵权案件F28、J24：被告地+侵权行为地（实施地+结果地）
  连接点】       产品质量J26：被告地+制造地+销售地+侵权行为地+服务提供地
                  票据F25：被告地+票据支付地
                  海难救助F31：救助地+被救船舶最先到达地┐
                  共同海损F32：最先到达地+理算地+航程终止地┘无被告住所地
                  公司F26：设立、股东资格、分配利润、解散：公司住所地
                  信息网络方式买卖合同：（1）网络支付标的的，以买受人住所地为履行地
                                      （2）其他方式交付的，收货地为履行地J20
```

※【知识点详解】

　　特殊地域管辖，又称特别地域管辖，是指以诉讼标的物所在地或者引起民事法律关系发生、变更、消灭的法律事实所在地为标准确定的管辖。关于特殊地域管辖与一般地域管辖的关系仍存在争议。我国有关特殊地域管辖的内容主要规定于《民事诉讼法》第23~32条。

　　（一）因合同纠纷提起的诉讼，由被告住所地或者合同履行地人民法院管辖

　　法律规定因合同纠纷提起的诉讼，由被告住所地或者合同履行地人民法院管辖，便于法院查明案情，以及在必要时采取查封、扣押、保全等措施，有利于合同纠纷的正确解决。通常情况下，如果当事人之间没有就特定的合同纠纷达成协议管辖，应当依据《民事诉讼法》第23条的规定来确定该案件的管辖法院。

　　在被告住所地以及合同履行地这两类法院中，被告住所地法院通常有管辖权，而合同履行地能否拥有管辖权则要具体分析。司法实践中，如何确认合同履行地是比较复杂的问题，一般而言，合同履行地是指合同规定履行义务和接受该义务的地点，根据最高院《民诉解释》第18条的规定，合同履行地的确定以约定为准，即合同明确约定的履行地点为合同履行地。合同对履行地点没有约定或约定不明确，争议标的为给付货币的，接收货币一方所在地为合同履行地；交付不动产的，不动产所在地为合同履行地；其他标的，履行义务一方所在地为合同履行地。即时结清的合同，交易行为地为合同履行地。合同没有实际履行，当事人双方住所地都不在合同约定的履行地的，由被告住所地人民法院管辖。此外，还要注意《民诉解释》第19条、第20条对几类合同的特殊规定：

（1）财产租赁合同、融资租赁合同，以租赁物使用地为合同履行地。合同对履行地有约定的，从其约定。

（2）以信息网络方式订立的买卖合同，通过信息网络交付标的的，以买受人住所地为合同履行地；通过其他方式交付标的的，收货地为合同履行地。合同对履行地有约定的，从其约定。

（二）因保险合同纠纷提起的诉讼，由被告住所地或者保险标的物所在地人民法院管辖

因保险合同发生的纠纷，是指投保人或者保险受益人与保险人之间发生的争议。保险标的物，是投保人与保险人订立的保险合同所指向的对象，如财产、人身健康或生命等。如果保险标的物是运输工具或者运输中的货物，则可由运输工具登记注册地、运输目的地、保险事故发生地的人民法院管辖，因人身保险合同纠纷提起的诉讼，可以由被保险人住所地法院管辖。

（三）因票据纠纷提起的诉讼，由票据支付地或者被告住所地人民法院管辖

票据纠纷，是指出票人或付款人与执票人之间因票据的签发、取得、使用、转让、承兑、保证等引起的纠纷。因票据纠纷提起的诉讼，可以由票据支付地或者被告住所地人民法院管辖。票据支付地，即票据上载明的付款地。如果票据未载明付款地的，则票据付款人（包括代理付款人）的住所地或主要营业所所在地为票据付款地，原告可以选择其中一个法院起诉。

（四）因公司设立、确认股东资格、分配利润、解散等纠纷提起的诉讼，由公司住所地人民法院管辖

公司诉讼常常涉及与公司相关的多数利害关系人，且胜诉的判决往往产

生对世效力，因此，为了避免管辖上的冲突和争议，《民事诉讼法》第26条规定，公司诉讼实行特殊地域管辖，由公司住所地的人民法院管辖。

（五）因铁路、公路、水上、航空运输和联合运输合同纠纷提起的诉讼，由运输始发地、目的地或者被告住所地人民法院管辖

运输合同纠纷，是指承运人与托运人双方在履行运输合同中发生的权利义务争议。例如，因托运的货物被损坏、丢失引起的纠纷；旅客因乘坐运输工具时人身受到伤害引起的纠纷；等等。对这类纠纷，运输始发地（即客运或货运合同规定的旅客或者货物的出发地点）、目的地（合同约定的客运、货运最终到达地）、被告住所地等三地人民法院都有管辖权。

（六）因侵权行为提起的诉讼，由侵权行为地或者被告住所地人民法院管辖

侵权行为，是指加害人不法侵害他人财产权利和人身权利的行为。侵权行为地，包括侵害行为实施地和侵权结果发生地。此外，还应注意下列内容：

（1）因产品、服务质量不合格造成他人财产、人身损害提起诉讼的，产品制造地、产品销售地、服务提供地、侵权行为地和被告住所地人民法院都有管辖权J26。

（2）在涉外民事诉讼中，只要侵权行为发生地或者侵权结果地在中国领域内的，人民法院依法享有诉讼管辖权。

（3）海事侵权，除由被告住所地、侵权行为地外，还可以由船籍港所在地的海事法院（《海事诉讼特别程序法》第6条第一项）。

（4）侵犯著作权、商标权提起的诉讼，通常侵权行为的实施地、侵权复制品、商品的储藏地、查封扣押地、被告住所地法院都有管辖权。

（七）因铁路、公路、水上和航空事故请求损害赔偿提起的诉讼，由事故发生地或者车辆船舶最先到达地、航空器最先降落地或者被告住所地人民法院管辖

此条主要针对车船、航空器等在运行过程中发生事故造成他人人身、财产损害引起的诉讼。例如，火车相撞、脱轨；汽车倾覆，撞击了其他车辆、人员；轮船相撞、沉没；航空器坠毁；因排油、抛物造成环境污染和人身伤亡等。因这些事故引起的损害赔偿纠纷，《民事诉讼法》第29条规定，事故发生地、车辆、船舶最先到达地（即事故发生后，车辆第一个停靠站或者事故发生后，船舶第一个停靠港或者沉没地）、航空器最先降落地（即飞机、飞艇、卫星等最先降落地或者因事故而坠落地)、被告住所地人民法院都有权管辖。

（八）因船舶碰撞或者其他海事损害事故请求损害赔偿提起的诉讼，由碰撞发生地、碰撞船舶最先到达地、加害船舶被扣留地或者被告住所地人民法院管辖

其他海损事故，是指船舶在航行过程中，除碰撞以外发生的触礁、触岸、搁浅、浪损、失火、爆炸、沉没、失踪等事故。因船舶碰撞或者其他海损事故造成财产、人身损害，原告要求损害赔偿的诉讼，以下四种法院都有管辖权：其一，碰撞发生地，即船舶碰撞的侵权行为发生的具体地点。其二，碰撞船舶最初到达地，即船舶碰撞事故发生后，受害船舶最先到达的港口所在地。其三，加害船舶被扣留地，即加害船舶实施侵权行为后继续航行，而后被有关机关扣留的具体地点。其四，被告住所地，一般是加害船舶的船籍港所在地，即该船舶进行登记，获得航行权的具体港口。

（九）因海难救助费用提起的诉讼，由救助地或者被救助船舶最先到达地人民法院管辖

海难救助，是指对海上遇难的船舶及所载的货物或者人员给予援救。救助活动完成后，实施救助的一方有权要求被救助的一方给付一定报酬，即海难救助费用。因追索海难救助费用提起的诉讼，救助地（即实施救助行为或者救助结果发生地）、被救助船舶最先到达地（即被救助船舶经营救脱离险情后，最初到达地）人民法院都有管辖权。注意：海难救助费用引起的诉讼，被告住所地没有管辖权。

（十）因共同海损提起的诉讼，由船舶最先到达地、共同海损理算或者航程终止地人民法院管辖

共同海损，是指海上运输中，船舶以及所载的货物遭遇海难等意外事故时，为了避免共同危险而有意地、合理地作出特殊的物质牺牲和支付的特殊费用。共同海损的牺牲和费用经过清算，由有关各方按比例分担。如果共同海损的全体受益人对共同海损的构成与否及分担比例等问题发生争议而提起诉讼，船舶最先到达地、共同海损理算地或者航程终止地人民法院都有管辖权。船舶最先到达地，是对遇难船舶采取挽救措施，继续航行后最初到达的港口所在地。航程终止地，是发生共同海损船舶的航程终点。共同海损理算地，是处理共同海损损失，理算共同海损费用的工作机构所在地。我国共同

海损的理算地通常在北京，理算适用的规则是1975年1月1日公布的《中国国际贸易促进委员会海损理算暂行规则》（简称《北京理算规则》）。目前，国际上通用的理算规则是1974年的《约克—安特卫普规则》。

注意：海难救助、共同海损引起的诉讼，被告住所地没有管辖权。

三、专属管辖、协议管辖、共同管辖与选择管辖

※【图表解析】

（一）专属管辖F33　　{不动产（权利确认、分割、相邻　　　　　　　　{中外合资合同纠纷
（三种＋三种）　　　　　　关系等物权纠纷）　　　　＋　F266 {中外合作合同纠纷
　　　　　　　　　　　　港口作业　　　　　　　　　　　　　　{中外合作勘探合同纠纷
　　　　　　　　　　　　继承:死亡时住所地＋主要遗产地

（二）共同（选择）管辖F35，J36（谁有权管——都有权；谁应当管——最先立案）

（三）协议管辖 F34，J29、30:（1）限于合同纠纷 ＋ 财产纠纷F265
　　　　　　　　　　　　　　（2）须书面
　　　　　　　　　　　　　　（3）五等择一，约二选一（强调实际联系原则，可多于5）
　　　　　　　　　　　　　　（4）不违反级别管辖＋专属管辖

※【知识点详解】

（一）专属管辖

专属管辖，是指法律规定某些特殊类型的案件专门由特定的人民法院管辖。专属管辖的案件既排除当事人的协议管辖，也排除一般地域管辖以及特殊地域管辖的适用，专属于我国法院管辖的案件还排除外国法院的管辖权。根据《民事诉讼法》的规定，适用专属管辖的案件主要包括以下几种：

1.因不动产纠纷提起的诉讼，由不动产所在地人民法院管辖。此处的"不动产"是指因不动产的权利确认、分割、相邻关系等引起的物权纠纷。农村土地承包经营合同纠纷、房屋租赁、合同纠纷、建设工程施工合同纠纷、政策性房屋买卖合同纠纷适用此规则。

2.因港口作业中发生纠纷提起的诉讼，由港口所在地海事人民法院管辖。

3.因继承遗产纠纷提起的诉讼，由被继承人死亡时住所地或者主要遗产所在地人民法院管辖。

4.涉外专属管辖：根据《民事诉讼法》第266条的规定，因在中华人民共和国履行中外合资经营企业合同、中外合作经营企业合同、中外合作勘探开发自然资源合同发生纠纷提起的诉讼，由中华人民共和国人民法院管辖。

此外，根据《民诉解释》第531条的规定，专属管辖的案件，当事人不得协议选择外国法院诉讼，但当事人可协议选择仲裁方式解决纠纷。

（二）协议管辖

协议管辖，又称合意管辖或者约定管辖，是指双方当事人在民事纠纷发生之前或者发生之后，以明示或者默示的方式约定第一审民事案件的管辖法院。根据《民事诉讼法》第34条的规定：

（1）协议管辖只适用于合同纠纷和其他财产权益纠纷。

（2）协议管辖只限于第一审案件，对于第二审案件以及再审案件不得以协议方式选择管辖法院。

（3）协议管辖所约定的法院应当在被告住所地、合同履行地、合同签订地、原告住所地、标的物所在地等与争议有实际联系的地点的法院中选择其一，约定两个以上法院的，原告可以向其中一个法院起诉。

（4）协议管辖不得违背民事诉讼法关于级别管辖和专属管辖的规定。

（5）协议通常应当采取书面形式。

（三）共同管辖与选择管辖

共同管辖与选择管辖实际上是一个问题的两个方面。共同管辖，是指对同一诉讼依照法律规定，两个或两个以上的法院都有管辖权。选择管辖是在共同管辖的情况下，当事人可以选择其中一个法院提起诉讼。如果原告向两个以上有管辖权的人民法院起诉，由最先立案的人民法院管辖。最先立案的法院不得将案件移送另一个有管辖权的法院，法院在立案前发现其他有权法院立案的，不得重复立案，立案后发现其他法院有权且先立案的，则裁定将案件移送至先立案的法院。

第五节　裁定管辖

裁定管辖，是指根据人民法院的裁定确定诉讼的管辖法院。

※【图表解析】

裁定管辖
├─ 移送管辖
│   F36＋J36
│   ├─ 已受理，无管辖权
│   ├─ 受移送法院有管辖权
│   ├─ 受移送法院应当接受
│   ├─ 只能**移送一次**
│   └─ ≠ **管辖权转移**
├─ 指定管辖F37＋J40、41：上级或共同上级
└─ 管辖权转移F38：管辖权下放受限制了J42

※【知识点详解】

　　裁定管辖，是根据人民法院的裁定确定诉讼的管辖法院。裁定管辖是对法定管辖的补充和变通，它既可以弥补法定管辖的不足，又可以解决因管辖问题发生的争议，以适应司法实践中复杂多变的情况。

一、移送管辖

　　移送管辖，是指已经受理案件的人民法院，因发现本法院对该案件没有管辖权，而将案件移送给有管辖权的人民法院审理。移送管辖是案件从无管辖权的法院向有管辖权法院的移送。

　　移送管辖必须符合以下条件：第一，移送法院已经受理了案件；第二，移送法院经审查，发现对该案件确无管辖权；第三，受移送的人民法院依法对该案具有管辖权。注意：只能移送一次，受移送的法院即使认为自己无权也不得再移送，只能报请自己的上级法院指定管辖。

二、指定管辖

　　指定管辖，是指上级人民法院依据法律的规定，以裁定的形式指定下级人民法院对某以具体案件行使管辖权。根据我国民事诉讼法的规定，下列三种情况需要上级人民法院指定管辖：

　　1.有管辖权的人民法院由于特殊原因，不能行使管辖权的，由上级人民法院指定管辖。

2.人民法院之间因管辖权发生争议，由争议双方协商解决；协商解决不了的，报请它们的共同上级人民法院指定管辖。注意：法院之间如果对地域管辖发生争议，应当立即停止对案件进行实体审理，争议解决前，任何法院不得判决，抢先判决的，上级法院应当以违反程序为由撤销判决，并将案件移送或者指定其他法院审理，或者自己提审。

3.受移送的法院认为自己对移送来的案件无管辖权。

三、管辖权转移

管辖权转移，是指经上级人民法院的决定或者同意，将某一案件的诉讼管辖权由下级人民法院转移给上级人民法院，或者由上级人民法院转移给下级人民法院。管辖权转移，是对级别管辖的补充和变通。应注意：《民事诉讼法》第38条规定，上级人民法院有权审理下级人民法院管辖的第一审民事案件；确有必要将本院管辖的第一审民事案件交下级人民法院审理的，应当报请其上级人民法院批准。这一规定是对当事人审级利益的保障。

第六节　管辖权异议

管辖权异议，是指当事人向受诉的人民法院提出该法院对该案件无管辖权的意见或主张。

※【图表解析】

管辖权异议
F127
- 管辖权异议 ≠ 管辖权争议
  - 管辖权争议（法院之间）（共同上级，指定管辖）
  - 管辖权异议（当事人之间）（移送管辖）
- 异议主体：必须是本案当事人（不含第三人）
- 答辩期间提出
  - 裁定异议成立 ⇨ 移送有管辖权法院
  - 裁定异议不成立 ⇨ 10日内向上级人民法院上诉

※【知识点详解】

管辖权异议，是指当事人向受诉的人民法院提出该法院对该案件无管辖权的意见或主张。

一、管辖权异议的条件

（1）提出管辖权异议的主体必须是本案的当事人（根据第三人参诉的方式和相关司法解释规定，第三人不得提出管辖权异议）。

（2）管辖权异议的客体是第一审民事案件的管辖权（当事人可以针对级别管辖或者地域管辖提出异议，但不得针对第二审案件的管辖权提出异议）。

（3）提交管辖权异议的期间必须是提交答辩状期间（15日内）。根据《民事诉讼法》第127条的规定：当事人未提出管辖异议，并应诉答辩的，视为受诉人民法院有管辖权，但违反级别管辖和专属管辖规定的除外。

二、对管辖权异议的处理

审判庭应当审查，并在15日内作出裁定，异议成立的，裁定将案件移送有管辖权的人民法院；异议不成立的，裁定驳回，当事人对裁定不服的，可在10日内向上一级人民法院提出上诉。

三、管辖权异议与管辖争议

管辖权异议≠管辖争议《经审规定》3-5，F37。

争议（法院之间）：逐级协商；共同上级指定；不得抢先判决。

异议（源于当事人）：当事人（不含第三人）；答辩期间提出；可上诉。

※【相关法律法规】

《民事诉讼法》

第17条　基层人民法院管辖第一审民事案件，但本法另有规定的除外。

第18条　中级人民法院管辖下列第一审民事案件：

（一）重大涉外案件；

（二）在本辖区有重大影响的案件；

（三）最高人民法院确定由中级人民法院管辖的案件。

第19条 高级人民法院管辖在本辖区有重大影响的第一审民事案件。

第20条 最高人民法院管辖下列第一审民事案件：

（一）在全国有重大影响的案件；

（二）认为应当由本院审理的案件。

第21条 对公民提起的民事诉讼，由被告住所地人民法院管辖；被告住所地与经常居住地不一致的，由经常居住地人民法院管辖。

对法人或者其他组织提起的民事诉讼，由被告住所地人民法院管辖。

同一诉讼的几个被告住所地、经常居住地在两个以上人民法院辖区的，各该人民法院都有管辖权。

第22条 下列民事诉讼，由原告住所地人民法院管辖；原告住所地与经常居住地不一致的，由原告经常居住地人民法院管辖：

（一）对不在中华人民共和国领域内居住的人提起的有关身份关系的诉讼；

（二）对下落不明或者宣告失踪的人提起的有关身份关系的诉讼；

（三）对被采取强制性教育措施的人提起的诉讼；

（四）对被监禁的人提起的诉讼。

第23条 因合同纠纷提起的诉讼，由被告住所地或者合同履行地人民法院管辖。

第24条 因保险合同纠纷提起的诉讼，由被告住所地或者保险标的物所在地人民法院管辖。

第26条 因公司设立、确认股东资格、分配利润、解散等纠纷提起的诉讼，由公司住所地人民法院管辖。

第27条 因铁路、公路、水上、航空运输和联合运输合同纠纷提起的诉讼，由运输始发地、目的地或者被告住所地人民法院管辖。

第28条 因侵权行为提起的诉讼，由侵权行为地或者被告住所地人民法院管辖。

第29条 因铁路、公路、水上和航空事故请求损害赔偿提起的诉讼，由事故发生地或者车辆、船舶最先到达地、航空器最先降落地或者被告住所地

人民法院管辖。

第30条　因船舶碰撞或者其他海事损害事故请求损害赔偿提起的诉讼，由碰撞发生地、碰撞船舶最先到达地、加害船舶被扣留地或者被告住所地人民法院管辖。

第31条　因海难救助费用提起的诉讼，由救助地或者被救助船舶最先到达地人民法院管辖。

第32条　因共同海损提起的诉讼，由船舶最先到达地、共同海损理算地或者航程终止地的人民法院管辖。

第33条　下列案件，由本条规定的人民法院专属管辖：

（一）因不动产纠纷提起的诉讼，由不动产所在地人民法院管辖；

（二）因港口作业中发生纠纷提起的诉讼，由港口所在地人民法院管辖；

（三）因继承遗产纠纷提起的诉讼，由被继承人死亡时住所地或者主要遗产所在地人民法院管辖。

第34条　合同或者其他财产权益纠纷的当事人可以书面协议选择被告住所地、合同履行地、合同签订地、原告住所地、标的物所在地等与争议有实际联系的地点的人民法院管辖，但不得违反本法对级别管辖和专属管辖的规定。

第35条　两个以上人民法院都有管辖权的诉讼，原告可以向其中一个人民法院起诉；原告向两个以上有管辖权的人民法院起诉的，由最先立案的人民法院管辖。

第36条　人民法院发现受理的案件不属于本院管辖的，应当移送有管辖权的人民法院，受移送的人民法院应当受理。受移送的人民法院认为受移送的案件依照规定不属于本院管辖的，应当报请上级人民法院指定管辖，不得再自行移送。

第37条　有管辖权的人民法院由于特殊原因，不能行使管辖权的，由上级人民法院指定管辖。

人民法院之间因管辖权发生争议，由争议双方协商解决；协商解决不了的，报请它们的共同上级人民法院指定管辖。

第38条　上级人民法院有权审理下级人民法院管辖的第一审民事案件；确有必要将本院管辖的第一审民事案件交下级人民法院审理的，应当报请其上级人民法院批准。

下级人民法院对它所管辖的第一审民事案件，认为需要由上级人民法院审理的，可以报请上级人民法院审理。

第127条　人民法院受理案件后，当事人对管辖权有异议的，应当在提交答辩状期间提出。人民法院对当事人提出的异议，应当审查。异议成立的，裁定将案件移送有管辖权的人民法院；异议不成立的，裁定驳回。

当事人未提出管辖异议，并应诉答辩的，视为受诉人民法院有管辖权，但违反级别管辖和专属管辖规定的除外。

第265条　因合同纠纷或者其他财产权益纠纷，对在中华人民共和国领域内没有住所的被告提起的诉讼，如果合同在中华人民共和国领域内签订或者履行，或者诉讼标的物在中华人民共和国领域内，或者被告在中华人民共和国领域内有可供扣押的财产，或者被告在中华人民共和国领域内设有代表机构，可以由合同签订地、合同履行地、诉讼标的物所在地、可供扣押财产所在地、侵权行为地或者代表机构住所地人民法院管辖。

《民诉解释》

第1条　民事诉讼法第十八条第一项规定的重大涉外案件，包括争议标的额大的案件、案情复杂的案件，或者一方当事人人数众多等具有重大影响的案件。

第2条　专利纠纷案件由知识产权法院、最高人民法院确定的中级人民法院和基层人民法院管辖。

海事、海商案件由海事法院管辖。

第3条　公民的住所地是指公民的户籍所在地，法人或者其他组织的住所地是指法人或者其他组织的主要办事机构所在地。

法人或者其他组织的主要办事机构所在地不能确定的，法人或者其他组织的注册地或者登记地为住所地。

第4条　公民的经常居住地是指公民离开住所地至起诉时已连续居住一年以上的地方，但公民住院就医的地方除外。

第5条　对没有办事机构的个人合伙、合伙型联营体提起的诉讼，由被告注册登记地人民法院管辖。没有注册登记，几个被告又不在同一辖区的，被

告住所地的人民法院都有管辖权。

第6条　被告被注销户籍的，依照民事诉讼法第二十二条规定确定管辖；原告、被告均被注销户籍的，由被告居住地人民法院管辖。

第7条　当事人的户籍迁出后尚未落户，有经常居住地的，由该地人民法院管辖；没有经常居住地的，由其原户籍所在地人民法院管辖。

第8条　双方当事人都被监禁或者被采取强制性教育措施的，由被告原住所地人民法院管辖。被告被监禁或者被采取强制性教育措施一年以上的，由被告被监禁地或者被采取强制性教育措施地人民法院管辖。

第9条　追索赡养费、抚育费、扶养费案件的几个被告住所地不在同一辖区的，可以由原告住所地人民法院管辖。

第10条　不服指定监护或者变更监护关系的案件，可以由被监护人住所地人民法院管辖。

第11条　双方当事人均为军人或者军队单位的民事案件由军事法院管辖。

第12条　夫妻一方离开住所地超过一年，另一方起诉离婚的案件，可以由原告住所地人民法院管辖。

夫妻双方离开住所地超过一年，一方起诉离婚的案件，由被告经常居住地人民法院管辖；没有经常居住地的，由原告起诉时被告居住地人民法院管辖。

第13条　在国内结婚并定居国外的华侨，如定居国法院以离婚诉讼须由婚姻缔结地法院管辖为由不予受理，当事人向人民法院提出离婚诉讼的，由婚姻缔结地或者一方在国内的最后居住地人民法院管辖。

第14条　在国外结婚并定居国外的华侨，如定居国法院以离婚诉讼须由国籍所属国法院管辖为由不予受理，当事人向人民法院提出离婚诉讼的，由一方原住所地或者在国内的最后居住地人民法院管辖。

第15条　中国公民一方居住在国外，一方居住在国内，不论哪一方向人民法院提起离婚诉讼，国内一方住所地人民法院都有权管辖。国外一方在居住国法院起诉，国内一方向人民法院起诉的，受诉人民法院有权管辖。

第16条　中国公民双方在国外但未定居，一方向人民法院起诉离婚的，应由原告或者被告原住所地人民法院管辖。

第17条　已经离婚的中国公民，双方均定居国外，仅就国内财产分割提起诉讼的，由主要财产所在地人民法院管辖。

第18条　合同约定履行地点的，以约定的履行地点为合同履行地。

合同对履行地点没有约定或者约定不明确，争议标的为给付货币的，接收货币一方所在地为合同履行地；交付不动产的，不动产所在地为合同履行地；其他标的，履行义务一方所在地为合同履行地。即时结清的合同，交易行为地为合同履行地。

合同没有实际履行，当事人双方住所地都不在合同约定的履行地的，由被告住所地人民法院管辖。

第19条　财产租赁合同、融资租赁合同以租赁物使用地为合同履行地。合同对履行地有约定的，从其约定。

第20条　以信息网络方式订立的买卖合同，通过信息网络交付标的的，以买受人住所地为合同履行地；通过其他方式交付标的的，收货地为合同履行地。合同对履行地有约定的，从其约定。

第21条　因财产保险合同纠纷提起的诉讼，如果保险标的物是运输工具或者运输中的货物，可以由运输工具登记注册地、运输目的地、保险事故发生地人民法院管辖。

因人身保险合同纠纷提起的诉讼，可以由被保险人住所地人民法院管辖。

第22条　因股东名册记载、请求变更公司登记、股东知情权、公司决议、公司合并、公司分立、公司减资、公司增资等纠纷提起的诉讼，依照民事诉讼法第二十六条规定确定管辖。

第23条　债权人申请支付令，适用民事诉讼法第二十一条规定，由债务人住所地基层人民法院管辖。

第24条　民事诉讼法第二十八条规定的侵权行为地，包括侵权行为实施地、侵权结果发生地。

第25条　信息网络侵权行为实施地包括实施被诉侵权行为的计算机等信息设备所在地，侵权结果发生地包括被侵权人住所地。

第26条　因产品、服务质量不合格造成他人财产、人身损害提起的诉讼，产品制造地、产品销售地、服务提供地、侵权行为地和被告住所地人民法院都有管辖权。

第27条　当事人申请诉前保全后没有在法定期间起诉或者申请仲裁，给

被申请人、利害关系人造成损失引起的诉讼，由采取保全措施的人民法院管辖。

当事人申请诉前保全后在法定期间内起诉或者申请仲裁，被申请人、利害关系人因保全受到损失提起的诉讼，由受理起诉的人民法院或者采取保全措施的人民法院管辖。

第28条 民事诉讼法第三十三条第一项规定的不动产纠纷是指因不动产的权利确认、分割、相邻关系等引起的物权纠纷。

农村土地承包经营合同纠纷、房屋租赁合同纠纷、建设工程施工合同纠纷、政策性房屋买卖合同纠纷，按照不动产纠纷确定管辖。

不动产已登记的，以不动产登记簿记载的所在地为不动产所在地；不动产未登记的，以不动产实际所在地为不动产所在地。

第29条 民事诉讼法第三十四条规定的书面协议，包括书面合同中的协议管辖条款或者诉讼前以书面形式达成的选择管辖的协议。

第30条 根据管辖协议，起诉时能够确定管辖法院的，从其约定；不能确定的，依照民事诉讼法的相关规定确定管辖。

管辖协议约定两个以上与争议有实际联系的地点的人民法院管辖，原告可以向其中一个人民法院起诉。

第31条 经营者使用格式条款与消费者订立管辖协议，未采取合理方式提请消费者注意，消费者主张管辖协议无效的，人民法院应予支持。

第32条 管辖协议约定由一方当事人住所地人民法院管辖，协议签订后当事人住所地变更的，由签订管辖协议时的住所地人民法院管辖，但当事人另有约定的除外。

第33条 合同转让的，合同的管辖协议对合同受让人有效，但转让时受让人不知道有管辖协议，或者转让协议另有约定且原合同相对人同意的除外。

第34条 当事人因同居或者在解除婚姻、收养关系后发生财产争议，约定管辖的，可以适用民事诉讼法第三十四条规定确定管辖。也可以适用协议管辖了

第35条 当事人在答辩期间届满后未应诉答辩，人民法院在一审开庭前，发现案件不属于本院管辖的，应当裁定移送有管辖权的人民法院。

第36条 两个以上人民法院都有管辖权的诉讼，先立案的人民法院不得

将案件移送给另一个有管辖权的人民法院。人民法院在立案前发现其他有管辖权的人民法院已先立案的，不得重复立案；立案后发现其他有管辖权的人民法院已先立案的，裁定将案件移送给先立案的人民法院。

第 37 条　案件受理后，受诉人民法院的管辖权不受当事人住所地、经常居住地变更的影响。

第 38 条　有管辖权的人民法院受理案件后，不得以行政区域变更为由，将案件移送给变更后有管辖权的人民法院。判决后的上诉案件和依审判监督程序提审的案件，由原审人民法院的上级人民法院进行审判；上级人民法院指令再审、发回重审的案件，由原审人民法院再审或者重审。

第 39 条　人民法院对管辖异议审查后确定有管辖权的，不因当事人提起反诉、增加或者变更诉讼请求等改变管辖，但违反级别管辖、专属管辖规定的除外。

人民法院发回重审或者按第一审程序再审的案件，当事人提出管辖异议的，人民法院不予审查。

第 40 条　依照民事诉讼法第三十七条第二款规定，发生管辖权争议的两个人民法院因协商不成报请它们的共同上级人民法院指定管辖时，双方为同属一个地、市辖区的基层人民法院的，由该地、市的中级人民法院及时指定管辖；同属一个省、自治区、直辖市的两个人民法院的，由该省、自治区、直辖市的高级人民法院及时指定管辖；双方为跨省、自治区、直辖市的人民法院，高级人民法院协商不成的，由最高人民法院及时指定管辖。

依照前款规定报请上级人民法院指定管辖时，应当逐级进行。

第 41 条　人民法院依照民事诉讼法第三十七条第二款规定指定管辖的，应当作出裁定。

对报请上级人民法院指定管辖的案件，下级人民法院应当中止审理。指定管辖裁定作出前，下级人民法院对案件作出判决、裁定的，上级人民法院应当在裁定指定管辖的同时，一并撤销下级人民法院的判决、裁定。

第 42 条　下列第一审民事案件，人民法院依照民事诉讼法第三十八条第一款规定，可以在开庭前交下级人民法院审理：

（一）破产程序中有关债务人的诉讼案件；

（二）当事人人数众多且不方便诉讼的案件；

（三）最高人民法院确定的其他类型案件。

人民法院交下级人民法院审理前，应当报请其上级人民法院批准。上级人民法院批准后，人民法院应当裁定将案件交下级人民法院审理。

《最高人民法院关于人民法院执行工作若干问题的规定（试行）》

第11条　在国内仲裁过程中，当事人申请财产保全，经仲裁机构提交人民法院的，由被申请人住所地或被申请保全的财产所在地的基层人民法院裁定并执行；申请证据保全的，由证据所在地的基层人民法院裁定并执行。

第12条　在涉外仲裁过程中，当事人申请财产保全，经仲裁机构提交人民法院的，由被申请人住所地或被申请保全的财产所在地的中级人民法院裁定并执行；申请证据保全的，由证据所在地的中级人民法院裁定并执行。

《仲裁法》

第46条　在证据可能灭失或者以后难以取得的情况下，当事人可以申请证据保全。当事人申请证据保全的，仲裁委员会应当将当事人的申请提交证据所在地的基层人民法院。

《中华人民共和国海事诉讼特别程序》

第6条　海事诉讼的地域管辖，依照《中华人民共和国民事诉讼法》的有关规定。

下列海事诉讼的地域管辖，依照以下规定：

（一）因海事侵权行为提起的诉讼，除依照《中华人民共和国民事诉讼法》第29条至第31条的规定以外，还可以由船籍港所在地海事法院管辖；

（二）因海上运输合同纠纷提起的诉讼，除依照《中华人民共和国民事诉讼法》第28条的规定以外，还可以由转运港所在地海事法院管辖；

（三）因海船租用合同纠纷提起的诉讼，由交船港、还船港、船籍港所在地、被告住所地海事法院管辖；

（四）因海上保赔合同纠纷提起的诉讼，由保赔标的物所在地、事故发生地、被告住所地海事法院管辖；

（五）因海船的船员劳务合同纠纷提起的诉讼，由原告住所地、合同签订地、船员登船港或者离船港所在地、被告住所地海事法院管辖；

（六）因海事担保纠纷提起的诉讼，由担保物所在地、被告住所地海事法院管辖；因船舶抵押纠纷提起的诉讼，还可以由船籍港所在地海事法院管辖；

（七）因海船的船舶所有权、占有权、使用权、优先权纠纷提起的诉讼，由船舶所在地、船籍港所在地、被告住所地海事法院管辖。

《最高人民法院关于在经济审判工作中严格执行〈中华人民共和国民事诉讼法〉若干规定》

第3条　两个以上人民法院之间对地域管辖有争议的案件，有关人民法院均应当立即停止进行实体审理，并按最高人民法院关于适用民事诉讼法的意见第36条的规定解决管辖争议。协商不成报请共同上级人民法院指定管辖的，上级人民法院应当在收到下级人民法院报告之日起三十日内，作出指定管辖的决定。

第4条　两个以上人民法院如对管辖权有争议，在争议未解决前，任何一方人民法院均不得对案件作出判决。对抢先作出判决的，上级人民法院应当以违反程序为由撤销其判决，并将案件移送或者指定其他人民法院审理，或者由自己提审。

第5条　人民法院对当事人在法定期限内提出管辖权异议的，应当认真进行审查，并在十五日内作出异议是否成立的书面裁定。当事人对此裁定不服提出上诉的，第二审人民法院应当依法作出书面裁定。

※【历年真题】

1.王某是某电网公司员工，在从事高空作业时受伤，为赔偿问题与电网公司发生争议。王某可以采用哪些方式处理争议？（2006-3-80）

A.可以向本公司劳动争议调解委员会申请调解，调解不成的，可以申请劳动仲裁

B.可以直接向劳动争议仲裁委员会申请仲裁，对仲裁裁决不服的，可以向法院提起诉讼

C.可以不申请劳动仲裁而直接向法院起诉

D.如果进行诉讼并按简易程序处理，法院开庭审理时，可以申请先行

调解

【答案】ABD

【解析】根据《劳动法》第79条的规定，A、B两项是正确的，C项是错误的。如果进行诉讼并按简易程序处理，法院开庭审理时，可以先行调解，因此D项是正确的。

2.根据《民事诉讼法》和司法解释的相关规定，关于级别管辖，下列哪些表述是正确的？（2012-3-78）

A.级别管辖不适用管辖权异议制度

B.案件被移送管辖有可能是因为受诉法院违反了级别管辖的规定而发生的

C.管辖权转移制度是对级别管辖制度的变通和个别的调整

D.当事人可以通过协议变更案件的级别管辖

【答案】BC

【解析】当事人只能对第一审民事案件的管辖权提出异议，只要是第一审案件，当事人既可以对地域管辖提出异议，也可以对级别管辖提出异议。故A选项说法错误，不当选。根据《级别管辖异议规定》第7条的规定："当事人未依法提出管辖权异议，但受诉人民法院发现其没有级别管辖权的，应当将案件移送有管辖权的人民法院审理"，B选项说法正确，当选。管辖权转移在上下级法院之间进行是对级别管辖的变通和个别调整，故C选项说法正确，当选。协议管辖中，当事人选择法院时，不得违反级别管辖和专属管辖的规定，故D选项说法错误，不当选。

3.根据《民事诉讼法》和相关司法解释，关于中级法院下列哪一表述是正确的？（2011-3-39）

A既可受理一审涉外案件，也可受理一审非涉外案件

B.审理案件组成合议庭时，均不可邀请陪审员参加

C.审理案件均须以开庭审理的方式进行

D.对案件所作出的判决均为生效判决

【答案】A

【解析】根据《民事诉讼法》第18条的规定，选项A正确。根据《民事诉讼法》第39条第1款的规定，选项B错误。根据《民事诉讼法》第169条的规

定，选项C错误。根据《民事诉讼法》第164条第1款的规定，选项D错误。

4.关于民事案件的级别管辖，下列哪一选项是正确的？（2009-3-35）

A.第一审民事案件原则上由基层法院管辖

B.涉外案件的管辖权全部属于中级法院

C.高级法院管辖的一审民事案件包括在本辖区内有重大影响的民事案件和它认为应当由自己审理的案件

D.最高法院仅管辖在全国有重大影响的民事案件

【答案】A

【解析】根据《民事诉讼法》第17条的规定，A项正确。根据《民事诉讼法》第18条第（一）项的规定，B项错误。根据《民事诉讼法》第19条的规定，C项错误。根据《民事诉讼法》第20条的规定，D项错误。

5.依据我国民事诉讼法和相关司法解释的规定，下列关于管辖问题的哪一项表述是错误的？（2005-3-36）

A.适用督促程序的案件只能由基层人民法院管辖

B.按级别管辖权限，高级人民法院有权管辖其认为应当由其管辖的第一审案件

C.协议管辖不可以变更级别管辖

D.涉外民事诉讼中不动产纠纷由不动产所在地法院管辖

【答案】B

【解析】根据《民事诉讼法》第19条的规定，选项B是错误的。根据《关于使用督促程序若干问题的规定》第1条的规定，"基层人民法院受理债权人依法申请支付令的案件，不受争议金额的限制"，选项A正确。根据《民事诉讼法》第34条的规定，选项C正确。根据《民事诉讼法》第33条和第259条的规定，选项D正确。

6.根据《民事诉讼法》以及相关司法解释，关于离婚诉讼，下列哪些选项是正确的？（2011-3-77）

A.被告下落不明的，案件由原告住所地法院管辖

B.一方当事人死亡的，诉讼终结

C.判决生效后，不允许当事人申请再审

D.原则上不公开审理，因其属于法定不公开审理案件范围

【答案】AB

【解析】根据《民事诉讼法》第22条第（二）项的规定，选项A正确。根据《民事诉讼法》第151条第（三）项的规定，选项B正确。根据《民诉解释》第382条的规定，选项C错误。根据《民事诉讼法》第134条第2款的规定，选项D错误。

7.甲县的电热毯厂生产了一批电热毯，与乙县的昌盛贸易公司在丙县签订了一份买卖该批电热毯的合同。丁县居民张三在出差到乙县时从昌盛贸易公司购买了一条该批次的电热毯，后在使用过程中电热毯由于质量问题引起火灾，烧毁了张三的房屋。张三欲以侵权损害为由诉请赔偿。下列哪些法院对该纠纷有管辖权？（2007-3-80）

A.甲县法院　　　　　　　　　　B.乙县法院

C.丙县法院　　　　　　　　　　D.丁县法院

【答案】ABD

【解析】根据《民事诉讼法》第28条以及《民诉解释》第26条的规定，A、B、D项都是正确的。而丙县只是电热毯厂和昌盛贸易公司之间买卖合同的签订地，根据法律规定，该买卖合同签订地的法院没有管辖权，所以不能选C项。

8.2008年7月，家住A省的陈大因赡养费纠纷，将家住B省甲县的儿子陈小诉至甲县法院，该法院受理了此案。2008年8月，经政府正式批准，陈小居住的甲县所属区域划归乙县管辖。甲县法院以管辖区域变化对该案不再具有管辖权为由，将该案移送至乙县法院。乙县法院则根据管辖恒定原则，将案件送还至甲县法院。下列哪些说法是正确的？（2009-3-80）

A.乙县法院对该案没有管辖权　　B.甲县法院的移送管辖是错误的

C.乙县法院不得将该案送还甲县法院　　D.甲县法院对该案没有管辖权

【答案】ABC

【解析】根据《民诉解释》第38条的规定，A、B项正确，D项错误。根据《民事诉讼法》第36条的规定，C项正确。

9.李某在甲市A区新购一套住房，并请甲市B区的装修公司对其新房进行装修。在装修过程中，装修工人不慎将水管弄破，导致楼下住户的家具被淹毁。李某与该装修公司就赔偿问题交涉未果，遂向甲市B区法院起诉。B区法院认为该案应由A区法院审理，于是裁定将该案移送至A区法院，A区法院认为该案应由B区法院审理，不接受移送，又将案件退回B区法院。关于本案的管辖，下列哪些选项是正确的？（2008-3-82）

A.甲市A、B区法院对该案都有管辖权

B.李某有权向甲市B区法院起诉

C.甲市B区法院的移送管辖是错误的

D. A区法院不接受移送，将案件退回B区法院是错误的

【答案】ABCD

【解析】根据《民事诉讼法》第28条和第35条的规定，AB选项正确，当选。根据《民事诉讼法》第36条的规定，C选项和D选项正确。

10.居住在甲市的吴某与居住在乙市的王某在丁市签订了一份协议，吴某将一幅名人字画以10万元的价格卖给王某并约定双方在丙市一手交钱一手交货，后吴某反悔并电告王某自己已将字画卖给他人。王若想追究吴的违约责任，应向何地法院起诉？（2003-3-25）

A.甲市法院　　　　　　　　　B.乙市法院

C.丙市法院　　　　　　　　　D.丁市法院

【答案】A

【解析】根据《民事诉讼法》第23条、《民诉解释》第18条的规定，因合同纠纷提起的诉讼，由被告住所地或者合同履行地法院管辖。如果合同没有实际履行，双方当事人住所地又不在合同约定的履行地，不依履行地确定管辖，诉讼由被告住所地法院管辖，故选A项。

11.根据民事诉讼法和有关司法解释，当事人可以约定下列哪些事项？（2006-3-84）

A.约定合同案件的管辖法院　　　B.约定离婚案件的管辖法院

C.约定举证时限　　　　　　　　D.约定合议庭的组成人员

【答案】AC

【解析】根据《民事诉讼法》第34条民诉解释的规定，A选项正确，B选项不正确。根据《民诉解释》第99条的规定，C选项正确。D选项不正确，因无法律依据。

12.某省甲市A区法院受理一起保管合同纠纷案件，根据被告管辖权异

议，A区法院将案件移送该省乙市B区法院审理。乙市B区法院经审查认为，A区法院移送错误，本案应归甲市A区法院管辖，发生争议。关于乙市B区法院的做法，下列哪一选项是正确的？（2010-3-39）

A.将案件退回甲市A区法院

B.将案件移送同级第三方法院管辖

C.报请乙市中级法院指定管辖

D.与甲市A区法院协商不成，报请该省高级法院指定管辖

【答案】D

【解析】根据《民事诉讼法》第37条的规定，D选项正确。

13.孔某在A市甲区拥有住房二间，在孔某外出旅游期间，位于A市乙区的建筑工程公司对孔某邻居李某房屋进行翻修。在翻修过程中，施工工人不慎将孔某家的墙砖碰掉，砖块落入孔某家中，损坏了电视机等家用物品。孔某旅游回来后发现此情，交涉未果。孔某向乙区法院起诉，请求建筑工程公司赔偿。乙区法院认为甲区法院审理更方便，故根据被告申请裁定移送至甲区法院，甲区法院却认为由乙区法院审理更便利，不同意接受移送。以下说法哪些是正确的？（2003-3-78）

A.甲、乙二区对本案都有管辖权

B.向哪一个法院起诉，双方当事人可以约定

C.乙区法院的移送管辖是错误的

D.甲区法院不得再自行移送，如果认为无管辖权，应报市中级法院指定管辖

【答案】ABCD

【解析】原题答案为ACD，但是根据修改后的《民事诉讼法》的规定，应当选ABCD。根据《民事诉讼法》第28条的规定，A选项正确。根据修改后的《民事诉讼法》第34条的规定，B选项属于其他财产权益纠纷，所以正确。根据《民事诉讼法》第36条的规定，C、D选项正确。

14.关于管辖权异议的表述，下列哪一选项是错误的？（2007-3-40）

A.当事人对一审案件的地域管辖和级别管辖均可提出异议

B.通常情况下，当事人只能在提交答辩状期间提出管辖异议

C.管辖权异议成立的，法院应当裁定将案件移送有管辖权的法院；异议

不成立的，裁定驳回

D.对于生效的管辖权异议裁定，当事人可以申请复议一次，但不影响法院对案件的审理

【答案】D

【解析】根据《民事诉讼法》第127条的规定，管辖权异议的裁定的救济为上诉，不是复议，D选项错误。

15.下列哪一类案件可以由被告住所地法院管辖？（2008-3-39）

A.专利侵权案件   B.海难救助费用案件

C.共同海损案件   D.遗产继承案件

【答案】A

【解析】根据《民事诉讼法》第21条的规定，只要法律没有特殊规定，对于一般案件都适用被告住所地法院管辖。根据《民事诉讼法》第31、32条的规定，B、C两项属于特殊地域管辖，根据《民事诉讼法》第34条的规定，D项属于专属管辖，三者都不属于一般地域管辖的案件。因此本题的正确答案为A项。

16.甲区基层法院因装修办公大楼，与所在区的向阳建筑公司签订了装修合同。工程竣工后，双方就工程款的决算产生了纠纷，在协商无果的情况下，向阳建筑公司就该纠纷向甲区基层法院提起了民事诉讼，要求甲区基层法院支付尚未支付的工程款。鉴于本案的特殊情况，下列哪一选项是正确的？（2008-3-47）

A.本案为合同纠纷，应适用特殊地域管辖的规定

B.本案情况特殊，应由上级法院指定管辖

C.本案情况特殊，应适用移送管辖制度

D.本案涉及不动产，应适用专属管辖的规定

【答案】B

【解析】根据《民事诉讼法》第37条的规定，B项说法正确。移送管辖是指法院受理案件后，发现自己对案件并无管辖权，依法将案件移送到有管辖权的法院审理。移送管辖是在法院受理案件出现管辖权错误时提供的一种纠错办法，而本题所述的情形中，甲区法院本身是具有管辖权的法院，不存在无管辖权而移送的情况，所以不是移送管辖，C项说法错误。本题并不属于不

动产纠纷，而是涉及工程款纠纷，所以不适用专属管辖的规定，故本题的正确答案是B项。

17.关于管辖，下列哪一表述是正确的？（2014-3-39）

A.军人与非军人之间的民事诉讼，都应由军事法院管辖，体现了专门管辖的原则

B.中外合资企业与外国公司之间的合同纠纷，应由中国法院管辖，体现了维护司法主权的原则

C.最高法院通过司法解释授予部分基层法院专利纠纷案件初审管辖权，体现了平衡法院案件负担的原则

D.不动产纠纷由不动产所在地法院管辖，体现了管辖恒定的原则

【答案】C

【解析】军事法院管辖属于专门管辖，可知A选项错误；根据《民事诉讼法》第33条，不动产纠纷管辖体现专属管辖的原则，可知D选项错误。

18.甲县的葛某和乙县的许某分别拥有位于丙县的云峰公司50%的股份。后由于二人经营理念不合，已连续四年未召开股东会，无法形成股东会决议。许某遂向法院请求解散公司，并在法院受理后申请保全公司的主要资产（位于丁县的一块土地的使用权）。依据法律，对本案享有管辖权的法院是？（2014-3-96）

A.甲县法院　　　　　　　　　　B.乙县法院

C.丙县法院　　　　　　　　　　D.丁县法院

【答案】C

【解析】根据《民事诉讼法》第26条，可知C选项正确。

19.根据《民事诉讼法》相关司法解释，下列哪些法院对专利纠纷案件享有管辖权？（2015-3-77）

A.知识产权法院　　　　　　　　B.所有的中级法院

C.最高法院确定的中级法院　　　D.最高法院确定的基层法院

【答案】ACD

【解析】根据《民诉解释》第2条规定，A、C、D项正确，B项错误。

第四章　诉

第一节　诉的基本问题

诉，是指当事人因民事争议向法院提出的保护自己民事实体权益的请求，通说认为诉具有双重内涵，即程序意义上的诉以及实体意义上的诉。

※【图表解析】

诉的特点 {
由当事人提出
向法院提出（诉＝提问；判决＝回答）
诉是一种请求（反诉≠反驳）
}

诉的要素 {
诉的主体：当事人
诉的标的＝**诉讼标的**（争讼的实体法律关系）≠诉讼标的物
诉的理由（提出诉的事实＋法律依据）
}

诉的分类 {
确认之诉：积极＋消极
给付之诉 ——→ { 给付财物
给付行为（作为＋不作为），如赔礼道歉 }
变更之诉（形成之诉）
}

※【知识点详解】

一、诉的特点

（1）诉的主体是当事人。

（2）诉是当事人向法院提出的请求。

（3）诉的内容是当事人请求法院解决的民事权益争议。

二、诉的要素

（一）诉的主体

即诉的当事人，是指以自己的名义，就特定的民事权利义务争议要求法院行使民事裁判权的人及相对人。

（二）诉讼标的

关于何为诉讼标的，理论上存在较大争议，特别是围绕诉讼标的的识别问题，存在多种观点。传统的通说认为，诉讼标的是指当事人之间发生争议并提请人民法院裁判的实体权利义务关系（实体法律关系）。

（三）诉的理由

当事人提出诉这一请求所依据的事实与法律依据。

三、诉的分类

（一）确认之诉

1.概念

是指一方当事人请求法院确认其与对方当事人之间争议的权利或者民事法律关系是否存在的诉讼。

2.特点

第一，一方当事人提出确认之诉的目的，是要求法院明确某一争议的民事法律关系是否存在；第二，法院对确认之诉进行审理后所作出的判决，没有给付内容，不具有执行性。

（二）给付之诉

1.概念

是指一方当事人请求法院判令对方当事人履行一定民事义务之诉。给付可以是金钱或实物，也可以是行为。

2.特点

第一，当事人提起给付之诉的目的，在于请求法院判令对方当事人履行一定的民事义务；第二，给付之诉中原告胜诉的判决具有执行性。

（三）变更之诉（形成之诉）

1.概念

是指一方当事人请求法院通过判决，改变或者消灭其与对方当事人之间现存的某种民事法律关系（权利义务关系）之诉。

2.特点

第一，当事人之间对现存的某一民事法律关系无争议，而对于应否变更有争议；第二，在法院作出的变更判决生效前，原法律关系仍然存在。

第二节　反诉

※ **【图表解析】** F51/F140/J232~233 +《证》34 +《费》18

特点（条件）
　当事人的特定性
　反诉请求的独立性
　反诉目的具有对抗性，即吞并、抵销本诉
　牵连性┌同一法律关系（交付标的物——货款）
　　　　└相关法律关系（租金——修缮款）
　时间的限定性：反诉只能在本诉进行中提起
　反诉只能向审理本诉的人民法院提起，且该法院有管辖权
　反诉必须与本诉为同一诉讼程序

※ **【知识点详解】**

　　反诉，是指在已经开始的民事诉讼中，本诉的被告以本诉的原告为被告提出的旨在抵销或吞并原告诉讼请求的独立反请求。与反驳（抗辩）相比，反诉是一种独立的诉，不会因本诉的撤回而撤回。

一、反诉的要件

　　（1）当事人的特定性：由被告向本诉原告提起。

　　（2）反诉请求的独立性。反诉是以实体法和程序法为根据提起的完整之诉。

　　（3）反诉的目的具有对抗性，即吞并、抵销本诉，以保护自己的合法权益。

　　（4）反诉与本诉有事实上或法律上的牵连关系。可以是基于同一法律关系或相关联的两个法律关系而产生，也可以是基于同一事实或者本诉请求与反诉请求之间具有因果关系。

　　（5）提起时间的限定性：反诉只能在本诉进行中提起。

　　一审中提起的反诉，应当在法庭辩论结束前提出。

　　二审中提起的反诉：法院可以调解，调解不成，告知另诉。

　　再审中提起的反诉：参照二审。

　　（6）反诉只能向受理本诉的法院提起且不属于其他法院专属管辖。

（7）反诉请求与本诉请求能够适用同一种诉讼程序合并审理，即适用程序上不冲突。

二、反诉的程序

（一）反诉应当递交反诉状

一般情况下，反诉应当与本诉合并审理，由同一审判组织合并审理并作出判决。

（二）本诉撤回

反诉被法院受理后，如果原告撤回本诉，法院应当对反诉继续进行审理，并作出裁判。

（三）二审提出的反诉

《民诉解释》第328条：在第二审程序中，原审原告增加独立的诉讼请求或原审被告提出反诉的，第二审人民法院可以根据当事人自愿的原则就新增加的诉讼请求或反诉进行调解，调解不成的，告知当事人另行起诉。双方同意由二审法院一并审理的，二审可一并裁判。

第三节 诉的合并

※ 【图表解析】

$$
广义诉的合并
\begin{cases}
1.狭义的 \atop 【=诉的客体合并】
\begin{cases}
同一原告对同一被告提出的两个以上的诉 \\
本诉与反诉的合并
\end{cases} \\
2.诉的主体的合并：必要的共同诉讼 \\
3.诉的主、客体的合并
\begin{cases}
有独立请求权第三人 \\
无独立请求权第三人
\end{cases}
\end{cases}
$$

※ 【知识点详解】

一、概念

诉的合并，是指人民法院将两个以上有牵连的诉，合并在一个案件中进行审理和裁判。

二、诉的合并的种类

（1）诉的客体合并（狭义诉的合并），是指将同一原告对同一被告提起的两个以上的诉合并或者反诉与本诉合并。

（2）诉的主体合并，是指将数个当事人合并到同一诉讼程序中审理和裁判。引起主体合并的原因包括：共同诉讼；原告或被告在诉讼进行中死亡，由数个继承人承受诉讼。详见第五章。

（3）诉的主、客体的合并。诉的合并过程中既有主体合并的内容，又有客体合并的内容，如第三人参加之诉。

※ 【相关法律法规】

《民事诉讼法》

第51条　原告可以放弃或者变更诉讼请求。被告可以承认或者反驳诉讼请求，有权提起反诉。

第52条　当事人一方或者双方为二人以上，其诉讼标的是共同的，或者诉讼标的是同一种类、人民法院认为可以合并审理并经当事人同意的，为共同诉讼。

共同诉讼的一方当事人对诉讼标的有共同权利义务的，其中一人的诉讼行为经其他共同诉讼人承认，对其他共同诉讼人发生效力；对诉讼标的没有共同权利义务的，其中一人的诉讼行为对其他共同诉讼人不发生效力。

第140条　原告增加诉讼请求，被告提出反诉，第三人提出与本案有关的诉讼请求，可以合并审理。

《民诉解释》

第232条　在案件受理后，法庭辩论结束前，原告增加诉讼请求，被告提出反诉，第三人提出与本案有关的诉讼请求，可以合并审理的，人民法院应当合并审理。

第233条　反诉的当事人应当限于本诉的当事人的范围。

反诉与本诉的诉讼请求基于相同法律关系、诉讼请求之间具有因果关系，或者反诉与本诉的诉讼请求基于相同事实的，人民法院应当合并审理。

反诉应由其他人民法院专属管辖，或者与本诉的诉讼标的及诉讼请求所依据的事实、理由无关联的，裁定不予受理，告知另行起诉。

第239条　人民法院准许本诉原告撤诉的，应当对反诉继续审理；被告申请撤回反诉的，人民法院应予准许。

第251条　二审裁定撤销一审判决发回重审的案件，当事人申请变更、增加诉讼请求或者提出反诉，第三人提出与本案有关的诉讼请求的，依照民事诉讼法第一百四十条规定处理。

第252条　再审裁定撤销原判决、裁定发回重审的案件，当事人申请变更、增加诉讼请求或者提出反诉，符合下列情形之一的，人民法院应当准许：

（一）原审未合法传唤缺席判决，影响当事人行使诉讼权利的；

（二）追加新的诉讼当事人的；

（三）诉讼标的物灭失或者发生变化致使原诉讼请求无法实现的；

（四）当事人申请变更、增加的诉讼请求或者提出的反诉，无法通过另诉解决的。

第280条　因当事人申请增加或者变更诉讼请求、提出反诉、追加当事人等，致使案件不符合小额诉讼案件条件的，应当适用简易程序的其他规定审理。

前款规定案件，应当适用普通程序审理的，裁定转为普通程序。

适用简易程序的其他规定或者普通程序审理前，双方当事人已确认的事实，可以不再进行举证、质证。

第328条　在第二审程序中，原审原告增加独立的诉讼请求或者原审被告提出反诉的，第二审人民法院可以根据当事人自愿的原则就新增加的诉讼请求或者反诉进行调解；调解不成的，告知当事人另行起诉。

双方当事人同意由第二审人民法院一并审理的，第二审人民法院可以一并裁判。

《诉费》

第18条　被告提起反诉、有独立请求权的第三人提出与本案有关的诉讼请求，人民法院决定合并审理的，分别减半交纳案件受理费。

※【历年真题】

1.刘某习惯每晚将垃圾袋放在家门口，邻居王某认为会招引苍蝇并影响自己出入家门。王某为此与刘某多次交涉未果，遂向法院提起诉讼，要求刘某不得将垃圾袋放在家门口，以保证自家的正常通行和维护环境卫生。关于本案的诉讼标的，下列哪一选项是正确的？（2009-3-37）

A.王某要求刘某不得将垃圾袋放在家门口的请求

B.王某要求法院保障自家正常通行权的请求

C.王某要求刘某维护环境卫生的请求

D.王某和刘某之间的相邻关系

【答案】D

【解析】诉讼标的是指当事人之间发生争执并要求法院作出裁判的民事权利义务关系。本题中ABC项都属于诉讼请求，只有D项是"权利义务关系"，即诉讼标的。因此，本题的正确答案是D项。

2.甲因乙久拖房租不付，向法院起诉，要求乙支付半年房租6000元。在案件开庭审理前，甲提出书面材料，表示时间已过去1个月，乙应将房租增至7000元。关于法院对甲增加房租的要求的处理，下列哪一选项是正确的？（2011-3-37）

A.作为新的诉讼受理，合并审理　　B.作为诉讼标的的变更，另案审理，

C.作为诉讼请求增加，继续审理　　D.不予受理，告知甲可以另行起诉

【答案】C

【解析】本题中，诉讼标的是房屋租赁关系，而诉讼请求是要求乙支付拖欠的房租。甲在诉讼过程将之前索要的房租金额从6000元增至7000元，仅是诉讼请求的增加，当事人争议的民事权利义务关系并没有变，即诉讼标的没有变更。诉讼仍然是原来的诉讼，不是新的诉讼，不能作为新的诉讼来审理。

3.乙租住甲的房屋，甲起诉乙支付拖欠的房租。在诉讼中，甲放弃乙支付房租的请求，但要求法院判令解除与乙的房屋租赁合同。下列关于本案的哪种说法是正确的？（2006-3-41）

A.甲的主张是诉讼标的的变更　　B.甲的主张是诉讼请求的变更

C.甲的主张是诉的理由的变更　　D.甲的主张是原因事实的变更

【答案】B

【解析】本题中，甲、乙因租赁合同发生争议，甲放弃要求乙支付房租的请求，要求法院判令解除与乙的房屋租赁合同。在这个过程中，诉讼标的一直是租赁合同纠纷，诉讼理由、原因、事实一直是乙拖欠房租，故诉讼标的、诉的理由和原因事实都没有变更，而仅变更了诉讼请求，因此选B项是正确的。

4.关于诉的种类的表述，下列哪些选项是正确的？（2008-3-86）

A.甲公司以乙公司违约为由，诉至法院要求解除合同，属于变更之诉

B.甲公司以乙公司的履行不符合约定为由，诉至法院要求乙公司继续履行，属于给付之诉

C.甲向法院起诉乙，要求返还借款1000元，乙称自己根本没有向甲借过钱，该诉讼属于确认之诉

D.甲公司起诉乙公司，要求乙公司立即停止施工或采取有效措施降低噪音，属于变更之诉

【答案】AB

【解析】诉可以分为三类：确认之诉、变更之诉和给付之诉。A项中甲公司以乙公司违约为由，诉至法院要求解除合同，是请求改变合同法律关系，属于变更之诉，正确；B项中甲公司以乙公司的履行不符合约定为由，诉至法院要求乙公司继续履行是给付之诉，正确；C项中甲起诉乙要求返还借款，实际上是请求法院判令被告向其履行一定的义务，是给付之诉，C项错误，不当选；D项中也是请求法院判令被告履行特定的给付义务，所以是给付之诉，D项错误，不当选。

5.甲的邻居乙买来建筑材料，准备在房后建一杂物间，甲认为会挡住自己出入的通道，坚决反对。乙不听。甲向法院起诉，请求法院禁止乙的行为。该诉讼属于哪类诉？（2007-3-41）

A.确认之诉 　　　　　　　　　B.形成之诉

C.给付之诉 　　　　　　　　　D.变更之诉

【答案】C

【解析】按照当事人诉讼请求的目的和内容的不同，可以把诉分为确认之诉、给付之诉、变更之诉。确认之诉是指原告请求法院确认与被告之间是否存在某种民事法律关系的诉。确认之诉的客体为法律关系。给付之诉，是指

原告请求法院判令被告向其履行某种特定给付义务的诉讼。原告要求被告履行的给付义务既包括给付一定数额的货币和财产，也包括为或不为某种特定的行为。变更之诉又称形成之诉，是指法院以判决改变或既存的某种法律关系的诉。据此，本题中甲请求法院禁止乙的行为属于给付之诉，因此C项正确。

6.关于反诉，下列哪些表述是正确的？（2012-3-80）

A.反诉应当向受理本诉的法院提出，且该法院对反诉所涉及的案件也享有管辖权

B.反诉中的诉讼请求是独立的，它不会因为本诉的撤销而撤销

C.反诉如果成立，将产生本诉的诉讼请求被依法驳回的法律后果

D.本诉与反诉的当事人具有同一性，因此，当事人在本诉与反诉中诉讼地位是相同的

【答案】AB

【解析】反诉须向受理本诉的法院提出，且受诉法院对反诉有管辖权，反诉是在本诉进行中提起的，并且要利用本诉的诉讼程序一并进行审理。故A选项说法正确，当选。反诉诉讼请求具有独立性，反诉提出后，即使本诉的诉讼请求被放弃或撤回，也不影响反诉的存在，法院仍然要对反诉的诉讼请求进行审理并作出裁判。故B选项说法正确，当选。反诉的目的在于抵销或吞并原告提起的诉，使原告的诉讼目的无法全部实现或部分实现，但反诉的成立不会直接产生本诉的诉讼请求被驳回的法律后果。故C选项说法错误，不当选。在反诉中，本诉双方当事人的地位发生了转换，本诉的被告成为原告，本诉的原告则成为被告。故D选项说法错误，不当选。

7.甲公司起诉要求乙公司交付货物。被告乙公司向法院主张合同无效，应由原告甲公司承担合同无效的法律责任。关于本案被告乙公司主张的性质，下列哪一说法是正确的？（2009-3-36）

A.该主张构成了反诉　　　　　B.该主张是一种反驳

C.该主张仅仅是一种事实主张　　D.该主张是一种证据

【答案】A

【解析】反诉，是指在诉讼程序进行中，本诉被告针对本诉原告向法院提出的独立的反诉请求。反诉不同于反驳，反驳是指被告针对原告提出的诉讼请求和理由，从实体和程序上、从事实上和法律上予以辩驳。反驳的目的虽

然也在于使原告的诉讼目的无法实现，但是它并非向原告提出独立的诉讼请求。本题中，被告乙公司向法院提出合同无效的同时，向法院提出了独立的诉讼请求，即要求原告承担合同无效的法律责任。故本题中乙公司的主张是反诉，而非反驳。因此，本题的正确答案是A项。

8.刘某夫妻与杨某是大学同学，关系甚密。后来刘某与杨某在生意中发生纠纷，刘某起诉至法院，要求杨某给付货款4000元。法院受理后依法开庭审理，在审理中杨某提出刘某的妻子曾向其借款5000元，至今未还，要求刘某夫妻用货款抵债并偿还其余1000元。法院对此应如何处理？（2011-3-7）

A.将杨某的请求作为反诉与原诉讼合并审理

B.中止给付货款的诉讼

C.追加刘某的妻子为第三人

D.告知被告杨某另行起诉

【答案】D

【解析】A项错误，反诉，是指在诉讼程序进行中，本诉被告针对本诉原告向法院提出的独立的反请求。B项错误，根据《民事诉讼法》第150条的规定，B项不属于中止诉讼情形。C项错误，民事诉讼的第三人，是指对原告和被告所争议的诉讼标的有独立的请求权，或者虽然没有独立的请求权，但与案件的处理结果有法律上的利害关系，而参加到正在进行的诉讼中去的人。刘某妻不是本案第三人。故只能选D项。

9.关于反诉，下列哪一选项是正确的？（四川2008-3-35）

A.甲诉乙侵权纠纷一案，乙提出反诉后，甲自觉理亏而撤回了本诉，法院则应当将反诉终结审理

B.某法院对自己作出的某案件的二审判决进行再审时，被告提出反诉，法院对此应当进行调解，调解不成的，告知另行起诉

C.丙诉丁交付货物，丁聘请了律师，并出具了仅写明"全权委托"字样的授权委托书，庭审中丁的律师可以代替丁提出反诉

D.戊诉己借款纠纷案，己在庭审中对戊提出人身损害赔偿的反请求，法院对此应当进行调解，调解不成的，告知另行起诉

【答案】B

【解析】反诉提出后，即使本诉的诉讼请求被放弃或者撤回，也不影响反

诉诉求的存在，法院仍然要对反诉进行审理并作出裁判，故 A 项说法错误。根据《民诉解释》第 328 条的规定，B 项说法正确。根据《民诉解释》第 89 条的规定，C 项说法错误。反诉必须与本诉之间存在牵连关系，即存在法律上或者事实上的联系。D 项中戊对己提出的是借款纠纷方面的请求，而己对戊提出的是关于人身损害赔偿方面的请求，二者不论从法律上还是事实上都没有牵连关系，故 D 项说法错误。

10.刘某与曹某签订房屋租赁合同，后刘某向法院起诉，要求曹某依约支付租金。曹某向法院提出的下列哪一主张可能构成反诉？（2014-3-43）

A.刘某的支付租金请求权已经超过诉讼时效

B.租赁合同无效

C.自己无支付能力

D.自己已经支付了租金

【答案】B

【解析】反诉与本诉在诉讼标的、诉讼请求基于的原因或案件事实方面存在法律上的牵连关系，刘某的本诉与曹某的反诉基于同一租赁合同，可能构成反诉，可知 B 选项正确。

11.李某驾车不慎追尾撞坏刘某轿车，刘某向法院起诉要求李某将车修好。在诉讼过程中，刘某变更诉讼请求，要求李某赔偿损失并赔礼道歉。针对本案的诉讼请求变更，下列哪一说法是正确的？（2015-3-37）

A.该诉的诉讼标的同时发生变更

B.法院应依法不允许刘某变更诉讼请求

C.该诉成为变更之诉

D.该诉仍属给付之诉

【答案】D

【解析】本案只是原告变更了诉讼请求，争议的关系并没有发生改变，即诉讼标的没有变更，因此，A 项错误。诉讼中当事人依法可以变更诉讼请求，因此，B 项错误。本案当事人变更后的诉讼请求是要求被告给付赔偿款和赔礼道歉，属于均属于给付之诉，因此，C 项错误，D 项正确。

第五章　当事人和诉讼代理人

※【图表解析】

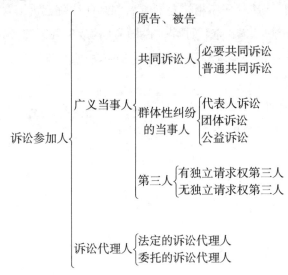

诉讼参加人
├─ 广义当事人
│　├─ 原告、被告
│　├─ 共同诉讼人
│　│　├─ 必要共同诉讼
│　│　└─ 普通共同诉讼
│　├─ 群体性纠纷的当事人
│　│　├─ 代表人诉讼
│　│　├─ 团体诉讼
│　│　└─ 公益诉讼
│　└─ 第三人
│　　　├─ 有独立请求权第三人
│　　　└─ 无独立请求权第三人
└─ 诉讼代理人
　　├─ 法定的诉讼代理人
　　└─ 委托的诉讼代理人

第一节　当事人概述

※【图表解析】

当事人概述
- 当事人能力
  - 自然人J55、57、58、59
  - 法人J62~64
  - 其他组织J52（非所有的，需依法登记，领取证照）
- 当事人适格
  - 分支机构J53（**依法设立＋营业执照**）
  - 职务行为的，归所属单位J56
  - 当事人死亡，继承人继受J55
  - 雇主：人身损害（雇员故意，重大过失）＝可以（雇主＋雇工）
  - 直接行为人：未登记、无代理权的、终止后J62
- 当事人的诉讼权利与义务
  - 诉讼权利
    - 一般（仅产生程序作用）
    - 特殊（影响实体性利益）
  - 诉讼义务
    - 依法行使诉讼权利
    - 遵守诉讼秩序
    - 履行生效法律文书
- 当事人的变更
  - 法定变更
    - 自然人
      - 基于债权债务，死者的合法继承者
      - 基于身份关系（不能发生法定变更）
    - 法人或者其他组织
      - 分立
      - 合并
      - 破产
      - 撤销
  - 任意变更（我国法律已无规定）

※【知识点详解】

民事诉讼中的当事人，是指因民事权利义务发生争议，以自己名义进行诉讼并受人民法院裁判约束的人。狭义的当事人仅指原告和被告；广义的当事人不仅包括原告和被告，还包括共同诉讼人、诉讼代表人、第三人。

一、当事人能力

（1）自然人：个体工商户以营业执照上登记的经营者为当事人；诉讼中，一方当事人死亡的，继承人作为当事人承担诉讼。

（2）法人：由法定代表人进行诉讼。

（3）其他组织（非法人团体）：是指合法成立、有一定的组织、机构和财产又不具备法人资格的组织。其他组织具有民事诉讼权利能力，可以作为民事诉讼当事人。其他组织发生诉讼时，由该组织的主要负责人进行诉讼。据《民诉解释》第52条的规定，民事诉讼法第四十八条规定的其他组织是指合法成立、有一定的组织机构和财产，但又不具备法人资格的组织，包括：

①依法登记领取营业执照的个人独资企业；

②依法登记领取营业执照的合伙企业；

③依法登记领取我国营业执照的中外合作经营企业、外资企业；

④依法成立的社会团体的分支机构、代表机构；

⑤依法设立并领取营业执照的法人的分支机构；

⑥依法设立并领取营业执照的商业银行、政策性银行和非银行金融机构的分支机构；

⑦经依法登记领取营业执照的乡镇企业、街道企业；

⑧其他符合本条规定条件的组织。

二、诉讼权利能力与诉讼行为能力

民事诉讼权利能力又称为当事人能力，是指能够成为民事诉讼当事人，享有诉讼权利承担诉讼义务的资格。自然人的民事诉讼权利能力，始于出生，终于死亡；法人的民事诉讼权利能力，始于法人成立，终于法人终止。

民事诉讼行为能力又称为当事人的诉讼能力，是指当事人以自己的行为行使诉讼权利承担诉讼义务的能力。有民事诉讼权利能力的人不一定具有民事诉讼行为能力。民事诉讼行为能力与民事行为能力关系密切，即完全民事行为能力人具有民事诉讼行为能力；无民事行为能力或者限制民事行为能力人不具有民事诉讼行为能力。

三、当事人适格

（一）当事人适格的概念

当事人适格，又称为正当当事人，是指当事人就特定的诉讼，有资格以自己的名义成为原告或被告，因而受本案判决拘束的当事人。以自己的名义作为当事人并受到本案判决拘束的权能，即为诉讼实施权。传统观点将管理权或者处分权作为诉讼实施权的基础，近来有些学者主张将"诉的利益"作为诉讼实施权的基础。

（二）正当当事人的确定

通常情况下，正当当事人应当是发生争议的民事法律关系的主体；但是根据法律的特别规定，非民事法律关系主体也可以具备当事人的资格。主要有以下几类：

失踪人的财产代管人、遗产管理人、遗嘱执行人、某些被授权的著作权保护组织、为保护死者名誉权等权益的近亲属、公益诉讼的原告、股东的派生诉讼等。

四、当事人的诉讼权利和诉讼义务

当事人在诉讼过程中享有广泛的诉讼权利，承担相应的诉讼义务。当事人依法行使诉讼权利，履行诉讼义务，人民法院应依法保障当事人的诉讼权利。

（一）当事人的诉讼权利

（1）一般诉讼权利，是指仅产生程序作用的诉讼权利，包括委托代理人、申请回避、收集和提供证据、辩论质证、申请财产保全、申请再审、申请强制执行、查阅、复制与本案有关材料等诉讼权利。

（2）特殊诉讼权利，是指该诉讼权利的行使会影响当事人的实体性权益，包括自行和解的权利，放弃、变更诉讼请求的权利，承认对方诉讼请求的权利，提出反诉等权利。

（二）当事人的诉讼义务

（1）依法行使诉讼权利。

（2）遵守诉讼秩序。

（3）履行生效的法律文书。

五、当事人的变更

当事人的变更，是指在民事诉讼进行的过程中，根据法律的规定或者基于当事人的意思，一方当事人的诉讼权利义务发生移转，由案外人承担原当事人的诉讼权利义务，作为新当事人继续参加诉讼。包括法定的当事人变更和任意的当事人变更。

（一）法定的当事人变更

法定的当事人变更，是指根据法律的规定发生的当事人的变更。主要包括：

1.自然人的法定变更

基于财产关系发生的案件，由死者的合法继承人作为当事人继续进行诉讼；基于身份关系而产生的案件，通常不能发生当事人的法定变更。

2.法人或者其他组织的法定变更

法人或其他组织消灭时由承受其权利义务的主体继续参加诉讼。具体而言：

（1）法人被撤销的，由清算组承担权利义务，无清算组，由决定撤销的主管单位承担；

（2）法人宣告破产后由清算组承担；其他组织由接受管理其财产的组织承担；

（3）法人或者其他组织合并或分立的，由合并后或分立后的组织承担其权利义务。

（二）任意的当事人变更

任意的当事人变更即在诉讼进行过程中，因原当事人不适合而根据当事人意志发生的当事人变更。我国《民事诉讼法》没有关于任意的当事人变更的规定，但理论上大都予以承认。

第二节　原告与被告

※【图表解析】

```
原告与          以民事法律关系为基础
被告的
确定                        ┌职务行为 ⇨ 法人
              ┌1.法人和内部员工┤
              │             └非职务行为 ⇨ 员工
       法人与 ┤2.无权代理的，非表见代理                      ┐
       行为人 │3.以尚未成立的法人名义  ⎬行为人为当事人
              └4.以依法终止后的法人名义                      ┘

                     ┌非依法设立             ┐
       法人与分支机构┤依法设立但未领取营业执照 ⎬设立该分支机构的法人
                     │
                     └依法设立并领取营业执照 ⇨ 该分支机构

                        ┌作者与出版社  ┌以出版社为被告
                        │为职务关系    └（作品系履行职务所形成的）
       新闻报道、作品引起的│
         名誉权纠纷       │作者与出版社  ┌以作者为被告
                        │为非职务关系  ┤以出版社为被告
                        │            └以作者与出版社为共同被告
                        └权利在原告

       连带侵权责任：原则上，谁是被告，权利在原告
```

※【知识点详解】

一、概念

　　原告，是指因民事权利义务关系发生争议，以自己的名义向法院提起诉讼，引起民事诉讼程序发生的人。原告提起诉讼通常是为了保护自己的权益，在法律明确规定由其管理、保护、支配的民事权益受到侵犯或与他人发生争议时，也可以以自己的名义向法院提起诉讼。被告，是指被原告诉称侵犯其合法权益或者与原告发生权利义务纠纷，而由法院通知其应诉的人。

二、原告与被告的确定

(一) 以民事法律关系为基础

在民事诉讼中确定原、被告时，应当以民事法律关系为基础，而不应当以民事责任的承担为标准。因为某些情况下，可能会由民事法律关系以外的主体（如无独立请求权第三人）来承担责任，但仍应当以与原告发生直接的民事法律关系的主体作为被告。

(二) 法人和直接责任人问题

（1）法人和内部工作人员。

①法人内部工作人员因执行工作任务给他人造成损害发生争议，以法人为当事人。

②因非执行工作任务给他人造成损害，以工作人员为当事人。

（2）以依法终止后的法人的名义从事民事活动引起的争议，以行为人为当事人。

（3）企业法人未经清算即被注销，以该企业法人的股东、发起人或者出资人为当事人。

(三) 法人与分支机构的关系

（1）法人非依法设立的分支机构，或者虽然依法设立，但是没有领取营业执照的分支机构，以设立该分支机构的法人为当事人。

（2）法人依法设立并领取营业执照的分支机构，以分支机构为当事人。

(四) 雇主与雇工的关系

提供劳务一方因劳务造成他人损害，受害人提起诉讼的，以接受劳务一方为被告。

在劳务派遣期间，被派遣的工作人员因执行工作任务造成他人损害的，以接受劳务派遣的用工单位为当事人。当事人主张劳务派遣单位承担责任的，该劳务派遣单位为共同被告。

注意：根据《民诉解释》第59条的规定，在诉讼中，个体工商户以营业执照上登记的经营者为当事人。有字号的，以营业执照上登记的字号为当事人，但应同时注明该字号经营者的基本信息。如果营业执照上登记的经营者与实际经营者不一致的，二者为共同诉讼人。

（五）因新闻报道或其他作品引起的名誉权纠纷案件的当事人

根据最高人民法院《关于审理名誉权案件若干问题的解答》第6条的规定：新闻报道或其他作品发生的名誉权纠纷，应根据原告的起诉确定被告。只起诉作者的，列作者为被告；只起诉新闻出版单位的，列新闻出版单位为被告；对作者和新闻出版单位都提起诉讼的，将作者和新闻出版单位均列为被告，但作者与新闻出版单位为隶属关系，作品系作者履行职务所形成的，只列单位为被告。

（六）公益诉讼

对污染环境、侵害众多消费者合法权益等损害社会公共利益的行为，法律规定的机关和有关组织可以向人民法院提起诉讼。原告是法律规定的机关和有关组织，例如消费者协会等。

（七）《中华人民共和国侵权责任法》（以下简称《侵权责任法》）规定的案件

《侵权责任法》对于一般侵权案件以及特殊侵权案件中责任主体的规定，是该类案件中确定被告的主要根据。应当根据《侵权责任法》的相关规定确定原被告。

1.连带责任

根据《侵权责任法》第13条规定："法律规定承担连带责任的，被侵权人有权请求部分或者全部连带责任承担责任。"这也意味着，当连带发生时，谁是被告，主要看作为原告的被侵权人对几名侵权人提起了诉讼，即所谓原告告谁，谁是被告。

2.校园事故责任

无民事行为能力人或者限制民事行为能力人在幼儿园、学校或者其他教育机构学习、生活期间，受到幼儿园、学校或者其他教育机构以外的人员人身损害的，由侵权人承担侵权责任（侵权人是被告）；幼儿园、学校或者其他教育机构未尽到管理职责的，承担相应的补充责任，即为共同被告。

3.公共场所管理人

宾馆、商场、银行、车站、娱乐场所等公共场所的管理人或者群众性活动的组织者，未尽到安全保障义务，造成他人损害的，应当承担侵权责任。因第三人的行为造成他人损害的，由第三人承担侵权责任；管理人或者组织

者未尽到安全保障义务的，承担相应的补充责任。即因第三人行为造成的，第三人为被告，如果第三人侵权，且管理人未尽到安全保障义务的，为共同被告。

※【相关法律法规】

《民事诉讼法》

第48条　公民、法人和其他组织可以作为民事诉讼的当事人。

法人由其法定代表人进行诉讼。其他组织由其主要负责人进行诉讼。

第55条　对污染环境、侵害众多消费者合法权益等损害社会公共利益的行为，法律规定的机关和有关组织可以向人民法院提起诉讼。

《民诉解释》

第50条　法人的法定代表人以依法登记的为准，但法律另有规定的除外。依法不需要办理登记的法人，以其正职负责人为法定代表人；没有正职负责人的，以其主持工作的副职负责人为法定代表人。

法定代表人已经变更，但未完成登记，变更后的法定代表人要求代表法人参加诉讼的，人民法院可以准许。

其他组织，以其主要负责人为代表人。

第51条　在诉讼中，法人的法定代表人变更的，由新的法定代表人继续进行诉讼，并应向人民法院提交新的法定代表人身份证明书。原法定代表人进行的诉讼行为有效。

前款规定，适用于其他组织参加的诉讼。

第52条　民事诉讼法第四十八条规定的其他组织是指合法成立、有一定的组织机构和财产，但又不具备法人资格的组织，包括：

（一）依法登记领取营业执照的个人独资企业；

（二）依法登记领取营业执照的合伙企业；

（三）依法登记领取我国营业执照的中外合作经营企业、外资企业；

（四）依法成立的社会团体的分支机构、代表机构；

（五）依法设立并领取营业执照的法人的分支机构；

（六）依法设立并领取营业执照的商业银行、政策性银行和非银行金融机构的分支机构；

（七）经依法登记领取营业执照的乡镇企业、街道企业；

（八）其他符合本条规定条件的组织。

第53条　法人非依法设立的分支机构，或者虽依法设立，但没有领取营业执照的分支机构，以设立该分支机构的法人为当事人。

第54条　以挂靠形式从事民事活动，当事人请求由挂靠人和被挂靠人依法承担民事责任的，该挂靠人和被挂靠人为共同诉讼人。

第55条　在诉讼中，一方当事人死亡，需要等待继承人表明是否参加诉讼的，裁定中止诉讼。人民法院应当及时通知继承人作为当事人承担诉讼，被继承人已经进行的诉讼行为对承担诉讼的继承人有效。

第56条　法人或者其他组织的工作人员执行工作任务造成他人损害的，该法人或者其他组织为当事人。

第57条　提供劳务一方因劳务造成他人损害，受害人提起诉讼的，以接受劳务一方为被告。

第58条　在劳务派遣期间，被派遣的工作人员因执行工作任务造成他人损害的，以接受劳务派遣的用工单位为当事人。当事人主张劳务派遣单位承担责任的，该劳务派遣单位为共同被告。

第59条　在诉讼中，个体工商户以营业执照上登记的经营者为当事人。有字号的，以营业执照上登记的字号为当事人，但应同时注明该字号经营者的基本信息。营业执照上登记的经营者与实际经营者不一致的，以登记的经营者和实际经营者为共同诉讼人。

第60条　在诉讼中，未依法登记领取营业执照的个人合伙的全体合伙人为共同诉讼人。个人合伙有依法核准登记的字号的，应在法律文书中注明登记的字号。全体合伙人可以推选代表人；被推选的代表人，应由全体合伙人出具推选书。

第61条　当事人之间的纠纷经人民调解委员会调解达成协议后，一方当事人不履行调解协议，另一方当事人向人民法院提起诉讼的，应以对方当事人为被告。

第62条　下列情形，以行为人为当事人：

（一）法人或者其他组织应登记而未登记，行为人即以该法人或者其他组织名义进行民事活动的；

（二）行为人没有代理权、超越代理权或者代理权终止后以被代理人名义进行民事活动的，但相对人有理由相信行为人有代理权的除外；

（三）法人或者其他组织依法终止后，行为人仍以其名义进行民事活动的。

《侵权责任法》

第8条　二人以上共同实施侵权行为，造成他人损害的，应当承担连带责任。

第9条　教唆、帮助他人实施侵权行为的，应当与行为人承担连带责任。

教唆、帮助无民事行为能力人、限制民事行为能力人实施侵权行为的，应当承担侵权责任；该无民事行为能力人、限制民事行为能力人的监护人未尽到监护责任的，应当承担相应的责任。

第10条　二人以上实施危及他人人身、财产安全的行为，其中一人或者数人的行为造成他人损害，能够确定具体侵权人的，由侵权人承担责任；不能确定具体侵权人的，行为人承担连带责任。

第11条　二人以上分别实施侵权行为造成同一损害，每个人的侵权行为都足以造成全部损害的，行为人承担连带责任。

第12条　二人以上分别实施侵权行为造成同一损害，能够确定责任大小的，各自承担相应的责任；难以确定责任大小的，平均承担赔偿责任。

第13条　法律规定承担连带责任的，被侵权人有权请求部分或者全部连带责任人承担责任。

第37条　宾馆、商场、银行、车站、娱乐场所等公共场所的管理人或者群众性活动的组织者，未尽到安全保障义务，造成他人损害的，应当承担侵权责任。

因第三人的行为造成他人损害的，由第三人承担侵权责任；管理人或者组织者未尽到安全保障义务的，承担相应的补充责任。

第49条　因租赁、借用等情形机动车所有人与使用人不是同一人时，发生交通事故后属于该机动车一方责任的，由保险公司在机动车强制保险责任限额范围内予以赔偿。不足部分，由机动车使用人承担赔偿责任；机动车所有人对损害的发生有过错的，承担相应的赔偿责任。

第50条 当事人之间已经以买卖等方式转让并交付机动车但未办理所有权转移登记，发生交通事故后属于该机动车一方责任的，由保险公司在机动车强制保险责任限额范围内予以赔偿。不足部分，由受让人承担赔偿责任。

第52条 盗窃、抢劫或者抢夺的机动车发生交通事故造成损害的，由盗窃人、抢劫人或者抢夺人承担赔偿责任。保险公司在机动车强制保险责任限额范围内垫付抢救费用的，有权向交通事故责任人追偿。

《关于审理人身损害赔偿案件适用法律若干问题的解释》

第9条 雇员在从事雇佣活动中致人损害的，雇主应当承担赔偿责任；雇员因故意或者重大过失致人损害的，应当与雇主承担连带赔偿责任。雇主承担连带赔偿责任的，可以向雇员追偿。

前款所称"从事雇佣活动"，是指从事雇主授权或者指示范围内的生产经营活动或者其他劳务活动。雇员的行为超出授权范围，但其表现形式是履行职务或者与履行职务有内在联系的，应当认定为"从事雇佣活动"。

《关于审理名誉权案件若干问题的解答》

第6条 因新闻报道或其他作品发生的名誉权纠纷，应根据原告的起诉确定被告。只诉作者的，列作者为被告；只诉新闻出版单位的，列新闻出版单位为被告；对作者和新闻出版单位都提起诉讼的，将作者和新闻出版单位均列为被告，但作者与新闻出版单位为隶属关系，作品系作者履行职务所形成的，只列单位为被告。

《最高人民法院关于确定民事侵权精神损害赔偿责任若干问题的解释》

第7条 自然人因侵权行为致死，或者自然人死亡后其人格或者遗体遭受侵害，死者的配偶、父母和子女向人民法院起诉请求赔偿精神损害的，列其配偶、父母和子女为原告；没有配偶、父母和子女的，可以由其他近亲属提起诉讼，列其他近亲属为原告。

第三节　诉讼代理人

※【图表解析】

诉讼代理人
- 法定型 F57
  - 代理权产生：法律
  - 代理权权限：全权代理
  - 代理权的消灭：随监护权的消灭而消灭
  - 诉讼地位：≈当事人诉讼地位
- 委托型
  - 范围：F58
  - 代理权权限
    - 一般权限
    - 特别授权（承认、放弃、变更、反诉、上诉、和解）F59
  - 代理权消灭
    - 诉讼终结
    - 代理人丧失诉讼行为能力或死亡
    - 被代理人死亡
    - 委托人解除，代理人辞去
  - 特殊规定（F62）：离婚案件除特殊情况，当事人需出庭

※【知识点详解】

一、诉讼代理人概述

民事诉讼代理人，是指以当事人的名义，在法律规定或者当事人授权的权限范围内，为当事人的利益进行诉讼活动的人。诉讼代理人具有以下几个特点：

（1）有诉讼行为能力

（2）以被代理人的名义，并且为了维护被代理人的利益进行诉讼活动

（3）在代理权限范围内实施诉讼行为

（4）诉讼代理的法律后果由被代理人承担

（5）同一诉讼代理人在同一案件中只能代理一方当事人

二、法定诉讼代理人

法定诉讼代理人，是指根据法律规定而取得代理权，代理无诉讼行为能力的当事人进行诉讼的人。

（一）代理权的产生

法定代理人的代理权限依据法律规定产生。

（二）代理权的权限

法定诉讼代理人的权限不受限制，属于全权代理。

（三）代理权的消灭

法定代理权随监护权的产生而产生，当监护权消灭时，法定诉讼代理权也归于消灭。

（四）代理人的诉讼地位

法定代理人的诉讼地位相当于当事人，但不是当事人。

三、委托诉讼代理人

委托诉讼代理人，是指受当事人、法定代理人委托并以他们的名义在授权范围内进行民事诉讼活动的人。

（一）委托诉讼代理人的范围

（1）下列人员可以被委托为诉讼代理人：律师、法律服务工作者、当事人近亲属或工作人员、当事人所在社区、单位、有关社会团体推荐的公民。

（2）下列人员不能成为诉讼代理人：无民事行为能力人、限制民事行为能力人、以及其他依法不能作为诉讼代理人的人。

（二）代理权的产生

委托代理权是基于当事人、法定代表人、法定代理人的授权委托而产生的。

（三）代理权限

（1）一般代理权限。代理人只能进行一般性诉讼权利的代理，如代为起诉、应诉、提供证据等。

（2）特殊代理权限。代理人可以代为承认、放弃、变更诉讼请求，进行和解，提起反诉或者上诉。行使特殊代理权限必须有委托人的特别授权。授

权须具体明确，如授权委托书仅写"全权代理"不能享有特殊代理的权限。见《民诉解释》第89条。

（四）代理权的消灭

委托代理权的消灭可能缘于各种原因，主要包括：

（1）诉讼结束；

（2）代理人丧失诉讼行为能力或死亡；

（3）委托期限届满；

（4）委托人解除委托或代理人辞去委托。

（五）离婚案件中的特殊规定

在离婚诉讼中，即使有委托诉讼代理人，本人仍然需要出庭诉讼，本人不能表达意思的除外。

※【相关法律法规】

《民事诉讼法》

第57条　无诉讼行为能力人由他的监护人作为法定代理人代为诉讼。法定代理人之间互相推诿代理责任的，由人民法院指定其中一人代为诉讼。

第58条　当事人、法定代理人可以委托一至二人作为诉讼代理人。

下列人员可以被委托为诉讼代理人：

（一）律师、基层法律服务工作者；

（二）当事人的近亲属或者工作人员；

（三）当事人所在社区、单位以及有关社会团体推荐的公民。

第59条　委托他人代为诉讼，必须向人民法院提交由委托人签名或者盖章的授权委托书。

授权委托书必须记明委托事项和权限。诉讼代理人代为承认、放弃、变更诉讼请求，进行和解，提起反诉或者上诉，必须有委托人的特别授权。

侨居在国外的中华人民共和国公民从国外寄交或者托交的授权委托书，必须经中华人民共和国驻该国的使领馆证明，没有使领馆的，由与中华人民共和国有外交关系的第三国驻该国的使领馆证明，再转由中华人民共和国驻该第三国使领馆证明，或者由当地的爱国华侨团体证明。

第62条　离婚案件有诉讼代理人的，本人除不能表达意思的以外，仍应出庭；确因特殊情况无法出庭的，必须向人民法院提交书面意见。

《民诉解释》

第83条　在诉讼中，无民事行为能力人、限制民事行为能力人的监护人是他的法定代理人。事先没有确定监护人的，可以由有监护资格的人协商确定；协商不成的，由人民法院在他们之中指定诉讼中的法定代理人。当事人没有民法通则第十六条第一款、第二款或者第十七条第一款规定的监护人的，可以指定该法第十六条第四款或者第十七条第三款规定的有关组织担任诉讼中的法定代理人。

第84条　无民事行为能力人、限制民事行为能力人以及其他依法不能作为诉讼代理人的，当事人不得委托其作为诉讼代理人。

第85条　根据民事诉讼法第五十八条第二款第二项规定，与当事人有夫妻、直系血亲、三代以内旁系血亲、近姻亲关系以及其他有抚养、赡养关系的亲属，可以当事人近亲属的名义作为诉讼代理人。

第86条　根据民事诉讼法第五十八条第二款第二项规定，与当事人有合法劳动人事关系的职工，可以当事人工作人员的名义作为诉讼代理人。

第87条　根据民事诉讼法第五十八条第二款第三项规定，有关社会团体推荐公民担任诉讼代理人的，应当符合下列条件：

（一）社会团体属于依法登记设立或者依法免予登记设立的非营利性法人组织；

（二）被代理人属于该社会团体的成员，或者当事人一方住所地位于该社会团体的活动地域；

（三）代理事务属于该社会团体章程载明的业务范围；

（四）被推荐的公民是该社会团体的负责人或者与该社会团体有合法劳动人事关系的工作人员。

专利代理人经中华全国专利代理人协会推荐，可以在专利纠纷案件中担任诉讼代理人。

第88条　诉讼代理人除根据民事诉讼法第五十九条规定提交授权委托书外，还应当按照下列规定向人民法院提交相关材料：

（一）律师应当提交律师执业证、律师事务所证明材料；

（二）基层法律服务工作者应当提交法律服务工作者执业证、基层法律服务所出具的介绍信以及当事人一方位于本辖区内的证明材料；

（三）当事人的近亲属应当提交身份证件和与委托人有近亲属关系的证明材料；

（四）当事人的工作人员应当提交身份证件和与当事人有合法劳动人事关系的证明材料；

（五）当事人所在社区、单位推荐的公民应当提交身份证件、推荐材料和当事人属于该社区、单位的证明材料；

（六）有关社会团体推荐的公民应当提交身份证件和符合本解释第八十七条规定条件的证明材料。

第89条　当事人向人民法院提交的授权委托书，应当在开庭审理前送交人民法院。授权委托书仅写"全权代理"而无具体授权的，诉讼代理人无权代为承认、放弃、变更诉讼请求，进行和解，提出反诉或者提起上诉。

适用简易程序审理的案件，双方当事人同时到庭并径行开庭审理的，可以当场口头委托诉讼代理人，由人民法院记入笔录。

※【历年真题】

1.根据民事诉讼理论和相关法律法规，关于当事人的表述，下列哪些选项是正确的？（2014-3-81）

A.依法解散、依法被撤销的法人可以自己的名义作为当事人进行诉讼

B.被宣告为无行为能力的成年人可以自己的名义作为当事人进行诉讼

C.不是民事主体的非法人组织依法可以自己的名义作为当事人进行诉讼

D.中国消费者协会可以自己的名义作为当事人，对侵害众多消费者权益的企业提起公益诉讼

【答案】B、C、D

【解析】根据《民诉解释》第64条，可知A选项错误；当事人能力独立于民事能力存在，无民事权利能力的人却有当事人能力，可知B选项正确；根据《民事诉讼法》第48条，可知C选项正确；根据《民事诉讼法》第55条，可知D选项正确。

2.甲县的葛某和乙县的许某分别拥有位于丙县的云峰公司50%的股份。后由于二人经营理念不合，已连续四年未召开股东会，无法形成股东会决议。许某遂向法院请求解散公司，并在法院受理后申请保全公司的主要资产（位于丁县的一块土地的使用权）。关于本案当事人的表述，下列说法正确的是？（2014-3-95）

　　A.许某是原告

　　B.葛某是被告

　　C.云峰公司可以是无独立请求权第三人

　　D.云峰公司可以是有独立请求权第三人

【答案】A

【解析】根据《公司法》第182条规定："公司经营管理发生严重困难，继续存续会使股东利益受到重大损失，通过其他途径不能解决的，持有公司全部股东表决权百分之十以上的股东，可以请求人民法院解散公司"，可知A选项正确；根据《公司法解释（二）》第4条规定："股东提起解散公司诉讼应当以公司为被告"，可知B、C、D选项错误；

3.律师作为委托诉讼代理人参加诉讼，应向法院提交下列哪些材料？（2015-3-78）

　　A.律师所在的律师事务所与当事人签订的协议书

　　B.当事人的授权委托书

　　C.律师的执业证

　　D.律师事务所的证明

【答案】BCD

【解析】根据《民事诉讼法》第59条规定，《民诉解释》第88条规定，B、C、D项正确，A项错误。

第六章 多数当事人

第一节 共同诉讼

※【图表解析】

共同诉讼
- 必要的共同诉讼
  - 法定情形（见【知识点详解】）
  - 诉讼标的共同
    - 权利义务共同
      - 特定身份
      - 连带债权或者连带债务
    - 原因共同
      - 共同侵权行为或共同危险行为
      - 内部不可分的合同关系
  - 必要共同诉讼人的追加
    - 1.法院可以依职权追加
    - 2.实体权利人放弃实体权利的可不追
    - 3.实体义务人应当追加
    - 4.二审或审监中自愿调解，调不成，撤销原判，发回重审
- 普通的共同诉讼
  - 形成的条件
    - 诉讼标的同一类
    - 同一法院管辖
    - 当事人同意合并
    - 法院认为有合并的必要
  - 独立性
    - 行为独立
    - 中止等情形可独立适用
    - 裁判结果独立

F52＋J54、59、60、63、65、66、70~74　【注意：保证、新闻侵权】

※【知识点详解】

共同诉讼，是指当事人一方为两人以上，标的是共同的或同一种类的，由人民法院合并审理的诉讼。包括必要的共同诉讼和普通的共同诉讼。

一、必要的共同诉讼

必要的共同诉讼，是指一方或双方当事人为两人以上，具有共同的诉讼标的，人民法院必须合并审理的诉讼。必要共同诉讼中，诉讼标的是同一的，法院必须合并审理、合一判决。所谓诉讼标的是同一的，主要指当事人之间具有共同的权利义务关系。在共同诉讼人内部，一个人的行为经其他共同诉讼人承认，对其他人发生效力。

（一）必要共同诉讼的法定情形

（1）以挂靠形式从事民事活动，当事人请求由挂靠人和被挂靠人依法承担民事责任的，挂靠方和被挂靠方是共同诉讼人（《民诉解释》第54条）。

（2）个体工商户执照上登记经营者与实际经营者不一致的，登记经营者和实际经营者是共同诉讼人（《民诉解释》第59条）。

（3）未依法登记领取营业执照的个人合伙的全体合伙人在诉讼中为共同诉讼人，并注明依法登记的字号。全体合伙人可以推选代表人，被推选的代表人应由全体合伙人出具推选书（《民诉解释》第60条）。

注意：如果形成合伙企业、合伙组织的，且该合伙依法成立领取证照，那么该合伙企业、合伙组织为当事人。判断个人合伙还是合伙组织的标准在于：合法成立，有一定的组织机构，合伙人签订合伙协议，各合伙人的出资形成合伙组织的独立财产。

（4）企业法人分立的，因分立前民事活动发生纠纷，以分立后的企业法人为共同诉讼人（《民诉解释》第63条）。

（5）借用业务介绍信、合同专用章、盖章的空白合同书或银行账户的，出借单位和借用人是共同诉讼人（《民诉解释》第65条）。

（6）继承遗产诉讼中，部分继承人起诉的，法院应通知其他继承人作为共同原告参加诉讼；被通知的继承人不愿参加诉讼又未明确表示放弃实体权利的，法院仍应列为共同原告（《民诉解释》第70条）。

（7）被代理人和代理人承担连带责任的，为共同诉讼人（《民诉解释》第71条）。

（8）共有财产权受到他人侵害，部分共有权人起诉的，其他共有权人应当列为共同诉讼人（《民诉解释》第72条）。

（9）保证合同纠纷（《民诉解释》第66条以及《担保法》第19条）。

- 诉保证人和被保证人的，
  - 连带保证：应为共同被告
  - 一般保证：应为共同被告
- 诉保证人：
  - 连带保证：保证人为被告
  - 一般保证：追加被保证人为共同被告
- 诉被保证人：被保证人为被告

（10）出资、开办：如存在资金未出资到位或有抽逃资金等过错，出资人应当作为共同诉讼人，在其资金过错范围内承担连带责任。

（11）共同侵权问题（《侵权责任法》第8-13条）。

根据《侵权责任法》第13条的规定："法律规定承担连带责任的，被侵权人有权请求部分或者全部连带责任人承担责任"，因此，原告可以选择起诉部分侵权人或者全部侵权人，如果原告起诉全部侵权人时，全部侵权人是共同被告。但是，如果原告选择起诉部分侵权人时，对未被起诉的侵权人，从理论上而言，法院不应追加。

（12）劳动争议（《劳动争议解释》（一）第10-12条）。

（二）必要共同诉讼产生的原因

必要共同诉讼产生的原因通常可以分为两类。

1.权利义务共同型

（1）存在特定身份。一般包括基于婚姻家庭关系而形成的特定身份和基于共有关系而形成的特定身份。

（2）存在着连带债权或者连带债务。

2.原因共同型

共同诉讼人之间可能存在着共同侵权行为或共同危险行为，抑或共同诉讼人之间存在内部不可分的合同关系。

（三）必要共同诉讼人的追加

（1）人民法院可以依职权追加必要共同诉讼人。实体权利人放弃实体权利的可以不予追加，实体义务人应当追加。

（2）在二审程序或者审判监督程序中出现追加情形可以根据自愿原则进行调解，调解不成的，裁定撤销原判决，发回原审人民法院重审（《民诉解释》第73、74、327、422条）。

二、普通的共同诉讼

普通的共同诉讼，是指当事人一方或双方为两人以上，诉讼标的为同一种类，人民法院认为可以合并审理，且当事人也同意合并审理的诉讼。原则上，共同诉讼人之间是独立的，一个人的行为，通常只对自己有效，裁判结果也应当分别作出。

三、必要共同诉讼与普通共同诉讼之比较

比较内容	必要共同诉讼	普通共同诉讼
诉讼标的	同一，即一个诉讼标的	同一种类，即多个标的
诉讼请求的数量	至少1个	至少2个
可分性	强制合并	任意合并
裁判结果	同一	独立
诉讼行为	一人的行为，经承认对其他共同诉讼人发生效力	一个人的行为，通常只对自己有效
合并审的决定权	法律规定	法院认为并经当事人同意

※【相关法律法规】

《民事诉讼法》

第52条　当事人一方或者双方为二人以上，其诉讼标的是共同的，或者诉讼标的是同一种类、人民法院认为可以合并审理并经当事人同意的，为共同诉讼。

共同诉讼的一方当事人对诉讼标的有共同权利义务的，其中一人的诉讼

行为经其他共同诉讼人承认，对其他共同诉讼人发生效力；对诉讼标的没有共同权利义务的，其中一人的诉讼行为对其他共同诉讼人不发生效力。

《民诉解释》

第63条　企业法人合并的，因合并前的民事活动发生的纠纷，以合并后的企业为当事人；企业法人分立的，因分立前的民事活动发生的纠纷，以分立后的企业为共同诉讼人。

第64条　企业法人解散的，依法清算并注销前，以该企业法人为当事人；未依法清算即被注销的，以该企业法人的股东、发起人或者出资人为当事人。

第65条　借用业务介绍信、合同专用章、盖章的空白合同书或者银行账户的，出借单位和借用人为共同诉讼人。

第66条　因保证合同纠纷提起的诉讼，债权人向保证人和被保证人一并主张权利的，人民法院应当将保证人和被保证人列为共同被告。保证合同约定为一般保证，债权人仅起诉保证人的，人民法院应当通知被保证人作为共同被告参加诉讼；债权人仅起诉被保证人的，可以只列被保证人为被告。

第67条　无民事行为能力人、限制民事行为能力人造成他人损害的，无民事行为能力人、限制民事行为能力人和其监护人为共同被告。

第68条　村民委员会或者村民小组与他人发生民事纠纷的，村民委员会或者有独立财产的村民小组为当事人。

第69条　对侵害死者遗体、遗骨以及姓名、肖像、名誉、荣誉、隐私等行为提起诉讼的，死者的近亲属为当事人。

第70条　在继承遗产的诉讼中，部分继承人起诉的，人民法院应通知其他继承人作为共同原告参加诉讼；被通知的继承人不愿意参加诉讼又未明确表示放弃实体权利的，人民法院仍应将其列为共同原告。

第71条　原告起诉被代理人和代理人，要求承担连带责任的，被代理人和代理人为共同被告。

第72条　共有财产权受到他人侵害，部分共有权人起诉的，其他共有权人为共同诉讼人。

第73条　必须共同进行诉讼的当事人没有参加诉讼的，人民法院应当依照民事诉讼法第一百三十二条的规定，通知其参加；当事人也可以向人民法院申请追加。人民法院对当事人提出的申请，应当进行审查，申请理由不成立的，裁定驳回；申请理由成立的，书面通知被追加的当事人参加诉讼。

第74条　人民法院追加共同诉讼的当事人时，应当通知其他当事人。应当追加的原告，已明确表示放弃实体权利的，可不予追加；既不愿意参加诉讼，又不放弃实体权利的，仍应追加为共同原告，其不参加诉讼，不影响人民法院对案件的审理和依法作出判决。

第327条　必须参加诉讼的当事人或者有独立请求权的第三人，在第一审程序中未参加诉讼，第二审人民法院可以根据当事人自愿的原则予以调解；调解不成的，发回重审。

第422条　必须共同进行诉讼的当事人因不能归责于本人或者其诉讼代理人的事由未参加诉讼的，可以根据民事诉讼法第二百条第八项规定，自知道或者应当知道之日起六个月内申请再审，但符合本解释第四百二十三条规定情形的除外。

人民法院因前款规定的当事人申请而裁定再审，按照第一审程序再审的，应当追加其为当事人，作出新的判决、裁定；按照第二审程序再审，经调解不能达成协议的，应当撤销原判决、裁定，发回重审，重审时应追加其为当事人。

《担保法》

第19条　当事人对保证方式没有约定或者约定不明确的，按照连带责任保证承担保证责任。

《担保法解释》

第124条　企业法人的分支机构为他人提供保证的，人民法院在审理保证纠纷案件中可以将该企业法人作为共同被告参加诉讼。但是商业银行、保险公司的分支机构提供保证的除外。

第125条　一般保证的债权人向债务人和保证人一并提起诉讼的，人民法院可以将债务人和保证人列为共同被告参加诉讼。但是，应当在判决书中明确在对债务人财产依法强制执行后仍不能履行债务时，由保证人承担保证责任。

第126条　连带责任保证的债权人可以将债务人或者保证人作为被告提起诉讼，也可以将债务人和保证人作为共同被告提起诉讼。

第128条　债权人向人民法院请求行使担保物权时，债务人和担保人应当作为共同被告参加诉讼。

同一债权既有保证又有物的担保的，当事人发生纠纷提起诉讼的，债务人与保证人、抵押人或者出质人可以作为共同被告参加诉讼。

《中华人民共和国侵权责任法》

第8条　二人以上共同实施侵权行为，造成他人损害的，应当承担连带责任。

第9条　教唆、帮助他人实施侵权行为的，应当与行为人承担连带责任。

教唆、帮助无民事行为能力人、限制民事行为能力人实施侵权行为的，应当承担侵权责任；该无民事行为能力人、限制民事行为能力人的监护人未尽到监护责任的，应当承担相应的责任。

第10条　二人以上实施危及他人人身、财产安全的行为，其中一人或者数人的行为造成他人损害，能够确定具体侵权人的，由侵权人承担责任；不能确定具体侵权人的，行为人承担连带责任。

第11条　二人以上分别实施侵权行为造成同一损害，每个人的侵权行为都足以造成全部损害的，行为人承担连带责任。

第12条　二人以上分别实施侵权行为造成同一损害，能够确定责任大小的，各自承担相应的责任；难以确定责任大小的，平均承担赔偿责任。

第13条　法律规定承担连带责任的，被侵权人有权请求部分或者全部连带责任人承担责任。

《劳动争议解释》

第10条　用人单位与其他单位合并的，合并前发生的劳动争议，由合并后的单位为当事人；用人单位分立为若干单位的，其分立前发生的劳动争议，由分立后的实际用人单位为当事人。

用人单位分立为若干单位后，对承受劳动权利义务的单位不明确的，分立后的单位均为当事人。

第11条　用人单位招用尚未解除劳动合同的劳动者，原用人单位与劳动者发生的劳动争议，可以列新的用人单位为第三人。

原用人单位以新的用人单位侵权为由向人民法院起诉的，可以列劳动者为第三人。

原用人单位以新的用人单位和劳动者共同侵权为由向人民法院起诉的，新的用人单位和劳动者列为共同被告。

第12条　劳动者在用人单位与其他平等主体之间的承包经营期间，与发包方和承包方双方或者一方发生劳动争议，依法向人民法院起诉的，应当将承包方和发包方作为当事人。

第二节　群体性纠纷的当事人

※【图表解析】

团体诉讼：《著作权法》8

公益诉讼：F55，J284-291

※ 【知识点详解】

一、诉讼代表人

（一）诉讼代表人概述

1.诉讼代表人的概念

诉讼代表人，是指由人数众多的一方当事人推选出来的，代表其进行诉讼活动的人。

2.诉讼代表人的特点

（1）当事人一方人数众多，一般为10人以上。

（2）代表人一般为2~5人，每位代表可以委托1~2名诉讼代理人。

（3）裁判文书的效力具有扩张性。

（二）诉讼代表人的确定

1.人数确定的代表人诉讼

（1）人数确定的代表人诉讼，是指起诉时当事人的人数已经确定的代表人诉讼。这类代表人诉讼既可以是必要的共同诉讼也可以是普通的共同诉讼。

（2）人数确定的诉讼代表人的产生（详见J76）。

诉讼代表人的推选方式：必要的共同诉讼由全体当事人推选共同的代表人；普通的共同诉讼由部分当事人推选自己的诉讼代表人。

未推选出代表人的当事人：必要共同诉讼中自己参加诉讼；普通共同诉讼中另行起诉。

2.人数不确定的代表人诉讼

（1）人数不确定的代表人诉讼，是指起诉时当事人的人数尚不确定的代表人诉讼。此类代表人诉讼只能是普通的共同诉讼。

（2）人数不确定的诉讼代表人的产生（详见J77）。由当事人推选代表人，当事人推选不出的，可以由法院提出人选与当事人协商，协商不成的可以由人民法院在起诉的当事人中指定。

（三）诉讼代表人的权限

诉讼代表人的权限因其所行使的诉讼权利性质不同而有所不同。

（1）对于一般性诉讼权利，如委托代理人、提供证据等，诉讼代表人可以根据自己的意志行使并对其所代表的当事人发生效力。

（2）对于某些特殊性诉讼权利，如变更、放弃诉讼请求或者承认对方当事人的诉讼请求，进行和解，必须经被代表的当事人同意。

（四）裁判的效力

（1）对于人数确定的代表人诉讼，裁判的效力及于诉讼代表人及其所代表的在法院登记权利的当事人。

（2）对于人数不确定的代表人诉讼，裁判的效力不仅及于诉讼代表人及其代表的在法院登记权利的当事人，其效力同时及于在诉讼时效内起诉的人。

二、团体诉讼

著作权人和与著作权有关的权利人可以授权著作权集体管理组织行使著作权或者与著作权有关的权利。著作权集体管理组织被授权后，可以以自己的名义为著作权人和与著作权有关的权利人主张权利，并可以作为当事人进行涉及著作权或者与著作权有关的权利的诉讼、仲裁活动。

著作权集体管理组织是非营利性组织，其设立方式、权利义务、著作权许可使用费的收取和分配，以及对其监督和管理等由国务院另行规定。

三、公益诉讼

《民事诉讼法》第55条规定，对污染环境、侵害众多消费者合法权益等损害社会公共利益的行为，法律规定的机关和有关组织可以向人民法院提起诉讼。根据《民诉解释》第284-291条的规定，应当注意以下几点：第一，公益诉讼的提起主体是"法律规定的机关和有关组织"，例如，中国消费者协会以及某些环保组织等主体有权提起公益诉讼，个人无权提起公益诉讼；第二，公益诉讼的起诉条件：与《民诉法》第119条相比，不要求原告与案件有直接利害关系，同时原告要向法院提供有公共利益受到损害的初步证据；第三，公益诉讼与私益诉讼相互独立，不能合并审理。法院受理公益案件后，不影响同一侵权行为的受害人根据《民诉法》第119条起诉。如果公益裁判生效后，其他有资格的机关和组织另行提起公益诉讼的，法院不予受理；第四，公益诉讼案件通常由侵权行为地或被告住所地中级法院管辖，法律、司法解释另有规定的除外。第五，公益诉讼案件，当事人可以和解，法

院可以调解。但为了保障社会公共利益不受非法和解或调解的影响，当事人达成和解或调解协议后，法院应当公告不少于三十日，待公告期满后，不违反社会公共利益的，法院应出具调解书。第六，公益诉讼案件的原告在法庭辩论终结后申请撤诉的，法院不予准许。

※【相关法律法规】

《民事诉讼法》

第53条　当事人一方人数众多的共同诉讼，可以由当事人推选代表人进行诉讼。代表人的诉讼行为对其所代表的当事人发生效力，但代表人变更、放弃诉讼请求或者承认对方当事人的诉讼请求，进行和解，必须经被代表的当事人同意。

第54条　诉讼标的是同一种类、当事人一方人数众多在起诉时人数尚未确定的，人民法院可以发出公告，说明案件情况和诉讼请求，通知权利人在一定期间向人民法院登记。

向人民法院登记的权利人可以推选代表人进行诉讼；推选不出代表人的，人民法院可以与参加登记的权利人商定代表人。

第55条　对污染环境、侵害众多消费者合法权益等损害社会公共利益的行为，法律规定的机关和有关组织可以向人民法院提起诉讼。

《民诉解释》

第75条　民事诉讼法第五十三条、第五十四条和第一百九十九条规定的人数众多，一般指十人以上。

第76条　依照民事诉讼法第五十三条规定，当事人一方人数众多在起诉时确定的，可以由全体当事人推选共同的代表人，也可以由部分当事人推选自己的代表人；推选不出代表人的当事人，在必要的共同诉讼中可以自己参加诉讼，在普通的共同诉讼中可以另行起诉。

第77条　根据民事诉讼法第五十四条规定，当事人一方人数众多在起诉时不确定的，由当事人推选代表人。当事人推选不出的，可以由人民法院提出人选与当事人协商；协商不成的，也可以由人民法院在起诉的当事人中指定代表人。

第78条 民事诉讼法第五十三条和第五十四条规定的代表人为二至五人，每位代表人可以委托一至二人作为诉讼代理人。

第79条 依照民事诉讼法第五十四条规定受理的案件，人民法院可以发出公告，通知权利人向人民法院登记。公告期间根据案件的具体情况确定，但不得少于三十日。

第80条 根据民事诉讼法第五十四条规定向人民法院登记的权利人，应当证明其与对方当事人的法律关系和所受到的损害。证明不了的，不予登记，权利人可以另行起诉。人民法院的裁判在登记的范围内执行。未参加登记的权利人提起诉讼，人民法院认定其请求成立的，裁定适用人民法院已作出的判决、裁定。

第284条 环境保护法、消费者权益保护法等法律规定的机关和有关组织对污染环境、侵害众多消费者合法权益等损害社会公共利益的行为，根据民事诉讼法第五十五条规定提起公益诉讼，符合下列条件的，人民法院应当受理：

（一）有明确的被告；

（二）有具体的诉讼请求；

（三）有社会公共利益受到损害的初步证据；

（四）属于人民法院受理民事诉讼的范围和受诉人民法院管辖。

第285条 公益诉讼案件由侵权行为地或者被告住所地中级人民法院管辖，但法律、司法解释另有规定的除外。

因污染海洋环境提起的公益诉讼，由污染发生地、损害结果地或者采取预防污染措施地海事法院管辖。

对同一侵权行为分别向两个以上人民法院提起公益诉讼的，由最先立案的人民法院管辖，必要时由它们的共同上级人民法院指定管辖。

第286条 人民法院受理公益诉讼案件后，应当在十日内书面告知相关行政主管部门。

第287条 人民法院受理公益诉讼案件后，依法可以提起诉讼的其他机关和有关组织，可以在开庭前向人民法院申请参加诉讼。人民法院准许参加诉讼的，列为共同原告。

第288条　人民法院受理公益诉讼案件，不影响同一侵权行为的受害人根据民事诉讼法第一百一十九条规定提起诉讼。

第289条　对公益诉讼案件，当事人可以和解，人民法院可以调解。

当事人达成和解或者调解协议后，人民法院应当将和解或者调解协议进行公告。公告期间不得少于三十日。

公告期满后，人民法院经审查，和解或者调解协议不违反社会公共利益的，应当出具调解书；和解或者调解协议违反社会公共利益的，不予出具调解书，继续对案件进行审理并依法作出裁判。

第290条　公益诉讼案件的原告在法庭辩论终结后申请撤诉的，人民法院不予准许。

第291条　公益诉讼案件的裁判发生法律效力后，其他依法具有原告资格的机关和有关组织就同一侵权行为另行提起公益诉讼的，人民法院裁定不予受理，但法律、司法解释另有规定的除外。

《著作权法》

第8条　著作权人和与著作权有关的权利人可以授权著作权集体管理组织行使著作权或者与著作权有关的权利。著作权集体管理组织被授权后，可以以自己的名义为著作权人和与著作权有关的权利人主张权利，并可以作为当事人进行涉及著作权或者与著作权有关的权利的诉讼、仲裁活动。

著作权集体管理组织是非营利性组织，其设立方式、权利义务、著作权许可使用费的收取和分配，以及对其监督和管理等由国务院另行规定。

第三节　第三人

※【图表解析】

第三人F56
- 有独立请求权第三人
  - 参诉依据：有独立的请求权
  - 参诉地位：参加之诉的原告
  - 参诉方式：起诉
  - 参诉权利：原告的诉讼权利
- 无独立请求权第三人
  - 参诉根据：法律上的利害关系
  - 参诉地位：独立地位
  - 参诉方式：
    - 申请参加
    - 法院通知参加
  - 参诉权利：
    - 有权：一般性（提出证据、委托诉讼代理人、参与庭审、参加辩论等）
    - 无权：管辖权异议，放弃、变更诉讼请求或撤诉
    - 附条件：1.一审裁判承担责任时才有上诉权
    - 2.调解协议中需承担义务时，应经其同意

※【知识点详解】

　　民事诉讼中的第三人，是指对他人之间的诉讼标的有独立的请求权，或者没有独立的请求权，但是与案件的处理结果具有法律上的利害关系，因而参加到他人之间正在进行的诉讼中的人。第三人的法律特征是：在本诉开始后审理终结前（裁判终结前）参加诉讼；以自己名义，为维护自己利益；与案件有某种利害关系；具有独立的诉讼地位，与原被告没有共同的权利义务。

一、第三人参加诉讼的法定情形

　　（1）代位权诉讼。

　　（2）撤销权诉讼。

　　（3）合同转让情形下的第三人。

　　上述内容，详见《合同法解释（一）》第16、24、27、28、29条。

（4）有保证的债务合同发生纠纷，债务人对债权人提起诉讼，债权人提起反诉的，保证人可以作为第三人参加诉讼（《担保法解释》第127条）。

（5）人民法院审理重婚导致的无效婚姻案件时，涉及财产处理的，应当准许合法婚姻当事人作为有独立请求权的第三人参加诉讼（《婚姻法解释（一）》第16条）。

二、有独立请求权第三人

有独立请求权第三人，是指对原告和被告争议的标的主张独立的请求权，因而参加到诉讼中的人。

（一）参诉根据

有独立请求权第三人参加诉讼的根据，是对原告和被告争议的标的主张独立的请求权，既可以是全部请求权也可以是部分请求权。

（二）参诉地位

有独立请求权第三人的诉讼地位相当于参加之诉的原告。该参加之诉与本诉是可分之诉，有独立请求权第三人的诉讼权利与原告类似，可以撤诉、上诉，不可管辖异议（《民诉解释》第81条）。

（三）参诉方式

有独立请求权第三人以提起诉讼的方式参加诉讼。

三、无独立请求权第三人

无独立请求权第三人，是指虽然对原告和被告争议的标的没有独立的请求权，但同案件的处理结果具有法律上的利害关系的人。

（一）参诉根据

无独立请求权第三人的参诉根据，是虽然对原告和被告争议的标的不具有独立的请求权，但是与案件的处理结果具有法律上的利害关系。

（二）诉讼权利

（1）有权行使的诉讼权利。无独立请求权第三人通常有权行使一般性的诉讼权利，如提出证据、委托诉讼代理人、参与庭审、参加辩论（《民诉解释》第82条）。

（2）无权行使的诉讼权利。无独立请求权第三人在一审中无权对案件的管辖权提出异议，无权放弃、变更诉讼请求或申请撤诉。

（3）附条件行使的诉讼权利。无独立请求权第三人是否可以行使上诉权、对调解的同意权以及对调解书的签收权，取决于其是否承担相应的义务（《民诉解释》第82、150条）。

（三）参诉方式

无独立请求权第三人可以申请参加诉讼，也可以由人民法院通知其参加诉讼。

注意：下列情况下，不得追加为无独立请求权第三人。

（1）对与原被告双方争议的诉讼标的无直接牵连和不负有返还或赔偿等义务的人，以及与原告或被告约定仲裁或有约定管辖的案外人，或专属管辖案件的一方当事人，不得作为无独立请求权第三人通知其参加诉讼。

（2）产品质量纠纷中，对原被告法律关系以外的人，证据证明其已经提供了合同约定或符合法律规定的产品的，或当事人未在质量异议期内提出异议的，或作为收货方已经认可该产品质量的，不得作为无独立请求权第三人通知其参加诉讼。

（3）已经履行了义务，或依法取得了一方当事人的财产，并支付了相应对价的原被告之间法律关系以外的人，不得作为无独立请求权第三人通知其参加诉讼。

四、第三人撤销之诉

第三人撤销之诉是2012年《民事诉讼法》修改时新增的制度，旨在通过撤销之诉的途径使得非因归责于本人的事由而未参加诉讼的第三人获得救济。《民诉解释》第292-302条对第三人撤销之诉作出了较为细致的规定。

（一）提起撤销之诉的条件：《民诉法》第56条3款

（1）因不能归责于本人的事由未参加诉讼；

（2）有证据证明生效判决、裁定、调解书部分或全部错误；

（3）发生效力的判决、裁定、调解书内容错误损害第三人的民事权益。

（二）管辖：作出生效判决、裁定、调解书的法院。

（三）当事人：

请求撤销的第三人为原告，原生效裁判等文书中的原、被告为撤销之诉的被告。

（四）提起撤销之诉的时间：

第三人自知道或应当知道其权益受损之日起六个月内，向作出该判决、裁定、调解书的法院起诉。

（五）下列案件，第三人提起撤销之诉的，法院不予受理：

（1）特别程序、督促程序、公示催告程序、破产程序等非讼程序处理的案件；

（2）婚姻无效、撤销或解除婚姻关系等裁判、调解书中涉及身份关系的内容；

（3）未登记权利人对代表人诉讼案的生效裁判；

（4）损害社会公益行为受害人对公益诉讼案的生效裁判。

（六）审理： 应当组成合议庭开庭审理，属于一审案件。

（七）裁判：

对第三人撤销或者部分撤销发生法律效力的判决、裁定、调解书内容的请求，人民法院经审理，按下列情形分别处理：

（1）请求成立且确认其民事权利的主张全部或部分成立的，改变原判决、裁定、调解书内容的错误部分；

（2）请求成立，但确认其全部或部分民事权利的主张不成立，或者未提出确认其民事权利请求的，撤销原判决、裁定、调解书内容的错误部分；

（3）请求不成立的，驳回诉讼请求。

对上述裁判不服的，当事人可以上诉。原判决、裁定、调解书的内容未改变或者未撤销的部分继续有效。

（八）与申请再审的关系：

撤销之诉与案外人申请再审制度都是为了保护案外人权益，都具有撤销原判的功能，但为了充分救济第三人（案外人）的权益，并防止救济权利的滥用，《民诉解释》采取了再审吸收撤销之诉的原则。

在第三人撤销之诉案件审理期间，法院对生效判决、裁定、调解书裁定再审的，受理第三人撤销之诉的法院应当裁定将第三人的诉讼请求并入再审程序。但有证据证明原审当事人之间恶意串通损害第三人合法权益的，法院应当先行审理第三人撤销之诉案件，裁定中止再审诉讼。

此外，第三人诉讼请求并入再审程序审理的，按照下列情形分别处理：

第一，按照第一审程序审理的，人民法院应当对第三人的诉讼请求一并审理，所作的判决可以上诉；第二，按照第二审程序审理的，人民法院可以调解，调解达不成协议的，应当裁定撤销原判决、裁定、调解书，发回一审法院重审，重审时应当列明第三人。

（九）与执行异议的关系：

第三人提起撤销之诉后，未中止生效判决、裁定、调解书执行的，执行法院对第三人依照《民诉法》第227条规定提出的执行异议，应予审查。第三人不服驳回执行异议裁定，申请对原判决、裁定、调解书再审的，法院不予受理。

案外人对人民法院驳回其执行异议裁定不服，认为原判决、裁定、调解书内容错误损害其合法权益的，应当根据《民诉法》第227条的规定申请再审，提起第三人撤销之诉的，法院不予受理。即案外人执行异议被驳回后，因为已经启动了一个救济程序，所以不得申请再审。如果尚未提起撤销之诉的，案外人执行异议被驳回后，仍然可以依照《民诉法》第227条申请再审获得救济。

※【相关法律法规】

《民事诉讼法》

第56条　对当事人双方的诉讼标的，第三人认为有独立请求权的，有权提起诉讼。

对当事人双方的诉讼标的，第三人虽然没有独立请求权，但案件处理结果同他有法律上的利害关系的，可以申请参加诉讼，或者由人民法院通知他参加诉讼。人民法院判决承担民事责任的第三人，有当事人的诉讼权利义务。

前两款规定的第三人，因不能归责于本人的事由未参加诉讼，但有证据证明发生法律效力的判决、裁定、调解书的部分或者全部内容错误，损害其民事权益的，可以自知道或者应当知道其民事权益受到损害之日起六个月内，向作出该判决、裁定、调解书的人民法院提起诉讼。人民法院经审理，诉讼请求成立的，应当改变或者撤销原判决、裁定、调解书；诉讼请求不成立的，驳回诉讼请求。

《民诉解释》

第81条 根据民事诉讼法第五十六条的规定，有独立请求权的第三人有权向人民法院提出诉讼请求和事实、理由，成为当事人；无独立请求权的第三人，可以申请或者由人民法院通知参加诉讼。

第一审程序中未参加诉讼的第三人，申请参加第二审程序的，人民法院可以准许。新增条款，即第三人在二审可以申请参加，但法院似乎不能在二审直接追加。

第82条 在一审诉讼中，无独立请求权的第三人无权提出管辖异议，无权放弃、变更诉讼请求或者申请撤诉，被判决承担民事责任的，有权提起上诉。

第292条 第三人对已经发生法律效力的判决、裁定、调解书提起撤销之诉的，应当自知道或者应当知道其民事权益受到损害之日起六个月内，向作出生效判决、裁定、调解书的人民法院提出，并应当提供存在下列情形的证据材料：

（一）因不能归责于本人的事由未参加诉讼；

（二）发生法律效力的判决、裁定、调解书的全部或者部分内容错误；

（三）发生法律效力的判决、裁定、调解书内容错误损害其民事权益。

第293条 人民法院应当在收到起诉状和证据材料之日起五日内送交对方当事人，对方当事人可以自收到起诉状之日起十日内提出书面意见。

人民法院应当对第三人提交的起诉状、证据材料以及对方当事人的书面意见进行审查。必要时，可以询问双方当事人。

经审查，符合起诉条件的，人民法院应当在收到起诉状之日起三十日内立案。不符合起诉条件的，应当在收到起诉状之日起三十日内裁定不予受理。

第294条 人民法院对第三人撤销之诉案件，应当组成合议庭开庭审理。

第295条 民事诉讼法第五十六条第三款规定的因不能归责于本人的事由未参加诉讼，是指没有被列为生效判决、裁定、调解书当事人，且无过错或者无明显过错的情形。包括：

（一）不知道诉讼而未参加的；

（二）申请参加未获准许的；

（三）知道诉讼，但因客观原因无法参加的；

（四）因其他不能归责于本人的事由未参加诉讼的。

第296条　民事诉讼法第五十六条第三款规定的判决、裁定、调解书的部分或者全部内容，是指判决、裁定的主文，调解书中处理当事人民事权利义务的结果。

第297条　对下列情形提起第三人撤销之诉的，人民法院不予受理：

（一）适用特别程序、督促程序、公示催告程序、破产程序等非讼程序处理的案件；

（二）婚姻无效、撤销或者解除婚姻关系等判决、裁定、调解书中涉及身份关系的内容；

（三）民事诉讼法第五十四条规定的未参加登记的权利人对代表人诉讼案件的生效裁判；

（四）民事诉讼法第五十五条规定的损害社会公共利益行为的受害人对公益诉讼案件的生效裁判。

第298条　第三人提起撤销之诉，人民法院应当将该第三人列为原告，生效判决、裁定、调解书的当事人列为被告，但生效判决、裁定、调解书中没有承担责任的无独立请求权的第三人列为第三人。

第299条　受理第三人撤销之诉案件后，原告提供相应担保，请求中止执行的，人民法院可以准许。

第300条　对第三人撤销或者部分撤销发生法律效力的判决、裁定、调解书内容的请求，人民法院经审理，按下列情形分别处理：

（一）请求成立且确认其民事权利的主张全部或部分成立的，改变原判决、裁定、调解书内容的错误部分；

（二）请求成立，但确认其全部或部分民事权利的主张不成立，或者未提出确认其民事权利请求的，撤销原判决、裁定、调解书内容的错误部分；

（三）请求不成立的，驳回诉讼请求。

对前款规定裁判不服的，当事人可以上诉。

原判决、裁定、调解书的内容未改变或者未撤销的部分继续有效。

第301条　第三人撤销之诉案件审理期间，人民法院对生效判决、裁定、调解书裁定再审的，受理第三人撤销之诉的人民法院应当裁定将第三人的诉

讼请求并入再审程序。但有证据证明原审当事人之间恶意串通损害第三人合法权益的，人民法院应当先行审理第三人撤销之诉案件，裁定中止再审诉讼。

第302条　第三人诉讼请求并入再审程序审理的，按照下列情形分别处理：

（一）按照第一审程序审理的，人民法院应当对第三人的诉讼请求一并审理，所作的判决可以上诉；

（二）按照第二审程序审理的，人民法院可以调解，调解达不成协议的，应当裁定撤销原判决、裁定、调解书，发回一审法院重审，重审时应当列明第三人。

第303条　第三人提起撤销之诉后，未中止生效判决、裁定、调解书执行的，执行法院对第三人依照民事诉讼法第二百二十七条规定提出的执行异议，应予审查。第三人不服驳回执行异议裁定，申请对原判决、裁定、调解书再审的，人民法院不予受理。

案外人对人民法院驳回其执行异议裁定不服，认为原判决、裁定、调解书内容错误损害其合法权益的，应当根据民事诉讼法第二百二十七条规定申请再审，提起第三人撤销之诉的，人民法院不予受理。

《合同法解释（一）》

第16条　债权人以次债务人为被告向人民法院提起代位权诉讼，未将债务人列为第三人的，人民法院可以追加债务人为第三人。

两个或者两个以上债权人以同一次债务人为被告提起代位权诉讼的，人民法院可以合并审理。

第24条　债权人依照合同法第七十四条的规定提起撤销权诉讼时只以债务人为被告，未将受益人或者受让人列为第三人的，人民法院可以追加该受益人或者受让人为第三人。

第27条　债权人转让合同权利后，债务人与受让人之间因履行合同发生纠纷诉至人民法院，债务人对债权人的权利提出抗辩的，可以将债权人列为第三人。

第28条　经债权人同意，债务人转移合同义务后，受让人与债权人之间因履行合同发生纠纷诉至人民法院，受让人就债务人对债权人的权利提出抗辩的，可以将债务人列为第三人。

第29条　合同当事人一方经对方同意将其在合同中的权利义务一并转让给受让人，对方与受让人因履行合同发生纠纷诉至人民法院，对方就合同权利义务提出抗辩的，可以将出让方列为第三人。

《担保法解释》

第127条　债务人对债权人提起诉讼，债权人提起反诉的，保证人可以作为第三人参加诉讼。

《婚姻法解释（一）》

第16条　人民法院审理重婚导致的无效婚姻案件时，涉及财产处理的，应当准许合法婚姻当事人作为有独立请求权的第三人参加诉讼。

《最高人民法院关于在经济审判工作中严格执行〈中华人民共和国民事诉讼法〉的若干规定》

第9条　受诉人民法院对与原被告双方争议的诉讼标的无直接牵连和不负有返还或者赔偿等义务的人，以及与原告或被告约定仲裁或有约定管辖的案外人，或者专属管辖案件的一方当事人，均不得作为无独立请求权的第三人通知其参加诉讼。

第10条　人民法院在审理产品质量纠纷案件中，对原被告之间法律关系以外的人，证据已证明其已经提供了合同约定或者符合法律规定的产品的，或者案件中的当事人未在规定的质量异议期内提出异议的，或者作为收货方已经认可该产品质量的，不得作为无独立请求权的第三人通知其参加诉讼。

第11条　人民法院对已经履行了义务，或者依法取得了一方当事人的财产，并支付了相应对价的原被告之间法律关系以外的人，不得作为无独立请求权的第三人通知其参加诉讼。

※【历年真题】

1.关于当事人能力与当事人适格的概念，下列哪些表述是正确的？（2012-3-81）

A.当事人能力又称当事人诉讼权利能力，当事人适格又称正当当事人

B.有当事人能力的人一定是适格当事人

C.适格当事人一定具有当事人能力

D.当事人能力与当事人适格均由法律明确加以规定

【答案】AC

【解析】当事人适格与当事人能力不同。当事人能力是作为抽象的诉讼当事人的资格，与具体的诉讼无关，通常取决于有无民事权利能力。当事人适格是作为具体的诉讼当事人的资格，是针对具体的诉讼而言的，有抽象资格的当事人不一定在具体诉讼中适格。故A、C项说法正确。

2.依据我国现行法律的规定及相关诉讼理论，关于当事人诉讼权利能力，下列哪一选项是正确的？（2008-3-48）

A.民事诉讼权利能力都是以民事权利能力为基础的

B.民事诉讼权利能力都是以民事行为能力为基础的

C.具有民事诉讼权利能力者在实体上就具有民事权利能力

D.具有民事诉讼权利能力者在实体上不一定就具有民事权利能力

【答案】D

【解析】有些其他组织不具有民事权利能力，但也可以成为民事诉讼当事人，因此民事权利能力和民事诉讼权利能力二者不能等同，故A、C项说法错误，D项说法正确。如不满十周岁的未成年人，虽然其无民事行为能力，他所为的民事行为需要由他的法定代理人代理，但是他本身可以成为民事纠纷的当事人，可以成为原告或者被告，因此不能说民事诉讼权利能力都是以民事行为能力为基础的，B项说法错误，故本题的正确答案是D项。

3.关于当事人适格的表述，下列哪一选项是错误的？（2008-3-44）

A.当事人诉讼权利能力是作为抽象的诉讼当事人的资格，它与具体的诉讼没有直接的联系；当事人适格是作为具体的诉讼当事人资格，是针对具体的诉讼而言的

B.一般来讲，应当以当事人是否是所争议的民事法律关系的主体，作为判断当事人适格标准，但在某些例外情况下，非民事法律关系或民事权利主体，也可以作为适格当事人

C.清算组织、遗产管理人、遗嘱执行人是适格的当事人，原因在于根据

权利主体意思或法律规定对他人的民事法律关系享有管理权

D.检察院就生效民事判决提起抗诉，抗诉的检察院是适格的当事人

【答案】D（2015年后根据《民诉解释》第64条规定，答案为CD）

【解析】民事诉讼中的当事人包括原告、被告、共同诉讼人和第三人。其中不包括检察院等国家机关，因此本题错误的是D项，但根据2015年《民诉解释》第64条规定，C项中的清算小组不再是适格的当事人。

4.王甲两岁，在幼儿园入托。一天，为幼儿园送货的刘某因王甲将其衣服弄湿，便打了王甲一记耳光，造成王甲左耳失聪。王甲的父亲拟代儿子向法院起诉。关于本案被告的确定，下列哪一选项是正确的？（2009-3-38）

A.刘某是本案唯一的被告

B.幼儿园是本案唯一的被告

C.刘某和幼儿园是本案共同被告

D.刘某是本案被告，幼儿园是本案无独立请求权第三人

【答案】C

【解析】《侵权责任法》第40条规定"无民事行为能力人或者限制民事行为能力人在幼儿园、学校或者其他教育机构学习、生活期间，受到幼儿园、学校或者教育机构以外的人员人身损害的，由侵权人承担侵权责任；幼儿园、学校或其他教育机构未尽到管理职责的，承担相应的补充责任"，可知本题的正确答案是C项。

5.2010年7月，甲公司不服A市B区法院对其与乙公司买卖合同纠纷的判决，上诉至A市中级法院，A市中级法院经审理维持原判决。2011年3月，甲公司与丙公司合并为丁公司。之后，丁公司法律顾问在复查原甲公司的相关材料时，发现上述案件具备申请再审的法定事由。关于该案件的再审，下列哪一说法是正确的？（2012-3-45）

A.应由甲公司向法院申请再审

B.应由甲公司与丙公司共同向法院申请再审

C.应由丁公司向法院申请再审

D.应由丁公司以案外人身份向法院申请再审

【答案】C

【解析】根据《民诉解释》第63条的规定故C选项说法正确，当选。

6.某大学4名师生联名起诉甲公司污染某条大河，请求判决甲公司出资治理该河流的污染。起诉者除列了4名师生外，还列了该河流中的某著名岛屿作为原告，法院没有受理。对此下列哪些说法符合法律规定？（2006-3-88）

A.只有自然人和法人能够成为民事诉讼当事人

B.本案当事人不适格

C.本案属于侵权诉讼，被污染河段流经地区的法院均有管辖权

D.本案起诉属于公益诉讼，现行民事诉讼法没有规定

【答案】BC

【解析】按照《民事诉讼法》第48条第1款的规定，A项是错误的。按照《民事诉讼法》第55条的规定，B项的说法是正确的，D项说法错误。按照《民事诉讼法》第28条的规定，C项是正确的。综上所述，本题的正确选项是BC项。

7.四方公司与海通公司因合同纠纷进行诉讼，一审判决海通公司胜诉。四方公司不服，提起上诉。在第二审程序中，海通公司分立为海鸥公司和海洋公司。在此情况下，二审法院应如何处理？（2005-3-50）

A.将案件发回原审法院重审

B.将海鸥公司和海洋公司列为共同诉讼人，进行调解，调解不成，发回重审

C.将海鸥公司和海洋公司列为共同诉讼人，进行调解或者判决，不必发回重审

D.仍将海通公司列为当事人，进行调解或者判决，执行程序中再裁定海鸥公司和海洋公司为被执行人

【答案】C

【解析】根据《民诉解释》第336条的规定，C项为正确选项；选项A、B、D项为错误选项。

8.甲乙丙三人合伙开办电脑修理店，店名为"一通电脑行"，依法登记。甲负责对外执行合伙事务。顾客丁进店送修电脑时，被该店修理人员戊的工具碰伤。丁拟向法院起诉。关于本案被告的确定，下列哪一选项是正确的？（2010-3-40）

A."一通电脑行"为被告

B.甲为被告

C.甲乙丙三人为共同被告，并注明"一通电脑行"字号

D.甲乙丙戊四人为共同被告

【答案】C

【解析】根据《民诉解释》第60条的规定，C项正确。

9.李某和张某到华美购物中心采购结婚物品。张某因购物中心打蜡地板太滑而摔倒，致使左臂骨折，住院治疗花费了大量医疗费，婚期也因而推迟。当时，购物中心负责地板打蜡的郑某目睹事情的发生经过。受害人认为购物中心存在过错，于是，起诉要求其赔偿经济损失以及精神损害赔偿。关于本案诉讼参与人，下列哪些选项是正确的？（2008-3-84）

A.李某、张某应为本案的共同原告　　B.李某、郑某可以作为本案的证人

C.华美购物中心为本案的被告　　D.华美购物中心与郑某为本案共同被告

【答案】BC

【解析】李某因与本案无直接利害关系，因此不应是原告，A项错误。根据《民诉解释》第56条的规定，本题中，被告是华美购物中心。根据《民事诉讼法》第72条的规定，李某和郑某都是知道案件情况的人，且是可以正确表达意思的人，因此二人都应该作为证人，本题正确答案是BC项。

10.关于必要共同诉讼与普通共同诉讼的区别，下列哪些选项是正确的？（2007-3-87）

A.必要共同诉讼的诉讼标的是共同的，普通共同诉讼的诉讼标的是同种类的

B.必要共同诉讼的诉讼标的只有一个，普通共同诉讼的诉讼标的有若干个

C.必要共同诉讼的诉讼请求只有一个，普通共同诉讼的诉讼请求有若干个

D.必要共同诉讼中共同诉讼人的诉讼行为必须一致，普通共同诉讼中共同诉讼人的诉讼行为不需要一致

【答案】AB

【解析】所谓必要的共同诉讼是指当事人一方或者双方为两人以上，诉讼标的是同一的，法院必须合并审理并在裁判中对诉讼标的合一确定的共同诉讼。所谓普通的共同诉讼是指当事人一方或者双方为两人以上，诉讼标的是

同一种类，法院认为可以合并审理并且当事人也同意合并审理的共同诉讼。据此，AB项的说法是正确的。诉讼请求是当事人基于争议的实体权利义务关系向人民法院提出的具体实体要求，可以是一个也可以是数个，与必要共同诉讼或普通共同诉讼无关，因此C项错误。根据《民事诉讼法》第52条第2款的规定，D项错误。

11.甲在丽都酒店就餐，顾客乙因地板湿滑不慎滑倒，将热汤洒到甲身上，甲被烫伤。甲拟向法院提起诉讼。关于本案当事人的确定，下列哪一说法是正确的？（2010-3-46）

A.甲起诉丽都酒店，乙是第三人

B.甲起诉乙，丽都酒店是第三人

C.甲起诉，只能以乙或丽都酒店为单一被告

D.甲起诉丽都酒店，乙是共同被告

【答案】D

【解析】根据《侵权责任法》第37条的规定和《最高人民法院关于审理人身损害赔偿案件适用法律若干问题的解释》第6条第2款的规定，本题中，甲的烫伤是第三人乙直接造成的，但是乙之所以会滑倒将热汤洒到甲身上，是因为丽都酒店的地板湿滑，即丽都酒店作为安全保障义务人存在过错。权利人起诉丽都酒店的，乙应该作为共同被告。

12.张某将邻居李某和李某的父亲打伤，李某以张某为被告向法院提起诉讼。在法院受理该案时，李某的父亲也向法院起诉，对张某提出索赔请求。法院受理了李某父亲的起诉，在征得当事人同意的情况下决定将上述两案并案审理。在本案中，李某的父亲居于什么诉讼地位？（2008-3-42）

A.必要共同诉讼的共同原告　　　　B.有独立请求权的第三人

C.普通共同诉讼的共同原告　　　　D.无独立请求权的第三人

【答案】C

【解析】张某对李某及其父亲的人身侵害不是同一个诉讼标的，虽然侵权主体都是一样的，但是被害人是不同的，实际上客体是两个行为，因此诉讼标的属于同一种类，只能是普通的共同诉讼；因此本题正确答案是C项。

13.甲有两个儿子乙和丙，甲死之后遗有房屋6间。乙乘丙外出之机，将房屋全部卖给丁，后因支付价款发生纠纷，乙将丁诉至法院。在诉讼过程中，丙

知道了这一情况，要求参加诉讼。丙在诉讼中的地位是什么？（2008-3-42）

　　A.必要的共同原告　　　　　　　B.普通的共同原告

　　C.有独立请求权的第三人　　　　D.无独立请求权的第三人

【答案】C

【解析】有独立请求权的第三人是指对原告和被告争议的诉讼标的有独立的请求权，而参加诉讼的人。其应该符合如下条件：第一，对本诉中的原告和被告争议的诉讼标的，主张独立的请求权；第二，所参加的诉讼正在进行中；第三，以起诉的方式参加。本题中，乙和丙同为所继承房屋的共同共有人，乙擅自处分共有房屋，侵犯了丙对房屋的所有权，所以丙在乙、丁的房屋买卖纠纷的诉讼中享有独立的请求权，故丙属于有独立请求权的第三人。本题正确答案是C项。

　　14.A厂生产的一批酱油由于香精投放过多，对人体有损害。报纸披露此消息后，购买过该批酱油的消费者纷纷起诉A厂，要求赔偿损失。甲和乙被推选为诉讼代表人参加诉讼。下列哪一选项是正确的？（2008-3-48）

　　A.甲和乙因故不能参加诉讼，法院可以指定另一名当事人为诉讼代表人代表当事人进行诉讼

　　B.甲因病不能参加诉讼，可以委托一至两人作为诉讼代理人，而无需征得被代表的当事人的同意

　　C.甲和乙可以自行决定变更诉讼请求，但事后应当及时告知其他当事人

　　D.甲和乙经超过半数原告方当事人同意，可以和A厂签订和解协议

【答案】B

【解析】根据《民诉解释》第77条的规定，A项错误，B项正确。根据《民事诉讼法》第54条的规定，C、D项错误。

　　15.某企业使用霉变面粉加工馒头，潜在受害人不可确定。甲、乙、丙、丁等20多名受害者提起损害赔偿诉讼，但未能推选出诉讼代表人。法院建议由甲、乙作为诉讼代表人，但丙、丁等人反对。关于本案，下列哪一选项是正确的？（2011-3-48）

　　A.丙、丁等人作为诉讼代表人参加诉讼

　　B.丙、丁等人推选代表人参加诉讼

　　C.诉讼代表人由法院指定

D.在丙、丁等人不认可诉讼代表人情况下，本案裁判对丙、丁等人没有约束力

【答案】C

【解析】根据《民诉解释》第77条的规定，可知AB项错误，C项正确。人数不确定的代表人诉讼是因为普通共同诉讼一方或者双发人数不确定而形成的，是一种既可以合并也可以分开审理的诉讼，因此D项不正确。

16.甲有两子乙和丙，甲死亡后留有住房3间。乙乘丙长期外出之机，将3间房屋卖给丁，后因支付房款发生纠纷，乙将丁诉至法院。在诉讼过程中，丙知道了这一情况，要求参加诉讼。关于丙在诉讼中的地位，下列哪一选项是正确的？（2007-3-37）

A.必要的共同原告　　　　　　　B.普通的共同原告

C.有独立请求权的第三人　　　　D.无独立请求权的第三人

【答案】C

【解析】乙、丁争议的标的物房屋属于乙、丙共同共有，乙擅自处分，侵害了丙的所有权，其参加诉讼当然不是为了支持乙、丁的诉讼请求，而是主张自己的权利，他和甲、丙的诉讼标的既不是同一的又不是同种类的，而对乙、丁争议的诉讼标的物有独立的请求权，所以丙在诉讼中处于有独立请求权的第三人。由此得出ABD项错误，C项正确。

17.甲与乙对一古董所有权发生争议诉至法院。诉讼过程中，丙声称古董属自己所有，主张对古董的所有权。下列哪一说法是正确的？（2009-3-39）

A.如丙没有起诉，法院可以依职权主动追加其作为有独立请求权第三人

B.如丙起诉后认为受案法院无管辖权，可以提出管辖权异议

C.如丙起诉后经法院传票传唤，无正当理由拒不到庭，应当视为撤诉

D.如丙起诉后，甲与乙达成协议经法院同意而撤诉，应当驳回丙的起诉

【答案】C

【解析】丙声称古董属于自己所有，提出了独立的诉讼请求，属于有独立请求权的第三人。有独立请求权的第三人是以起诉的方式参加诉讼的，不能由法院依职权主动追加其作为有独立请求权的第三人参加诉讼。因此，A项错误。有独立请求权的第三人是以起诉的方式参加诉讼的，因此，在第三人参加诉讼的同时就默认受案法院有管辖权了，不可以再提出管辖权异议。因

此，B项错误。根据《民诉解释》第236条的规定，C项正确。根据《民诉解释》第237条的规定，D项错误。

18.家住上海的王甲继承其父遗产房屋三间，后将其改为铺面经营小商品。在北京工作的王乙（王甲之弟）知道此事后，认为自己并没有放弃继承权，故与王甲交涉。王甲对此不予理睬，王乙便向法院提起诉讼。案件受理后，李某向法院主张自己作为被继承人的养子，拥有继承权，并通过法定程序以有独立请求权第三人的身份参加了诉讼。诉讼中，李某认为自己与王氏两兄弟关系不错，担心打官司会伤了和气，便退出了诉讼。不久，李认为退出不妥，又向法院要求参加诉讼。针对本案的具体情况和诉讼法理论，下列哪一种观点是正确的？（2004-3-45）

A.作为诉讼参加人，李某不能重复参加本案诉讼

B.根据诚信原则，李某不能再参加本案诉讼

C.在最后一次庭审辩论终结之前，李某均可以参加本案诉讼

D.只有在开庭审理之前，李某才能再参加本案诉讼

【答案】C

【解析】有独立请求权第三人参加诉讼的条件之一是所参加的诉讼正在进行。正在进行的诉讼应从何时起到何时止，法律没有具体规定，但从第三人的参加性质看，应从原告和被告确定时起，即从被告应诉起，到诉讼审理终结止，因此，C选项说法正确。

19.关于无独立请求权第三人，下列哪些说法是错误的？（2011-3-80）

A.无独立请求权第三人在诉讼中有自己独立的诉讼地位

B.无独立请求权第三人有权提出管辖异议

C.一审判决没有判决无独立请求权第三人承担民事责任的，无独立请求权的第三人不可以作为上诉人或被上诉人

D.无独立请求权第三人有权申请参加诉讼和参加案件的调解活动，与案件原、被告达成调解协议

【答案】BC

【解析】无独立请求权第三人是广义上的当事人，具有自己独立的诉讼地位，因此A选项说法正确。根据《民诉解释》第82条的规定，B、C项说法错误。根据《民诉解释》第150条的规定，D项说法正确。

20.甲为有独立请求权第三人，乙为无独立请求权第三人，关于甲、乙诉讼权利和义务，下列哪一说法是正确的？（2010-3-41）

A.甲只能以起诉的方式参加诉讼，乙以申请或经法院通知的方式参加诉讼

B.甲具有当事人的诉讼地位，乙不具有当事人的诉讼地位

C.甲的诉讼行为可对本诉的当事人发生效力，乙的诉讼行为对本诉的当事人不发生效力

D.任何情况下，甲有上诉权，而乙无上诉权

【答案】A

【解析】根据《民事诉讼法》第56条的规定，A项正确，B项错误。根据《民诉解释》第82条的规定，C、D项错误。

21.关于法定诉讼代理人，下列哪些认识是正确的？（2011-3-82）

A.代理权的取得不是根据其所代理的当事人的委托授权

B.在诉讼中可以按照自己的意志代理被代理人实施所有诉讼行为

C.在诉讼中死亡的，产生与当事人死亡同样的法律后果

D.所代理的当事人在诉讼中取得行为能力的，法定诉讼代理人则自动转化为委托代理人

【答案】AB

【解析】根据《民事诉讼法》第57条的规定，A项正确。法定代理人可以按照自己的意志代理被代理人实施所有诉讼行为，如起诉、应诉、放弃或变更诉讼请求、进行调解、提起反诉等，因此B项正确。在诉讼中，法定代理人死亡的，产生其法定诉讼代理权消灭的法律后果，若当事人还活着的话，可以根据法律的规定另行确定其他法定代理人，因此C项错误。在诉讼过程中，若无诉讼行为能力的被代理人取得了诉讼行为能力，则导致法定代理人代理权消灭的法律后果，在没有当事人授权委托的情况下，其不能自动转化为委托代理人，因此D项错误。

22.关于民事诉讼中的法定代理人，下列哪些选项是正确的？（2007-3-86）

A.法定代理人的被代理人都是无诉讼行为能力或限制行为能力的人

B.法定代理人与诉讼当事人在诉讼上具有相同的诉讼地位

C.法定代理人在诉讼中所实施的行为和发生的诉讼事件的法律后果与当

事人所实施的行为和发生的诉讼事件的法律后果相同

D.法定代理人与当事人都属于诉讼参加人的范畴

【答案】AD

【解析】在我国，法定诉讼代理人是为补充无民事行为能力的人或限制行为能力的人在诉讼行为能力的欠缺而设置的，因此A项正确。但法定代理人毕竟不是被代理人本人，尽管法定代理人具有类似当事人的诉讼权利，但他们与当事人仍然存在区别：（1）法定代理人只能以当事人的名义起诉或应诉；（2）裁判针对的是当事人而不是法定代理人；（3）在诉讼中，如果法定代理人死亡，法院可以另行指定监护人作为诉讼代理人继续诉讼，而不必终结诉讼。因此，BC项错误。另外，根据民事诉讼法的规定，诉讼参加人包括当事人和诉讼代理人，法定代理人是诉讼代理人的一种，因此D项正确。本题正确答案是AD项。

23.在民事诉讼中，下列何种人可以作为委托代理人？（2004-3-47）

A.受过刑事处罚的人

B.限制行为能力的人

C.可能损害被代理人利益的人

D.人民法院认为不宜作诉讼代理人的人

【答案】A

【解析】根据《民事诉讼法》第58条的规定和《民诉解释》第84条的规定，A项正确，B、C、D项错误。

24.下列关于民事诉讼中的法定代理人与委托代理人的表述，哪些是正确的？（2004-3-73）

A.委托代理人的诉讼权利不可能多于法定代理人

B.法定代理人可以是委托代理人的委托人

C.法定代理人的被代理人是无诉讼行为能力的当事人

D.委托代理人的被代理人是有诉讼行为能力的当事人

【答案】ABCD

【解析】根据《民诉解释》第89条1款的规定，A项正确。根据《民事诉讼法》第58条的规定，B项正确。根据《民事诉讼法》第57条的规定，C项正确。诉讼行为能力是民事行为能力的一部分，所以委托代理人的被代理人

必须是有诉讼行为能力的人，因此D项正确。

25.田某和陈某合伙经营一打印社，由甲公司负责供应耗材。田某发现甲公司送的一批货质量存在问题，经协商无果，田某向法院提起诉讼，要求甲公司接受退货并承担违约责任。案件受理后，陈某得知此事，也向该法院提起诉讼，要求甲公司赔偿损失。关于本案，下列哪一选项是正确的？（2008-3-40）

A.本案属于诉的客体合并，法院应当合并审理

B.法院应当受理陈某提起之诉，并作为另案处理

C.法院应当裁定驳回田某提起之诉，告知田某与陈某共同提起诉讼

D.法院应当裁定不予受理陈某提起之诉，但应追加陈某为共同原告

【答案】D

【解析】根据《民诉解释》第60条的规定，本题中，田某和陈某合伙经营打印社，属于合伙关系，二人应该作为共同诉讼人参加诉讼，且该共同诉讼是必要共同诉讼，故法院应当追加陈某为共同原告，故本题的正确答案为D项。

26.关于第三人撤销之诉，下列哪一说法是正确的？（2014-3-41）

A.法院受理第三人撤销之诉后，应中止原裁判的执行

B.第三人撤销之诉是确认原审裁判错误的确认之诉

C.第三人撤销之诉由原审法院的上一级法院管辖，但当事人一方人数众多或者双方当事人为公民的案件，应由原审法院管辖

D.第三人撤销之诉的客体包括生效的民事判决、裁定和调解书

【答案】D

【解析】第三人撤销之诉，原则上不停止强制执行，可知A选项错误；第三人撤销之诉属于形成之诉，可知B选项错误；第三人撤销之诉由执行法院管辖，可知C选项错误；根据《民事诉讼法》第56条，可知D选项正确。

27.某品牌手机生产商在手机出厂前预装众多程序，大幅侵占标明内存，某省消费者保护协会以侵害消费者知情权为由提起公益诉讼，法院受理了该案。下列哪一说法是正确的？（2015-3-35）

A.本案应当由侵权行为地或者被告住所地中级法院管辖

B.本案原告没有撤诉权

C.本案当事人不可以和解，法院也不可以调解

D.因该案已受理，购买该品牌手机的消费者甲若以前述理由诉请赔偿，

法院不予受理

【答案】A

【解析】根据《民诉解释》第285条的规定，A项正确。根据《民诉解释》第288条至290条的规定，B、C、D选项错误。

28.赵某与刘某将共有商铺出租给陈某。刘某瞒着赵某，与陈某签订房屋买卖合同，将商铺转让给陈某，后因该合同履行发生纠纷，刘某将陈某诉至法院。赵某得知后，坚决不同意刘某将商铺让与陈某。关于本案相关人的诉讼地位，下列哪一说法是正确的？（2015-3-38）

A.法院应依职权追加赵某为共同原告

B.赵某应以刘某侵权起诉，陈某为无独立请求权第三人

C.赵某应作为无独立请求权第三人

D.赵某应作为有独立请求权第三人

【答案】D

【解析】虽然本案商铺属于赵某与刘某共有，但是，在刘某与陈某的房屋买卖纠纷案件中，赵某对于刘某与陈某的诉讼标的有单独的主张，该主张不同于刘某的主张，因此，赵某要是参加诉讼，应当以有独立请求权的第三人以起诉的方式参加。法院不能依职权追加有独立请求权的第三人参加诉讼，因此，A项、B项和C项是错误的，D项正确。

29.徐某开设打印设计中心并以自己名义登记领取了个体工商户营业执照，该中心未起字号。不久，徐某应征入伍，将该中心转让给同学李某经营，未办理工商变更登记。后该中心承接广告公司业务，款项已收却未能按期交货，遭广告公司起诉。下列哪一选项是本案的适格被告？（2015-3-39）

A.李某   B.李某和徐某

C.李某和该中心   D.李某、徐某和该中心

【答案】B

【解析】根据《民诉解释》第59条规定，B项正确，其余选项错误。

第七章　民事证据

第一节　民事诉讼证据概述

※【图表解析】

$$
证据的特征
\begin{cases}
客观性
\begin{cases}
形式上，表现为客观存在的 \\
内容上，是对与案件有关的事实的客观记载和反映
\end{cases} \\[2ex]
关联性
\begin{cases}
客观存在，不是凭空推测 \\
直接联系，或者间接联系 \\
肯定联系，或者否定联系
\end{cases} \\[2ex]
合法性
\begin{cases}
证据的调查、收集、审查和认定的程序合法 \\
\quad（J106＋J97＋F68＋J103） \\
证据的形式合法（F63） \\
转化程序合法（F66~69＋J103～107＋《证》64~79）
\end{cases}
\end{cases}
$$

※【知识点详解】

一、证据的概念

民事诉讼证据，是指能够证明民事案件真实情况的各种事实，也是法院认定有争议的案件事实的根据。证据材料，是指民事诉讼中当事人向法院提供的或者法院依职权收集的用以证明案件事实的各种材料。证据来源于证据材料，证据材料是证据的初始形态。某些证据材料经过质证、审核认定后能够成为证据，而某些证据材料不能成为法院认定案件事实的根据。

二、证据的本质特征

（1）客观性，即证据必须是客观存在的。

（2）关联性，即证据必须与待证事实存在一定的联系。

（3）合法性，即证据必须符合法律要求，不为法律所禁止。主要包括收集证据的合法性、证据形式的合法性、证据材料转化为诉讼证据的合法性。

三、证据能力

（一）概念

证据能力又称为证据资格，是指一定的事实材料（证据材料）可被采用成为证据的资格。证据材料如果不具备合法性，则无证据能力，应被排除；如果具备合法性，则有资格进入诉讼，进而确定其证明力的大小。

（二）我国民事诉讼有关证据能力的规则

1.证据或证人证言须接受讯问、质证。

《民诉解释》第103条规定："证据应当在法庭上出示，由当事人互相质证。未经当事人质证的证据，不得作为认定案件事实的根据。当事人在审理前的准备阶段认可的证据，经审判人员在庭审中说明后，视为质证过的证据。涉及国家秘密、商业秘密、个人隐私或者法律规定应当保密的证据，不得公开质证。"《民诉法》63条：证据必须查证属实，才能作为认定事实的根据。

2.证人资格

《证据规定》53条规定："不能正确表达意志的人，不能作为证人。待证事实与其年龄、智力状况或精神健康状况相适应的无民事行为能力人和限制民事行为能力人，可以作为证人。"

3.非法证据排除规则。

《民诉解释》第106条规定："对以严重侵害他人合法权益、违反法律禁止性规定或者严重违背公序良俗的方法形成或者获取的证据，不得作为认定案件事实的根据。"

4.调解或和解中的让步

《民诉解释》第107条规定："在诉讼中，当事人为达成调解协议或者和解协议作出妥协而认可的事实，不得在后续的诉讼中作为对其不利的根据，但法律另有规定或者当事人均同意的除外。"

四、证明力

（一）概念

证明力也称证据价值、证据力，是指证据证明案件事实的能力。

（二）我国民事诉讼有关证据证明力的规则

1.涉及证明力有无的规则

即证据在特定情形下是否有证明力并且予以确认的证据规则。例如，《证据规定》第70条规定：一方当事人提出的下列证据，对方当事人提出异议但没有足以反驳的相反证据的，人民法院应当确认其证明力：

（1）书证原件或者与书证原件核对无误的复印件、照片、副本、节录本；

（2）物证原物或与物证原物核对无误的复制件、照片、录像资料等；

（3）有其他证据佐证并以合法手段取得的、无疑点的视听资料或者与视听资料核对无误的复制件；

（4）一方当事人申请人民法院依照法定程序制作的对物证或者现场的勘验笔录。

《证据规定》第71条规定：人民法院委托鉴定部门作出的鉴定结论，当事人没有足以反驳的相反证据和理由的，可以认定其证明力。《证据规定》第72条规定：一方当事人提出的证据，另一方当事人认可或者提出的相反证据不足以反驳的，人民法院可以确认其证明力。一方当事人提出的证据，另一方当事人有异议并提出反驳证据，对方当事人对反驳证据认可的，可以确认反驳证据的证明力。

2.涉及证明力大小的规则

即针对不同证据之间证明力大小进行比较并予以确认的证据规则。如《证据规定》第77条规定，数个证据对同一事实的证明力，可以依照下列原则认定：

（1）国家机关、社会团体依职权制作的公文书证的证明力一般大于其他书证；

（2）物证、档案、鉴定结论、勘验笔录或者经过公证、登记的书证，其证明力一般大于其他书证、视听资料和证人证言；

（3）原始证据的证明力一般大于传来证据；

（4）直接证据的证明力一般大于间接证据；

（5）证人提供的对与其有亲属或者其他密切关系的当事人有利的证言，其证明力一般小于其他证人证言。

此外，还应当注意，有些证据的证明力很弱，根据《证据规定》第69条的规定，下列证据不能单独作为认定案件事实的依据：

（1）未成年人所作的与其年龄和智力状况不相当的证言；

（2）与一方当事人或其代理人有利害关系的证人出具的证言；

（3）存有疑点的视听资料；

（4）无法与原件、原物核对的复印件、复制品；

（5）无正当理由未出庭作证的证人证言。

关于《证据规定》第69条，也有学者认为属于有关"证据能力"的具体规则，即根据此条规定，如果没有其他证据，上述单个证据不具有证据能力，不能作为认定案件事实的依据。

第二节　证据的分类和种类

※【图表解析】

法定种类
【F63】
- 书证:文字、符号、图形所表达的思想
- 物证：以其存在的特征来证明案情
- 视听资料：F71+《证》70+J106（偷拍偷录的证据）
- 证人证言F72~74+《证》53~58（证人资格、证人不出庭）J117~120
- 当事人陈述F75+J110
- 鉴定意见F76~78+《证》25~29（鉴定人产生，重新鉴定，鉴定人出庭）J121
- 勘验笔录F80+《证》30+J124
- 电子数据J116

理论分类
- 本证与反证：证明责任+反证所针对的是事实
- 直接证据与间接证据：与案件事实的关联性
- 原始证据和传来证据：是否来自于案件现场

※【知识点详解】

一、证据的法定种类

（一）书证

书证是指以文字、符号、图画等所记载的内容和表达的思想来证明案件事实的书面文件。

（二）物证

1.概念

凡是以自己存在的外形、质量、规格、受损害的程度等标志证明待证事实的物品或者痕迹，都是物证。

2.物证与书证的区别

（1）书证以内容证明案件事实，物证以外在特征证明案件事实；

（2）法律对书证有的要求须具备一定形式，对物证无形式要求；

（3）审查书证一般用鉴定，物证多采用鉴定或勘验方法审查。

（三）视听资料

1.概念

视听资料是利用录音、录像以及电子计算机储存的资料来证明待证事实的证据。

2.视听资料与书证、物证的区别

（1）视听资料与书证：动态；静态。

（2）视听资料与物证：内容；外在特征。

（四）证人证言

1.概念

证人证言是指证人以口头或书面形式，就其所了解的案件情况向法院所作的陈述。证人包括单位和自然人两种。

2.证人和证人证言的特点

（1）证人与客观存在的案件事实形成的联系是特定的，是他人不可替代的；

（2）主要以言词形式提供证明；

（3）真实性、可靠性受到多种因素的影响；

3.证人的范围

（1）知道案情的单位和个人，都有义务出庭作证；

（2）待证事实与年龄、智力状况或精神健康状况相适应的无、限制民事行为能力人，可作证人；

（3）下列人员不能充当证人：不能正确表达意思的人；诉讼代理人不得同时作证人；办理本案的审判人员、书记员、鉴定人、勘验人、翻译人员和检察人员，不能同时作本案证人。

4.证人的权利和义务：参照《民诉解释》第117～120条，《民事诉讼法》第73条

（1）证人出庭作证的申请。申请时间：在举证期限届满前提出。

（2）不能出庭的法定情形。有下列情形之一的，经人民法院许可，可以通过书面证言、视听传输技术或者视听资料等方式作证：①因健康原因不能出庭的；②因路途遥远，交通不便不能出庭的；③因自然灾害等不可抗力不能出庭的；④其他有正当理由不能出庭的。

（五）当事人的陈述

1.概念

当事人陈述，是指当事人在诉讼中就有关案件事实向法院所作的陈述。

2.当事人陈述的证据效力

（1）当事人对自己的主张，只有本人陈述而不能提出其他相关证据的，其主张不予支持，但对方当事人认可的除外。

（2）对自己有利的陈述，经其他证据证明为真实后，具有证据效力。

（3）当事人作出的对自己不利的陈述，免除对方当事人对该事实的举证责任。

（六）鉴定意见

1.概念

鉴定人运用专门知识和技能，以及必要的技术手段，对案件中有争议的专门性问题进行检测、分析、鉴别所形成的判断性意见。

2.鉴定人与证人的区别

（1）是否需要专业知识。

（2）能否回避和更换。

（3）了解案件事实的时间。

3.鉴定程序（《民事诉讼法》第76~78条，《证据规定》第27~29条，《民诉解释》第121条）。

（1）鉴定的启动

①当事人申请鉴定：双方当事人协商确定鉴定人，协商不成的由人民法院指定。

②法院委托鉴定。

（2）鉴定人出庭：当事人对鉴定意见有异议或者人民法院认为鉴定人有必要出庭的，鉴定人应当出庭作证。经人民法院通知，鉴定人拒不出庭作证的，鉴定意见不得作为认定事实的根据；支付鉴定费用的当事人可以要求返还鉴定费用。

（3）重新鉴定：分为两种情况。第一种是当事人对人民法院委托的鉴定部门作出的鉴定结论有异议申请重新鉴定，提出证据证明存在下列情形之一的，人民法院应予准许：鉴定机构或者鉴定人员不具备相关的鉴定资格的；鉴定程序严重违法的；鉴定结论明显依据不足的；经过质证认定不能作为证据使用的其他情形。对有缺陷的鉴定结论，可以通过补充鉴定、重新质证或者补充质证等方法解决的，不予重新鉴定。第二种是一方当事人自行委托有关部门作出的鉴定结论，另一方当事人有证据足以反驳并申请重新鉴定的，人民法院应予准许。

（七）勘验笔录

1.概念

勘验笔录是指审判人员在诉讼过程中对与争议有关的现场、物品进行查验、测量、拍照后制作的笔录。

2.与书证的区别

（1）制作时间：诉讼中；案发前/案发中。

（2）制作主体：审判人员；其他人。

（3）内容：对现场和物品的客观记载；制作人主观意志的反映。

3.勘验程序（《民事诉讼法》第80条）。

（八）电子数据

电子数据是指以电子邮件、电子数据交换、网上聊天记录、博客、微博客、手机短信、电子签名、域名等形成或存储在电子介质中的信息等电子形式表现出来的能够证明案件事实的证据。需要储存在一定的电子介质上，通过一定的电子设备来显现，具有传播速度快等特点，新《民事诉讼法》将电子数据规定为证据的法定种类之一。

二、证据的分类

（一）本证与反证

根据证据与证明责任承担者的关系，可以把证据分为本证和反证。本证，是指对待证事实负有证明责任的一方当事人，提出的证明自己主张事实的证据。反证，是指对待证事实不负证明责任的一方当事人，提出的证明该事实不真实或不曾经存在的证据。需要注意的是：

（1）本证或反证与当事人的诉讼地位无关。原告与被告既可以提出本证也可以提出反证。

（2）反证不同于抗辩或反驳。

（3）同一证据可能既是本证，又是反证。

（4）本证的目的在于使法院对待证事实存在与否予以确信，并加以认定，而反证的作用则在于使法官对本证的真实性产生怀疑，对其证明力的认识产生动摇。反证一般都是在本证对待证事实进行证明之后才有提出的必要。

（二）直接证据和间接证据

根据证据与待证事实之间联系的不同，可以把证据分为直接证据和间接证据。直接证据，是指与待证案件事实具有直接联系，能够单独证明案件事实的证据；间接证据，是指与待证案件事实之间具有间接联系，不能单独证明案件事实，需要与其他证据结合起来才能证明案件事实的证据。

（三）原始证据与传来证据

根据证据来源不同，即按照证据是否来自原始出处，可以把证据分为原始证据和传来证据。原始证据是直接与待证事实有原始的关系，它直接来源于案件事实，也叫第一手证据。凡是间接来源于案件事实的证据，即经过

转、述、传抄、复制的第二手以及第二手以下的证据，是传来证据，也叫"派生证据"或"衍生证据"。原始证据的证明力一般高于传来证据。

第三节　证据保全

※【图表解析】

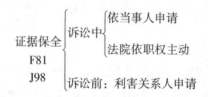

※【知识点详解】

一、证据保全的概念

证据保全，是指法院在起诉前或对证据调查前，依据申请人、当事人的请求或依职权对可能灭失或以后难以取得的证据，予以调查收集和固定保存的行为。

二、诉讼中证据保全与诉前（或仲裁前）证据保全的比较

比较内容	诉讼中证据保全	诉前（或仲裁前）证据保全
条件	证据可能灭失或者以后难以取得	紧急情况，证据可能灭失或者以后难以取得
启动	当事人申请或者法院依职权	利害关系人申请
管辖	受理法院	证据所在地、被申请人住所地或者对案件有管辖权的人民法院
期限限制	举证期限届满前书面申请保全。情况紧急的，法院在48小时内裁定	起诉前提出申请；法院应当在48小时内裁定。采取保全措施后，利害关系人30日内不起诉，解除保全

※【相关法律法规】

《民事诉讼法》

第63条 证据包括：

（一）当事人的陈述；

（二）书证；

（三）物证；

（四）视听资料；

（五）电子数据；

（六）证人证言；

（七）鉴定意见；

（八）勘验笔录。

证据必须查证属实，才能作为认定事实的根据。

第66条 人民法院收到当事人提交的证据材料，应当出具收据，写明证据名称、页数、份数、原件或者复印件以及收到时间等，并由经办人员签名或者盖章。

第67条 人民法院有权向有关单位和个人调查取证，有关单位和个人不得拒绝。

人民法院对有关单位和个人提出的证明文书，应当辨别真伪，审查确定其效力。

第68条 证据应当在法庭上出示，并由当事人互相质证。对涉及国家秘密、商业秘密和个人隐私的证据应当保密，需要在法庭出示的，不得在公开开庭时出示。

第69条 经过法定程序公证证明的法律事实和文书，人民法院应当作为认定事实的根据，但有相反证据足以推翻公证证明的除外。

第71条 人民法院对视听资料，应当辨别真伪，并结合本案的其他证据，审查确定能否作为认定事实的根据。

第72条 凡是知道案件情况的单位和个人，都有义务出庭作证。有关单位的负责人应当支持证人作证。

不能正确表达意思的人，不能作证。

第73条　经人民法院通知，证人应当出庭作证。有下列情形之一的，经人民法院许可，可以通过书面证言、视听传输技术或者视听资料等方式作证：

（一）因健康原因不能出庭的；

（二）因路途遥远，交通不便不能出庭的；

（三）因自然灾害等不可抗力不能出庭的；

（四）其他有正当理由不能出庭的。

第74条　证人因履行出庭作证义务而支出的交通、住宿、就餐等必要费用以及误工损失，由败诉一方当事人负担。当事人申请证人作证的，由该当事人先行垫付；当事人没有申请，人民法院通知证人作证的，由人民法院先行垫付。

第75条　人民法院对当事人的陈述，应当结合本案的其他证据，审查确定能否作为认定事实的根据。

当事人拒绝陈述的，不影响人民法院根据证据认定案件事实。

第76条　当事人可以就查明事实的专门性问题向人民法院申请鉴定。当事人申请鉴定的，由双方当事人协商确定具备资格的鉴定人；协商不成的，由人民法院指定。

当事人未申请鉴定，人民法院对专门性问题认为需要鉴定的，应当委托具备资格的鉴定人进行鉴定。

第77条　鉴定人有权了解进行鉴定所需要的案件材料，必要时可以询问当事人、证人。

鉴定人应当提出书面鉴定意见，在鉴定书上签名或者盖章。

第78条　当事人对鉴定意见有异议或者人民法院认为鉴定人有必要出庭的，鉴定人应当出庭作证。经人民法院通知，鉴定人拒不出庭作证的，鉴定意见不得作为认定事实的根据；支付鉴定费用的当事人可以要求返还鉴定费用。

第80条　勘验物证或者现场，勘验人必须出示人民法院的证件，并邀请当地基层组织或者当事人所在单位派人参加。当事人或者当事人的成年家属应当到场，拒不到场的，不影响勘验的进行。

有关单位和个人根据人民法院的通知，有义务保护现场，协助勘验工作。

勘验人应当将勘验情况和结果制作笔录，由勘验人、当事人和被邀参加人签名或者盖章。

第81条　在证据可能灭失或者以后难以取得的情况下，当事人可以在诉讼过程中向人民法院申请保全证据，人民法院也可以主动采取保全措施。

因情况紧急，在证据可能灭失或者以后难以取得的情况下，利害关系人可以在提起诉讼或者申请仲裁前向证据所在地、被申请人住所地或者对案件有管辖权的人民法院申请保全证据。

证据保全的其他程序，参照适用本法第九章保全的有关规定。

《民诉解释》

第97条　人民法院调查收集证据，应当由两人以上共同进行。调查材料要由调查人、被调查人、记录人签名、捺印或者盖章。

第98条　当事人根据民事诉讼法第八十一条第一款规定申请证据保全的，可以在举证期限届满前书面提出。

证据保全可能对他人造成损失的，人民法院应当责令申请人提供相应的担保。

第110条　人民法院认为有必要的，可以要求当事人本人到庭，就案件有关事实接受询问。在询问当事人之前，可以要求其签署保证书。

保证书应当载明据实陈述、如有虚假陈述愿意接受处罚等内容。当事人应当在保证书上签名或者捺印。

负有举证证明责任的当事人拒绝到庭、拒绝接受询问或者拒绝签署保证书，待证事实又欠缺其他证据证明的，人民法院对其主张的事实不予认定。

第111条　民事诉讼法第七十条规定的提交书证原件确有困难，包括下列情形：

（一）书证原件遗失、灭失或者毁损的；

（二）原件在对方当事人控制之下，经合法通知提交而拒不提交的；

（三）原件在他人控制之下，而其有权不提交的；

（四）原件因篇幅或者体积过大而不便提交的；

（五）承担举证证明责任的当事人通过申请人民法院调查收集或者其他方式无法获得书证原件的。

前款规定情形，人民法院应当结合其他证据和案件具体情况，审查判断书证复制品等能否作为认定案件事实的根据。

第112条　书证在对方当事人控制之下的，承担举证证明责任的当事人可以在举证期限届满前书面申请人民法院责令对方当事人提交。

申请理由成立的，人民法院应当责令对方当事人提交，因提交书证所产生的费用，由申请人负担。对方当事人无正当理由拒不提交的，人民法院可以认定申请人所主张的书证内容为真实。

第113条　持有书证的当事人以妨碍对方当事人使用为目的，毁灭有关书证或者实施其他致使书证不能使用行为的，人民法院可以依照民事诉讼法第一百一十一条规定，对其处以罚款、拘留。

第114条　国家机关或者其他依法具有社会管理职能的组织，在其职权范围内制作的文书所记载的事项推定为真实，但有相反证据足以推翻的除外。必要时，人民法院可以要求制作文书的机关或者组织对文书的真实性予以说明。

第115条　单位向人民法院提出的证明材料，应当由单位负责人及制作证明材料的人员签名或者盖章，并加盖单位印章。人民法院就单位出具的证明材料，可以向单位及制作证明材料的人员进行调查核实。必要时，可以要求制作证明材料的人员出庭作证。

单位及制作证明材料的人员拒绝人民法院调查核实，或者制作证明材料的人员无正当理由拒绝出庭作证的，该证明材料不得作为认定案件事实的根据。

第116条　视听资料包括录音资料和影像资料。

电子数据是指通过电子邮件、电子数据交换、网上聊天记录、博客、微博客、手机短信、电子签名、域名等形成或者存储在电子介质中的信息。

存储在电子介质中的录音资料和影像资料，适用电子数据的规定。

第117条　当事人申请证人出庭作证的，应当在举证期限届满前提出。

符合本解释第九十六条第一款规定情形的，人民法院可以依职权通知证人出庭作证。

未经人民法院通知，证人不得出庭作证，但双方当事人同意并经人民法院准许的除外。

第118条　民事诉讼法第七十四条规定的证人因履行出庭作证义务而支出

的交通、住宿、就餐等必要费用，按照机关事业单位工作人员差旅费用和补贴标准计算；误工损失按照国家上年度职工日平均工资标准计算。

人民法院准许证人出庭作证申请的，应当通知申请人预缴证人出庭作证费用。

第119条　人民法院在证人出庭作证前应当告知其如实作证的义务以及作伪证的法律后果，并责令其签署保证书，但无民事行为能力人和限制民事行为能力人除外。

证人签署保证书适用本解释关于当事人签署保证书的规定。

第120条　证人拒绝签署保证书的，不得作证，并自行承担相关费用。

第121条　当事人申请鉴定，可以在举证期限届满前提出。申请鉴定的事项与待证事实无关联，或者对证明待证事实无意义的，人民法院不予准许。

人民法院准许当事人鉴定申请的，应当组织双方当事人协商确定具备相应资格的鉴定人。当事人协商不成的，由人民法院指定。

符合依职权调查收集证据条件的，人民法院应当依职权委托鉴定，在询问当事人的意见后，指定具备相应资格的鉴定人。

第122条　当事人可以依照民事诉讼法第七十九条的规定，在举证期限届满前申请一至二名具有专门知识的人出庭，代表当事人对鉴定意见进行质证，或者对案件事实所涉及的专业问题提出意见。

具有专门知识的人在法庭上就专业问题提出的意见，视为当事人的陈述。

人民法院准许当事人申请的，相关费用由提出申请的当事人负担。

第123条　人民法院可以对出庭的具有专门知识的人进行询问。经法庭准许，当事人可以对出庭的具有专门知识的人进行询问，当事人各自申请的具有专门知识的人可以就案件中的有关问题进行对质。

具有专门知识的人不得参与专业问题之外的法庭审理活动。

第124条　人民法院认为有必要的，可以根据当事人的申请或者依职权对物证或者现场进行勘验。勘验时应当保护他人的隐私和尊严。

人民法院可以要求鉴定人参与勘验。必要时，可以要求鉴定人在勘验中进行鉴定。

《证据规定》

第24条 人民法院进行证据保全，可以根据具体情况，采取查封、扣押、拍照、录音、录像、复制、鉴定、勘验、制作笔录等方法。

人民法院进行证据保全，可以要求当事人或者诉讼代理人到场。

第27条 当事人对人民法院委托的鉴定部门作出的鉴定结论有异议申请重新鉴定，提出证据证明存在下列情形之一的，人民法院应予准许。

（一）鉴定机构或者鉴定人员不具备相关的鉴定资格的；

（二）鉴定程序严重违法的；

（三）鉴定结论明显依据不足的；

（四）经过质证认定不能作为证据使用的其他情形。

对有缺陷的鉴定结论，可以通过补充鉴定、重新质证或者补充质证等方法解决的，不予重新鉴定。

第28条 一方当事人自行委托有关部门作出的鉴定结论，另一方当事人有证据足以反驳并申请重新鉴定的，人民法院应予准许。

第29条 审判人员对鉴定人出具的鉴定书，应当审查是否具有下列内容：

（一）委托人姓名或者名称、委托鉴定的内容；

（二）委托鉴定的材料；

（三）鉴定的依据及使用的科学技术手段；

（四）对鉴定过程的说明；

（五）明确的鉴定结论；

（六）对鉴定人鉴定资格的说明；

（七）鉴定人员及鉴定机构签名盖章。

第30条 人民法院勘验物证或者现场，应当制作笔录，记录勘验的时间、地点、勘验人、在场人、勘验的经过、结果，由勘验人、在场人签名或者盖章。对于绘制的现场图应当注明绘制的时间、方位、测绘人姓名、身份等内容。

第53条 不能正确表达意志的人，不能作为证人。

待证事实与其年龄、智力状况或者精神健康状况相适应的无民事行为能力人和限制民事行为能力人，可以作为证人。

第55条　证人应当出庭作证　接受当事人的质询。

证人在人民法院组织双方当事人交换证据时出席陈述证言的，可视为出庭作证。

第57条　出庭作证的证人应当客观陈述其亲身感知的事实。证人为聋哑人的，可以其他表达方式作证。

证人作证时，不得使用猜测、推断或者评论性的语言。

第58条　审判人员和当事人可以对证人进行询问。证人不得旁听法庭审理；询问证人时，其他证人不得在场。人民法院认为有必要的，可以让证人进行对质。

第65条　审判人员对单一证据可以从下列方面进行审核认定：

（一）证据是否原件、原物，复印件、复制品与原件、原物是否相符；

（二）证据与本案事实是否相关；

（三）证据的形式、来源是否符合法律规定；

（四）证据的内容是否真实；

（五）证人或者提供证据的人，与当事人有无利害关系。

第69条　下列证据不能单独作为认定案件事实的依据：

（一）未成年人所作的与其年龄和智力状况不相当的证言；

（二）与一方当事人或者其代理人有利害关系的证人出具的证言；

（三）存有疑点的视听资料；

（四）无法与原件、原物核对的复印件、复制品；

（五）无正当理由未出庭作证的证人证言。

第70条　一方当事人提出的下列证据，对方当事人提出异议但没有足以反驳的相反证据的，人民法院应当确认其证明力：

（一）书证原件或者与书证原件核对无误的复印件、照片、副本、节录本；

（二）物证原物或者与物证原物核对无误的复制件、照片、录像资料等；

（三）有其他证据佐证并以合法手段取得的、无疑点的视听资料或者与视听资料核对无误的复制件；

（四）一方当事人申请人民法院依照法定程序制作的对物证或者现场的勘验笔录。

第71条　人民法院委托鉴定部门作出的鉴定结论，当事人没有足以反驳的相反证据和理由的，可以认定其证明力。

第72条　一方当事人提出的证据，另一方当事人认可或者提出的相反证据不足以反驳的，人民法院可以确认其证明力。

一方当事人提出的证据，另一方当事人有异议并提出反驳证据，对方当事人对反驳证据认可的，可以确认反驳证据的证明力。

第73条　双方当事人对同一事实分别举出相反的证据，但都没有足够的依据否定对方证据的，人民法院应当结合案件情况，判断一方提供证据的证明力是否明显大于另一方提供证据的证明力，并对证明力较大的证据予以确认。

因证据的证明力无法判断导致争议事实难以认定的，人民法院应当依据举证责任分配的规则作出裁判。

第76条　当事人对自己的主张，只有本人陈述而不能提出其他相关证据的，其主张不予支持。但对方当事人认可的除外。

第77条　人民法院就数个证据对同一事实的证明力，可以依照下列原则认定：

（一）国家机关、社会团体依职权制作的公文书证的证明力一般大于其他书证；

（二）物证、档案、鉴定结论、勘验笔录或者经过公证、登记的书证，其证明力一般大于其他书证、视听资料和证人证言；

（三）原始证据的证明力一般大于传来证据；

（四）直接证据的证明力一般大于间接证据；

（五）证人提供的对与其有亲属或者其他密切关系的当事人有利的证言，其证明力一般小于其他证人证言。

第78条　人民法院认定证人证言，可以通过对证人的智力状况、品德、知识、经验、法律意识和专业技能等的综合分析作出判断。

第79条　人民法院应当在裁判文书中阐明证据是否采纳的理由。

对当事人无争议的证据，是否采纳的理由可以不在裁判文书中表述。

《著作权法》

第50条 著作权人或者与著作权有关的权利人有证据证明他人正在实施或者即将实施侵犯其权利的行为，如不及时制止将会使其合法权益受到难以弥补的损害的，可以在起诉前向人民法院申请采取责令停止有关行为和财产保全的措施。

《商标法》

第58条 为制止侵权行为，在证据可能灭失或者以后难以取得的情况下，商标注册人或者利害关系人可以在起诉前向人民法院申请保全证据。

人民法院接受申请后，必须在四十八小时内做出裁定；裁定采取保全措施的，应当立即开始执行。

人民法院可以责令申请人提供担保，申请人不提供担保的，驳回申请。

申请人在人民法院采取保全措施后十五日内不起诉的，人民法院应当解除保全措施。

※【历年真题】

1.在一起侵权诉讼中，原告申请由其弟袁某（某大学计算机系教授）作为专家辅助人出庭对专业技术问题予以说明。下列哪一表述是正确的？（2014-3-38）

A.被告以袁某是原告的近亲属为由申请其回避，法院应批准

B.袁某在庭上的陈述是一种法定证据

C.被告可对袁某进行询问

D.袁某出庭的费用，由败诉方当事人承担

【答案】C

【解析】根据《民诉解释》第123条，可知C选项正确。根据《民事诉讼法》第44条，专家辅助人不同于鉴定人，不属于回避人员，可知A选项错误；根据《民事诉讼法》第63条，可知B选项错误；根据《民诉解释》第122条，可知D选项错误。

2.张某驾车与李某发生碰撞，交警赶到现场后用数码相机拍摄了碰撞情

况，后李某提起诉讼，要求张某赔偿损失，并向法院提交了一张光盘，内附交警拍摄的照片。该照片属于下列哪一种证据？（2014-3-48）

A.书证   B.鉴定意见

C.勘验笔录   D.电子数据

【答案】D

【解析】根据《民事诉讼法》第63条，照片在光盘中以电子形式表现出来，可知D选项正确。

第八章　民事诉讼证明

第一节　证明对象

※【图表解析】

一、证明对象应当符合的条件
- （1）该事实是当事人在诉讼中的主张
- （2）该事实具有实体法或者程序法的意义
- （3）双方当事人对该事实有争议
- （4）该事实处于真伪不明

二、免证的事实
- 绝对的免证
- 相对的免证
  - 《证》8，J92～93、107
- 自认
  - 身份、公益不自认，调解可妥协
  - 自认情形：明示＋两种不表态
    - （默示＋在场不表态）
  - 可撤回：时间（辩论终结前）
    - ＋两条件（对方、胁迫）

※【知识点详解】

一、概念

　　民事诉讼中的证明，是指运用证据确定民事案件事实的诉讼活动。证明对象，是指在民事诉讼中需要用证据加以证明的案件事实，又称为证明客体或待证事实。通常认为，实体法事实、程序法事实以及外国法律和地方性法规、习惯可以成为证明对象。

二、证明对象应当符合的条件

　　（1）该事实是当事人在诉讼中的主张。

　　（2）该事实具有实体法或者程序法的意义。

　　（3）双方当事人对该事实有争议。

　　（4）该事实处于真伪不明。

三、无需证明的事实（免证的事实）

根据《民事诉讼法》第69条，《证据规定》第8条第二至四款、《民诉解释》第92条、93条的相关规定，下列事实，当事人无须举证证明：

（一）自然规律以及定理、定律；

（二）众所周知的事实；

（三）根据法律规定推定的事实；

（四）根据已知的事实和日常生活经验法则推定出的另一事实；

（五）已为人民法院发生法律效力的裁判所确认的事实；

（六）已为仲裁机构生效裁决所确认的事实；

（七）已为有效公证文书所证明的事实。

前款第二项至第四项规定的事实，当事人有相反证据足以反驳的除外；第五项至第七项规定的事实，当事人有相反证据足以推翻的除外。

（八）自认的事实

1.概念：当事人向法院承认对方主张的不利于自己的案件主要事实。

2.自认的时间：在证据交换或法庭审理过程中。（包括在起诉状、答辩状、代理词等书面材料中作出的自认）

3.自认的对象：案件主要事实

注意：（1）涉及身份关系的案件不适用自认的规定；（2）涉及国家利益、社会公共利益等应当由人民法院依职权调查的事实，不适用自认的规定；（3）当事人为达成调解协议或者出于和解的目的作出的妥协所涉及的对案件事实的认可，不得在其后诉讼中作为对其不利的证据。

4.自认的方式

（1）明示承认。

（2）默示承认。对一方当事人陈述的事实，另一方当事人既未表示承认也未否认，经审判人员充分说明并询问后，其仍不明确表示肯定或者否定的，视为对该项事实的承认。

（3）代理人承认。当事人委托代理人参加诉讼的，代理人的承认视为当事人的承认。但未经特别授权的代理人对事实的承认直接导致承认对方诉讼请求的除外；当事人在场但对其代理人的承认不作否认表示的，视为当事人的承认。

5.自认的撤回

（1）撤回时间：法庭辩论终结前。

（2）撤回须经对方当事人同意，或者有充分证据证明其承认行为是在受胁迫或者重大误解的情况下作出且与事实不符。

6.自认的效力

免除对方对该事实的举证责任。但自认的事实与法院查明的事实不符的，法院不予确认。

第二节　举证责任

※【图表解析】

举证
├─ 谁主张，谁举证：不限于原告（公平原则＋诚实信用原则）F64＋《证》5～7＋J91
├─ 特殊举证责任 ─┬─ 举证责任倒置的，不是全部倒置
│   └─ 需咬文嚼字
├─ 证据的收集 F64 ─┬─ 当事人收集（绝大部分）─┬─ 提供原物、原件《证》10
│   │   ├─ 域外形成需公证、认证《证》11
│   │   └─ 外文资料附中文译本《证》12
│   └─ 法院收集 ─┬─ 依职权主动收集 J96 ─┬─ 涉及三益
│   │   └─ 程序问题
│   └─ 依申请收集 J94 ─┬─ 档案
│   ├─ 涉及三密
│   └─ 弹性规定
└─ 逾期举证 ─┬─ 确定方式：法院指定 F65
            └─ 逾期举证 F65 ⇒ 责令说明理由 ─┬─ 理由成立：证据采纳且不处罚
                                          └─ 拒不说明或理由不成立 ─┬─ 证据不予采纳
                                                                  └─ 采纳证据但处罚当事人

证据交换
- 证据交换（非必须进行）≠举证期限（必须进行，简易程序例外《简》22）
- 情形
  - 当事人申请为原则
  - 法院指定为例外（多，杂难）
- 效力：视为经过质证，可以作为定案根据《证》39＋J103
- 次数：一般不超过2次

※【知识点详解】

一、举证责任的概念

举证责任，又称为证明责任，《民诉解释》采用了"举证证明责任"的表述方法。关于证明责任的概念，理论上存在多种学说。我国《民诉解释》第90条采取了"双重含义说"。"双重含义说"的观点认为，证明责任包括行为意义上的证明责任以及结果意义上的证明责任两重含义。前者是指对于待证事实应当由谁提出证据加以证明的责任，又称为形式上的证明责任、主观的证明责任或提供证据的责任；后者是指当待证事实真伪不明时，应当由谁承担不利后果的责任，又称为实质上的证明责任、客观的证明责任或说服责任。在"双重含义说"基础上，目前许多学者赞同"危险负担说"（又称为"风险负担说"或"败诉风险说"），即认为证明责任是指案件事实真伪不明时，当事人一方所承担的败诉风险。需要注意的是，理论和实践中，有时提到证明责任（即举证责任）时，指的是行为意义上的证明责任，而有时则是从结果意义或危险负担的角度来理解证明责任的，我们要根据具体情况来理解"证明责任"在特定语境中的真实含义。关于证明责任，可以进行深入地理解：

第一，行为责任是从提供证据的行为之角度来界定证明责任的，结果责任将证明责任与事实真伪不明的现象联系起来，强调了败诉风险或不利后果，揭示了证明责任制度的实质与目的。证明责任制度的设立有利于调动诉讼当事人的举证积极性，有利于法院及时地裁判。

第二，当事人未能充分举证不一定会败诉，如果法院也未收集到证据，该事实仍处于真伪不明状态，负有证明责任（结果责任）的一方承担不利后果。

第三，要件事实真伪不明是结果意义上的证明责任发生的前提。

第四，同一要件事实，只能由一方当事人负担结果责任，法院不是证明责任承担的主体。

二、举证责任的分配

（一）举证责任分配的一般原则

在《民法通则》、《合同法》、《侵权责任法》等实体法和相关司法解释中已经明确规定了如何分配证明责任的情况下，应当依照该规定来确定证明责任的分配。在实体法未明文规定证明责任分配的情况下，仍需要确定证明责任分配的一般原则，以便于公平、合理地分配案件事实的证明责任。我国《民事诉讼法》第64条第1款规定："当事人对自己提出的主张，有责任提供证据"。实践中，常简称为："谁主张，谁举证"。我国《民诉解释》第90条规定"当事人对自己提出的诉讼请求所依据的事实或者反驳对方诉讼请求所依据的事实，应当提供证据加以证明，但法律另有规定的除外，在作出判决前，当事人未能提供证据或者证据不足以证明当事人的事实主张的，由负有举证证明责任的当事人承担不利后果"。《民诉解释》第91条规定：法院应当依照下列原则确定举证证明责任的承担，但法律另有规定的除外（一）主张法律关系存在的当事人，应当对产生该法律关系的基本事实承担举证证明责任；（二）主张法律关系变更、消灭或者权利受到妨害的当事人，应当对该法律关系变更、消灭或者权利受到妨害的基本事实承担举证证明责任。结合《民诉解释》第91条以及《证据规定》第5条的内容，多数学者认为我国民事诉讼立法实际上将"法律要件分类说"作为民事诉讼证明责任分配的一般标准，并在某些特别情况下参照其他学说对证明责任的分配予以局部的修正或调整。

注意记忆《证据规定》第5条、第6条：

（1）合同纠纷案件中，主张合同关系成立并生效的一方当事人对合同订立和生效的事实承担举证责任；主张合同关系变更、解除、终止、撤销的一方当事人对引起合同关系变动的事实承担举证责任。对合同是否履行发生争议的，由负有履行义务的当事人承担举证责任。

（2）代理权发生争议的，由主张有代理权的一方当事人承担证明责任。

（3）劳动争议纠纷案件中，因用人单位作出开除、除名、辞退解除劳动合同、减少劳动报酬、计算劳动者工作年限等劳动争议的，由用人单位负证明责任。

（二）举证责任分配的特殊规定

对于某些侵权案件中特定案件事实的证明责任分配问题，《证据规定》第4条以及《侵权责任法》等法律的相关条款作出了规定，其中一部分案件属于证明责任倒置的案件，需要注意的是，在证明责任倒置的案件中，并非所有的要件事实均"倒置"，法律、司法解释没有明确规定"倒置"的要件事实仍然按照证明责任分配的一般原则来分配。

（1）因新产品制造方法发明专利引起的专利侵权诉讼，由制造同样产品的单位或者个人对其产品制造方法不同于专利方法承担举证责任。

（2）高度危险作业致人损害的侵权诉讼，由加害人就受害人故意造成损害的事实承担举证责任；注意《侵权责任法》第69~76条的相关规定。

（3）因环境污染引起的损害赔偿诉讼，由加害人就法律规定的免责事由及其行为与损害结果之间不存在因果关系承担举证责任。

注意：《侵权责任法》第66条进一步细化：因污染环境发生纠纷，污染者应当就法律规定的不承担责任或者减轻责任的情形及其行为与损害之间不存在因果关系承担举证责任。

（4）建筑物或者其他设施以及建筑物上的搁置物、悬挂物发生倒塌、脱落、坠落致人损害的侵权诉讼，由所有人、管理人或使用人对其无过错承担举证责任。

该部分规定在《侵权责任法》第85~91条中细化为若干种情形，注意与《证据规定》内容上的差异。

《侵权责任法》第85条：建筑物、构筑物或者其他设施及其搁置物、悬挂物发生脱落、坠落造成他人损害，所有人、管理人或者使用人**不能证明自己没有过错的**，应当承担侵权责任。所有人、管理人或者使用人赔偿后，有其他责任人的，有权向其他责任人追偿。

《侵权责任法》第86条：建筑物、构筑物或者其他设施倒塌造成他人损害的，由建设单位与施工单位承担连带责任。建设单位、施工单位赔偿后，有其他责任人的，有权向其他责任人追偿。因其他责任人的原因，建筑物、构筑物或者其他设施倒塌造成他人损害的，由其他责任人承担侵权责任。

注意：建筑物、构筑物或者其他设施**倒塌，实行的是无过错责任**。所有人、管理人是否有过错，原被告都无需举证。受害人只需要证明倒塌的事实、损害后果、因果关系即可。

《侵权责任法》第87条：从建筑物中**抛掷物品或者从建筑物上坠落的物品**造成他人损害，难以确定具体侵权人的，**除能够证明自己不是侵权人的外**，由**可能加害的建筑物使用人**给予补偿。

《侵权责任法》第88条：堆放物倒塌造成他人损害，堆放人不能证明自己没有过错的，应当承担侵权责任。

（5）饲养动物致人损害的侵权诉讼，由动物饲养人或者管理人就受害人有过错或者第三人有过错承担举证责任。

该部分规定在《侵权责任法》第78~83条中细化为若干种情形，注意与上述《证据规定》的差异。

《侵权责任法》第78条：饲养的动物造成他人损害的，动物饲养人或者管理人应当承担侵权责任，但能够证明损害是因**被侵权人**故意或者重大过失造成的，可以不承担或者减轻责任。

注意：如果是因第三人过错导致，如果受害人以饲养人或管理人为被告起诉，则饲养人或管理人不能用第三人的过错为自己免责，只能承担侵权责任后再向有过错的第三人追偿。因此，《侵权责任法》第78条对《证据规定》第4条的内容作出了根本性的改动，"**第三人的过错**"不再成为免责事由。

（6）因缺陷产品致人损害的侵权诉讼，由产品的生产者就法律规定的免责事由承担举证责任。

因缺陷产品致人损害的侵权诉讼中，由产品的生产者就法律规定的免责事由承担举证责任，也就是说，由产品生产者举证证明产品没有质量问题或者受害人所遭受的损害并不是由于产品本身的质量问题所引起的（《侵权责任法》第41~44条）。

（7）因共同危险行为致人损害的侵权诉讼，由实施危险行为的人就其行为与损害结果之间不存在因果关系承担举证责任。

注意：《侵权责任法》第10条规定，二人以上实施危及他人人身、财产安全的行为，其中一人或者数人的行为造成他人损害，**能够确定具体侵权人**

的，由侵权人承担责任；不能确定具体侵权人的，行为人承担连带责任。

（8）因医疗行为引起的侵权诉讼，由医疗机构就医疗行为与损害结果之间不存在因果关系及不存在医疗过错承担举证责任。

注意：上述内容在《侵权责任法》中规定了三种归责原则，因此应该根据医疗行为侵权的具体种类来确定举证责任的分配，不能一味地适用《证据规定》第4条中关于举证责任分配倒置的规定（《侵权责任法》第54~64条）。

①无过错责任：因药品、消毒药剂、医疗器械的缺陷，或者输入不合格的血液造成患者损害的（《侵权责任法》第59条）。

患者应证明：违法行为+损害结果；医疗机构应证明：因果关系+免责事由。

②推定过错责任：患者有损害，因下列情形之一的，推定医疗机构有过错：第一，违反法律法规、规章及诊疗规范；第二，隐匿或拒绝提供有关病历资料；第三，伪造、篡改或者销毁病历资料（《侵权责任法》第58条）。

患者应证明：违法行为+损害结果；医疗机构应证明：因果关系+免责事由+无过错。

③过错责任：患者在诊疗活动中受到损害，医疗机构及医务人员有过错的，由医疗机构承担赔偿责任（《侵权责任法》第54条）。

患者应证明：违法行为+损害结果+过错；医疗机构应证明：因果关系+免责事由。

（三）法院对举证责任分配的裁量性规定

根据《证据规定》第7条的内容，在法律没有具体规定，依法律及其他司法解释无法确定举证责任承担时，人民法院可以根据公平原则和诚实信用原则，综合当事人举证能力等因素确定举证责任的承担。许多学者认为，《民诉解释》的出台实际上已经取消了法官对证明责任分配的自由裁量权，因为从理论上，证明责任应当由法律预先分配而原则上不能由法官分配。

三、证据的收集与提供

（一）法院调取证据的情形

绝大多数的证据都应当由当事人负责收集并向法院提供，人民法院收到当事人提交的证据材料，应当出具收据，写明证据名称、页数、份数、原件或者复印件以及收到时间等，并由经办人员签名或者盖章。

1.法院可以主动调查、收集的证据：

（1）涉及可能损害国家利益、社会公共利益的；

（2）涉及身份关系的；

（3）涉及民事诉讼法第五十五条规定诉讼的；（即代表人诉讼）

（4）当事人有恶意串通损害他人合法权益可能的；

（5）涉及依职权追加当事人、中止诉讼、终结诉讼、回避等程序性事项的。

2.当事人及其诉讼代理人可以申请人民法院调查收集的证据：

（1）证据由国家有关部门保存，当事人及其诉讼代理人无权查阅调取的；

（2）涉及国家秘密、商业秘密或者个人隐私的；

（3）当事人及其诉讼代理人因客观原因不能自行收集的其他证据。

当事人及其诉讼代理人因客观原因不能自行收集的证据，可以在举证期限届满前书面申请人民法院调查收集。

（二）举证时限

1.概念

举证时限是指民事诉讼当事人向法院提供证据的期限。当事人必须在规定的时间期限内提供证据，逾期提出证据，将承担对其不利的法律后果。

2.举证时限的确定

法院根据当事人的主张和案件审理情况，确定当事人应当提交的证据及其期限。举证期限可以由当事人协商，并经人民法院准许。

3.举证时限的延长

当事人在举证期限内提供证据确有困难的，可以向人民法院申请延长期限，人民法院根据当事人的申请适当延长。

4.重新指定

根据《证据规定》第35条，如果当事人主张的法律关系的性质或者民事行为的效力与人民法院根据案件事实作出的认定不一致的，人民法院应当告知当事人可以变更诉讼请求。当事人变更诉讼请求的，人民法院应当重新指定举证期限。

5.逾期举证的后果

当事人逾期提供证据的，人民法院应当责令其说明理由；拒不说明理由

或者理由不成立的，人民法院根据不同情形可以不予采纳该证据，或者采纳该证据但予以训诫、罚款。修改后的《民事诉讼法》对于逾期举证的后果有所缓和，法院根据具体情况处理时，应充分考虑该证据在案件中的作用，当事人主观恶性的大小，逾期提供证据造成的损害等因素。《民诉解释》第101条规定：当事人逾期提供证据的，人民法院应当责令其说明理由，必要时可以要求其提供相应的证据。当事人因客观原因逾期提供证据，或对方当事人对逾期提供证据未提出异议的，视为未逾期。

第102条规定：当事人因故意或重大过失逾期提供的证据，人民法院不予采纳。但该证据与案件基本事实有关的，人民法院应当采纳，并依照民事诉讼法第六十五条、第一百一十五条第一款的规定予以训诫、罚款。当事人非因故意或者重大过失逾期提供的证据，人民法院应当采纳，并对当事人予以训诫。当事人一方要求另一方赔偿因逾期提供证据致使其增加的交通、住宿、就餐、误工、证人出庭作证等必要费用的，人民法院可予支持。

（三）证据交换

证据交换，是指开庭审理前，双方当事人在审判人员的主持下，交换双方所持有的证据的制度。

1.证据交换的确定

（1）依当事人申请为原则；（2）证据较多或者复杂疑难案件由法院依职权组织。

2.证据交换时间

（1）依当事人申请的：开庭审理前；（2）法院依职权：答辩期满后，开庭审理前。

3.证据交换的效力

视为经过质证，可作为定案根据。

4.证据交换的次数

一般不超过两次，重大、疑难和案情特别复杂的案件可以超过两次。

第三节　质证与认证

※【图表解析】

质证
- 质证的原则
  - 以公开质证为原则《证》49~52 +J104
    - 涉及三密的例外
  - 以不公开质证为**例外**J103
- 质证的对象
  - 当事人提出的
  - 依当事人申请，法院调取的（**不包括法院依职权收集的**）
- 质证的内容
  - 证据三性
  - 证明力有无与大小

认证
- 认证的规则《证》63 +J105
  - 一般规则：证明力有无与大小
  - 具体规则
    - 优势证据《证》73
    - 状中可反悔J92
    - 弄巧成拙真不利《证》75
    - 证明力大小5种法定情形《证》77
- 认证的内容：主要审查证据三性《证》65~66
- 证明力有瑕疵的证据
  - 调解中的妥协J107
  - 获取方法有瑕疵（侵害＋违反）J106
  - 不能单独定案的5种证据《证》69【未成年人、证人（利害关系＋不出庭）、视听资料、非原件】

※【知识点详解】

一、质证

质证，是指当事人、诉讼代理人在法庭的主持下，对提供的证据进行宣读、展示、辨认、质疑、说明、辩驳等活动。

（一）质证的主体

当事人、诉讼代理人以及提供证据的第三人都可以成为质证的主体，法院是认定证据的主体，不是质证的主体。

（二）质证的内容

质证时，当事人应当围绕证据的真实性、关联性、合法性，针对证据证明力有无以及证明力大小，进行质疑、说明与辩驳。

（三）质证的原则

质证以公开质证为原则（《证据规定》第49~52条）。

（四）公开质证原则的例外（《证据规定》第48条、《民诉解释》第103条）

（1）涉及国家秘密、商业秘密和个人隐私或者法律规定的其他应当保密的证据，不得在开庭时公开质证。

（2）当事人在审理前的准备阶段认可的证据，经审判人员在庭审中说明后，视为质证过的证据。

（五）质证的对象

（1）当事人向法院提出的证据。

（2）当事人申请法院调查的证据。

（3）法院依职权调查收集的证据不属于质证的对象，法院应将依职权调查收集的证据在庭审中出示，听取当事人意见，并可以就调查收集证据的情况予以说明。

（六）无需质证的情况

当事人在证据交换过程中认可记录在卷的证据无需质证。

（七）质证的效力

未经质证，不得作为裁判的依据。

二、认证

（一）认证的概念

认证，是指法庭对经过质证或当事人在证据交换中认可的各种证据材料作出审查、判断和决定，确认其能否作为认定案件事实的根据。认证的具体内容是对作为认证对象的证据资料是否具有证明力以及证明力的大小进行审查、确认。

（二）认证的原则

人民法院应当以证据能够证明的案件事实为依据依法作出裁判。因此，《民诉解释》第105条规定，人民法院应当依照法定程序，全面、客观地审核证据，依据法律的规定，运用逻辑推理和日常生活经验，对证据有无证明力和证明力大小进行判断，并公开判断的理由和结果。

（三）认证的具体规则

（1）根据《民诉解释》第108条的规定：对负有举证证明责任的当事人提供的证据，人民法院经审查并结合相关事实，确信待证事实的存在具有高度可能性的，应当认定该事实存在。对一方当事人为反驳负有举证证明责任的当事人所主张事实而提供的证据，人民法院经审查并结合相关事实，认为待证事实真伪不明的，应认定该事实不存在。法律对于待证事实所应达到的证明标准另有规定的，从其规定。

（2）《民诉解释》第92条规定，一方当事人在法庭审理中，或者在起诉状、答辩状、代理词等书面材料中，对于已不利的事实明确表示承认的，另一方当事人无需举证证明。对于涉及身份关系、国家利益、社会公共利益等应当由人民法院依职权调查的事实，不适用前款自认的规定，自认的事实与查明的事实不符的，人民法院不予确认。

（3）《证据规定》第75条规定，有证据证明一方当事人持有证据无正当理由拒不提供，如果对方当事人主张该证据的内容不利于证据持有人，可以推定该主张成立。

（4）《证据规定》第77条规定，人民法院就数个证据对同一事实的证明力可以依照下列原则认定：国家机关、社会团体依职权制作的公文书证的证明力一般大于其他书证；物证、档案、鉴定结论（鉴定意见）、勘验笔录或者经过公证、登记的书证，其证明力一般大于其他书证、视听资料和证人证言；原始证据的证明力一般大于传来证据；直接证据的证明力一般大于间接证据；证人提供的对与其有亲属或者其他密切关系的当事人有利的证言，其证明力一般小于其他证人证言。

（四）认证的内容

《证据规定》第65条规定，审判人员对单一证据可以从下列方面进行审

核认定：证据是否原件、原物、复印件、复制品与原件、原物是否相符；证据与本案事实是否相关；证据的形式、来源是否符合法律规定；证据的内容是否真实；证人或者提供证据的人与当事人有无利害关系。

审判人员对案件的全部证据，应当从个证据与案件事实的关联超程度、各证据之间的联系等方面进行综合审查判断。

（五）证明力有瑕疵的证据

1.调解中的妥协：

《民诉解释》第107条规定，在诉讼中，当事人为达成调解协议或者和解协议作出妥协而认可的事实，不得在后续的诉讼中作为对其不利的根据，但法律另有规定或者当事人均同意的除外。

2.非法证据排除规则：

《民诉解释》第106条规定，对以严重侵害他人合法权益、违反法律禁止性规定或者严重违背公序良俗的方法形成或者获取的证据，不得作为认定案件事实的根据。

3.不能单独作为认定案件事实的证据

《证据规定》第69条规定，下列证据不能单独作为认定案件事实的依据：未成年人所作的与其年龄和智力状况不相当的证言；与一方当事人或者其代理人有利害关系的证人出具的证言；存有疑点的视听资料；无法与原件、原物核对的复印件、复制品；无正当理由未出庭作证的证人证言。

（六）证明标准

《民诉解释》第108条规定了高度盖然性的证明标准。《民诉解释》第109条还规定：当事人对欺诈、胁迫、恶意串通事实的证明，以及对口头遗嘱或赠与事实的证明，法院确信该待证事实存在的可能性能够排除合理怀疑的，应当认定该事实存在。对于上述事实的证明，证明标准应当达到排除合理怀疑的程度。

※【相关法律法规】

《民事诉讼法》

第64条　当事人对自己提出的主张，有责任提供证据。当事人及其诉讼代理人因客观原因不能自行收集的证据，或者人民法院认为审理案件需要的证据，人民法院应当调查收集。人民法院应当按照法定程序，全面地、客观地审查核实证据。

第65条 当事人对自己提出的主张应当及时提供证据。人民法院根据当事人的主张和案件审理情况，确定当事人应当提供的证据及其期限。当事人在该期限内提供证据确有困难的，可以向人民法院申请延长期限，人民法院根据当事人的申请适当延长。当事人逾期提供证据的，人民法院应当责令其说明理由；拒不说明理由或者理由不成立的，人民法院根据不同情形可以不予采纳该证据，或者采纳该证据但予以训诫、罚款。

第68条 证据应当在法庭上出示，并由当事人互相质证。对涉及国家秘密、商业秘密和个人隐私的证据应当保密，需要在法庭出示的，不得在公开开庭时出示。

第69条 经过法定程序公证证明的法律事实和文书，人民法院应当作为认定事实的根据，但有相反证据足以推翻公证证明的除外。

第72条 凡是知道案件情况的单位和个人，都有义务出庭作证。有关单位的负责人应当支持证人作证。不能正确表达意思的人，不能作证。

《证据规定》

第4条 下列侵权诉讼，按照以下规定承担举证责任：

（一）因新产品制造方法发明专利引起的专利侵权诉讼，由制造同样产品的单位或者个人对其产品制造方法不同于专利方法承担举证责任；

（二）高度危险作业致人损害的侵权诉讼，由加害人就受害人故意造成损害的事实承担举证责任；

（三）因环境污染引起的损害赔偿诉讼，由加害人就法律规定的免责事由及其行为与损害结果之间不存在因果关系承担举证责任；

（四）建筑物或者其他设施以及建筑物上的搁置物、悬挂物发生倒塌、脱落、坠落致人损害的侵权诉讼，由所有人或者管理人对其无过错承担举证责任；

（五）饲养动物致人损害的侵权诉讼，由动物饲养人或者管理人就受害人有过错或者第三人有过错承担举证责任；

（六）因缺陷产品致人损害的侵权诉讼，由产品的生产者就法律规定的免责事由承担举证责任；

（七）因共同危险行为致人损害的侵权诉讼，由实施危险行为的人就其行为与损害结果之间不存在因果关系承担举证责任；

（八）因医疗行为引起的侵权诉讼，由医疗机构就医疗行为与损害结果之间不存在因果关系及不存在医疗过错承担举证责任。

有关法律对侵权诉讼的举证责任有特殊规定的，从其规定。

第5条　在合同纠纷案件中，主张合同关系成立并生效的一方当事人对合同订立和生效的事实承担举证责任；主张合同关系变更、解除、终止、撤销的一方当事人对引起合同关系变动的事实承担举证责任。

对合同是否履行发生争议的，由负有履行义务的当事人承担举证责任。

对代理权发生争议的，由主张有代理权一方当事人承担举证责任。

第6条　在劳动争议纠纷案件中，因用人单位作出开除、除名、辞退、解除劳动合同、减少劳动报酬、计算劳动者工作年限等决定而发生劳动争议的，由用人单位负举证责任。

第7条　在法律没有具体规定，依本规定及其他司法解释无法确定举证责任承担时，人民法院可以根据公平原则和诚实信用原则，综合当事人举证能力等因素确定举证责任的承担。

第8条　诉讼过程中，一方当事人对另一方当事人陈述的案件事实明确表示承认的，另一方当事人无需举证。但涉及身份关系的案件除外。

对一方当事人陈述的事实，另一方当事人既未表示承认也未否认，经审判人员充分说明并询问后，其仍不明确表示肯定或者否定的，视为对该项事实的承认。

当事人委托代理人参加诉讼的，代理人的承认视为当事人的承认。但未经特别授权的代理人对事实的承认直接导致承认对方诉讼请求的除外；当事人在场但对其代理人的承认不作否认表示的，视为当事人的承认。

当事人在法庭辩论终结前撤回承认并经对方当事人同意，或者有充分证据证明其承认行为是在受胁迫或者重大误解情况下作出且与事实不符的，不能免除对方当事人的举证责任。

第10条　当事人向人民法院提供证据　应当提供原件或者原物。如需自已保存证据原件、原物或者提供原件、原物确有困难的 可以提供经人民法院核对无异的复制件或者复制品。

第11条 当事人向人民法院提供的证据系在中华人民共和国领域外形成的，该证据应当经所在国公证机关予以证明，并经中华人民共和国驻该国使领馆予以认证，或者履行中华人民共和国与该所在国订立的有关条约中规定的证明手续。

当事人向人民法院提供的证据是在香港、澳门、台湾地区形成的，应当履行相关的证明手续。

第12条 当事人向人民法院提供外文书证或者外文说明资料，应当附有中文译本。

第35条 诉讼过程中，当事人主张的法律关系的性质或者民事行为的效力与人民法院根据案件事实作出的认定不一致的，不受本规定第34条规定的限制，人民法院应当告知当事人可以变更诉讼请求。

当事人变更诉讼请求的，人民法院应当重新指定举证期限。

第37条 经当事人申请，人民法院可以组织当事人在开庭审理前交换证据。

人民法院对于证据较多或者复杂疑难的案件，应当组织当事人在答辩期届满后、开庭审理前交换证据。

第38条 交换证据的时间可以由当事人协商一致并经人民法院认可，也可以由人民法院指定。

人民法院组织当事人交换证据的，交换证据之日举证期限届满。当事人申请延期举证经人民法院准许的，证据交换日相应顺延。

第39条 证据交换应当在审判人员的主持下进行。

在证据交换的过程中，审判人员对当事人无异议的事实、证据应当记录在卷；对有异议的证据，按照需要证明的事实分类记录在卷，并记载异议的理由。通过证据交换，确定双方当事人争议的主要问题。

第41条 《民事诉讼法》第一百二十五条（现为第139条）第一款规定的"新的证据"，是指以下情形：

（一）一审程序中的新的证据包括：当事人在一审举证期限届满后新发现的证据；当事人确因客观原因无法在举证期限内提供，经人民法院准许，在

延长的期限内仍无法提供的证据。

（二）二审程序中的新的证据包括：一审庭审结束后新发现的证据；当事人在一审举证期限届满前申请人民法院调查取证未获准许，二审法院经审查认为应当准许并依当事人申请调取的证据。

第44条 《民事诉讼法》第一百七十九条（现为第200条）第一款第（一）项规定的"新的证据"，是指原审庭审结束后新发现的证据。

当事人在再审程序中提供新的证据的，应当在申请再审时提出。

第48条 涉及国家秘密、商业秘密和个人隐私或者法律规定的其他应当保密的证据，不得在开庭时公开质证。

第49条 对书证、物证、视听资料进行质证时，当事人有权要求出示证据的原件或者原物。但有下列情况之一的除外：

（一）出示原件或者原物确有困难并经人民法院准许出示复制件或者复制品的；

（二）原件或者原物已不存在，但有证据证明复制件、复制品与原件或原物一致的。

第50条 质证时，当事人应当围绕证据的真实性、关联性、合法性，针对证据证明力有无以及证明力大小进行质疑、说明与辩驳。

第51条 质证按下列顺序进行：

（一）原告出示证据，被告、第三人与原告进行质证；

（二）被告出示证据，原告、第三人与被告进行质证；

（三）第三人出示证据，原告、被告与第三人进行质证。

人民法院依照当事人申请调查收集的证据，作为提出申请的一方当事人提供的证据。

人民法院依照职权调查收集的证据应当在庭审时出示，听取当事人意见，并可就调查收集该证据的情况予以说明。

第52条 案件有两个以上独立的诉讼请求的，当事人可以逐个出示证据进行质证。

第55条 证人应当出庭作证 接受当事人的质询。

证人在人民法院组织双方当事人交换证据时出席陈述证言的，可视为出庭作证。

第63条　人民法院应当以证据能够证明的案件事实为依据依法作出裁判。

第65条　审判人员对单一证据可以从下列方面进行审核认定：

（一）证据是否原件、原物，复印件、复制品与原件、原物是否相符；

（二）证据与本案事实是否相关；

（三）证据的形式、来源是否符合法律规定；

（四）证据的内容是否真实；

（五）证人或者提供证据的人，与当事人有无利害关系。

第66条　审判人员对案件的全部证据，应当从各证据与案件事实的关联程度、各证据之间的联系等方面进行综合审查判断。

第69条　下列证据不能单独作为认定案件事实的依据：

（一）未成年人所作的与其年龄和智力状况不相当的证言；

（二）与一方当事人或者其代理人有利害关系的证人出具的证言；

（三）存有疑点的视听资料；

（四）无法与原件、原物核对的复印件、复制品；

（五）无正当理由未出庭作证的证人证言。

第73条　双方当事人对同一事实分别举出相反的证据，但都没有足够的依据否定对方证据的，人民法院应当结合案件情况，判断一方提供证据的证明力是否明显大于另一方提供证据的证明力，并对证明力较大的证据予以确认。

因证据的证明力无法判断导致争议事实难以认定的，人民法院应当依据举证责任分配的规则作出裁判。

第75条　有证据证明一方当事人持有证据无正当理由拒不提供，如果对方当事人主张该证据的内容不利于证据持有人，可以推定该主张成立。

第76条　当事人对自己的主张，只有本人陈述而不能提出其他相关证据的，其主张不予支持。但对方当事人认可的除外。

第77条　人民法院就数个证据对同一事实的证明力，可以依照下列原则认定：

（一）国家机关、社会团体依职权制作的公文书证的证明力一般大于其他书证；

（二）物证、档案、鉴定结论、勘验笔录或者经过公证、登记的书证，其

证明力一般大于其他书证、视听资料和证人证言；

（三）原始证据的证明力一般大于传来证据；

（四）直接证据的证明力一般大于间接证据；

（五）证人提供的对与其有亲属或者其他密切关系的当事人有利的证言，其证明力一般小于其他证人证言。

《最高人民法院关于适用简易程序审理民事案件的若干规定》

第22条　当事人双方同时到基层人民法院请求解决简单的民事纠纷，但未协商举证期限，或者被告一方经简便方式传唤到庭的，当事人在开庭审理时要求当庭举证的，应予准许；当事人当庭举证有困难的，举证的期限由当事人协商决定，但最长不得超过十五日；协商不成的，由人民法院决定。

《最高人民法院关于对诉前停止侵犯专利权行为适用法律问题的若干规定》

第16条　人民法院执行诉前停止侵犯专利权行为的措施时，可以根据当事人的申请，参照民事诉讼法第74条（现为第81条）的规定，同时进行证据保全。人民法院可以根据当事人的申请，依据民事诉讼法第92条（现为第100条）第93条（现为第101条）的规定进行财产保全。

《侵权责任法》

第41条　因产品存在缺陷造成他人损害的，生产者应当承担侵权责任。

第42条　因销售者的过错使产品存在缺陷，造成他人损害的，销售者应当承担侵权责任。

销售者不能指明缺陷产品的生产者也不能指明缺陷产品的供货者的，销售者应当承担侵权责任。

第43条　因产品存在缺陷造成损害的，被侵权人可以向产品的生产者请求赔偿，也可以向产品的销售者请求赔偿。

产品缺陷由生产者造成的，销售者赔偿后，有权向生产者追偿。

因销售者的过错使产品存在缺陷的，生产者赔偿后，有权向销售者追偿。

第44条　因运输者、仓储者等第三人的过错使产品存在缺陷，造成他人损害的，产品的生产者、销售者赔偿后，有权向第三人追偿。

第54条 患者在诊疗活动中受到损害，医疗机构及其医务人员有过错的，由医疗机构承担赔偿责任。

第55条 医务人员在诊疗活动中应当向患者说明病情和医疗措施。需要实施手术、特殊检查、特殊治疗的，医务人员应当及时向患者说明医疗风险、替代医疗方案等情况，并取得其书面同意；不宜向患者说明的，应当向患者的近亲属说明，并取得其书面同意。

医务人员未尽到前款义务，造成患者损害的，医疗机构应当承担赔偿责任。

第56条 因抢救生命垂危的患者等紧急情况，不能取得患者或者其近亲属意见的，经医疗机构负责人或者授权的负责人批准，可以立即实施相应的医疗措施。

第57条 医务人员在诊疗活动中未尽到与当时的医疗水平相应的诊疗义务，造成患者损害的，医疗机构应当承担赔偿责任。

第58条 患者有损害，因下列情形之一的，推定医疗机构有过错：

（一）违反法律、行政法规、规章以及其他有关诊疗规范的规定；

（二）隐匿或者拒绝提供与纠纷有关的病历资料；

（三）伪造、篡改或者销毁病历资料。

第59条 因药品、消毒药剂、医疗器械的缺陷，或者输入不合格的血液造成患者损害的，患者可以向生产者或者血液提供机构请求赔偿，也可以向医疗机构请求赔偿。患者向医疗机构请求赔偿的，医疗机构赔偿后，有权向负有责任的生产者或者血液提供机构追偿。

第60条 患者有损害，因下列情形之一的，医疗机构不承担赔偿责任：

（一）患者或者其近亲属不配合医疗机构进行符合诊疗规范的诊疗；

（二）医务人员在抢救生命垂危的患者等紧急情况下已经尽到合理诊疗义务；

（三）限于当时的医疗水平难以诊疗。

前款第一项情形中，医疗机构及其医务人员也有过错的，应当承担相应的赔偿责任。

第61条 医疗机构及其医务人员应当按照规定填写并妥善保管住院志、

医嘱单、检验报告、手术及麻醉记录、病理资料、护理记录、医疗费用等病历资料。

患者要求查阅、复制前款规定的病历资料的，医疗机构应当提供。

第62条　医疗机构及其医务人员应当对患者的隐私保密。泄露患者隐私或者未经患者同意公开其病历资料，造成患者损害的，应当承担侵权责任。

第63条　医疗机构及其医务人员不得违反诊疗规范实施不必要的检查。

第64条　医疗机构及其医务人员的合法权益受法律保护。干扰医疗秩序，妨害医务人员工作、生活的，应当依法承担法律责任。

第65条　因污染环境造成损害的，污染者应当承担侵权责任。

第66条　因污染环境发生纠纷，污染者应当就法律规定的不承担责任或者减轻责任的情形及其行为与损害之间不存在因果关系承担举证责任。

第67条　两个以上污染者污染环境，污染者承担责任的大小，根据污染物的种类、排放量等因素确定。

第68条　因第三人的过错污染环境造成损害的，被侵权人可以向污染者请求赔偿，也可以向第三人请求赔偿。污染者赔偿后，有权向第三人追偿。

第69条　从事高度危险作业造成他人损害的，应当承担侵权责任。

第70条　民用核设施发生核事故造成他人损害的，民用核设施的经营者应当承担侵权责任，但能够证明损害是因战争等情形或者受害人故意造成的，不承担责任。

第71条　民用航空器造成他人损害的，民用航空器的经营者应当承担侵权责任，但能够证明损害是因受害人故意造成的，不承担责任。

第72条　占有或者使用易燃、易爆、剧毒、放射性等高度危险物造成他人损害的，占有人或者使用人应当承担侵权责任，但能够证明损害是因受害人故意或者不可抗力造成的，不承担责任。被侵权人对损害的发生有重大过失的，可以减轻占有人或者使用人的责任。

第73条　从事高空、高压、地下挖掘活动或者使用高速轨道运输工具造成他人损害的，经营者应当承担侵权责任，但能够证明损害是因受害人故意或者不可抗力造成的，不承担责任。被侵权人对损害的发生有过失的，可以减轻经营者的责任。

第74条　遗失、抛弃高度危险物造成他人损害的，由所有人承担侵权责任。所有人将高度危险物交由他人管理的，由管理人承担侵权责任；所有人有过错的，与管理人承担连带责任。

第75条　非法占有高度危险物造成他人损害的，由非法占有人承担侵权责任。所有人、管理人不能证明对防止他人非法占有尽到高度注意义务的，与非法占有人承担连带责任。

第76条　未经许可进入高度危险活动区域或者高度危险物存放区域受到损害，管理人已经采取安全措施并尽到警示义务的，可以减轻或者不承担责任。

第77条　承担高度危险责任，法律规定赔偿限额的，依照其规定。

第78条　饲养的动物造成他人损害的，动物饲养人或者管理人应当承担侵权责任，但能够证明损害是因被侵权人故意或者重大过失造成的，可以不承担或者减轻责任。

第79条　违反管理规定，未对动物采取安全措施造成他人损害的，动物饲养人或者管理人应当承担侵权责任。

第80条　禁止饲养的烈性犬等危险动物造成他人损害的，动物饲养人或者管理人应当承担侵权责任。

第81条　动物园的动物造成他人损害的，动物园应当承担侵权责任，但能够证明尽到管理职责的，不承担责任。

第82条　遗弃、逃逸的动物在遗弃、逃逸期间造成他人损害的，由原动物饲养人或者管理人承担侵权责任。

第83条　因第三人的过错致使动物造成他人损害的，被侵权人可以向动物饲养人或者管理人请求赔偿，也可以向第三人请求赔偿。动物饲养人或者管理人赔偿后，有权向第三人追偿。

第85条　建筑物、构筑物或者其他设施及其搁置物、悬挂物发生脱落、坠落造成他人损害，所有人、管理人或者使用人不能证明自己没有过错的，应当承担侵权责任。所有人、管理人或者使用人赔偿后，有其他责任人的，有权向其他责任人追偿。

第86条　建筑物、构筑物或者其他设施倒塌造成他人损害的，由建设单位与施工单位承担连带责任。建设单位、施工单位赔偿后，有其他责任人的，有权向其他责任人追偿。

因其他责任人的原因，建筑物、构筑物或者其他设施倒塌造成他人损害的，由其他责任人承担侵权责任。

第87条　从建筑物中抛掷物品或者从建筑物上坠落的物品造成他人损害，难以确定具体侵权人的，除能够证明自己不是侵权人的外，由可能加害的建筑物使用人给予补偿。

第88条　堆放物倒塌造成他人损害，堆放人不能证明自己没有过错的，应当承担侵权责任。

《民诉解释》

第90条　当事人对自己提出的诉讼请求所依据的事实或者反驳对方诉讼请求所依据的事实，应当提供证据加以证明，但法律另有规定的除外。

在作出判决前，当事人未能提供证据或者证据不足以证明其事实主张的，由负有举证证明责任的当事人承担不利的后果。

第91条　人民法院应当依照下列原则确定举证证明责任的承担，但法律另有规定的除外：

（一）主张法律关系存在的当事人，应当对产生该法律关系的基本事实承担举证证明责任；

（二）主张法律关系变更、消灭或者权利受到妨害的当事人，应当对该法律关系变更、消灭或者权利受到妨害的基本事实承担举证证明责任。

第92条　一方当事人在法庭审理中，或者在起诉状、答辩状、代理词等书面材料中，对于己不利的事实明确表示承认的，另一方当事人无需举证证明。

对于涉及身份关系、国家利益、社会公共利益等应当由人民法院依职权调查的事实，不适用前款自认的规定。

自认的事实与查明的事实不符的，人民法院不予确认。

第93条　下列事实，当事人无须举证证明：

（一）自然规律以及定理、定律；

（二）众所周知的事实；

（三）根据法律规定推定的事实；

（四）根据已知的事实和日常生活经验法则推定出的另一事实；

（五）已为人民法院发生法律效力的裁判所确认的事实；

（六）已为仲裁机构生效裁决所确认的事实；

（七）已为有效公证文书所证明的事实。

前款第二项至第四项规定的事实，当事人有相反证据足以反驳的除外；第五项至第七项规定的事实，当事人有相反证据足以推翻的除外。

第94条　民事诉讼法第六十四条第二款规定的当事人及其诉讼代理人因客观原因不能自行收集的证据包括：

（一）证据由国家有关部门保存，当事人及其诉讼代理人无权查阅调取的；

（二）涉及国家秘密、商业秘密或者个人隐私的；

（三）当事人及其诉讼代理人因客观原因不能自行收集的其他证据。

当事人及其诉讼代理人因客观原因不能自行收集的证据，可以在举证期限届满前书面申请人民法院调查收集。

第95条　当事人申请调查收集的证据，与待证事实无关联、对证明待证事实无意义或者其他无调查收集必要的，人民法院不予准许。

第96条　民事诉讼法第六十四条第二款规定的人民法院认为审理案件需要的证据包括：

（一）涉及可能损害国家利益、社会公共利益的；

（二）涉及身份关系的；

（三）涉及民事诉讼法第五十五条规定诉讼的；

（四）当事人有恶意串通损害他人合法权益可能的；

（五）涉及依职权追加当事人、中止诉讼、终结诉讼、回避等程序性事项的。

除前款规定外，人民法院调查收集证据，应当依照当事人的申请进行。

第99条　人民法院应当在审理前的准备阶段确定当事人的举证期限。举证期限可以由当事人协商，并经人民法院准许。

人民法院确定举证期限，第一审普通程序案件不得少于十五日，当事人提供新的证据的第二审案件不得少于十日。

举证期限届满后，当事人对已经提供的证据，申请提供反驳证据或者对证据来源、形式等方面的瑕疵进行补正的，人民法院可以酌情再次确定举证

期限，该期限不受前款规定的限制。

第100条　当事人申请延长举证期限的，应当在举证期限届满前向人民法院提出书面申请。

申请理由成立的，人民法院应当准许，适当延长举证期限，并通知其他当事人。延长的举证期限适用于其他当事人。

申请理由不成立的，人民法院不予准许，并通知申请人。

第101条　当事人逾期提供证据的，人民法院应当责令其说明理由，必要时可以要求其提供相应的证据。

当事人因客观原因逾期提供证据，或者对方当事人对逾期提供证据未提出异议的，视为未逾期。

第102条　当事人因故意或者重大过失逾期提供的证据，人民法院不予采纳。但该证据与案件基本事实有关的，人民法院应当采纳，并依照民事诉讼法第六十五条、第一百一十五条第一款的规定予以训诫、罚款。

当事人非因故意或者重大过失逾期提供的证据，人民法院应当采纳，并对当事人予以训诫。

当事人一方要求另一方赔偿因逾期提供证据致使其增加的交通、住宿、就餐、误工、证人出庭作证等必要费用的，人民法院可予支持。

第103条　证据应当在法庭上出示，由当事人互相质证。未经当事人质证的证据，不得作为认定案件事实的根据。

当事人在审理前的准备阶段认可的证据，经审判人员在庭审中说明后，视为质证过的证据。

涉及国家秘密、商业秘密、个人隐私或者法律规定应当保密的证据，不得公开质证。

第104条　人民法院应当组织当事人围绕证据的真实性、合法性以及与待证事实的关联性进行质证，并针对证据有无证明力和证明力大小进行说明和辩论。

能够反映案件真实情况、与待证事实相关联、来源和形式符合法律规定的证据，应当作为认定案件事实的根据。

第105条　人民法院应当按照法定程序，全面、客观地审核证据，依照法律规定，运用逻辑推理和日常生活经验法则，对证据有无证明力和证明力大小进行判断，并公开判断的理由和结果。

第106条　对以严重侵害他人合法权益、违反法律禁止性规定或者严重违背公序良俗的方法形成或者获取的证据，不得作为认定案件事实的根据。

第107条　在诉讼中，当事人为达成调解协议或者和解协议作出妥协而认可的事实，不得在后续的诉讼中作为对其不利的根据，但法律另有规定或者当事人均同意的除外。

第108条　对负有举证证明责任的当事人提供的证据，人民法院经审查并结合相关事实，确信待证事实的存在具有高度可能性的，应当认定该事实存在。

对一方当事人为反驳负有举证证明责任的当事人所主张事实而提供的证据，人民法院经审查并结合相关事实，认为待证事实真伪不明的，应当认定该事实不存在。

法律对于待证事实所应达到的证明标准另有规定的，从其规定。

第109条　当事人对欺诈、胁迫、恶意串通事实的证明，以及对口头遗嘱或者赠与事实的证明，人民法院确信该待证事实存在的可能性能够排除合理怀疑的，应当认定该事实存在。

※【历年真题】

1.根据证据理论和《民事诉讼法》以及相关司法解释，关于证人证言，下列哪些选项是正确的？（2011-3-83）

A.限制行为能力的未成年人可以附条件地作为证人

B.证人因出庭作证而支出的合理费用，由提供证人的一方当事人承担

C.证人在法院组织双方当事人交换证据时出席陈述证言的，可视为出庭作证

D."未成年人所作的与其年龄和智力状况不相当的证言不能单独作为认定案件事实的依据"，是关于证人证言证明力的规定

【答案】ACD

【解析】根据《证据规定》第69条第（一）项的规定，选项A、D正确。根据《证据规定》第55条第2款的规定，选项C正确。

2.下列关于证人及证人证言的表述，哪一项是错误的？（2005-3-48）

A.凡是了解案件情况的人都有义务出庭作证

B.当事人申请证人出庭作证应当经人民法院许可

C.与当事人一方有亲戚关系的人不能作为证人

D.无诉讼行为能力的人在一定情况下可以作为证人

【答案】C

【解析】根据《民事诉讼法》第72条的规定，只有不能正确表达意志的人，才不能作为证人。一个人是否与当事人一方有亲戚关系，并不影响其作为证人的资格。根据《证据规定》第77条的规定，选项C错误，是应选选项。

3.周某与某书店因十几本工具书损毁发生纠纷，书店向法院起诉，并向法院提交了被损毁图书以证明遭受的损失。关于本案被损毁图书，属于下列哪些类型的证据？（2010-3-83）

A.直接证据   B.间接证据

C.书证   D.物证

【答案】AD

【解析】选项A正确，选项B错误。依据证据与案件主要事实的证明关系，将证据划分为直接证据与间接证据。直接证据与案件主要事实的证明关系是直接的，本题中，要证明的案件事实就是工具书被损毁这一事实，因此被毁损的图书直接证明了该事实，它属于直接证据。选项C错误，选项D正确。物证是以其外部的特征、存在的场所或者物质的属性对案件起证明作用，而书证则是以其记载的内容或者表达的思想来对案件起证明作用的。本题中，被损毁图书并不是以其内容证明案件事实的，而是以其破损的外部形态证明案件事实，因此它为物证。

4.关于证据理论分类的表述，下列哪一选项是正确的？（2009-3-40）

A.传来证据有可能是直接证据

B.诉讼中原告提出的证据都是本证，被告提出的证据都是反证

C.证人转述他人所见的案件事实都属于间接证据

D.一个客观与合法的间接证据可以单独作为认定案件事实的依据

【答案】A

【解析】如果是经过了中间环节得来，但是单独可以直接证明案件主要事实的证明，则该证据既是传来证据也是直接证据。因此，A项正确。本证与

反证与当事人在诉讼中是原告还是被告没有关系，而与证据是否承担证明责任的人提出有直接关系。因此，B项错误。证人所转述他人所见的案件事实都属于传来证据，传来证据也可能是直接证据，而并非都属于间接证据。因此，C项错误。间接证据是指不能单独、直接证明案件主要事实的证据。因此，无论什么样的间接证据都不能单独作为认定案件事实的依据。因此，D项错误。

5.原告诉请被告返还借款5万元，为证明这一事实，原告向法院提交了被告书写的"借据"；被告则主张"借款已经清偿"，并向法院出示了原告交给他的"收据"。关于原、被告双方的证据，下列哪些选项是正确的？（2007-3-81）

A."借据"是本证，"收据"是反证

B."借据"是本证，"收据"也是本证

C."借据"是直接证据，"收据"是间接证据

D."借据"是直接证据，"收据"也是直接证据

【答案】BD

【解析】原告对自己的债权成立负有举证责任，因此，其提出的"借据"属于本证；被告对自己提出的债务已经履行的主张负有举证责任，因此，其"收据"也是本证。所以B项是正确的，A项是错误的。"借据"可以直接证明原告的债权成立，"收据"可以直接证明被告的债务已经履行，因此都是直接证据。

6.甲对乙提起的返还借款的诉讼，就乙向甲借款事实的证明，根据民事诉讼理论，下列哪一选项属于直接证据？（2008四川-3-41）

A.甲向法院提交的乙向其借款时出具的借据的复印件

B.甲向法院提交的其向乙的银行卡转款的银行凭条

C.甲的朋友丙向法院提供的曾听甲说乙要向甲借钱的证词

D.甲的同事丁向法院提供的曾见到甲交给过乙钱的证词

【答案】A

【解析】直接证据是指能够单独、直接证明案件主要事实的证据。A项中"借据的复印件"，虽然其证明力比原件的证明力小一些，但是其能单独、直接证明借款事实，因此属于直接证据。B项中的"银行卡转款凭条"、C项中的"曾经听说的证人证言"、D项中的"曾见到甲交给过乙钱的证词"都不足

以证明乙向甲借钱的事实，因此不是直接证据，而属于间接证据，故本题的正确答案是A项。

7.民事诉讼中下列哪种证据属于间接证据？（2006-3-47）

A.无法与原件、原物核对的复印件、复制品

B.无正当理由未出庭作证的证人证言

C.证明夫妻感情破裂的证据

D.与一方当事人或者代理人有利害关系的证人出具的证言

【答案】C

【解析】夫妻感情破裂是主观化判断，在运用证据进行证明时还需要逻辑推理，因此属于间接证据，本题的正确选项是C项。

8.关于民事诉讼中的证据收集，下列哪些选项是正确的？（2008-3-90）

A.在王某诉齐某合同纠纷一案中，该合同可能存在损害第三人利益的事实，在此情况下法院可以主动收集证据

B.在胡某诉黄某侵权一案中，因客观原因胡某未能提供一项关键证据，在此情况下胡某可以申请法院收集证据

C.在周某诉贺某借款纠纷一案中，周某因自己没有时间收集证据，于是申请法院调查收集证据，在此情况下法院应当进行调查收集

D.在武某诉赵某一案中，武某申请法院调查收集证据，但未获法院准许，武某可以向受案法院申请复议一次

【答案】ABD

【解析】根据《民诉解释》第96条和《民事诉讼法》第64条的规定，A项的说法正确。根据《民诉解释》第94条的规定，B项是正确的，C项的说法错误，不当选；根据《证据规定》第19条第2款的规定，D项是正确的。所以本题正确答案是ABD项。

9.关于法院依职权调查事项的范围，下列哪些选项是正确的？（2012-3-83）

A.本院是否享有对起诉至本院案件的管辖权

B.委托诉讼代理人的代理权限范围

C.当事人是否具有诉讼权利能力

D.合议庭成员是否存在回避的法定事由

【答案】ABCD

【解析】根据《民诉解释》第96条的规定，A、B、C、D项说法正确，当选。

10.三个小孩在公路边玩耍，此时，一辆轿车急速驶过，三小孩捡起石子向轿车扔去，坐在后排座位的刘某被一石子击中。刘某将三小孩起诉至法院。关于本案举证责任分配，下列哪些选项是正确的？（2008-3-80）

A.刘某应对三被告向轿车投掷石子的事实承担举证责任

B.刘某应对其所受到损失承担举证责任

C.三被告应对投掷石子与刘某所受损害之间不存在因果关系承担举证责任

D.三被告应对其主观没有过错承担举证责任

【答案】ABC

【解析】根据《民事诉讼法》第64条规定，当事人对自己提出的主张，有责任提供证据。故A、B项正确。根据《侵权责任法》条10条规定，C项正确，D项错误。

11.赵某与江某路经一栋居民楼时，六楼黄某家阳台上的花盆坠落砸中赵某，致其重伤，共花费医疗费3万元。赵某将黄某告至法院要求赔偿，而黄某否认赵某受伤系自家花盆坠落所致。对此争议事实的举证责任，下列哪一选项是正确的？（2008四川-3-45）

A.赵某　　　　　　　　　　B.黄某

C.赵某和黄某　　　　　　　D.赵某和江某

【答案】A

【解析】根据《证据规定》第4条以及《侵权责任法》第85条的规定，本题中，黄某家阳台上的花盆属于建筑物上的搁置物，其坠落致人损害的侵权诉讼，根据规定，所有人黄某只是对自己无过错承担举证责任，而赵某主张的事实应当由赵某承担举证责任，因此本题的正确答案是A项。

12.甲路过乙家门口，被乙叠放在门口的砖头砸伤，甲起诉要求乙赔偿。关于本案的证明责任分配，下列哪一说法是错误的？（2012-3-37）

A.乙叠放砖头倒塌的事实，由原告甲承担证明责任

B.甲受损害的事实，由原告甲承担证明责任

C.甲所受损害是由于乙叠放砖头倒塌砸伤的事实，由原告甲承担证明责任

D.乙有主观过错的事实，由原告甲承担证明责任

【答案】D

【解析】根据《证据规定》第4条的规定，本题中乙叠放砖头倒塌、甲受损害、乙放砖头倒塌与甲受损害之间的因果关系都是甲提出诉讼请求应当证明的，故甲承担证明责任，根据《侵权责任法》第88条，"倒塌"实行无过错责任，不需要甲证明其有过错，故D项说法错误，当选。

13.关于证明责任，下列哪些说法是正确的？（2011-3-84）

A.只有在待证事实处于真伪不明情况下，证明责任的后果才会出现

B.对案件中的同一事实，只有一方当事人负有证明责任

C.当事人对其主张的某一事实没有提供证据证明，必将承担败诉的后果

D.证明责任的结果责任不会在原、被告间相互转移

【答案】ABD

【解析】根据《证据规定》第2条，选项A正确，证明责任（结果责任）是一种不利后果，这种后果只在作为裁判基础的法律要件事实处于真伪不明的状态时才发生作用。选项B正确，证明责任承担的主体是当事人，只能由一方当事人承担，不可能由双方当事人各自承担。选项C错误，当事人对自己的主张不能提供证据或提供证据后不能证明自己的主张，将可能导致诉讼结果的不利，而非必然要承担败诉的后果。选项D正确，证明责任由哪一方承担是法律、法规或司法解释预先确定的，因此在诉讼中不存在原告与被告之间相互转移结果责任的问题。

14.王某承包了20亩鱼塘。某日，王某发现鱼塘里的鱼大量死亡，王某认为鱼的死亡是因为附近的腾达化工厂排污引起，遂起诉腾达化工厂请求赔偿。腾达化工厂辩称，根本没有向王某的鱼塘进行排污。关于化工厂是否向鱼塘排污的事实举证责任，下列哪一选项是正确的？（2008-3-33）

A.根据"谁主张、谁举证"的原则，应当由主张存在污染事实的王某负举证责任

B.根据"谁主张、谁举证"的原则，应当由主张自己没有排污行为的腾达化工厂负举证责任

C.根据"举证责任倒置"的规则，应当由腾达化工厂负举证责任

D.根据本证与反证的分类，应当由腾达化工厂负举证责任

【答案】A

【解析】根据《侵权责任法》第66条，在环境污染致人损害的案件中，对于免责事由或者减轻责任的情形以及行为与损害结果之间不存在因果关系的举证责任，是由污染者来承担的，而对于排污的事实和受损的事实，则应该由受害人承担举证责任，所以本题正确答案是A项。

15.甲养的宠物狗将乙咬伤，乙起诉甲请求损害赔偿。诉讼过程中，甲认为乙被咬伤是因为乙故意逗狗造成的。关于本案中举证责任的分配，下列哪一选项是正确的？（2007-3-45）

A.甲应当就乙受损害与自己的宠物狗没有因果关系进行举证

B.甲应当对乙故意逗狗而遭狗咬伤的事实负举证责任

C.乙应当就自己没有逗狗的故意负举证责任

D.乙应当就自己受到甲的宠物狗伤害以及自己没有逗狗的故意负举证责任

【答案】B

【解析】根据《侵权责任法》第83条的规定，本题中，甲作为动物的饲养人，应该就受害人乙有过错承担举证责任，B项是正确的。

16.齐某被宏大公司的汽车撞伤，诉至法院要求赔偿损失。下列关于本案举证责任的哪些说法是正确的？（2006-3-83）

A.原告齐某应当举证证明是被宏大公司的汽车所撞受伤

B.原告齐某应当对自己受到的损失承担举证责任

C.被告宏大公司应当对其主张的自己没有过错承担举证责任

D.被告宏大公司应当对其主张的原告齐某有主观故意承担举证责任

【答案】ABD

【解析】根据《民事诉讼法》第64条第1款规定："当事人对自己提出的主张，有责任提供证据。"故A、B项正确。根据《道路交通安全法》第76条规定，机动车驾驶人在其与非机动车辆驾驶人，行人之间因交通事故而引起的侵权纠纷中承担的是无过错责任，只有在其能证明交通事故损失是由非机动车驾驶人、行人故意造成的，机动车一方才能免除责任。故C项错误，D项正确。

17.甲与同事丙路过一居民楼时，三楼乙家阳台上的花盆坠落，砸在甲的头上，致其脑震荡，共花费医疗费1万元。甲以乙为被告诉至法院要求赔偿，而乙否认甲受伤系自家花盆坠落所致。对这一争议事实，应由谁承担举

证责任？（2003-3-21）

　　A.甲承担举证责任　　　　　　　　B.甲、乙均应承担举证责任

　　C.乙承担举证责任　　　　　　　　D.丙作为证人承担举证责任

　　【答案】A

　　【解析】根据《证据规定》第4条和《侵权责任法》第85条的规定，本题所涉及的"建筑物或者其他设施以及建筑物上的搁置物、悬挂物发生倒塌、脱落、坠落致人损害的侵权诉讼，由所有人或者管理人对其无过错承担举证责任"，本题主要考查的是甲的伤害到底是不是由乙的花盆坠落导致的，对于该争议事实要由原告方甲来证明了，只是对于花盆坠落是否存在过错才由乙来举证。本案中丙是证人，证人并承担举证责任，故选A项。

　　18.关于举证时限和证据交换的表述，下列哪一选项是正确的？（2009-3-41）

　　A.证据交换可以依当事人的申请而进行，也可以由法院依职权决定而实施

　　B.民事诉讼案件在开庭审理前，法院必须组织进行证据交换

　　C.当事人在举证期限内提交证据确有困难的，可以在举证期限届满之后申请延长，但只能申请延长一次

　　D.当事人在举证期限内未向法院提交证据材料的，在法庭审理过程中无权再提交证据

　　【答案】A

　　【解析】根据《证据规定》第37条的规定，A项正确。根据《证据规定》第37条第1款和第38条的规定，当事人申请延期举证经人民法院准许的，证据交换日相应顺延，B项说法错误。根据《民诉解释》第100条的规定，C项错误。根据《民事诉讼法》第65条的规定，D项错误。

　　19.民事诉讼普通程序中，根据有关司法解释，关于举证期限，下列哪一选项是正确的？（2007-3-33）

　　A.举证期限只能由法院指定

　　B.举证期限可以由当事人协商确定，不需法院认可

　　C.当事人在举证期限内提交证据确有困难的，可以在举证期限届满之后申请延长

　　D.法院指定的举证期限不得少于30日

【答案】原答案为 D，现在无正确答案。

【解析】根据《民诉解释》第 99 条的规定，A、B、D 项错误。根据《民诉解释》第 100 条的规定，C 项错误。

20.在某一民事案件的审理过程中，原告一方因无法获得作为档案材料存放在某单位的证据，申请法院进行调查。庭审中对该证据的质证，应当如何进行？（2005-3-42）

A.应当由原、被告双方进行质证

B.应当由被告与法院进行质证

C.应当由被告与保管该证据的某单位进行质证

D.法院对该证据进行说明，无需质证

【答案】A

【解析】根据《证据规定》第 51 条的规定，人民法院依照当事人申请调查收集的证据，作为提出申请的一方当事人提供的证据。既然作为提出申请的一方当事人提供的证据，就应当由原、被告双方进行质证，因此，A 项正确，B、C、D 项是错误选项。

21.关于自认的说法，下列哪一选项是错误的？（2009-3-42）

A.自认的事实允许用相反的证据加以推翻

B.身份关系诉讼中不涉及身份关系的案件事实可以适用自认

C.调解中的让步不构成诉讼上的自认

D.当事人一般授权的委托代理人一律不得进行自认

【答案】D

【解析】根据《证据规定》第 8 条第 4 款的规定，A 项正确。根据《民诉解释》第 92 条第 2 款的规定，B 项正确。根据《民诉解释》第 107 条的规定，C 项正确。根据《证据规定》第 8 条第 3 款的规定，D 项错误。

22.郭某诉张某财产损害一案，法院进行了庭前调解，张某承认对郭某财产造成损害，但在赔偿数额上双方无法达成协议。关于本案，下列哪一选项是正确的？（2010-3-48）

A.张某承认对郭某财产造成损害，已构成自认

B.张某承认对郭某财产造成损害，可作为对张某不利的证据使用

C.郭某仍需对张某造成财产损害的事实举证证明

D.法院无需开庭审理，本案事实清楚可直接作出判决

【答案】C

【解析】根据《民诉解释》第107条的规定，A、B、D项错误，C项正确。

23.下列关于民事诉讼自认及其法律后果的说法，哪些是错误的？（2005-3-70）

A.老张诉小张的赡养纠纷案件中，小张对老张陈述的收养事实明确表示承认，老张对形成收养关系的事实无需举证

B.对原告甲陈述的事实，被告乙不置可否，法官充分说明并询问后，乙仍不予回答，视为对该事实的承认

C.经当事人特别授权的代理律师在诉讼中对案件事实的承认，视为当事人的承认，但因此而导致承认对方诉讼请求的除外

D.被告只要在法庭辩论终结前声明撤回承认，其在庭审过程中的承认即无效

【答案】ACD

【解析】根据《证据规定》第8条的规定，A、C、D项错误，B项正确。

24.下列关于证明的哪一表述是正确的？（2014-3-45）

A.经过公证的书证，其证明力一般大于传来证据和间接证据

B.经验法则可验证的事实都不需要当事人证明

C.在法国居住的雷诺委托赵律师代理在我国的民事诉讼，其授权委托书需要经法国公证机关证明，并经我国驻法国使领馆认证后，方发生效力

D.证明责任是一种不利的后果，会随着诉讼的进行，在当事人之间来回移转

【答案】C

【解析】根据《民事诉讼法》第264条，可知C选项正确。

25.下列哪一情形可以产生自认的法律后果？（2015-3-40）

A.被告在答辩状中对原告主张的事实予以承认

B.被告在诉讼调解过程中对原告主张的事实予以承认，但该调解最终未能成功

C.被告认可其与原告存在收养关系

D.被告承认原告主张的事实，但该事实与法院查明的事实不符

【答案】A

【解析】根据《民诉解释》第92条规定，A项正确，C项错误，D项错误。根据《民诉解释》第107条规定，B项错误。

26.张志军与邻居王昌因琐事发生争吵并相互殴打，之后，张志军诉至法院要求王昌赔偿医药费等损失共计3000元。在举证期限届满前，张志军向法院申请事发时在场的方强（26岁）、路芳（30岁）、蒋勇（13岁）出庭作证，法院准其请求。开庭时，法院要求上列证人签署保证书，方强签署了保证书，路芳拒签保证书，蒋勇未签署保证书。法院因此允许方强、蒋勇出庭作证，未允许路芳出庭作证。张志军在开庭时向法院提供了路芳的书面证言，法院对该证言不同意组织质证。关于本案，法院的下列哪些做法是合法的？（2015-3-79）

A.批准张志军要求事发时在场人员出庭作证的申请

B.允许蒋勇出庭作证

C.不允许路芳出庭作证

D.对路芳的证言不同意组织质证

【答案】ABCD

【解析】根据《民事诉讼法》第72条规定，A项正确。根据《民诉解释》第119条规定，B项正确。根据《民诉解释》第120条规定，C、D项正确。

27.主要办事机构在A县的五环公司与主要办事机构在B县的四海公司于C县签订购货合同，约定：货物交付地在D县；若合同的履行发生争议，由原告所在地或者合同签订地的基层法院管辖。现五环公司起诉要求四海公司支付货款。四海公司辩称已将货款交给五环公司业务员付某。五环公司承认付某是本公司业务员，但认为其无权代理本公司收取货款，且付某也没有将四海公司声称的货款交给本公司。四海公司向法庭出示了盖有五环公司印章的授权委托书，证明付某有权代理五环公司收取货款，但五环公司对该授权书的真实性不予认可。根据案情，法院依当事人的申请通知付某参加（参与）了诉讼。请回答下列问题（2015-3-96）

（1）对本案享有管辖权的法院包括：

A. A县法院   B. B县法院

C.C县法院   D.D县法院

【答案】AC

【解析】根据《民事诉讼法》第34条规定以及《民诉解释》第30条规定，A、C项正确。

（2）本案需要由四海公司承担证明责任的事实包括：

A.四海公司已经将货款交付给了五环公司业务员付某

B.付某是五环公司业务员

C.五环公司授权付某代理收取货款

D.付某将收取的货款交到五环公司

【答案】AC

【解析】根据《民事诉讼法》第64条规定以及《民诉解释》第91条规定，A、C项正确，D项错误。根据《民诉解释》第93条规定，B项错误。

（3）根据案情和法律规定，付某参加（参与）诉讼，在诉讼中所居地位是：

A.共同原告   B.共同被告

C.无独立请求权第三人   D.证人

【答案】D

【解析】付某不属于《民事诉讼法》第52条规定的共同诉讼人，也不属于《民事诉讼法》第56条规定的第三人，因此付某是证人，D项正确。

第九章　期间、送达

第一节　期间

※【图表解析】

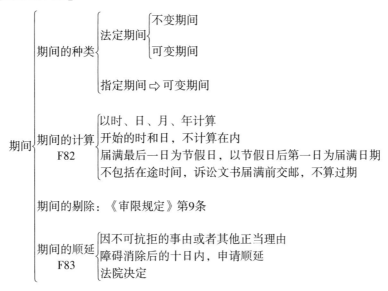

※【知识点详解】

　　期间，是指人民法院、当事人或者其他诉讼参与人各自单独进行或者完成某种诉讼行为的时限。

一、期间的种类

（一）法定期间

　　法定期间，是指由法律明确规定的诉讼期间，可分为不变期间和可变期间。

（1）不变期间，是指经法律规定任何机构和人员都不得改变的期间。

（2）可变期间，是指经由法律明确规定，通常不可以改变，但遇到法定事由，法院可对其依法予以变更的期间。

（二）指定期间

指定期间，是指人民法院根据案件审理时遇到的具体情况和案件审理的需要，依职权决定当事人及其他诉讼参与人进行或完成某种诉讼行为的期间。

二、期间的计算（F82）

（1）期间以时、日、月、年计算。期间开始的时和日，不计算在期间内。民事诉讼中以时起算的期间从次时起算；以日、月、年计算的期间从次日起算。

（2）期间届满的最后一日是节假日的，以节假日后的第一日为期间届满的日期。

（3）期间不包括在途时间，诉讼文书在期满前交邮的，不算过期。

三、期间的顺延（F83）

（1）启动：当事人申请。

（2）理由：因不可抗拒的事由或者其他正当理由。

（3）申请时间：障碍消除后的十日内，申请顺延。

（4）决定权：法院。由法院决定是否顺延。

四、期间的剔除

期间的剔除，是指受诉法院按照规定，不将期间进行中虽然用于某些事项或活动但却难以精确控制的时间记入该项期间。主要有以下情形：

（1）因当事人、诉讼代理人、辩护人申请通知新的证人到庭、调取新的证据、申请重新鉴定或者勘验，法院决定延期审理一个月之内的期间；

（2）民事、行政案件公告、鉴定的期间；

（3）审理当事人提出的管辖权异议和处理法院之间的管辖争议的期间；

（4）民事、行政、执行案件由有关专业机构进行审计、评估、资产清理的期间；

（5）中止诉讼（审理）或执行至恢复诉讼（审理）或执行的期间；

（6）当事人达成执行和解或者提供执行担保后，执行法院决定暂缓执行的期间；

（7）上级人民法院通知暂缓执行的期间；

（8）执行中拍卖、变卖被查封、扣押财产的期间。

五、涉外民事案件的特殊期间

（1）境内无住所的当事人，被告人提交答辩状、上诉期、被上诉人提交答辩状的期间均为30日，当事人可以申请延期，是否准许由人民法院决定。

（2）一审、二审均不受审结期限的限制。

※【相关法律法规】

《民事诉讼法》

第82条　期间包括法定期间和人民法院指定的期间。

期间以时、日、月、年计算。期间开始的时和日，不计算在期间内。

期间届满的最后一日是节假日的，以节假日后的第一日为期间届满的日期。

期间不包括在途时间，诉讼文书在期满前交邮的，不算过期。

第83条　当事人因不可抗拒的事由或者其他正当理由耽误期限的，在障碍消除后的十日内，可以申请顺延期限，是否准许，由人民法院决定。

《关于严格执行案件审理期限制度的若干规定》

第9条　下列期间不计入审理、执行期限：

（一）刑事案件对被告人作精神病鉴定的期间；

（二）刑事案件因另行委托、指定辩护人，法院决定延期审理的，自案件宣布延期审理之日起至第十日止准备辩护的时间；

（三）公诉人发现案件需要补充侦查，提出延期审理建议后，合议庭同意延期审理的期间；

（四）刑事案件二审期间，检察院查阅案卷超过七日后的时间；

（五）因当事人、诉讼代理人、辩护人申请通知新的证人到庭、调取新的证据、申请重新鉴定或者勘验，法院决定延期审理一个月之内的期间；

（六）民事、行政案件公告、鉴定的期间；

（七）审理当事人提出的管辖权异议和处理法院之间的管辖争议的期间；

（八）民事、行政、执行案件由有关专业机构进行审计、评估、资产清理的期间；

（九）中止诉讼（审理）或执行至恢复诉讼（审理）或执行的期间；

（十）当事人达成执行和解或者提供执行担保后，执行法院决定暂缓执行的期间；

（十一）上级人民法院通知暂缓执行的期间；

（十二）执行中拍卖、变卖被查封、扣押财产的期间。

第二节　送达

※【图表解析】

直接送达:不限于本人（5种人）
F85＋J130～132
- 本人
- 同住成年家属
- 代理人（可以）
- 代收人（应当）
- 单位负责收信的人

留置送达F86＋J131～133：拒收（除外：代理人、调解书；拍照录像）

委托送达：法院委托法院

邮寄送达：送达回证≠回执时，回执为准　　F84、F88＋J134

转交送达F89~91：两极端身份的特定对象

电子送达F87＋J135～136
- 受送达人同意
- 传真、电子邮件等方式（到达受送达人特定系统的日期）
- 三书不能电子送达

公告送达F92＋J139

※【知识点详解】

送达，是指人民法院依照法定的方式和程序，将诉讼文书送交当事人和其他诉讼参与人的行为。

一、直接送达

直接送达，是指由人民法院的送达人员将需送达的诉讼文书、法律文书直接交给受送达人或他的同住成年家属、代收人、诉讼代理人的送达方式。

二、留置送达

留置送达，是指在向受送达人或有资格接受送达的人送交需送达的诉讼文书、法律文书时，受送达人或有资格接受送达的人拒绝签收，送达人依法将诉讼文书、法律文书留放在受送达人住所的送达方式。

（1）留置送达方式（F86）

①送达人可以邀请有关基层组织或者所在单位的代表到场，说明情况，在送达回证上记明拒收事由和日期，由送达人、见证人签名或者盖章，把诉讼文书留在受送达人的住所。

②把诉讼文书留在受送达人的住所，并采用拍照、录像等方式记录送达过程，即视为送达。

（2）调解书通常不适用留置送达，支付令可以留置送达。

三、委托送达

委托送达，是指受诉法院直接送达确有困难，而委托其他法院将需送达的诉讼文书、法律文书交受送达人的送达方式。

四、邮寄送达

（1）邮寄送达，是指受诉人民法院在直接送达确有困难的情况下，通过邮局以挂号信的方式将需送达的诉讼文书或者法律文书邮寄给受送达人的送达方式。

（2）邮寄送达以回执上注明的收件日期为送达日期。

五、转交送达

（1）转交送达，是指受诉人民法院将诉讼文书交给受送达人所在部队或者有关单位代收后转给受送达人的送达方式。

（2）转交送达的情形。

①受送达人是军人的，通过其所在部队团以上单位的政治机关转交。

②受送达人是被监禁的，通过其所在监所或者通过其所在强制性教育机构（即劳动教养机构，现已废止）转交。

六、电子送达

（1）电子送达，是指经受送达人同意，人民法院可以采用传真、电子邮件等能够确认其收悉的方式送达诉讼文书的送达方式（F87）。

（2）注意

①例外：判决书、裁定书、调解书除外。

②送达日期：采用前款方式送达的，以传真、电子邮件等到达受送达人特定系统的日期为送达日期。

七、公告送达

（1）公告送达，是指在受送达人下落不明或者用上述送达方法无法送达的情况下所采取的一种特殊的送达方式。

（2）公告时间

①国内：自发出公告之日起，经过60日，即视为送达。

②涉外：自公告发出之日起，满三个月，即视为送达。

※ 【相关法律法规】

《民事诉讼法》

第83条 当事人因不可抗拒的事由或者其他正当理由耽误期限的，在障碍消除后的十日内，可以申请顺延期限，是否准许，由人民法院决定。

第84条　送达诉讼文书必须有送达回证，由受送达人在送达回证上记明收到日期，签名或者盖章。

受送达人在送达回证上的签收日期为送达日期。

第85条　送达诉讼文书，应当直接送交受送达人。受送达人是公民的，本人不在交他的同住成年家属签收；受送达人是法人或者其他组织的，应当由法人的法定代表人、其他组织的主要负责人或者该法人、组织负责收件的人签收；受送达人有诉讼代理人的，可以送交其代理人签收；受送达人已向人民法院指定代收人的，送交代收人签收。

受送达人的同住成年家属，法人或者其他组织的负责收件的人，诉讼代理人或者代收人在送达回证上签收的日期为送达日期。

第86条　受送达人或者他的同住成年家属拒绝接收诉讼文书的，送达人可以邀请有关基层组织或者所在单位的代表到场，说明情况，在送达回证上记明拒收事由和日期，由送达人、见证人签名或者盖章，把诉讼文书留在受送达人的住所；也可以把诉讼文书留在受送达人的住所，并采用拍照、录像等方式记录送达过程，即视为送达。

第87条　经受送达人同意，人民法院可以采用传真、电子邮件等能够确认其收悉的方式送达诉讼文书，但判决书、裁定书、调解书除外。

采用前款方式送达的，以传真、电子邮件等到达受送达人特定系统的日期为送达日期。

第88条　直接送达诉讼文书有困难的，可以委托其他人民法院代为送达，或者邮寄送达。邮寄送达的，以回执上注明的收件日期为送达日期。

第89条　受送达人是军人的，通过其所在部队团以上单位的政治机关转交。

第90条　受送达人被监禁的，通过其所在监所转交。

受送达人被采取强制性教育措施的，通过其所在强制性教育机构转交。

第91条　代为转交的机关、单位收到诉讼文书后，必须立即交受送达人签收，以在送达回证上的签收日期，为送达日期。

第92条　受送达人下落不明，或者用本节规定的其他方式无法送达的，公告送达。自发出公告之日起，经过六十日，即视为送达。

公告送达，应当在案卷中记明原因和经过。

第164条　当事人不服地方人民法院第一审判决的，有权在判决书送达之日起十五日内向上一级人民法院提起上诉。

第239条　申请执行的期间为二年。申请执行时效的中止、中断，适用法律有关诉讼时效中止、中断的规定。

前款规定的期间，从法律文书规定履行期间的最后一日起计算；法律文书规定分期履行的，从规定的每次履行期间的最后一日起计算；法律文书未规定履行期间的，从法律文书生效之日起计算。

第268条　被告在中华人民共和国领域内没有住所的，人民法院应当将起诉状副本送达被告，并通知被告在收到起诉状副本后三十日内提出答辩状。被告申请延期的，是否准许，由人民法院决定。

第269条　在中华人民共和国领域内没有住所的当事人，不服第一审人民法院判决、裁定的，有权在判决书、裁定书送达之日起三十日内提起上诉。被上诉人在收到上诉状副本后，应当在三十日内提出答辩状。当事人不能在法定期间提起上诉或者提出答辩状，申请延期的，是否准许，由人民法院决定。

第270条　人民法院审理涉外民事案件的期间，不受本法第一百四十九条、第一百七十六条规定的限制。

《民诉解释》

第125条　依照民事诉讼法第八十二条第二款规定，民事诉讼中以时起算的期间从次时起算；以日、月、年计算的期间从次日起算。

第126条　民事诉讼法第一百二十三条规定的立案期限，因起诉状内容欠缺通知原告补正的，从补正后交人民法院的次日起算。由上级人民法院转交下级人民法院立案的案件，从受诉人民法院收到起诉状的次日起算。

第127条　民事诉讼法第五十六条第三款、第二百零五条以及本解释第三百七十四条、第三百八十四条、第四百零一条、第四百二十二条、第四百二十三条规定的六个月，民事诉讼法第二百二十三条规定的一年，为不变期间，不适用诉讼时效中止、中断、延长的规定。

第128条　再审案件按照第一审程序或者第二审程序审理的，适用民事诉讼法第一百四十九条、第一百七十六条规定的审限。审限自再审立案的次日起算。

第129条　对申请再审案件，人民法院应当自受理之日起三个月内审查完毕，但公告期间、当事人和解期间等不计入审查期限。有特殊情况需要延长的，由本院院长批准。

第130条　向法人或者其他组织送达诉讼文书，应当由法人的法定代表人、该组织的主要负责人或者办公室、收发室、值班室等负责收件的人签收或者盖章，拒绝签收或者盖章的，适用留置送达。

民事诉讼法第八十六条规定的有关基层组织和所在单位的代表，可以是受送达人住所地的居民委员会、村民委员会的工作人员以及受送达人所在单位的工作人员。

第131条　人民法院直接送达诉讼文书的，可以通知当事人到人民法院领取。当事人到达人民法院，拒绝签署送达回证的，视为送达。审判人员、书记员应当在送达回证上注明送达情况并签名。

人民法院可以在当事人住所地以外向当事人直接送达诉讼文书。当事人拒绝签署送达回证的，采用拍照、录像等方式记录送达过程即视为送达。审判人员、书记员应当在送达回证上注明送达情况并签名。

第132条　受送达人有诉讼代理人的，人民法院既可以向受送达人送达，也可以向其诉讼代理人送达。受送达人指定诉讼代理人为代收人的，向诉讼代理人送达时，适用留置送达。

第133条　调解书应当直接送达当事人本人，不适用留置送达。当事人本人因故不能签收的，可由其指定的代收人签收。

第134条　依照民事诉讼法第八十八条规定，委托其他人民法院代为送达的，委托法院应当出具委托函，并附需要送达的诉讼文书和送达回证，以受送达人在送达回证上签收的日期为送达日期。

委托送达的，受委托人民法院应当自收到委托函及相关诉讼文书之日起十日内代为送达。

第135条　电子送达可以采用传真、电子邮件、移动通信等即时收悉的特定系统作为送达媒介。

民事诉讼法第八十七条第二款规定的到达受送达人特定系统的日期，为人民法院对应系统显示发送成功的日期，但受送达人证明到达其特定系统的

日期与人民法院对应系统显示发送成功的日期不一致的，以受送达人证明到达其特定系统的日期为准。

第136条　受送达人同意采用电子方式送达的，应当在送达地址确认书中予以确认。

第137条　当事人在提起上诉、申请再审、申请执行时未书面变更送达地址的，其在第一审程序中确认的送达地址可以作为第二审程序、审判监督程序、执行程序的送达地址。

第138条　公告送达可以在法院的公告栏和受送达人住所地张贴公告，也可以在报纸、信息网络等媒体上刊登公告，发出公告日期以最后张贴或者刊登的日期为准。对公告送达方式有特殊要求的，应当按要求的方式进行。公告期满，即视为送达。

人民法院在受送达人住所地张贴公告的，应当采取拍照、录像等方式记录张贴过程。

第139条　公告送达应当说明公告送达的原因；公告送达起诉状或者上诉状副本的，应当说明起诉或者上诉要点，受送达人答辩期限及逾期不答辩的法律后果；公告送达传票，应当说明出庭的时间和地点及逾期不出庭的法律后果；公告送达判决书、裁定书的，应当说明裁判主要内容，当事人有权上诉的，还应当说明上诉权利、上诉期限和上诉的人民法院。

第140条　适用简易程序的案件，不适用公告送达。

第141条　人民法院在定期宣判时，当事人拒不签收判决书、裁定书的，应视为送达，并在宣判笔录中记明。

《审监解释》

第2条　民事诉讼法第184条规定的申请再审期间不适用中止、中断和延长的规定。

※【历年真题】

1.关于《民事诉讼法》对期间的规定，下列哪些选项是正确的？（2009-3-83）

A.当事人申请再审的期间不适用中止、中断和延长的规定

B.当事人提出证据的期间不适用中止、中断和延长的规定

C.当事人申请执行的期间适用中止、中断和延长的规定

D.当事人提起上诉的期间适用中止、中断和延长的规定

【答案】AC

【解析】根据《审判监督解释》第2条的规定，当事人申请再审的期间是法定期间，不适用中止、中断和延长的规定。因此A项正确。根据《证据规定》第36条的规定，B项不正确。根据《民事诉讼法》第239条第1款的规定，选项C项正确。根据《民事诉讼法》第164条的规定，法律没有对当事人提起上诉的期间可以适用中止、中断和延长作出规定。因此，D项错误。

2.关于《民事诉讼法》规定的期间制度，下列哪一选项是正确的？（2012-3-38）

A.法定期间都属于绝对不可变期间

B.涉外案件的审理不受案件审结期限的限制

C.当事人从外地到法院参加诉讼的在途期间不包括在期间内

D.当事人有正当理由耽误了期间，法院应当依职权为其延展期间

【答案】B

【解析】A项说法过于绝对，法定期间通常是不可变期间，但特殊情况下可以延长，如法院适用普通程序审理一审案件的审限，所以A项错误。诉讼文书的在途期间不包括在期间内，当事人为进行诉讼行为而产生的在途时间计算在期间内，故C项说法错误，不当选。根据《民事诉讼法》第83条的规定，D项说法错误，不当选。根据《民事诉讼法》第270条的规定，B项说法正确，当选。

3.根据《民事诉讼法》和民事诉讼理论，关于期间，下列哪一选项是正确的？（2011-3-41）

A.法定期间都是不可变期间，指定期间都是可变期间

B.法定期间的开始日及期间中遇有节假日的，应当在计算期间时予以扣除

C.当事人参加诉讼的在途期间不包括在期间内

D.遇有特殊情况，法院可依职权变更原确定的指定期间

【答案】D

【解析】A项错误，D项正确。相对不可变期间，是指该期间经法律确定后，在通常情况下不可改变，但遇到有关法定事由，法院可对其依法予以变更，如一审的案件审理期间。指定期间在通常情况下不应任意变更，但如遇有特殊情况，法院可依职权变更原确定的指定期间。根据《民事诉讼法》第82条的规定，B、C项错误。

4.甲起诉要求与妻子乙离婚，法院经审理判决不予准许。书记员两次到甲住所送达判决书，甲均拒绝签收。书记员的下列哪一做法是正确的？（2009-3-43）

A.将判决书交给甲的妻子乙转交

B.将判决书交给甲住所地居委会转交

C.请甲住所地居委会主任到场见证并将判决书留在甲住所

D.将判决书交给甲住所地派出所转交

【答案】C

【解析】根据《民事诉讼法》第86条的规定，本题的正确答案是C项。

5.李某与赵某是夫妻。1999年7月，李某向某县人民法院起诉要求离婚，法院经审理判决不准离婚。审理该案的书记员两次到李某家送达判决书李某均拒绝接收。对此，应当如何处理？（2004-3-44）

A.书记员将该判决书交给李的邻居王某转交

B.书记员将该判决书留置在李某的住所

C.书记员将该判决书交给李某所在地居委会转交

D.书记员将该判决书交给李某所在地派出所转交

【答案】B

【解析】根据《民事诉讼法》第86条的规定，本题的正确答案是B项。

6.张某诉美国人海斯买卖合同一案，由于海斯在我国无住所，法院无法与其联系，遂要求张某提供双方的电子邮件地址，电子送达了诉讼文书，并在电子邮件中告知双方当事人在收到诉讼文书后予以回复，但开庭之前法院只收到张某的回复，一直未收到海斯的回复。后法院在海斯缺席的情况下，对案件作出判决，驳回张某的诉讼请求，并同样以电子送达的方式送达判决书。关于本案诉讼文书的电子送达，下列哪一做法是合法的？（2014-3-42）

A.向张某送达举证通知书　　　　　　B.向张某送达缺席判决书

C.向海斯送达举证通知书　　　　　　D.向海斯送达缺席判决书

【答案】A

【解析】根据《民事诉讼法》第87条，可知A选项正确。

7.张兄与张弟因遗产纠纷诉至法院，一审判决张兄胜诉。张弟不服，却在赴法院提交上诉状的路上被撞昏迷，待其经抢救苏醒时已超过上诉期限一天。对此，下列哪一说法是正确的？（2015-3-41）

A.法律上没有途径可对张弟上诉权予以补救

B.因意外事故耽误上诉期限，法院应依职权决定顺延期限

C.张弟可在清醒后10日内，申请顺延期限，是否准许，由法院决定

D.上诉期限为法定期间，张弟提出顺延期限，法院不应准许

【答案】C

【解析】根据《民事诉讼法》第83条规定，C项正确，其他选项错误。

第十章　法院调解

※【图表解析】

调解的原则 ┌ 意思自愿 ┐ 程序上，实体上
　　　　　 └ 内容合法 ┘

不调解的情形
J143 ┌ 特殊程序
　　　├ 婚姻
　　　├ 身份
　　　└ 执行

法院调解

调解协议的内容 ┌ 和解达成协议可以请求法院制作调解书
　　　　　　　　├ 超出诉讼请求应予以认可
　　　　　　　　├ 约定担保责任（担保人拒签，不影响生效）
　　　　　　　　├ 约定违约责任
　　　　　　　　└ 不予认可的法定情形《调》10、12

调解书 ┌ 可不制作调解书的情形：离婚、收养、即时履行、其他
　　　　│ F98
　　　　│
　　　　├ 调解书的生效：送达签收生效，不能上诉
　　　　│ F96、98、J149、151
　　　　│
　　　　├ 调解书不适用留置送达、公告送达
　　　　└ 二审如以调解书结案，不得在调解书中写明"撤销原判决"的字样
　　　　　 F170

※【知识点详解】

　　法院调解，是指在人民法院审判人员的主持下，双方当事人就民事权益争议自愿、平等地进行协商，达成协议，解决纠纷的诉讼活动和结案方式。通常认为，法院调解的性质是审判权与处分权相结合。对法院而言，是审判人员解决纠纷、行使审判权的方式，调解书与生效判决拥有同等效力；对当事人而言，是当事人通过友好协商而处分实体权利和诉讼权利的一种表现，

以当事人自愿为基础，调解协议的基础是双方对自己私权处分达成合意。《民诉解释》第142~151条以及最高人民法院于2004年8月18日公布的《最高人民法院关于人民法院民事调解工作若干问题的规定》（以下简称《民事调解规定》）是法院进行民事调解工作所参考的主要程序规则。

一、调解的原则

（一）自愿原则

法院调解应当遵循当事人自愿原则，包括程序上自愿和实体上自愿。

1.程序上自愿：是否采用调解的方式解决纠纷，应出于双方当事人的意愿，或者取得双方当事人同意，人民法院不能强制进行。

2.实体上自愿：调解协议的达成，要出于双方的意愿，协议的内容应当是当事人自愿处分的结果。

（二）合法原则

法院调解应当遵循合法原则，包括程序合法和实体合法。

1.程序合法：调解活动必须依照法定程序进行。

2.实体合法：调解协议的内容，不得违背国家政策、法律的规定，不能损害国家、集体和其他公共利益。

（三）查明事实、分清是非原则（真实原则）

审判人员在主持调解的过程中，应当在事实清楚的基础上分清是非，明确当事人各自的责任。关于该原则应否成为法院调解的原则，理论上存在一定的争议。

二、不适用调解的情形（J143）

《民事诉讼法》第122条规定，当事人起诉到法院的民事纠纷，适宜调解的，先行调解，当事人拒绝调解的除外。无论是一审、二审还是再审程序中都可以进行调解。需要注意，下列情形下不适用调解：

（1）执行程序不适用调解。

（2）适用特别程序、督促程序、公示催告程序、不适用调解。

（3）涉及婚姻等身份关系确认案件以及其他依案件性质不能进行调解的民事案件，人民法院不予调解。

三、应当调解的情形

（1）离婚案件应当先行调解。

（2）简易程序中，需要先行调解的案件：

①婚姻家庭纠纷和继承纠纷；

②劳务合同纠纷；

③交通事故和工伤事故引起的权利义务关系较为明确的损害赔偿纠纷；

④宅基地和相邻关系纠纷；

⑤合伙协议纠纷；

⑥诉讼标的额较小的纠纷。

但是根据案件的性质和当事人的实际情况不能调解或者显然没有调解必要的除外。

四、调解的期限

（1）当事人起诉到法院后，适宜调解的先行调解。

（2）法院受理案件后，经审查，认为法律关系明确、事实清楚，在征得当事人双方同意后，可以径行调解。

（3）在答辩期满前，适用普通程序的案件当事人同意调解之日起15日内，适用简易程序的案件当事人同意调解之日起7日内未达成调解协议，经各方当事人同意，可以继续调解。延长的调解期间不计入审限。

（4）双方当事人申请庭外和解的期间，不计入审限。

五、调解的程序

（一）调解的启动

双方同意。可以在答辩期满后作出裁判前进行调解，征得当事人同意后，也可以在答辩期满前进行调解。

（二）调解的方式

调解过程不公开，但当事人同意公开的除外；调解协议内容不公开，但为保护国家、社会、他人合法权益，法院认为确有必要公开的除外。各方同时在场，根据需要也可以分别调解。当事人不能出庭而委托诉讼代理人参加调解的，必须有当事人的特别授权。对无诉讼行为能力的当事人进行调解，应当由其法定代理人代为参加。离婚案件当事人确因特殊情况无法出庭参加调解的，除本人不能表达意志的以外，应当出具书面意见。

六、调解协议

（一）调解协议内容的特别规定（《调》第9、10、11条）

（1）调解协议内容超出诉讼请求的，人民法院可以准许。

（2）双方可就不履行调解协议约定民事责任。

（3）可以约定一方提供担保或者案外人提供担保。

（二）对调解协议的限制（《调》第10、12条）

（1）调解协议约定一方不履行协议，另一方可以请求人民法院对案件作出裁判的条款，人民法院不予准许。

（2）调解协议具有下列情形之一的，人民法院不予确认：侵害国家利益、社会公共利益的；侵害案外人利益的；违背当事人真实意思的；④违反法律、行政法规禁止性规定的。

（三）部分调解

当事人就部分诉讼请求达成调解协议的，人民法院可以就此现行确认并制作调解书。

七、调解书

调解书，是人民法院根据双方当事人达成的调解协议制作的法律文书。通常情况下达成调解协议，人民法院应当制作调解书，送达双方签收后，调解书生效。

注意：二审、再审必须制作调解书。特殊情况下，可不制作调解书，主要包括《民事诉讼法》第98条以及《民诉解释》第151条规定的情形。

（一）《民事诉讼法》第98条：不需要制作调解书的案件

（1）调解和好的离婚案件；

（2）调解维持收养关系的案件；

（3）能够即时履行的案件；

（4）其他不需要制作调解书的案件。

对不需要制作调解书的协议，应当记入笔录，由双方当事人、审判人员、书记员签名或者盖章后即具有法律效力。

（二）《民诉解释》第151条规定的情形

当事人各方同意在调解协议上签名或盖章后生效，经法院审查确认后，应记入笔录或将协议附卷，并由当事人、审判人员、书记员签名或盖章后具法律效力。

注意：当事人自行和解或者经调解达成协议后，**请求人民法院按照和解协议或者调解协议的内容制作判决书**的，人民法院不予支持。有两种例外情形：第一，无民事行为能力人的离婚案件，法定代理人与对方达成协议要求发给判决书的，可以根据协议内容制作判决书。第二，涉外民事诉讼中，经调解双方达成协议，应当制作调解书。当事人要求发给判决书的，可以依据协议内容制作判决书。

八、法院调解的法律效力

（1）结束诉讼程序。

（2）确认当事人之间权利义务关系，当事人不得就同一争议再起诉。

（3）调解书不得上诉，一般不能就调解书申请再审，但有证据证明调解协议违反自愿或合法原则的，可由当事人申请再审（《民事诉讼法》第201条）。

（4）具有给付内容的调解书有强制执行效力。

（5）二审如以调解书结案，不得在调解书中写明"撤销原判决"字样。

※【相关法律法规】

《民事诉讼法》

第9条　人民法院审理民事案件，应当根据自愿和合法的原则进行调解；调解不成的，应当及时判决。

第93条　人民法院审理民事案件，根据当事人自愿的原则，在事实清楚的基础上，分清是非，进行调解。

第96条　调解达成协议，必须双方自愿，不得强迫。调解协议的内容不得违反法律规定。

第 97 条　调解达成协议，人民法院应当制作调解书。调解书应当写明诉讼请求、案件的事实和调解结果。

调解书由审判人员、书记员署名，加盖人民法院印章，送达双方当事人。

调解书经双方当事人签收后，即具有法律效力。

第 98 条　下列案件调解达成协议，人民法院可以不制作调解书：

（一）调解和好的离婚案件；

（二）调解维持收养关系的案件；

（三）能够即时履行的案件；

（四）其他不需要制作调解书的案件。

对不需要制作调解书的协议，应当记入笔录，由双方当事人、审判人员、书记员签名或者盖章后，即具有法律效力。

第 99 条　调解未达成协议或者调解书送达前一方反悔的，人民法院应当及时判决。

第 170 条　第二审人民法院对上诉案件，经过审理，按照下列情形，分别处理：

（一）原判决、裁定认定事实清楚，适用法律正确的，以判决、裁定方式驳回上诉，维持原判决、裁定；

（二）原判决、裁定认定事实错误或者适用法律错误的，以判决、裁定方式依法改判、撤销或者变更；

（三）原判决认定基本事实不清的，裁定撤销原判决，发回原审人民法院重审，或者查清事实后改判；

（四）原判决遗漏当事人或者违法缺席判决等严重违反法定程序的，裁定撤销原判决，发回原审人民法院重审。

原审人民法院对发回重审的案件作出判决后，当事人提起上诉的，第二审人民法院不得再次发回重审。

第 122 条　当事人起诉到人民法院的民事纠纷，适宜调解的，先行调解，但当事人拒绝调解的除外。

第 172 条　第二审人民法院审理上诉案件，可以进行调解。调解达成协议，应当制作调解书，由审判人员、书记员署名，加盖人民法院印章。调解书送达后，原审人民法院的判决即视为撤销。

第201条　当事人对已经发生法律效力的调解书，提出证据证明调解违反自愿原则或者调解协议的内容违反法律的，可以申请再审。经人民法院审查属实的，应当再审。

《民诉解释》

第142条　人民法院受理案件后，经审查，认为法律关系明确、事实清楚，在征得当事人双方同意后，可以径行调解。

第143条　适用特别程序、督促程序、公示催告程序的案件，婚姻等身份关系确认案件以及其他根据案件性质不能进行调解的案件，不得调解。

第144条　人民法院审理民事案件，发现当事人之间恶意串通，企图通过和解、调解方式侵害他人合法权益的，应当依照民事诉讼法第一百一十二条的规定处理。

第145条　人民法院审理民事案件，应当根据自愿、合法的原则进行调解。当事人一方或者双方坚持不愿调解的，应当及时裁判。

人民法院审理离婚案件，应当进行调解，但不应久调不决。

第146条　人民法院审理民事案件，调解过程不公开，但当事人同意公开的除外。

调解协议内容不公开，但为保护国家利益、社会公共利益、他人合法权益，人民法院认为确有必要公开的除外。

主持调解以及参与调解的人员，对调解过程以及调解过程中获悉的国家秘密、商业秘密、个人隐私和其他不宜公开的信息，应当保守秘密，但为保护国家利益、社会公共利益、他人合法权益的除外。

第147条　人民法院调解案件时，当事人不能出庭的，经其特别授权，可由其委托代理人参加调解，达成的调解协议，可由委托代理人签名。

离婚案件当事人确因特殊情况无法出庭参加调解的，除本人不能表达意志的以外，应当出具书面意见。

第148条　当事人自行和解或者调解达成协议后，请求人民法院按照和解协议或者调解协议的内容制作判决书的，人民法院不予准许。

无民事行为能力人的离婚案件，由其法定代理人进行诉讼。法定代理人与对方达成协议要求发给判决书的，可根据协议内容制作判决书。

第149条　调解书需经当事人签收后才发生法律效力的，应当以最后收到调解书的当事人签收的日期为调解书生效日期。

第150条　人民法院调解民事案件，需由无独立请求权的第三人承担责任的，应当经其同意。该第三人在调解书送达前反悔的，人民法院应当及时裁判。

第151条　根据民事诉讼法第九十八条第一款第四项规定，当事人各方同意在调解协议上签名或者盖章后即发生法律效力的，经人民法院审查确认后，应当记入笔录或者将调解协议附卷，并由当事人、审判人员、书记员签名或者盖章后即具有法律效力。

前款规定情形，当事人请求制作调解书的，人民法院审查确认后可以制作调解书送交当事人。当事人拒收调解书的，不影响调解协议的效力。

《民事调解规定》

第1条　人民法院对受理的第一审、第二审和再审民事案件，可以在答辩期满后裁判作出前进行调解。在征得当事人各方同意后，人民法院可以在答辩期满前进行调解。

第2条　对于有可能通过调解解决的民事案件，人民法院应当调解。但适用特别程序、督促程序、公示催告程序、破产还债程序的案件，婚姻关系、身份关系确认案件以及其他依案件性质不能进行调解的民事案件，人民法院不予调解。

第3条　根据民事诉讼法第87条的规定，人民法院可以邀请与当事人有特定关系或者与案件有一定联系的企业事业单位、社会团体或者其他组织，和具有专门知识、特定社会经验、与当事人有特定关系并有利于促成调解的个人协助调解工作。

经各方当事人同意，人民法院可以委托前款规定的单位或者个人对案件进行调解，达成调解协议后，人民法院应当依法予以确认。

第4条　当事人在诉讼过程中自行达成和解协议的，人民法院可以根据当事人的申请依法确认和解协议制作调解书。双方当事人申请庭外和解的期间，不计入审限。

当事人在和解过程中申请人民法院对和解活动进行协调的，人民法院可

以委派审判辅助人员或者邀请、委托有关单位和个人从事协调活动。

第7条　当事人申请不公开进行调解的，人民法院应当准许。

调解时当事人各方应当同时在场，根据需要也可以对当事人分别作调解工作。

第9条　调解协议内容超出诉讼请求的，人民法院可以准许。

第10条　人民法院对于调解协议约定一方不履行协议应当承担民事责任的，应予准许。

调解协议约定一方不履行协议，另一方可以请求人民法院对案件作出裁判的条款，人民法院不予准许。

第11条　调解协议约定一方提供担保或者案外人同意为当事人提供担保的，人民法院应当准许。

案外人提供担保的，人民法院制作调解书应当列明担保人，并将调解书送交担保人。担保人不签收调解书的，不影响调解书生效。

当事人或者案外人提供的担保符合担保法规定的条件时生效。

第12条　调解协议具有下列情形之一的，人民法院不予确认：

（一）侵害国家利益、社会公共利益的；

（二）侵害案外人利益的；

（三）违背当事人真实意思的；

（四）违反法律、行政法规禁止性规定的。

第13条　根据民事诉讼法第九十条第一款第（四）项规定（现为第98条），当事人各方同意在调解协议上签名或者盖章后生效，经人民法院审查确认后，应当记入笔录或者将协议附卷，并由当事人、审判人员、书记员签名或者盖章后即具有法律效力。当事人请求制作调解书的，人民法院应当制作调解书送交当事人。当事人拒收调解书的，不影响调解协议的效力。一方不履行调解协议的，另一方可以持调解书向人民法院申请执行。

第15条　对调解书的内容既不享有权利又不承担义务的当事人不签收调解书的，不影响调解书的效力。

第16条　当事人以民事调解书与调解协议的原意不一致为由提出异议，人民法院审查后认为异议成立的，应当根据调解协议裁定补正民事调解书的相关内容。

第17条　当事人就部分诉讼请求达成调解协议的，人民法院可以就此先行确认并制作调解书。

当事人就主要诉讼请求达成调解协议，请求人民法院对未达成协议的诉讼请求提出处理意见并表示接受该处理结果的，人民法院的处理意见是调解协议的一部分内容，制作调解书的记入调解书。

第18条　当事人自行和解或者经调解达成协议后，请求人民法院按照和解协议或者调解协议的内容制作判决书的，人民法院不予支持。

第19条　调解书确定的担保条款条件或者承担民事责任的条件成就时，当事人申请执行的，人民法院应当依法执行。

不履行调解协议的当事人按照前款规定承担了调解书确定的民事责任后，对方当事人又要求其承担民事诉讼法第二百三十二条（现为第253条）规定的迟延履行责任的，人民法院不予支持。

※【历年真题】

1.在民事诉讼中，下列哪些程序不适用法院调解？（2003-3-67）

A.公示催告程序　　　　　　　　B.发回重审后的诉讼程序

C.由人民检察院提起抗诉引起的再审程序　D.执行程序

【答案】AD

【解析】根据《民诉解释》第143条的规定，可知AD项不适用于法院调解。

2.村民甲、乙因相邻关系发生纠纷，甲诉至法院，要求判决乙准许其从乙承包的土地上通过。审理中，法院主动了解和分析甲通过乙土地的合理性，听取其他村民的意见，并请村委会主任做双方工作，最终促成双方同意调解。调解时邀请了村中有声望的老人及当事人的共同朋友参加，双方互相让步达成协议，恢复和睦关系。关于法院的做法，下列哪一说法是正确的？（2012-3-35）

A.法院突破审判程序，违反了依法裁判原则

B.他人参与调解，影响当事人意思表达，违反了辩论原则

C.双方让步放弃诉求和权益，违反了处分原则

D.体现了司法运用法律手段，发挥调解功能，能动履职的要求

【答案】D

【解析】根据《民事调解规定》第3条的规定，D项说法正确。

3.关于民事诉讼中的法院调解与诉讼和解的区别，下列哪些选项是正确的？（2009-3-84）

A.法院调解是法院行使审判权的一种方式，诉讼和解是当事人对自己的实体权利和诉讼权利进行处分的一种方式

B.法院调解的主体包括双方当事人和审理该案件的审判人员，诉讼和解的主体只有双方当事人

C.法院调解以《民事诉讼法》为依据，具有程序上的要求，诉讼和解没有严格的程序要求

D.经过法院调解达成的调解协议生效后如有给付内容则具有强制执行力，经过诉讼和解达成的和解协议即使有给付内容也不具有强制执行力

【答案】ABCD

【解析】法院调解，又称诉讼中调解，是指在民事诉讼中双方当事人在法院审判人员的主持和协调下，就案件争议的问题进行协商，从而解决纠纷所进行的活动。诉讼和解是指当事人在诉讼过程中通过自行协商，就案件争议问题达成协议，并共同向法院陈述协议的内容，要求结束诉讼从而终结诉讼的制度。法院调解与诉讼和解相比，有以下几点区别：（1）性质不同。前者含有人民法院行使审判权的性质，后者则是当事人在诉讼中对自己诉讼权利和实体权利的处分。因此，A项正确。（2）参加主体不同。前者有人民法院和双方当事人共同参加，后者只有双方当事人自己参加。因此，B项正确。（3）效力不同。根据法院调解达成协议制作的调解书生效后，诉讼归于终结，有给付内容的调解书具有执行力；当事人在诉讼中和解的，则由原告申请撤诉，经法院裁定准许后结束诉讼，和解协议不具有执行力。因此，D项正确。另外，诉讼中的法院调解要遵循一定的法律原则和程序。在我国，根据《民事诉讼法》第145条的规定，法院调解要遵循当事人自愿和合法原则，且法院在组织调解时还需要有一定的程序。而诉讼和解则没有相关的程序性规定和要求。因此，C项正确。

4.甲诉乙损害赔偿一案，双方在诉讼中达成和解协议。关于本案，下列哪一说法是正确的？（2012-3-39）

A.当事人无权向法院申请撤诉

B.因当事人已达成和解协议，法院应当裁定终结诉讼程序

C.当事人可以申请法院依和解协议内容制作调解书

D.当事人可以申请法院依和解协议内容制作判决书

【答案】C

【解析】因和解而申请撤诉，经审查符合撤诉条件的，人民法院应予准许。故 A 项说法错误，不当选。当事人在诉讼中和解的，应由原告申请撤诉，经法院裁定准许后结束诉讼，和解协议不具有执行力，故 B 项说法错误，不当选。当事人在诉讼过程中自行达成和解协议的，当事人可以申请人民法院依法确认和解协议并制作调解书。故 C 项说法正确，当选；D 项说法错误，不当选。

5.张某与李某产生邻里纠纷，张某将李某打伤。为解决赔偿问题，双方同意由人民调解委员会进行调解。经调解员黄某调解，双方达成赔偿协议。关于该纠纷的处理，下列哪一说法是正确的？（2010-3-35）

A.张某如反悔不履行协议，李某可就协议向法院提起诉讼

B.张某如反悔不履行协议，李某可向法院提起人身损害赔偿诉讼

C.张某如反悔不履行协议，李某可向法院申请强制执行调解协议

D.张某可以调解委员会未组成合议庭调解为由，向法院申请撤销调解协议

【答案】A

【解析】根据《人民调解法》第32条的规定，"经人民调解委员会调解达成调解协议后，当事人之间就调解协议的履行或者调解协议的内容发生争议的，一方当事人可以向人民法院提起诉讼"，A项正确，B项错误。根据《人民调解法》第33条第2款的规定，"人民法院依法确认调解协议有效，一方当事人拒绝履行或者未全部履行的，对方当事人可以向人民法院申请强制执行。"C项错误。根据《人民调解法》第19条的规定，"人民调解委员会根据调解纠纷的需要，可以指定一名或者数名调解员进行调解，也可以由当事人选择一名或者数名人民调解员进行调解。"D项错误。

6.某借款纠纷案二审中，双方达成调解协议，被上诉人当场将欠款付清。关于被上诉人请求二审法院制作调解书，下列哪一选项是正确的？（2009-3-45）

A.可以不制作调解书，因为当事人之间的权利义务已经实现

B.可以不制作调解书，因为本案属于法律规定可以不制作调解书的情形

C.应当制作调解书，因为二审法院的调解结果除解决纠纷外，还具有对一审法院的判决效力发生影响的功能

D.应当制作调解书，因为被上诉人已经提出请求，法院应当予以尊重

【答案】C

【解析】根据《民事诉讼法》第98条和第172条的规定，可知C项正确。

7.根据《民事诉讼法》及相关司法解释，关于法院调解，下列哪一选项是错误的？（2011-3-42）

A.法院可以委托与当事人有特定关系的个人进行调解，达成协议的，法院应当依法予以确认

B.当事人在诉讼中自行达成和解协议的，可以申请法院依法确认和解协议并制作调解书

C.法院制作的调解书生效后都具有执行力

D.法院调解书确定的担保条款的条件成就时，当事人申请执行的，法院应当依法执行

【答案】C

【解析】根据《民事调解规定》第3条第2款的规定，A项正确。根据《民事调解规定》第4条第1款的规定，B项正确。具有给付内容的生效调解书具有强制执行力，不具有给付内容的生效调解书，不具有强制执行力，因此C项错误。根据《民事调解规定》第19条第1款的规定，D项正确。

8.甲向乙借款20万元，后未能按期还本付息，乙诉甲还款。在诉讼中，双方达成调解协议，并由丙为该调解协议的履行提供担保。但在法院送达调解书时，丙拒不签收。关于丙拒签行为对调解书效力的影响，下列哪一选项是正确的？（2007-3-47）

A.不影响调解书的效力，但其中担保的约定不产生效力

B.不影响调解书的效力，丙不履行调解书时，乙可诉丙要求其承担担保责任

C.调解书不发生效力，法院应当及时作出判决

D.不影响调解书生效，调解书确定的担保条款的条件成就时，乙可以申请法院依法执行

【答案】D

【解析】根据《民事调解规定》第11条的规定，D项是正确的。

9.甲公司诉乙公司合同纠纷一案，双方达成调解协议。法院制作调解书并送达双方当事人后，发现调解书的内容与双方达成的调解协议不一致，应当如何处理？（2006-3-46）

A.应当根据调解协议，裁定补正调解书的相关内容

B.将原调解书收回，按调解协议内容作出判决

C.应当适用再审程序予以纠正

D.将原调解书收回，重新制作调解书送达双方当事人

【答案】A

【解析】根据《民事调解规定》第16条的规定，A项正确。

10.甲起诉与丈夫乙离婚，同时主张抚养小孩、分割房屋和存款。在诉讼过程中，双方当事人在法院主持下达成以下调解协议：解除婚姻关系、甲抚养小孩并分得房屋；乙分得存款及双方共同经营的杂货店；共同债务2000元由甲承担。下列哪些选项是错误的？（2007-3-83）

A.调解协议的内容超出诉讼请求范围，法院不应批准

B.除杂货店的分割，协议的其他内容法院应当批准

C.调解协议将债务约定由一人承担违法，法院不应批准

D.除债务承担部分，协议的其他内容法院应当批准

【答案】ABCD

【解析】根据《民事调解规定》第9条的规定，A项错误。根据《民事调解规定》第12条的规定，B、C、D项错误。

11.依法治国要求树立法律权威，依法办事，因此在民事纠纷解决的过程中，各方主体都须遵守法律的规定。下列哪一行为违背了相关法律？（2014-3-36）

A.法院主动对确有错误的生效调解书启动再审

B.派出所民警对民事纠纷进行调解

C.法院为下落不明的被告指定代理人参加调解

D.人民调解委员会主动调解当事人之间的民间纠纷

【答案】C

【解析】根据《民事诉讼法》第198条，可知A选项正确；根据《治安管理处罚法》第9条"对于因民间纠纷引起的打架斗殴或者损毁他人财物等违反治安管理行为，情节较轻的，公安机关可以调解处理。"，可知B选项正确；根据《人民调解法》第17条"当事人可以向人民调解委员会申请调解；人民调解委员会也可以主动调解……"，可知D选项正确。根据调解自愿原则，可知C选项错误，当选。

12.关于法院制作的调解书，下列哪一说法是正确的？（2015-3-42）

A.经法院调解，老李和小李维持收养关系，可不制作调解书

B.某夫妻解除婚姻关系的调解书生效后，一方以违反自愿为由可申请再审

C.检察院对调解书的监督方式只能是提出检察建议

D.执行过程中，达成和解协议的，法院可根据当事人的要求制作成调解书

【答案】A

【解析】根据《民事诉讼法》第98条规定，A项正确。根据《民事诉讼法》第202条规定，B项错误。根据《民事诉讼法》第208条规定，C项错误。根据《民事诉讼法》第230条规定，D项错误。

第十一章　保全与先予执行

第一节　保全

※【图表解析】

一、诉前（仲裁前）保全F101、104～105+J27+《经审规定》12

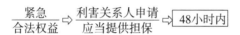

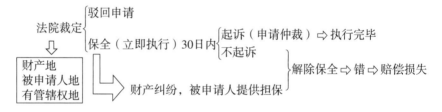

二、诉讼保全F100、J542、《仲裁法》28、《经审规定》13

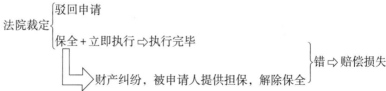

※【知识点详解】

一、财产保全

财产保全，是指人民法院在诉讼开始后，或诉讼开始前为保障日后给付判决的顺利执行，而对当事人争议的财产或者与本案有关的财产所依法采取的各种强制性保护措施的总称。

（一）诉前财产保全

诉前财产保全，是指在诉讼程序开始之前，在紧急情况下，经利害关系人申请，并以其提供担保为前提，由人民法院依法实施的财产保全。

1.适用条件

（1）诉讼前或者**申请仲裁前**。

（2）不立即采取保全措施可能使得申请人的合法权益受到难以弥补的损害。

（3）经利害关系人申请。

（4）申请人应当提供担保。

2.管辖

利害关系人向被保全财产所在地、被申请人住所地或者对案件有管辖权的人民法院申请采取保全措施。

3.裁定期限

必须在48小时内作出裁定。

（二）诉中财产保全

1.适用条件

（1）诉讼进行中。

（2）因一方的行为或其他原因，使得判决难以执行的案件。

（3）当事人申请或者人民法院依职权启动。

（4）人民法院可以责令提供担保，申请人不提供的，裁定驳回。

2.管辖

（1）受理案件的人民法院。

（2）当事人上诉的案件，在第二审人民法院接到报送的案件之前，由第一审人民法院依当事人申请或依职权采取。

3.裁定期限

（1）**情况紧急的**，48小时内作出裁定；

（2）非紧急情况的，通常无明确限制。

（三）财产保全的范围及解除

1.财产保全的范围

（1）保全限于请求范围，或与本案有关财物。

（2）对抵押物、质押物、留置物也可以保全，不影响优先权。

（3）债务人对第三人有到期债权，法院可裁定该第三人不得对本案债务人清偿。第三人要偿付的，法院提存。

（4）财产已被查封、冻结的，不得重复查封、冻结。

（5）对案外人的财产不得保全。

（6）债务人对他人有到期债权，人民法院可依债权人申请裁定他人不得对本案债务人清偿。他人要求偿付的，法院提存。

2.担保的解除

（1）诉前保全中，申请人没有在法定时间（30日）内起诉。

（2）财产纠纷案件，被申请人提供担保。

（四）对财产保全的救济

（1）当事人申请保全错误的：申请人申请财产保全错误的，应当赔偿被申请人因财产保全所遭受的损失。

（2）针对人民法院裁定，当事人可以申请复议一次。

（五）几种财产保全的比较（F100、101，J542，《仲裁法》28）

区别	国内诉前财产保全	国内诉讼中财产保全	涉外诉讼财产保全	仲裁财产保全
提起时间	起诉前	诉讼进行中	诉前、诉中都可以	仲裁前、仲裁中
提起主体	依申请	依申请＋依职权	依申请	依申请
担保不同	应当（必须）提供担保	可以责令其提供担保	参照国内	涉外仲裁应当提供担保
裁定的时限	必须在48小时内作出裁定	情况紧急的，在48小时内作出裁定		仲裁前保全：48小时内作出裁定

续表

区别	国内诉前财产保全	国内诉讼中财产保全	涉外诉讼财产保全	仲裁财产保全
5.起诉时间	30日内不起诉，解除保全		诉前应30日内起诉	仲裁前保全中，30日内不申请仲裁，解除保全
被申请人提供担保的，予以解除				

二、行为保全

(一) 概念

行为保全，是指为了防止他人正在实施的行为或者将要实施的行为给相关人员造成难以弥补的损害，人民法院采取的责令行为人作出一定行为或者禁止作出一定行为的措施。

(二) 诉前行为保全与诉讼中行为保全的比较

区别	诉前行为保全	诉讼中行为保全
启动	依申请	依申请+依职权
管辖	有管辖权的法院	审理案件的法院
担保	应当提供担保	可以责令提供担保
裁定的时间	必须在48小时之内作出	紧急情况下应在48小时作出；非紧急情况下，法院根据情况作出

※【相关法律法规】

《民事诉讼法》

第100条 人民法院对于可能因当事人一方的行为或者其他原因，使判决难以执行或者造成当事人其他损害的案件，根据对方当事人的申请，可以裁定对其财产进行保全、责令其作出一定行为或者禁止其作出一定行为；当事人没有提出申请的，人民法院在必要时也可以裁定采取保全措施。

人民法院采取保全措施，可以责令申请人提供担保，申请人不提供担保的，裁定驳回申请。

人民法院接受申请后，对情况紧急的，必须在四十八小时内作出裁定；

裁定采取保全措施的，应当立即开始执行。

第101条　利害关系人因情况紧急，不立即申请保全将会使其合法权益受到难以弥补的损害的，可以在提起诉讼或者申请仲裁前向被保全财产所在地、被申请人住所地或者对案件有管辖权的人民法院申请采取保全措施。申请人应当提供担保，不提供担保的，裁定驳回申请。

人民法院接受申请后，必须在四十八小时内作出裁定；裁定采取保全措施的，应当立即开始执行。

申请人在人民法院采取保全措施后三十日内不依法提起诉讼或者申请仲裁的，人民法院应当解除保全。

第102条　保全限于请求的范围，或者与本案有关的财物。

第103条　财产保全采取查封、扣押、冻结或者法律规定的其他方法。人民法院保全财产后，应当立即通知被保全财产的人。

财产已被查封、冻结的，不得重复查封、冻结。

第104条　财产纠纷案件，被申请人提供担保的，人民法院应当裁定解除保全。

第105条　申请有错误的，申请人应当赔偿被申请人因保全所遭受的损失。

《民诉解释》

第152条　人民法院依照民事诉讼法第一百条、第一百零一条规定，在采取诉前保全、诉讼保全措施时，责令利害关系人或者当事人提供担保的，应当书面通知。

利害关系人申请诉前保全的，应当提供担保。申请诉前财产保全的，应当提供相当于请求保全数额的担保；情况特殊的，人民法院可以酌情处理。申请诉前行为保全的，担保的数额由人民法院根据案件的具体情况决定。

在诉讼中，人民法院依申请或者依职权采取保全措施的，应当根据案件的具体情况，决定当事人是否应当提供担保以及担保的数额。

第153条　人民法院对季节性商品、鲜活、易腐烂变质以及其他不宜长期保存的物品采取保全措施时，可以责令当事人及时处理，由人民法院保存价款；必要时，人民法院可予以变卖，保存价款。

第154条　人民法院在财产保全中采取查封、扣押、冻结财产措施时，应

当妥善保管被查封、扣押、冻结的财产。不宜由人民法院保管的，人民法院可以指定被保全人负责保管；不宜由被保全人保管的，可以委托他人或者申请保全人保管。

查封、扣押、冻结担保物权人占有的担保财产，一般由担保物权人保管；由人民法院保管的，质权、留置权不因采取保全措施而消灭。

第155条　由人民法院指定被保全人保管的财产，如果继续使用对该财产的价值无重大影响，可以允许被保全人继续使用；由人民法院保管或者委托他人、申请保全人保管的财产，人民法院和其他保管人不得使用。

第156条　人民法院采取财产保全的方法和措施，依照执行程序相关规定办理。

第157条　人民法院对抵押物、质押物、留置物可以采取财产保全措施，但不影响抵押权人、质权人、留置权人的优先受偿权。

第158条　人民法院对债务人到期应得的收益，可以采取财产保全措施，限制其支取，通知有关单位协助执行。

第159条　债务人的财产不能满足保全请求，但对他人有到期债权的，人民法院可以依债权人的申请裁定该他人不得对本案债务人清偿。该他人要求偿付的，由人民法院提存财物或者价款。

第160条　当事人向采取诉前保全措施以外的其他有管辖权的人民法院起诉的，采取诉前保全措施的人民法院应当将保全手续移送受理案件的人民法院。诉前保全的裁定视为受移送人民法院作出的裁定。

第161条　对当事人不服一审判决提起上诉的案件，在第二审人民法院接到报送的案件之前，当事人有转移、隐匿、出卖或者毁损财产等行为，必须采取保全措施的，由第一审人民法院依当事人申请或者依职权采取。第一审人民法院的保全裁定，应当及时报送第二审人民法院。

第162条　第二审人民法院裁定对第一审人民法院采取的保全措施予以续保或者采取新的保全措施的，可以自行实施，也可以委托第一审人民法院实施。

再审人民法院裁定对原保全措施予以续保或者采取新的保全措施的，可以自行实施，也可以委托原审人民法院或者执行法院实施。

第163条　法律文书生效后，进入执行程序前，债权人因对方当事人转移财产等紧急情况，不申请保全将可能导致生效法律文书不能执行或者难以执行的，可以向执行法院申请采取保全措施。债权人在法律文书指定的履行期间届满后五日内不申请执行的，人民法院应当解除保全。

第164条　对申请保全人或者他人提供的担保财产，人民法院应当依法办理查封、扣押、冻结等手续。

第165条　人民法院裁定采取保全措施后，除作出保全裁定的人民法院自行解除或者其上级人民法院决定解除外，在保全期限内，任何单位不得解除保全措施。

第166条　裁定采取保全措施后，有下列情形之一的，人民法院应当作出解除保全裁定：

（一）保全错误的；

（二）申请人撤回保全申请的；

（三）申请人的起诉或者诉讼请求被生效裁判驳回的；

（四）人民法院认为应当解除保全的其他情形。

解除以登记方式实施的保全措施的，应当向登记机关发出协助执行通知书。

第167条　财产保全的被保全人提供其他等值担保财产且有利于执行的，人民法院可以裁定变更保全标的物为被保全人提供的担保财产。

第168条　保全裁定未经人民法院依法撤销或者解除，进入执行程序后，自动转为执行中的查封、扣押、冻结措施，期限连续计算，执行法院无需重新制作裁定书，但查封、扣押、冻结期限届满的除外。

《最高人民法院关于在经济审判工作中严格执行〈中华人民共和国民事诉讼法〉的若干规定》

第12条　人民法院采取诉前财产保全，必须由申请人提供相当于请求保全数额的担保。担保的条件，依法律规定；法律未作规定的，由人民法院审查决定。

第13条　人民法院对财产采取诉讼保全措施，一般应当由当事人提交符合法定条件的申请。只有在诉讼争议的财产有毁损、灭失等危险，或者有证据表明被申请人可能采取隐匿、转移、出卖其财产的，人民法院方可依职权

裁定采取财产保全措施。

第14条　人民法院采取财产保全措施时，保全的范围应当限于当事人争议的财产，或者被告的财产。对案外人的财产不得采取保全措施；对案外人善意取得的与案件有关的财产，一般也不得采取财产保全措施；被申请人提供相应数额并有可供执行的财产作担保的，人民法院应当及时解除财产保全。

第15条　人民法院对有偿还能力的企业法人，一般不得采取查封、冻结的保全措施。已采取查封、冻结保全措施的，如该企业法人提供了可供执行的财产担保，或者可以采取其他方式保全的，应当及时予以解封、解冻。

《中华人民共和国仲裁法》

第28条　一方当事人因另一方当事人的行为或者其他原因，可能使裁决不能执行或者难以执行的，可以申请财产保全。

当事人申请财产保全的，仲裁委员会应当将当事人的申请依照民事诉讼法的有关规定提交人民法院。

申请有错误的，申请人应当赔偿被申请人因财产保全所遭受的损失。

《中华人民共和国著作权法》

第49条　著作权人或者与著作权有关的权利人有证据证明他人正在实施或者即将实施侵犯其权利的行为，如不及时制止将会使其合法权益受到难以弥补的损害的，可以在起诉前向人民法院申请采取责令停止有关行为和财产保全的措施。

人民法院处理前款申请，适用《中华人民共和国民事诉讼法》第九十三条（现为第101条）至第九十六条（现为第105条）和第九十九条（现为第108条）的规定。

《中华人民共和国专利法》

第66条　专利权人或者利害关系人有证据证明他人正在实施或者即将实施侵犯专利权的行为，如不及时制止将会使其合法权益受到难以弥补的损害的，可以在起诉前向人民法院申请采取责令停止有关行为的措施。

《最高人民法院关于适用〈中华人民共和国民事诉讼法〉执行程序若干问题的解释》

第3条　人民法院受理执行申请后，当事人对管辖权有异议的，应当自收到执行通知书之日起十日内提出。

人民法院对当事人提出的异议，应当审查。异议成立的，应当撤销执行案件，并告知当事人向有管辖权的人民法院申请执行；异议不成立的，裁定驳回。当事人对裁定不服的，可以向上一级人民法院申请复议。

管辖权异议审查和复议期间，不停止执行。

第二节　先予执行

※【图表解析】

先予执行F106～107+J169～170+《经审规定》16~18

```
                 ┌ 1.四费一金
                 │ 2.追索劳动报酬的
                 │        ┌（1）需要立即停止侵害、排除妨碍的
一、适用范围 ─────┤        │（2）需要立即制止某项行为的
                 │ 3.情况紧急┤（3）需要立即返还社会保险金、社会救助资金的
                 │        │（4）追索恢复生产、经营急需的保险理赔费的
                 │        └（5）需立即返还款项，否则严重影响生产、生活的
                 │
                 └──→ 限于当事人诉讼请求的范围；并以当事人的生活、生产经营的急需为限
```

```
                      ┌ 1.须依申请，不依职权
                      │ 2.关系明确，生活或者生产经营急需
二、先予执行的条件F107 ┤ 3.被申请人有履行能力
                      │ 4.可以责令申请人提供担保
                      │ 5.受理案件后，终审判决作出前
                      └ 6.需开庭审理后作出裁定
```

注：财产保全+先予执行+对执行行为有异议的裁定：可以复议一次

※【知识点详解】

先予执行，是指人民法院在诉讼过程中，根据一方当事人的申请，裁定

对方当事人给付一定数额的金钱或者其他财物，或者实施或停止某种行为，并立即付诸执行的一种制度。

一、先予执行的适用范围

（1）追索赡养费、扶养费、抚育费、抚恤金、医疗费用的。

（2）追索劳动报酬的。

（3）因情况紧急需要先予执行的：

①需要立即停止侵害、排除妨碍的。

②需要立即制止某项行为的。

③需要立即返社会保险金、社会救助资金的。

④追索恢复生产、经营急需的保险理赔费的。

⑤不立即返还款项，将严重影响权利人生活和生产经营的。

注意：先予执行的范围限于当事人诉讼请求的范围；并以当事人的生活、生产经营的急需为限。

二、先予执行的条件

（1）须依申请，不得由法院依职权采取。

（2）当事人之间权利义务关系明确，并有生活或者生产经营急需的。

（3）被申请人有履行能力。

（4）可以责令申请人提供担保。

（5）受理案件后，终审判决作出前。

（6）需开庭审理后作出裁定。

※【相关法律法规】

《民事诉讼法》

第106条　人民法院对下列案件，根据当事人的申请，可以裁定先予执行：

（一）追索赡养费、扶养费、抚育费、抚恤金、医疗费用的；

（二）追索劳动报酬的；

（三）因情况紧急需要先予执行的。

第107条　人民法院裁定先予执行的，应当符合下列条件：

（一）当事人之间权利义务关系明确，不先予执行将严重影响申请人的生活或者生产经营的；

（二）被申请人有履行能力。

人民法院可以责令申请人提供担保，申请人不提供担保的，驳回申请。申请人败诉的，应当赔偿被申请人因先予执行遭受的财产损失。

第108条　当事人对保全或者先予执行的裁定不服的，可以申请复议一次。复议期间不停止裁定的执行。

第225条　当事人、利害关系人认为执行行为违反法律规定的，可以向负责执行的人民法院提出书面异议。当事人、利害关系人提出书面异议的，人民法院应当自收到书面异议之日起十五日内审查，理由成立的，裁定撤销或者改正；理由不成立的，裁定驳回。当事人、利害关系人对裁定不服的，可以自裁定送达之日起十日内向上一级人民法院申请复议。

《民诉解释》

第169条　民事诉讼法规定的先予执行，人民法院应当在受理案件后终审判决作出前采取。先予执行应当限于当事人诉讼请求的范围，并以当事人的生活、生产经营的急需为限。

第170条　民事诉讼法第一百零六条第三项规定的情况紧急，包括：

（一）需要立即停止侵害、排除妨碍的；

（二）需要立即制止某项行为的；

（三）追索恢复生产、经营急需的保险理赔费的；

（四）需要立即返还社会保险金、社会救助资金的；

（五）不立即返还款项，将严重影响权利人生活和生产经营的。

第171条　当事人对保全或者先予执行裁定不服的，可以自收到裁定书之日起五日内向作出裁定的人民法院申请复议。人民法院应当在收到复议申请后十日内审查。裁定正确的，驳回当事人的申请；裁定不当的，变更或者撤销原裁定。

第172条　利害关系人对保全或者先予执行的裁定不服申请复议的，由作

出裁定的人民法院依照民事诉讼法第一百零八条规定处理。

第173条 人民法院先予执行后，根据发生法律效力的判决，申请人应当返还因先予执行所取得的利益的，适用民事诉讼法第二百三十三条的规定。

《最高人民法院关于在经济审判工作中严格执行〈中华人民共和国民事诉讼法〉的若干规定》

第15条 人民法院对有偿还能力的企业法人，一般不得采取查封、冻结的保全措施。已采取查封、冻结保全措施的，如该企业法人提供了可供执行的财产担保，或者可以采取其他方式保全的，应当及时予以解封、解冻。

第16条 人民法院先予执行的裁定，应当由当事人提出书面申请，并经开庭审理后作出。在管辖权尚未确定的情况下，不得裁定先予执行。

第17条 人民法院对当事人申请先予执行的案件，只有在案件的基本事实清楚，当事人间的权利义务关系明确，被申请人负有给付、返还或者赔偿义务，先予执行的财产为申请人生产、生活所急需，不先予执行会造成更大损失的情况下，才能采取先予执行的措施。

第18条 人民法院采取先予执行措施后，申请先予执行的当事人申请撤诉的，人民法院应当及时通知对方当事人、第三人或有关的案外人。在接到通知至准予撤诉的裁定送达前，对方当事人、第三人及有关的案外人，对撤诉提出异议的，应当裁定驳回撤诉申请。

第19条 受诉人民法院院长或者上级人民法院发现采取财产保全或者先予执行措施确有错误的，应当按照审判监督程序立即纠正。因申请错误造成被申请人损失的，由申请人予以赔偿；因人民法院依职权采取保全措施错误造成损失的，由人民法院依法予以赔偿。

※【历年真题】

1.A地甲公司与B地乙公司签订买卖合同，约定合同履行地在C地，乙到期未能交货。甲多次催货未果，便向B地基层法院起诉，要求判令乙按照合同约定交付货物，并支付违约金。法院受理后，甲得知乙将货物放置于其设在D地的仓库，并且随时可能转移。下列哪些选项是错误的？（2008-3-87）

A.甲如果想申请财产保全，必须向货物所在地的D地基层法院提出

B.甲如果要向法院申请财产保全，必须提供担保

C.受诉法院如果认为确有必要，可以直接作出财产保全裁定

D.法院受理甲的财产保全申请后，应当在48小时内作出财产保全裁定

【答案】ABD

【解析】根据《民事诉讼法》第101条的规定，A项的说法错误；根据《民事诉讼法》第100条的规定，B项的说法错误；诉讼中的财产保全可以由当事人申请，也可以由法院依职权采取，C项的说法正确。D项中应当在48小时之内作出财产保全的裁定必须限定在"情况紧急的情况下"，如果不是紧急情况，则不必在48小时之内作出裁定，D项的说法太绝对，错误，当选。本题正确答案是ABD项。

2.关于财产保全和先予执行，下列哪些选项是正确的？（2012-3-82）

A.二者的裁定都可以根据当事人的申请或法院依职权作出

B.二者适用的案件范围相同

C.当事人提出财产保全或先予执行的申请时，法院可以责令其提供担保，当事人拒绝提供担保的，驳回申请

D.对财产保全和先予执行的裁定，当事人不可以上诉，但可以申请复议一次

【答案】CD

【解析】先予执行必须依当事人申请提起，法院不能依职权进行。故A项说法错误，不当选。根据《民事诉讼法》第106条的规定，B项说法错误。根据《民事诉讼法》第100条和第107条的规定，C项说法正确。根据《民事诉讼法》第108条的规定，D项说法正确。

3.甲公司以乙公司为被告向法院提起诉讼，要求乙公司支付拖欠的货款100万元。在诉讼中，甲公司申请对乙公司一处价值90万元的房产采取保全措施，并提供担保。一审法院在作出财产保全裁定之后发现，乙公司在向丙银行贷款100万元时已将该房产和一辆小轿车抵押给丙银行。关于本案，下列哪一说法是正确的？（2008-3-43）

A.一审法院不能对该房产采取保全措施，因为该房产已抵押给丙银行

B.一审法院可以对该房产采取保全措施，但是需要征得丙银行的同意

C.一审法院可以对该房产采取保全措施，但是丙银行仍然享有优先受

偿权

D.一审法院可以对该房产采取保全措施，同时丙银行的优先受偿权丧失

【答案】C

【解析】根据《民诉解释》第157条的规定，人民法院对抵押物、留置物可以采取财产保全措施，但抵押权人、留置权人有优先受偿权。由此本题答案是C项。

4.某法院对齐某诉黄某借款一案作出判决，黄某提起上诉。在一审法院将诉讼材料报送二审法院前，齐某发现黄某转移财产。下列关于本案财产保全的哪种说法是正确的？（2006-3-45）

A.齐某向二审法院提出申请，由二审法院裁定财产保全

B.齐某向二审法院提出申请，二审法院可以指令一审法院裁定财产保全

C.齐某向一审法院提出申请，一审法院将申请报送二审法院裁定财产保全

D.齐某向一审法院提出申请，由一审法院裁定财产保全

【答案】D

【解析】根据《民诉解释》第161条的规定，D项正确。

5.在民事诉讼中，法院对下列哪些事项可以不经当事人申请而作出处理？（2006-3-90）

A.诉讼中裁定财产保全　　　　　　B.决定回避

C.裁定移送管辖　　　　　　　　　D.裁定先予执行

【答案】ABC

【解析】根据《民事诉讼法》第100条的规定，A项是正确的。根据《民诉解释》第46条的规定"审判人员有应当回避的情形，没有自行回避，当事人也没有申请其回避的，由院长或者审判委员会决定其回避"，B项是正确的。根据《民事诉讼法》第36条的规定，C项是正确的。根据《民事诉讼法》第106条的规定，D项错误。

6.中国甲公司与某国乙公司发生买卖合同纠纷，在中国仲裁过程中，乙公司申请财产保全，即要求扣押甲公司在某港口的一批机器设备。仲裁委员会对此申请应如何处理？（2005-3-47）

A.不予受理，告知当事人直接向有关法院提出申请

B.审查后直接作出财产保全裁定，由有关法院执行

C.将乙公司的申请提交甲公司所在地的中级法院裁定

D.将乙公司的申请提交机器设备所在地的基层法院裁定

【答案】C

【解析】根据《执行规定》第12条的规定，C项正确；D项表述的是《执行规定》第11条所规定的国内仲裁案件的情形，因此，D项是错误的选项；根据《民事诉讼法》第272条的规定，A、B项都是错误选项。

7.李某向A公司追索劳动报酬。诉讼中，李某向法院申请先予执行部分劳动报酬，法院经查驳回李某申请。李某不服，申请复议。法院审查后再次驳回李某申请。李某对复议结果仍不服，遂向上一级法院申请再审。关于上一级法院对该再审申请的处理，下列哪一选项是正确的？（2010-3-42）

A.裁定再审　　　　　　　　　　B.决定再审

C.裁定不予受理　　　　　　　　D.裁定驳回申请

【答案】D

【解析】根据《民事诉讼法》第108条的规定，当事人对先于执行的裁定享有复议申请权。根据《民事诉讼法》第199条的规定，法院对复议申请作出处理不属于申请再审的法律文书。故本题D项正确。

8.某省电视剧制作中心摄制的作品《星空》正式播出前，邻省的某音像公司制作了盗版光盘。制作中心发现后即向音像公司所在地的某区法院起诉，并在法院立案后，请求法院裁定音像公司停止生产光盘。音像公司在接到应诉通知书及停止生产光盘的裁定后，认为自己根本不是盗版，故继续生产光盘。对于本案，何种确定管辖的方式是正确的？（2004-3-98）

A.以被告所在地确定管辖法院　　B.以该光盘销售地确定管辖法院

C.以光盘生产地确定管辖法院　　D.以原告所在地确定管辖法院

【答案】ABC

【解析】根据《民事诉讼法》第28条的规定，因侵权行为提起的诉讼，由侵权行为地或者被告住所地人民法院管辖。根据《民诉解释》第24条的规定，民事诉讼法规定的侵权行为地，包括侵权行为实施地、侵权结果发生地。

9.法院裁定音像公司停止生产光盘是什么措施？（2004-3-99）

A.诉前财产保全　　　　　　　　B.诉讼财产保全

C.证据保全　　　　　　　　　　　　D.先予执行

【答案】D

【解析】根据《民事诉讼法》第107条的规定，D项正确。

10.被告在法院作出停止生产光盘的裁定后仍继续生产，法院可如何处理？（2004-3-100）

A.尽快判决被告败诉并开始执行

B.采取强制执行措施

C.对主要负责人或直接责任人员实施拘留

D.对音像公司处以罚款

【答案】BCD

【解析】根据《民事诉讼法》第236条的规定，B项正确。根据《民事诉讼法》第111条的规定，C、D项正确，A项错误。

11.甲县的葛某和乙县的许某分别拥有位于丙县的云峰公司50%的股份。后由于二人经营理念不合，已连续四年未召开股东会，无法形成股东会决议。许某遂向法院请求解散公司，并在法院受理后申请保全公司的主要资产（位于丁县的一块土地的使用权）。关于许某的财产保全申请，下列说法正确的是？（2014-3-97）

A.本案是给付之诉，法院可作出保全裁定

B.本案是变更之诉，法院不可作出保全裁定

C.许某在申请保全时应提供担保

D.如果法院认为采取保全措施将影响云峰公司的正常经营，应驳回保全申请

【答案】C、D

【解析】根据《民诉诉讼法》第100条，可知C选项正确；根据《经审规定》第15条的规定，可知D项正确。

12.李根诉刘江借款纠纷一案在法院审理，李根申请财产保全，要求法院扣押刘江向某小额贷款公司贷款时质押给该公司的两块名表。法院批准了该申请，并在没有征得该公司同意的情况下采取保全措施。对此，下列哪些选项是错误的？（2015-3-80）

A.一般情况下，某小额贷款公司保管的两块名表应交由法院保管

B.某小额贷款公司因法院采取保全措施而丧失了对两块名表的质权

C.某小额贷款公司因法院采取保全措施而丧失了对两块名表的优先受偿权

D.法院可以不经某小额贷款公司同意对其保管的两块名表采取保全措施

【答案】ABC

【解析】根据《民诉解释》第154条规定，A、B项错误。根据《民诉解释》第157条规定，C项错误。

13.甲公司生产的"晴天牌"空气清新器销量占据市场第一，乙公司见状，将自己生产的同类型产品注册成"清天牌"，并全面仿照甲公司产品，使消费者难以区分。为此，甲公司欲起诉乙公司侵权，同时拟申请诉前禁令，禁止乙公司销售该产品。关于诉前保全，下列哪些选项是正确的？（2015-3-81）

A.甲公司可向有管辖权的法院申请采取保全措施，并应当提供担保

B.甲公司可向被申请人住所地法院申请采取保全措施，法院受理后，须在48小时内作出裁定

C.甲公司可向有管辖权的法院申请采取保全措施，并应当在30天内起诉

D.甲公司如未在规定期限内起诉，保全措施自动解除

【答案】ABC

【解析】根据《民事诉讼法》第101条规定，A、B、C项正确，D项错误。

第十二章　对妨害民事诉讼的强制措施

※【图表解析】

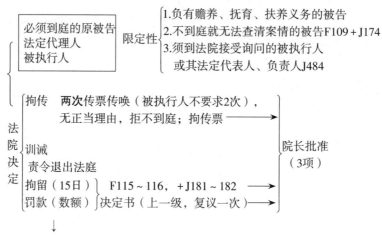

※【知识点详解】

对妨害民事诉讼的强制措施，是指人民法院在民事诉讼中，为了制止和排除诉讼参与人或案外人对民事诉讼的妨害，维护正常的诉讼秩序，保证审判和执行活动的顺利进行，而依法对妨害人所采取的各种强制手段的总称。

一、妨害民事诉讼行为的构成

（1）主体：诉讼参与人或案外人。

（2）客观：实施了妨害民诉的行为（作为/不作为）。

（3）主观：故意。

（4）时间：立案后至执行终结前。

二、强制措施的种类及其适用

（一）拘传

1.适用对象

（1）负有赡养、抚育、扶养义务的被告；

（2）不到庭就无法查清案情的原告和被告；

（3）须到法院接受询问的被执行人或其法定代表人、负责人。

2.适用情形

（1）原告和被告需经两次传唤，无正当理由拒不到庭，被执行人不需要2次传票传唤，1次传唤即可；

（2）拘传必须经院长批准且应当签发拘传票。

（二）训诫和责令退出法庭

训诫和责令退出法庭是针对轻微扰乱法庭秩序的行为人所适用的强制措施，直接作出口头决定即可采取。

（三）拘留

（1）适用于严重妨害诉讼行为的人；

（2）拘留期限为15日以下；

（3）拘留应当用决定书，必须经院长批准；

（4）被拘留人不服的，可向上一级人民法院申请复议一次。复议期间不停止执行。

（四）罚款

（1）金额：个人：10万元以下；单位：5万元以上100万元以下；

（2）被罚款人不服的，可向上一级人民法院申请复议一次。复议期间不停止执行；

（3）罚款应当用决定书，必须经院长批准。

（五）注意事项

（1）罚款、拘留可以单独适用，也可以合并适用；

（2）对同一妨害民事诉讼行为的罚款、拘留不能连续适用；

（3）发生了新的妨害民事诉讼行为，可以重新予以罚款、拘留。

三、对恶意诉讼等行为的惩戒措施

（1）当事人之间恶意串通，企图通过诉讼、调解等方式侵害他人合法权益的，人民法院应当驳回其请求，并根据情节轻重予以罚款、拘留；构成犯罪的，依法追究刑事责任。

（2）被执行人与他人恶意串通，通过诉讼、仲裁、调解等方式逃避履行法律文书确定的义务的，人民法院应当根据情节轻重予以罚款、拘留；构成犯罪的，依法追究刑事责任。

四、对有协助义务的单位的强制措施

有义务协助调查、执行的单位有下列行为之一的，人民法院除责令其履行协助义务外，并可以予以罚款：

（1）有关单位拒绝或者妨碍人民法院调查取证的；

（2）有关单位接到人民法院协助执行通知书后，拒不协助查询、扣押、冻结、划拨、变价财产的；

（3）有关单位接到人民法院协助执行通知书后，拒不协助扣留被执行人的收入、办理有关财产权证照转移手续、转交有关票证、证照或者其他财产的；

（4）其他拒绝协助执行的。

人民法院对有前款规定的行为之一的单位，可以对其主要负责人或者直接责任人员予以罚款；对仍不履行协助义务的，可以予以拘留；并可以向监察机关或者有关机关提出予以纪律处分的司法建议。注意：通常是先罚款，后拘留。

※【相关法律法规】

《民事诉讼法》

第109条　人民法院对必须到庭的被告，经两次传票传唤，无正当理由拒不到庭的，可以拘传。

第110条　诉讼参与人和其他人应当遵守法庭规则。

人民法院对违反法庭规则的人，可以予以训诫，责令退出法庭或者予以罚款、拘留。

人民法院对哄闹、冲击法庭，侮辱、诽谤、威胁、殴打审判人员，严重扰乱法庭秩序的人，依法追究刑事责任；情节较轻的，予以罚款、拘留。

第111条　诉讼参与人或者其他人有下列行为之一的，人民法院可以根据情节轻重予以罚款、拘留；构成犯罪的，依法追究刑事责任：

（一）伪造、毁灭重要证据，妨碍人民法院审理案件的；

（二）以暴力、威胁、贿买方法阻止证人作证或者指使、贿买、胁迫他人作伪证的；

（三）隐藏、转移、变卖、毁损已被查封、扣押的财产，或者已被清点并责令其保管的财产，转移已被冻结的财产的；

（四）对司法工作人员、诉讼参加人、证人、翻译人员、鉴定人、勘验人、协助执行的人，进行侮辱、诽谤、诬陷、殴打或者打击报复的；

（五）以暴力、威胁或者其他方法阻碍司法工作人员执行职务的；

（六）拒不履行人民法院已经发生法律效力的判决、裁定的。

人民法院对有前款规定的行为之一的单位，可以对其主要负责人或者直接责任人员予以罚款、拘留；构成犯罪的，依法追究刑事责任。

第112条　当事人之间恶意串通，企图通过诉讼、调解等方式侵害他人合法权益的，人民法院应当驳回其请求，并根据情节轻重予以罚款、拘留；构成犯罪的，依法追究刑事责任。

第113条　被执行人与他人恶意串通，通过诉讼、仲裁、调解等方式逃避履行法律文书确定的义务的，人民法院应当根据情节轻重予以罚款、拘留；构成犯罪的，依法追究刑事责任。

第114条　有义务协助调查、执行的单位有下列行为之一的，人民法院除责令其履行协助义务外，并可以予以罚款：

（一）有关单位拒绝或者妨碍人民法院调查取证的；

（二）有关单位接到人民法院协助执行通知书后，拒不协助查询、扣押、冻结、划拨、变价财产的；

（三）有关单位接到人民法院协助执行通知书后，拒不协助扣留被执行人的收入、办理有关财产权证照转移手续、转交有关票证、证照或者其他财

产的；

（四）其他拒绝协助执行的。

人民法院对有前款规定的行为之一的单位，可以对其主要负责人或者直接责任人员予以罚款；对仍不履行协助义务的，可以予以拘留；并可以向监察机关或者有关机关提出予以纪律处分的司法建议。

第115条 对个人的罚款金额，为人民币十万元以下。对单位的罚款金额，为人民币五万元以上一百万元以下。

拘留的期限，为十五日以下。

被拘留的人，由人民法院交公安机关看管。在拘留期间，被拘留人承认并改正错误的，人民法院可以决定提前解除拘留。

第116条 拘传、罚款、拘留必须经院长批准。

拘传应当发拘传票。

罚款、拘留应当用决定书。对决定不服的，可以向上一级人民法院申请复议一次。复议期间不停止执行。

《民诉解释》

第174条 民事诉讼法第一百零九条规定的必须到庭的被告，是指负有赡养、抚育、扶养义务和不到庭就无法查清案情的被告。

人民法院对必须到庭才能查清案件基本事实的原告，经两次传票传唤，无正当理由拒不到庭的，可以拘传。

第175条 拘传必须用拘传票，并直接送达被拘传人；在拘传前，应当向被拘传人说明拒不到庭的后果，经批评教育仍拒不到庭的，可以拘传其到庭。

第176条 诉讼参与人或者其他人有下列行为之一的，人民法院可以适用民事诉讼法第一百一十条规定处理：

（一）未经准许进行录音、录像、摄影的；

（二）未经准许以移动通信等方式现场传播审判活动的；

（三）其他扰乱法庭秩序，妨害审判活动进行的。

有前款规定情形的，人民法院可以暂扣诉讼参与人或者其他人进行录音、录像、摄影、传播审判活动的器材，并责令其删除有关内容；拒不删除的，人民法院可以采取必要手段强制删除。

第177条　训诫、责令退出法庭由合议庭或者独任审判员决定。训诫的内容、被责令退出法庭者的违法事实应当记入庭审笔录。

第178条　人民法院依照民事诉讼法第一百一十条至第一百一十四条的规定采取拘留措施的，应经院长批准，作出拘留决定书，由司法警察将被拘留人送交当地公安机关看管。

第179条　被拘留人不在本辖区的，作出拘留决定的人民法院应当派员到被拘留人所在地的人民法院，请该院协助执行，受委托的人民法院应当及时派员协助执行。被拘留人申请复议或者在拘留期间承认并改正错误，需要提前解除拘留的，受委托人民法院应当向委托人民法院转达或者提出建议，由委托人民法院审查决定。

第180条　人民法院对被拘留人采取拘留措施后，应当在二十四小时内通知其家属；确实无法按时通知或者通知不到的，应当记录在案。

第181条　因哄闹、冲击法庭，用暴力、威胁等方法抗拒执行公务等紧急情况，必须立即采取拘留措施的，可在拘留后，立即报告院长补办批准手续。院长认为拘留不当的，应当解除拘留。

第182条　被拘留人在拘留期间认错悔改的，可以责令其具结悔过，提前解除拘留。提前解除拘留，应报经院长批准，并作出提前解除拘留决定书，交负责看管的公安机关执行。

第183条　民事诉讼法第一百一十条至第一百一十三条规定的罚款、拘留可以单独适用，也可以合并适用。

第184条　对同一妨害民事诉讼行为的罚款、拘留不得连续适用。发生新的妨害民事诉讼行为的，人民法院可以重新予以罚款、拘留。

第185条　被罚款、拘留的人不服罚款、拘留决定申请复议的，应当自收到决定书之日起三日内提出。上级人民法院应当在收到复议申请后五日内作出决定，并将复议结果通知下级人民法院和当事人。

第186条　上级人民法院复议时认为强制措施不当的，应当制作决定书，撤销或者变更下级人民法院作出的拘留、罚款决定。情况紧急的，可以在口头通知后三日内发出决定书。

第187条　民事诉讼法第一百一十一条第一款第五项规定的以暴力、威胁或者其他方法阻碍司法工作人员执行职务的行为，包括：

（一）在人民法院哄闹、滞留，不听从司法工作人员劝阻的；

（二）故意毁损、抢夺人民法院法律文书、查封标志的；

（三）哄闹、冲击执行公务现场，围困、扣押执行或者协助执行公务人员的；

（四）毁损、抢夺、扣留案件材料、执行公务车辆、其他执行公务器械、执行公务人员服装和执行公务证件的；

（五）以暴力、威胁或者其他方法阻碍司法工作人员查询、查封、扣押、冻结、划拨、拍卖、变卖财产的；

（六）以暴力、威胁或者其他方法阻碍司法工作人员执行职务的其他行为。

第188条　民事诉讼法第一百一十一条第一款第六项规定的拒不履行人民法院已经发生法律效力的判决、裁定的行为，包括：

（一）在法律文书发生法律效力后隐藏、转移、变卖、毁损财产或者无偿转让财产、以明显不合理的价格交易财产、放弃到期债权、无偿为他人提供担保等，致使人民法院无法执行的；

（二）隐藏、转移、毁损或者未经人民法院允许处分已向人民法院提供担保的财产的；

（三）违反人民法院限制高消费令进行消费的；

（四）有履行能力而拒不按照人民法院执行通知履行生效法律文书确定的义务的；

（五）有义务协助执行的个人接到人民法院协助执行通知书后，拒不协助执行的。

第189条　诉讼参与人或者其他人有下列行为之一的，人民法院可以适用民事诉讼法第一百一十一条的规定处理：

（一）冒充他人提起诉讼或者参加诉讼的；

（二）证人签署保证书后作虚假证言，妨碍人民法院审理案件的；

（三）伪造、隐藏、毁灭或者拒绝交出有关被执行人履行能力的重要证据，妨碍人民法院查明被执行人财产状况的；

（四）擅自解冻已被人民法院冻结的财产的；

（五）接到人民法院协助执行通知书后，给当事人通风报信，协助其转移、隐匿财产的。

第190条　民事诉讼法第一百一十二条规定的他人合法权益，包括案外人的合法权益、国家利益、社会公共利益。

第三人根据民事诉讼法第五十六条第三款规定提起撤销之诉，经审查，原案当事人之间恶意串通进行虚假诉讼的，适用民事诉讼法第一百一十二条规定处理。

第191条　单位有民事诉讼法第一百一十二条或者第一百一十三条规定行为的，人民法院应当对该单位进行罚款，并可以对其主要负责人或者直接责任人员予以罚款、拘留；构成犯罪的，依法追究刑事责任。

第192条　有关单位接到人民法院协助执行通知书后，有下列行为之一的，人民法院可以适用民事诉讼法第一百一十四条规定处理：

（一）允许被执行人高消费的；

（二）允许被执行人出境的；

（三）拒不停止办理有关财产权证照转移手续、权属变更登记、规划审批等手续的；

（四）以需要内部请示、内部审批，有内部规定等为由拖延办理的。

第193条　人民法院对个人或者单位采取罚款措施时，应当根据其实施妨害民事诉讼行为的性质、情节、后果，当地的经济发展水平，以及诉讼标的额等因素，在民事诉讼法第一百一十五条第一款规定的限额内确定相应的罚款金额。

《最高人民法院关于人民法院执行工作若干问题的规定（试行）》

第97条　对必须到人民法院接受询问的被执行人或被执行人的法定代表人或负责人，经两次传票传唤，无正当理由拒不到场的，人民法院可以对其进行拘传。

第十三章 普通程序

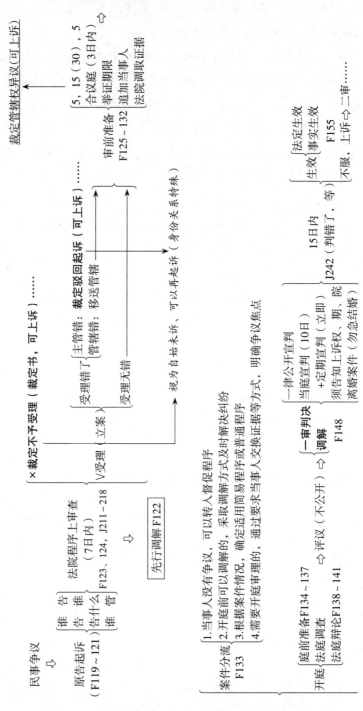

※【图表解析】

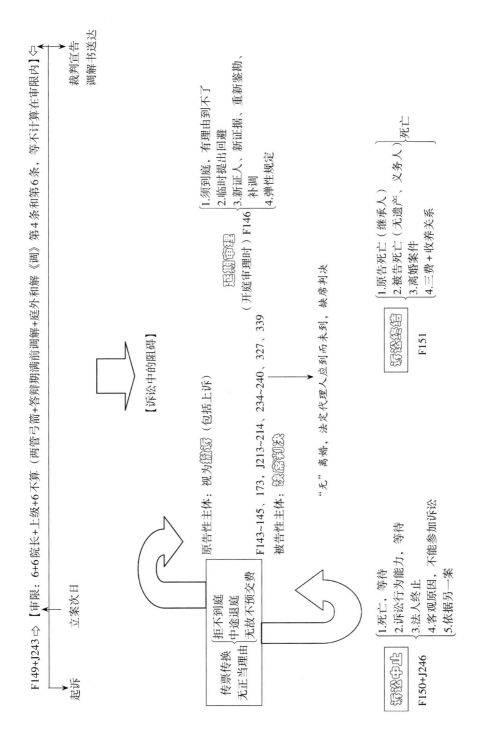

※【知识点详解】

普通程序，是指人民法院审理第一审民事案件通常适用的程序。普通程序在我国的民事诉讼程序中占据十分重要的地位，普通程序具有系统性和完整性的特点，同时具有广泛的适用性，是整个民事审判程序的基础。

第一节 普通程序的基本阶段

一、 起诉与受理

起诉是指公民、法人或其他组织，认为自己所享有的或者依法由自己管理、支配的民事权益受到侵害或与他人发生争议，以自己的名义请求人民法院通过审判给予保护的诉讼行为。

（一）起诉的条件（F119）

（1）原告是与本案有直接利害关系的公民、法人和其他组织。

与本案有直接利害关系有两种表现形式：一种是认为自己的民事权益受到侵害或与对方发生争议，此类当事人是权利主体当事人；另一种是非权利主体当事人，是指其请求法院保护的民事权益并不是自己享有的，但依照法律规定，其有权对该民事权益进行管理或支配。在我国，非权利主体当事人要想成为适格的原告，应当基于法律的明确规定。

（2）有明确的被告。被告应具体化、特定化，原告应提供足以确定被告的身份信息。

（3）有具体的诉讼请求和事实、理由。

（4）属于人民法院受理民事诉讼的范围和受诉人民法院管辖。

（二）起诉的方式

（1）当事人起诉应当向法院递交起诉状，并按照被告人数提出副本。

（2）确有困难的，可以口头起诉，由人民法院记入笔录，并告知对方当事人。

（三）法院对起诉的审查与受理

1.先行调解（F122）

当事人起诉到人民法院的民事纠纷，适宜调解的，先行调解，但当事人拒绝调解的除外。

2.形式审查

现阶段我国法院的案件受理制度，由立案审查制改为立案登记制。人民法院应当充分保障当事人的诉权，符合《民事诉讼法》第119条规定的起诉条件，且不属于第124条规定情形的，应当登记立案；对当场不能判定是否符合起诉条件的，应当接收起诉材料，并出具注明收到日期的书面凭证。需要补充必要相关材料的，法院应及时告知当事人。在补齐相关材料后，法院应当在7日内决定是否立案。立案后发现不符合起诉条件或者属于第124条规定情形的，裁定驳回起诉。

3.不符合法定起诉条件的处理（F124）

（1）依照行政诉讼法规定，属于行政诉讼受案范围的，告知原告提起行政诉讼。

（2）依照法律规定，双方当事人达成书面仲裁协议申请仲裁、不得向人民法院起诉的，告知原告向仲裁机构申请仲裁。

（3）依照法律规定，应由其他机关处理的争议，告知原告向有关机关申请解决。

（4）对不属于本院管辖的案件，告知原告向有管辖权的人民法院起诉。

（5）对判决、裁定、调解书已经发生法律效力的案件，当事人又起诉的，告知原告申请再审，但人民法院准许撤诉的裁定除外。

（6）依照法律规定，在一定期限内不得起诉的案件，在不得起诉的期限内起诉的，不予受理。例如我国《婚姻法》第34条规定："女方在怀孕期间、分娩后1年内或中止妊娠后6个月内，男方不得提出离婚"。

（7）没有新情况、新理由，原告在六个月内又起诉的，不予受理。例如：判决不准离婚和调解和好的离婚案件、原告撤诉或者人民法院按撤诉处理的离婚案件、判决或调解维持收养关系的案件，没有新情况、新理由，原告在6个月内又起诉的，不予受理。

4.人民法院应予受理的几种特殊情况：

（1）当事人有仲裁协议的情况下，一方起诉，如果存在下列情形之一，则法院应予受理：第一，仲裁条款或者仲裁协议不成立、无效、失效、内容不明确无法执行的；第二，仲裁协议无效或失效，但当事人没有在仲裁庭首

次开庭前对仲裁协议的效力提出异议的；第三，一方起诉时未声明有仲裁协议，法院受理后，对方当事人又应诉答辩的（即未在法院首次开庭前提出异议的）。（《民诉解释》215-216条）

（2）裁定不予受理、驳回起诉的案件，原告再次起诉，符合起诉条件且不属于民事诉讼法第一百二十四条规定情形的，人民法院应予受理（《民诉解释》第212条）。

（3）夫妻一方下落不明，另一方诉至人民法院，只要求离婚，不申请宣告下落不明人失踪或死亡的案件，人民法院应当受理，对下落不明人用公告送达诉讼文书（《民诉解释》第217条）。

（4）赡养费、扶养费、抚育费案件，裁判发生法律效力后，因新情况、新理由，一方当事人再行起诉要求增加或减少费用的，人民法院应当作为新案受理（《民诉解释》第218条）。

5.受理的法律效果

（1）法院取得了该案件的管辖权和专有的审判权，同时负担了对该案件作出裁判的职责。

（2）当事人双方取得了相应的原被告地位，分别享有了法定的诉讼权利，承担相应的诉讼义务。

（3）诉讼时效因提起诉讼而中断。

6.不予受理、驳回起诉与驳回诉讼请求的区别

内容	不予受理	驳回起诉	驳回诉讼请求
解决问题性质	程序	程序	实体
适用文书	裁定	裁定	判决
适用原因	不符合受理条件	不符合受理条件	诉讼请求未获支持
救济	该法律文书可以上诉、申请再审	该法律文书可以上诉、申请再审	该法律文书可以上诉、申请再审
后果	可以再起诉	可以再起诉	"一事不再理"
上诉期	10日	10日	15日

二、审理前的准备

（一）审理前的准备工作

（1）在法定期间内送达诉讼文书：人民法院在立案之日起5日内将起诉状副本发送被告，被告应当在收到之日起15日内提出答辩状。人民法院应当在收到答辩状之日起5日内将答辩状副本发送原告。

（2）提出管辖权异议、解决管辖争议。

（3）告知诉讼权利及合议庭组成人员：合议庭人员确定后，3日内告知当事人。

（4）确定举证期限。

（5）组织交换证据（《证据规定》第37~40、47条）。

（6）审核诉讼材料，整理争议焦点。

（7）调查收集必要的证据（《民诉解释》第94、96条）。

（8）追加必要共同诉讼人（《民诉解释》第73、74条）。

（9）和解或庭前调解。

（10）送达传票、开庭通知书：开庭3日前送达传票、开庭通知书。

（二）对受理案件的处理（F133）

（1）当事人没有争议，符合督促程序规定条件的，可以转入督促程序。

（2）开庭前可以调解的，采取调解方式及时解决纠纷。

（3）根据案件情况，确定适用简易程序或者普通程序。

（4）需要开庭审理的，通过要求当事人交换证据等方式，明确争议焦点。

法院可以通过召集庭前会议等方式，做好审理前的准备。（《民诉解释》第224、225条）

三、开庭审理

（一）开庭

1.庭前准备（F137）

（1）开庭审理前，书记员应当查明当事人和其他诉讼参与人是否到庭，宣布法庭纪律。

（2）开庭审理时，由审判长核对当事人，宣布案由，宣布审判人员、书

记员名单，告知当事人有关的诉讼权利义务，询问当事人是否提出回避申请。

2.法庭调查（F138）

法庭调查按照下列顺序进行：

（1）当事人陈述；

（2）告知证人的权利义务，证人作证，宣读未到庭的证人证言；

（3）出示书证、物证、视听资料和电子数据；

（4）宣读鉴定意见；

（5）宣读勘验笔录。

3.法庭辩论（F141）

法庭辩论按照下列顺序进行：

（1）原告及其诉讼代理人发言；

（2）被告及其诉讼代理人答辩；

（3）第三人及其诉讼代理人发言或者答辩；

（4）互相辩论。

法庭辩论终结，由审判长按照原告、被告、第三人的先后顺序征询各方最后意见。

4.判决前调解（F142）

法庭辩论终结，应当依法作出判决。判决前能够调解的，可以进行调解，调解不成的，应当及时判决。

（二）评议

合议庭评议案件，应当不公开进行。评议作出裁判时采取少数服从多数的原则，按照多数人的意见作出，少数人的意见应当记入评议笔录，该审判人员必须在裁判文书上签名。

（三）宣告判决

（1）无论是否公开审理，裁判一律公开宣告。

（2）裁判宣判的两种方式：

①当庭宣判，宣判后10日内发送裁判文书。

②定期宣判，宣判后立即发给判决书。

判决书中须告知当事人上诉的权利、上诉期间和上诉的法院。宣告离婚判决，必须告知当事人在判决发生法律效力前不得另行结婚。

四、裁判的生效

（1）法定生效的裁判：最高人民法院的判决、裁定，依法不准许上诉的判决、裁定。

（2）事实生效的裁判：超过上诉期没有上诉的判决、裁定。

（3）一审宣判后，原审法院发现判决有错误，当事人在上诉期内上诉的，原审法院可以提出原判决有错误的意见，报送第二审法院按照第二审程序进行审理；当事人不上诉的，按照审判监督程序审理。

五、审结期限

（1）审理期限的计算：从立案的次日起至裁判宣告、调解书送达之日止的期间。

（2）具体期限：6个月，有特殊情况的，经本院院长批准，可延长6个月；还需要延长的，报上级法院批准。

（3）不计入审限的情形：

①审理当事人提出的管辖权的期间。

②处理法院之间管辖争议争议的期间。

③异议公告期间、鉴定期间。

④答辩期满前，当事人在法律规定的期间内（普通程序15日，简易程序7日）未达成调解协议，各方当事人同意延长的，延长的期间不计入审限。

⑤当事人申请庭外和解的期间。

※【相关法律法规】

《民事诉讼法》

第119条　起诉必须符合下列条件：

（一）原告是与本案有直接利害关系的公民、法人和其他组织；

（二）有明确的被告；

（三）有具体的诉讼请求和事实、理由；

（四）属于人民法院受理民事诉讼的范围和受诉人民法院管辖。

第120条　起诉应当向人民法院递交起诉状，并按照被告人数提出副本。

书写起诉状确有困难的，可以口头起诉，由人民法院记入笔录，并告知对方当事人。

第121条　起诉状应当记明下列事项：

（一）原告的姓名、性别、年龄、民族、职业、工作单位、住所、联系方式，法人或者其他组织的名称、住所和法定代表人或者主要负责人的姓名、职务、联系方式；

（二）被告的姓名、性别、工作单位、住所等信息，法人或者其他组织的名称、住所等信息；

（三）诉讼请求和所根据的事实与理由；

（四）证据和证据来源，证人姓名和住所。

第122条　当事人起诉到人民法院的民事纠纷，适宜调解的，先行调解，但当事人拒绝调解的除外。

第123条　人民法院应当保障当事人依照法律规定享有的起诉权利。对符合本法第119条的起诉，必须受理。符合起诉条件的，应当在七日内立案，并通知当事人；不符合起诉条件的，应当在七日内作出裁定书，不予受理；原告对裁定不服的，可以提起上诉。

第124条　人民法院对下列起诉，分别情形，予以处理：

（一）依照行政诉讼法的规定，属于行政诉讼受案范围的，告知原告提起行政诉讼；

（二）依照法律规定，双方当事人达成书面仲裁协议申请仲裁、不得向人民法院起诉的，告知原告向仲裁机构申请仲裁；

（三）依照法律规定，应当由其他机关处理的争议，告知原告向有关机关申请解决；

（四）对不属于本院管辖的案件，告知原告向有管辖权的人民法院起诉；

（五）对判决、裁定、调解书已经发生法律效力的案件，当事人又起诉的，告知原告申请再审，但人民法院准许撤诉的裁定除外；

（六）依照法律规定，在一定期限内不得起诉的案件，在不得起诉的期限内起诉的，不予受理；

（七）判决不准离婚和调解和好的离婚案件，判决、调解维持收养关系的案件，没有新情况、新理由，原告在六个月内又起诉的，不予受理。

第125条　人民法院应当在立案之日起五日内将起诉状副本发送被告，被告应当在收到之日起十五日内提出答辩状。答辩状应当记明被告的姓名、性别、年龄、民族、职业、工作单位、住所、联系方式；法人或者其他组织的名称、住所和法定代表人或者主要负责人的姓名、职务、联系方式。人民法院应当在收到答辩状之日起五日内将答辩状副本发送原告。

被告不提出答辩状的，不影响人民法院审理。

第126条　人民法院对决定受理的案件，应当在受理案件通知书和应诉通知书中向当事人告知有关的诉讼权利义务，或者口头告知。

第127条　人民法院受理案件后，当事人对管辖权有异议的，应当在提交答辩状期间提出。人民法院对当事人提出的异议，应当审查。异议成立的，裁定将案件移送有管辖权的人民法院；异议不成立的，裁定驳回。

当事人未提出管辖异议，并应诉答辩的，视为受诉人民法院有管辖权，但违反级别管辖和专属管辖规定的除外。

第128条　合议庭组成人员确定后，应当在三日内告知当事人。

第129条　审判人员必须认真审核诉讼材料，调查收集必要的证据。

第130条　人民法院派出人员进行调查时，应当向被调查人出示证件。

调查笔录经被调查人校阅后，由被调查人、调查人签名或者盖章。

第131条　人民法院在必要时可以委托外地人民法院调查。

委托调查，必须提出明确的项目和要求。受委托人民法院可以主动补充调查。

受委托人民法院收到委托书后，应当在三十日内完成调查。因故不能完成的，应当在上述期限内函告委托人民法院。

第132条　必须共同进行诉讼的当事人没有参加诉讼的，人民法院应当通知其参加诉讼。

第133条　人民法院对受理的案件，分别情形，予以处理：

（一）当事人没有争议，符合督促程序规定条件的，可以转入督促程序；

（二）开庭前可以调解的，采取调解方式及时解决纠纷；

（三）根据案件情况，确定适用简易程序或者普通程序；

（四）需要开庭审理的，通过要求当事人交换证据等方式，明确争议焦点。

第134条　人民法院审理民事案件，除涉及国家秘密、个人隐私或者法律另有规定的以外，应当公开进行。

离婚案件，涉及商业秘密的案件，当事人申请不公开审理的，可以不公开审理。

第135条　人民法院审理民事案件，根据需要进行巡回审理，就地办案。

第136条　人民法院审理民事案件，应当在开庭三日前通知当事人和其他诉讼参与人。公开审理的，应当公告当事人姓名、案由和开庭的时间、地点。

第137条　开庭审理前，书记员应当查明当事人和其他诉讼参与人是否到庭，宣布法庭纪律。

开庭审理时，由审判长核对当事人，宣布案由，宣布审判人员、书记员名单，告知当事人有关的诉讼权利义务，询问当事人是否提出回避申请。

第138条　法庭调查按照下列顺序进行：

（一）当事人陈述；

（二）告知证人的权利义务，证人作证，宣读未到庭的证人证言；

（三）出示书证、物证、视听资料和电子数据；

（四）宣读鉴定意见；

（五）宣读勘验笔录。

第139条　当事人在法庭上可以提出新的证据。

当事人经法庭许可，可以向证人、鉴定人、勘验人发问。

当事人要求重新进行调查、鉴定或者勘验的，是否准许，由人民法院决定。

第140条　原告增加诉讼请求，被告提出反诉，第三人提出与本案有关的诉讼请求，可以合并审理。

第141条　法庭辩论按照下列顺序进行：

（一）原告及其诉讼代理人发言；

（二）被告及其诉讼代理人答辩；

（三）第三人及其诉讼代理人发言或者答辩；

（四）互相辩论。

法庭辩论终结，由审判长按照原告、被告、第三人的先后顺序征询各方最后意见。

第142条　法庭辩论终结，应当依法作出判决。判决前能够调解的，还可以进行调解，调解不成的，应当及时判决。

第148条 人民法院对公开审理或者不公开审理的案件，一律公开宣告判决。

当庭宣判的，应当在十日内发送判决书；定期宣判的，宣判后立即发给判决书。

宣告判决时，必须告知当事人上诉权利、上诉期限和上诉的法院。

宣告离婚判决，必须告知当事人在判决发生法律效力前不得另行结婚。

第149条 人民法院适用普通程序审理的案件，应当在立案之日起六个月内审结。有特殊情况需要延长的，由本院院长批准，可以延长六个月；还需要延长的，报请上级人民法院批准。

第155条 最高人民法院的判决、裁定，以及依法不准上诉或者超过上诉期没有上诉的判决、裁定，是发生法律效力的判决、裁定。

《民诉解释》

第208条 人民法院接到当事人提交的民事起诉状时，对符合民事诉讼法第一百一十九条的规定，且不属于第一百二十四条规定情形的，应当登记立案；对当场不能判定是否符合起诉条件的，应当接收起诉材料，并出具注明收到日期的书面凭证。

需要补充必要相关材料的，人民法院应当及时告知当事人。在补齐相关材料后，应当在七日内决定是否立案。

立案后发现不符合起诉条件或者属于民事诉讼法第一百二十四条规定情形的，裁定驳回起诉。

第209条 原告提供被告的姓名或者名称、住所等信息具体明确，足以使被告与他人相区别的，可以认定为有明确的被告。

起诉状列写被告信息不足以认定明确的被告的，人民法院可以告知原告补正。原告补正后仍不能确定明确的被告的，人民法院裁定不予受理。

第210条 原告在起诉状中有谩骂和人身攻击之辞的，人民法院应当告知其修改后提起诉讼。

第211条 对本院没有管辖权的案件，告知原告向有管辖权的人民法院起诉；原告坚持起诉的，裁定不予受理；立案后发现本院没有管辖权的，应当

将案件移送有管辖权的人民法院。

第212条 裁定不予受理、驳回起诉的案件，原告再次起诉，符合起诉条件且不属于民事诉讼法第一百二十四条规定情形的，人民法院应予受理。

第213条 原告应当预交而未预交案件受理费，人民法院应当通知其预交，通知后仍不预交或者申请减、缓、免未获批准而仍不预交的，裁定按撤诉处理。

第214条 原告撤诉或者人民法院按撤诉处理后，原告以同一诉讼请求再次起诉的，人民法院应予受理。

原告撤诉或者按撤诉处理的离婚案件，没有新情况、新理由，六个月内又起诉的，比照民事诉讼法第一百二十四条第七项的规定不予受理。

第215条 依照民事诉讼法第一百二十四条第二项的规定，当事人在书面合同中订有仲裁条款，或者在发生纠纷后达成书面仲裁协议，一方向人民法院起诉的，人民法院应当告知原告向仲裁机构申请仲裁，其坚持起诉的，裁定不予受理，但仲裁条款或者仲裁协议不成立、无效、失效、内容不明确无法执行的除外。

第216条 在人民法院首次开庭前，被告以有书面仲裁协议为由对受理民事案件提出异议的，人民法院应当进行审查。

经审查符合下列情形之一的，人民法院应当裁定驳回起诉：

（一）仲裁机构或者人民法院已经确认仲裁协议有效的；

（二）当事人没有在仲裁庭首次开庭前对仲裁协议的效力提出异议的；

（三）仲裁协议符合仲裁法第十六条规定且不具有仲裁法第十七条规定情形的。

第217条 夫妻一方下落不明，另一方诉至人民法院，只要求离婚，不申请宣告下落不明人失踪或者死亡的案件，人民法院应当受理，对下落不明人公告送达诉讼文书。

第218条 赡养费、扶养费、抚育费案件，裁判发生法律效力后，因新情况、新理由，一方当事人再行起诉要求增加或者减少费用的，人民法院应作为新案受理。

第219条 当事人超过诉讼时效期间起诉的，人民法院应予受理。受理后对方当事人提出诉讼时效抗辩，人民法院经审理认为抗辩事由成立的，判决驳回原告的诉讼请求。

第220条 民事诉讼法第六十八条、第一百三十四条、第一百五十六条规定的商业秘密，是指生产工艺、配方、贸易联系、购销渠道等当事人不愿公开的技术秘密、商业情报及信息。

第221条 基于同一事实发生的纠纷，当事人分别向同一人民法院起诉的，人民法院可以合并审理。

第222条 原告在起诉状中直接列写第三人的，视为其申请人民法院追加该第三人参加诉讼。是否通知第三人参加诉讼，由人民法院审查决定。

第223条 当事人在提交答辩状期间提出管辖异议，又针对起诉状的内容进行答辩的，人民法院应当依照民事诉讼法第一百二十七条第一款的规定，对管辖异议进行审查。

当事人未提出管辖异议，就案件实体内容进行答辩、陈述或者反诉的，可以认定为民事诉讼法第一百二十七条第二款规定的应诉答辩。

第224条 依照民事诉讼法第一百三十三条第四项规定，人民法院可以在答辩期届满后，通过组织证据交换、召集庭前会议等方式，作好审理前的准备。

第225条 根据案件具体情况，庭前会议可以包括下列内容：

（一）明确原告的诉讼请求和被告的答辩意见；

（二）审查处理当事人增加、变更诉讼请求的申请和提出的反诉，以及第三人提出的与本案有关的诉讼请求；

（三）根据当事人的申请决定调查收集证据，委托鉴定，要求当事人提供证据，进行勘验，进行证据保全；

（四）组织交换证据；

（五）归纳争议焦点；

（六）进行调解。

第226条 人民法院应当根据当事人的诉讼请求、答辩意见以及证据交换的情况，归纳争议焦点，并就归纳的争议焦点征求当事人的意见。

第227条 人民法院适用普通程序审理案件，应当在开庭三日前用传票传唤当事人。对诉讼代理人、证人、鉴定人、勘验人、翻译人员应当用通知书通知其到庭。当事人或者其他诉讼参与人在外地的，应当留有必要的在途

时间。

第228条　法庭审理应当围绕当事人争议的事实、证据和法律适用等焦点问题进行。

第229条　当事人在庭审中对其在审理前的准备阶段认可的事实和证据提出不同意见的，人民法院应当责令其说明理由。必要时，可以责令其提供相应证据。人民法院应当结合当事人的诉讼能力、证据和案件的具体情况进行审查。理由成立的，可以列入争议焦点进行审理。

第230条　人民法院根据案件具体情况并征得当事人同意，可以将法庭调查和法庭辩论合并进行。

第231条　当事人在法庭上提出新的证据的，人民法院应当依照民事诉讼法第六十五条第二款规定和本解释相关规定处理。

第232条　在案件受理后，法庭辩论结束前，原告增加诉讼请求，被告提出反诉，第三人提出与本案有关的诉讼请求，可以合并审理的，人民法院应当合并审理。

第233条　反诉的当事人应当限于本诉的当事人的范围。

反诉与本诉的诉讼请求基于相同法律关系、诉讼请求之间具有因果关系，或者反诉与本诉的诉讼请求基于相同事实的，人民法院应当合并审理。

反诉应由其他人民法院专属管辖，或者与本诉的诉讼标的及诉讼请求所依据的事实、理由无关联的，裁定不予受理，告知另行起诉。

第242条　一审宣判后，原审人民法院发现判决有错误，当事人在上诉期内提出上诉的，原审人民法院可以提出原判决有错误的意见，报送第二审人民法院，由第二审人民法院按照第二审程序进行审理；当事人不上诉的，按照审判监督程序处理。

第243条　民事诉讼法第一百四十九条规定的审限，是指从立案之日起至裁判宣告、调解书送达之日止的期间，但公告期间、鉴定期间、双方当事人和解期间、审理当事人提出的管辖异议以及处理人民法院之间的管辖争议期间不应计算在内。

第244条　可以上诉的判决书、裁定书不能同时送达双方当事人的，上诉期从各自收到判决书、裁定书之日计算。

第245条　民事诉讼法第一百五十四条第一款第七项规定的笔误是指法律

文书误写、误算，诉讼费用漏写、误算和其他笔误。

第246条　裁定中止诉讼的原因消除，恢复诉讼程序时，不必撤销原裁定，从人民法院通知或者准许当事人双方继续进行诉讼时起，中止诉讼的裁定即失去效力。

第247条　当事人就已经提起诉讼的事项在诉讼过程中或者裁判生效后再次起诉，同时符合下列条件的，构成重复起诉：

（一）后诉与前诉的当事人相同；

（二）后诉与前诉的诉讼标的相同；

（三）后诉与前诉的诉讼请求相同，或者后诉的诉讼请求实质上否定前诉裁判结果。

当事人重复起诉的，裁定不予受理；已经受理的，裁定驳回起诉，但法律、司法解释另有规定的除外。

第248条　裁判发生法律效力后，发生新的事实，当事人再次提起诉讼的，人民法院应当依法受理。

第249条　在诉讼中，争议的民事权利义务转移的，不影响当事人的诉讼主体资格和诉讼地位。人民法院作出的发生法律效力的判决、裁定对受让人具有拘束力。

受让人申请以无独立请求权的第三人身份参加诉讼的，人民法院可予准许。受让人申请替代当事人承担诉讼的，人民法院可以根据案件的具体情况决定是否准许；不予准许的，可以追加其为无独立请求权的第三人。

第250条　依照本解释第二百四十九条规定，人民法院准许受让人替代当事人承担诉讼的，裁定变更当事人。

变更当事人后，诉讼程序以受让人为当事人继续进行，原当事人应当退出诉讼。原当事人已经完成的诉讼行为对受让人具有拘束力。

第251条　二审裁定撤销一审判决发回重审的案件，当事人申请变更、增加诉讼请求或者提出反诉，第三人提出与本案有关的诉讼请求的，依照民事诉讼法第一百四十条规定处理。

第252条　再审裁定撤销原判决、裁定发回重审的案件，当事人申请变更、增加诉讼请求或者提出反诉，符合下列情形之一的，人民法院应当准许：

（一）原审未合法传唤缺席判决，影响当事人行使诉讼权利的；

（二）追加新的诉讼当事人的；

（三）诉讼标的物灭失或者发生变化致使原诉讼请求无法实现的；

（四）当事人申请变更、增加的诉讼请求或者提出的反诉，无法通过另诉解决的。

第253条　当庭宣判的案件，除当事人当庭要求邮寄发送裁判文书的外，人民法院应当告知当事人或者诉讼代理人领取裁判文书的时间和地点以及逾期不领取的法律后果。上述情况，应当记入笔录。

第254条　公民、法人或者其他组织申请查阅发生法律效力的判决书、裁定书的，应当向作出该生效裁判的人民法院提出。申请应当以书面形式提出，并提供具体的案号或者当事人姓名、名称。

第255条　对于查阅判决书、裁定书的申请，人民法院根据下列情形分别处理：

（一）判决书、裁定书已经通过信息网络向社会公开的，应当引导申请人自行查阅；

（二）判决书、裁定书未通过信息网络向社会公开，且申请符合要求的，应当及时提供便捷的查阅服务；

（三）判决书、裁定书尚未发生法律效力，或者已失去法律效力的，不提供查阅并告知申请人；

（四）发生法律效力的判决书、裁定书不是本院作出的，应当告知申请人向作出生效裁判的人民法院申请查阅；

（五）申请查阅的内容涉及国家秘密、商业秘密、个人隐私的，不予准许并告知申请人。

《调解规定》

第4条　当事人在诉讼过程中自行达成和解协议的，人民法院可以根据当事人的申请依法确认和解协议制作调解书。双方当事人申请庭外和解的期间，不计入审限。

当事人在和解过程中申请人民法院对和解活动进行协调的，人民法院可以委派审判辅助人员或者邀请、委托有关单位和个人从事协调活动。

第6条　在答辩期满前人民法院对案件进行调解，适用普通程序的案件在当事人同意调解之日起15天内，适用简易程序的案件在当事人同意调解之日起7天内未达成调解协议的，经各方当事人同意，可以继续调解。延长的调解期间不计入审限。

第二节　诉讼中的阻碍

一、撤诉

撤诉是指在人民法院受理案件后到判决宣告前，当事人撤回已成立之诉，不再要求法院对案件进行审理的诉讼行为。撤诉权是与起诉权相对应的一种诉讼权利，撤诉是当事人自由处分自己诉讼权利的一种体现。撤诉主要可以分为申请撤诉和按撤诉处理两种情形。

（一）申请撤诉

（1）主体是原告（也适用于有独立请求权的第三人、上诉人、反诉原告、法定代理人等主体，委托代理人需要有特别授权）。

（2）书面或口头申请。

（3）申请撤诉的目的必须正当、合法。

（4）在受理后宣判前提出。

（二）按撤诉处理（《民事诉讼法》第143条，《民诉解释》第235、236、238条）

有下列情形之一的，按撤诉处理：

（1）原告经传票传唤，无正当理由拒不到庭或未经法庭许可中途退庭的；

（2）原告为无诉讼行为能力人的，其法定代理人经传票传唤，无正当理由拒不到庭，又不委托诉讼代理人到庭的；

（3）有独立请求权的第三人经传票传唤，无正当理由拒不到庭或未经法庭许可中途退庭的；

（4）原告未按规定预交案件受理费，经法院通知后仍不预交的，又没有申请免交或者缓交理由的。

（三）撤诉的法律后果

（1）撤回起诉相当于未起诉，符合条件仍可以再起诉（注意离婚案件受

到限制）。

（2）撤回本诉时，反诉或有独立请求权第三人提起的诉讼继续审理。

二、缺席判决

（一）概念

缺席判决，是与对席判决相对而言的，是指在一方当事人无正当理由拒不到庭或者未经法庭许可中途退庭的情况下，受诉人民法院经过开庭审理后，依法对案件所作出的判决。

（二）缺席判决的法定情形

（1）被告提出反诉并已由受理法院将其与本诉合并审理的情况下，原告经传唤，无正当理由拒不到庭，或者未经法院许可中途退庭的。

（2）非必须到庭的被告经传唤，无正当理由拒不到庭，或者未经法院许可中途退庭的，可以缺席判决。

（3）受诉人民法院裁定不准许撤诉的，原告经传票传唤，无正当理由拒不到庭的，可以缺席判决。

（4）无独立请求权第三人经人民法院传唤，无正当理由拒不到庭，或者未经法庭许可中途退庭的，不影响民事案件的审理。

（5）无诉讼行为能力的被告的法定代理人，经传票传唤，无正当理由拒不到庭的，可以缺席判决。

（6）无诉讼行为能力人的离婚案件，当事人的法定代理人应当到庭，法定代理人不能到庭的，受诉人民法院应当在查清事实的基础上，依法作出判决。

三、延期审理

（一）概念

延期审理，是指在人民法院开庭审理后，由于发生某种特殊情况，使开庭审理无法按期或者继续进行，从而推迟审理的制度。

（二）延期审理的法定情形（F146）

（1）必须到庭的当事人和其他诉讼参与人有正当理由没有到庭的。

（2）当事人临时提出回避申请的。

（3）需要通知新的证人到庭，调取新的证据，重新鉴定、勘验，或者需要补充调查的。

(4) 其他应当延期的情形。

四、诉讼中止

(一) 概念

诉讼中止，是指在诉讼过程中，因出现法定事由而使本案诉讼活动难以继续进行，受诉人民法院裁定暂时停止本案诉讼程序的制度。

(二) 诉讼中止的法定情形 (F150)

(1) 一方当事人死亡，需要等待继承人表明是否参加诉讼的；

(2) 一方当事人丧失诉讼行为能力，尚未确定法定代理人的；

(3) 作为一方当事人的法人或者其他组织终止，尚未确定权利义务承受人的；

(4) 一方当事人因不可抗拒的事由，不能参加诉讼的；

(5) 本案必须以另一案的审理结果为依据，而另一案尚未审结的；

(6) 其他应当中止诉讼的情形。

五、诉讼终结

(一) 概念

诉讼终结，是指在诉讼过程中，由于法定的原因使诉讼无法继续进行或进行下去没有意义，从而结束诉讼程序的一种法律制度。

(二) 诉讼终结的法定情形 (F151)

(1) 原告死亡，没有继承人，或者继承人放弃诉讼权利的；

(2) 被告死亡，没有遗产，也没有应当承担义务的人的；

(3) 离婚案件一方当事人死亡的；

(4) 追索赡养费、扶养费、抚育费以及解除收养关系案件的一方当事人死亡的。

※ 【相关法律法规】

《民事诉讼法》

第143条　原告经传票传唤，无正当理由拒不到庭的，或者未经法庭许可

中途退庭的，可以按撤诉处理；被告反诉的，可以缺席判决。

第144条　被告经传票传唤，无正当理由拒不到庭的，或者未经法庭许可中途退庭的，可以缺席判决。

第145条　宣判前，原告申请撤诉的，是否准许，由人民法院裁定。

人民法院裁定不准许撤诉的，原告经传票传唤，无正当理由拒不到庭的，可以缺席判决。

第146条　有下列情形之一的，可以延期开庭审理：

（一）必须到庭的当事人和其他诉讼参与人有正当理由没有到庭的；

（二）当事人临时提出回避申请的；

（三）需要通知新的证人到庭，调取新的证据，重新鉴定、勘验，或者需要补充调查的；

（四）其他应当延期的情形。

第150条　有下列情形之一的，中止诉讼：

（一）一方当事人死亡，需要等待继承人表明是否参加诉讼的；

（二）一方当事人丧失诉讼行为能力，尚未确定法定代理人的；

（三）作为一方当事人的法人或者其他组织终止，尚未确定权利义务承受人的；

（四）一方当事人因不可抗拒的事由，不能参加诉讼的；

（五）本案必须以另一案的审理结果为依据，而另一案尚未审结的；

（六）其他应当中止诉讼的情形。

中止诉讼的原因消除后，恢复诉讼。

第151条　有下列情形之一的，终结诉讼：

（一）原告死亡，没有继承人，或者继承人放弃诉讼权利的；

（二）被告死亡，没有遗产，也没有应当承担义务的人的；

（三）离婚案件一方当事人死亡的；

（四）追索赡养费、扶养费、抚育费以及解除收养关系案件的一方当事人死亡的。

第173条　第二审人民法院判决宣告前，上诉人申请撤回上诉的，是否准许，由第二审人民法院裁定。

《民诉解释》

第234条　无民事行为能力人的离婚诉讼，当事人的法定代理人应当到庭；法定代理人不能到庭的，人民法院应当在查清事实的基础上，依法作出判决。

第235条　无民事行为能力的当事人的法定代理人，经传票传唤无正当理由拒不到庭，属于原告方的，比照民事诉讼法第一百四十三条的规定，按撤诉处理；属于被告方的，比照民事诉讼法第一百四十四条的规定，缺席判决。必要时，人民法院可以拘传其到庭。

第236条　有独立请求权的第三人经人民法院传票传唤，无正当理由拒不到庭的，或者未经法庭许可中途退庭的，比照民事诉讼法第一百四十三条的规定，按撤诉处理。

第237条　有独立请求权的第三人参加诉讼后，原告申请撤诉，人民法院在准许原告撤诉后，有独立请求权的第三人作为另案原告，原案原告、被告作为另案被告，诉讼继续进行。

第238条　当事人申请撤诉或者依法可以按撤诉处理的案件，如果当事人有违反法律的行为需要依法处理的，人民法院可以不准许撤诉或者不按撤诉处理。

法庭辩论终结后原告申请撤诉，被告不同意的，人民法院可以不予准许。

第239条　人民法院准许本诉原告撤诉的，应当对反诉继续审理；被告申请撤回反诉的，人民法院应予准许。

第240条　无独立请求权的第三人经人民法院传票传唤，无正当理由拒不到庭，或者未经法庭许可中途退庭的，不影响案件的审理。

第241条　被告经传票传唤无正当理由拒不到庭，或者未经法庭许可中途退庭的，人民法院应当按期开庭或者继续开庭审理，对到庭的当事人诉讼请求、双方的诉辩理由以及已经提交的证据及其他诉讼材料进行审理后，可以依法缺席判决。

《最高人民法院关于民事诉讼证据的若干规定》

第15条　《民事诉讼法》第64条规定的"人民法院认为审理案件需要的

证据"，是指以下情形：

（一）涉及可能有损国家利益、社会公共利益或者他人合法权益的事实；

（二）涉及依职权追加当事人、中止诉讼、终结诉讼、回避等与实体争议无关的程序事项。

第17条　符合下列条件之一的，当事人及其诉讼代理人可以申请人民法院调查收集证据：

（一）申请调查收集的证据属于国家有关部门保存并须人民法院依职权调取的档案材料；

（二）涉及国家秘密、商业秘密、个人隐私的材料；

（三）当事人及其诉讼代理人确因客观原因不能自行收集的其他材料。

第37条　经当事人申请，人民法院可以组织当事人在开庭审理前交换证据。

人民法院对于证据较多或者复杂疑难的案件，应当组织当事人在答辩期届满后、开庭审理前交换证据。

第38条　交换证据的时间可以由当事人协商一致并经人民法院认可，也可以由人民法院指定。

人民法院组织当事人交换证据的，交换证据之日举证期限届满。当事人申请延期举证经人民法院准许的，证据交换日相应顺延。

第39条　证据交换应当在审判人员的主持下进行。

在证据交换的过程中，审判人员对当事人无异议的事实、证据应当记录在卷；对有异议的证据　按照需要证明的事实分类记录在卷　并记载异议的理由。通过证据交换　确定双方当事人争议的主要问题。

第40条　当事人收到对方交换的证据后提出反驳并提出新证据的，人民法院应当通知当事人在指定的时间进行交换。

证据交换一般不超过两次。但重大、疑难和案情特别复杂的案件，人民法院认为确有必要再次进行证据交换的除外。

第47条　证据应当在法庭上出示　由当事人质证。未经质证的证据，不能作为认定案件事实的依据。

当事人在证据交换过程中认可并记录在卷的证据　经审判人员在庭审中说明后　可以作为认定案件事实的依据。

《合同法解释（一）》

第18条 在代位权诉讼中，次债务人对债务人的抗辩，可以向债权人主张。

债务人在代位权诉讼中对债权人的债权提出异议，经审查异议成立的，人民法院应当裁定驳回债权人的起诉。

※【历年真题】

1.关于起诉与受理的表述，下列哪些选项是正确的？（2012-3-79）

A.法院裁定驳回起诉的，原告再次起诉符合条件的，法院应当受理

B.法院按撤诉处理后，当事人以同一诉讼请求再次起诉的，法院应当受理

C.判决不准离婚的案件，当事人没有新事实新理由再次起诉的，法院一律不予受理

D.当事人超过诉讼时效起诉的，法院应当受理

【答案】ABD

【解析】根据《民诉解释》第212条的规定，A项说法正确。根据《民诉解释》第214条的规定，B选项说法正确。根据《民事诉讼法》第124条的规定，C项说法错误。根据《民诉解释》第219条的规定，D项说法正确。

2.下列哪些是1991年颁布实行的《民事诉讼法》（2007年修正）规定的诉讼案件的审判程序？（2012-3-84）

A.普通程序　　　　　　　　　　B.二审程序

C.认定财产无主案件审理程序　　D.小额诉讼程序

【答案】AB

【解析】1991年《民事诉讼法》对一审普通程序、二审程序都有规定，故A、B项正确，当选。认定财产无主案件审理程序为非讼程序，故C项错误，不当选。小额诉讼程序在2012年《民事诉讼法》修正时写入法律，故D项说法错误，不当选。

3.关于普通程序的重要性，下列哪些选项是正确的？（2011-3-78）

A.普通程序是一审诉讼案件的审理程序

B.民事诉讼法的基本原则和基本制度在普通程序中有集中体现

C.普通程序是民事审判程序中体系最完整、内容最丰富的程序

D.其他审判程序审理案件时遇有本程序没有特别规定的，应当适用普通程序的相关规定进行审理

【答案】BCD

【解析】A项错误。普通程序适用于除简易程序以外的其他所有民事案件的一审审理。因此，普通程序并非所有一审民事案件的审理程序，一审民事案件的审理程序除了普通程序外，还有简易程序。B项正确。普通程序是人民法院审理民事案件的一个基本程序，民事诉讼法的基本原则、基本制度在该程序中都有集中的体现。C项正确。与其他诉讼程序相比，普通程序是整个民事诉讼程序中体系最完整、内容最充实、最完备的一个程序。D项正确。根据《民事诉讼法》第174条人民法院适用简易程序、二审程序及再审程序审理民事案件时，该程序无特别规定的，应当适用普通程序的相关规定进行审理。

4.关于民事起诉状应当包括的内容，下列哪些选项是正确的？（2011-3-79）

A.双方当事人的基本情况　B.案由　C.诉讼请求　D.证据和证据来源

【答案】ACD

【解析】根据《民事诉讼法》第121条的规定，ACD项当选。

5.下列哪一选项不是民事起诉状的法定内容？（2009-3-44）

A.双方当事人的基本情况

B.案由

C.诉讼请求和所依据的事实与理由

D.证据和证据来源，证人姓名与住所

【答案】B

【解析】根据《民事诉讼法》第121条的规定，本题的正确答案是B项。

6.甲与乙系夫妻关系，四年前乙下落不明。甲提起离婚之诉。对于该起诉，法院应如何处理？（2007-3-44）

A.法院应不予受理，并告知甲应当依照特别程序申请宣告乙死亡

B.法院应不予受理，并告知甲应先依照特别程序申请宣告乙为失踪人

C.法院应当受理，但在受理后应当裁定中止诉讼，并依照特别程序认定

乙为失踪人后，再对离婚之诉作出判决

　　D.法院应当受理，并向乙公告送达有关的诉讼文书

　　【答案】D

　　【解析】根据《民诉解释》第217条的规定，本题D项是正确答案。

　　7.根据我国民事诉讼法及相关司法解释的规定，法院作出的判决、裁定已经发生法律效力的案件，当事人起诉，法院应予受理的有哪些？（2007-3-85）

　　A.判决不准离婚，没有新情况、新理由，原告在6个月内起诉的

　　B.原告撤诉后，没有新情况、新理由，原告又起诉的

　　C.已过诉讼时效、法院判决驳回诉讼请求的

　　D.追索赡养费案件的判决生效后，有新情况新理由，当事人起诉要求增加赡养费的

　　【答案】BD

　　【解析】根据《民事诉讼法》第124条第（七）项的规定，A项是错误的。根据《民事诉讼法》第124条第（五）项的规定，B项是正确的。当事人时效期间起诉的，人民法院应予受理。受理后对方当事人提出诉讼时效抗辩，人民法院经审理认为抗辩事由成立的，因此C项错误。根据《民诉解释》第218条的规定，D项是正确。本题正确答案是BD项，但是司法部给的正确答案是ABD项。

　　8.张某起诉周某人身损害赔偿一案，被告答辩提出原告的请求超过诉讼时效，法院应当如何处理？（2006-3-44）

　　A.裁定不予受理　　　　　　　B.裁定驳回起诉

　　C.受理后通过审理判决驳回诉讼请求　　D.受理后通过审理裁定驳回起诉

　　【答案】C

　　【解析】根据《民诉解释》第219条的规定，C项为正确选项。

　　9.甲乙发生口角，乙将甲房屋的门窗砸坏。甲起诉要求乙赔偿财产损失，法院审理后，判决认定甲的诉讼请求成立。判决生效后，甲认为自己不仅财产上受到损失，精神上也受到损害，于是又向法院起诉，要求乙赔偿因该侵权行为导致的精神损害。关于本案，以下何种观点是正确的？（2003-3-27）

A.精神损害应当予以赔偿，人民法院对甲的起诉应当受理

B.甲未在前诉中主张精神损害赔偿，判决生效后又基于同一侵权事实起诉精神损害赔偿，人民法院不应当受理

C.对于该起诉是否受理，要区分受害人甲是否在诉前意识到精神损害的存在。如果没有意识到，就可以向法院起诉；如果已经意识到，但当时没有请求的，人民法院不应当受理

D.在前诉中没有提出精神损害赔偿请求，但声明保留的，人民法院对关于精神损害的起诉应予受理

【答案】B

【解析】对于精神损害赔偿问题，根据《最高人民法院关于确定民事侵权精神损害赔偿责任若干问题的解释》第6条的规定："当事人在侵权诉讼中没有提出赔偿精神损害的诉讼请求，诉讼终结后又基于同一侵权事实另行起诉请求赔偿精神损害的，人民法院不予受理。"故选B项。

10.关于民事案件的开庭审理，下列哪一选项是正确的？（2012-3-40）

A.开庭时由书记员核对当事人身份和宣布案由

B.法院收集的证据是否需要进行质证，由法院决定

C.合议庭评议实行少数服从多数，形成不了多数意见时，以审判长意见为准

D.法院定期宣判的，法院应当在宣判后立即将判决书发给当事人

【答案】D

【解析】根据《民事诉讼法》第137条，审判长宣布开庭，核对当事人身份，宣布案由，故A项说法错误，不当选。根据《民事诉讼法》第68条，案件中所涉及的所有证据，无论是当事人提供的，还是人民法院依职权调查收集到的，都必须经过当事人的相互质证，故B项说法错误，不当选。根据《民事诉讼法》第42条，合议庭评议实行少数服从多数的原则，不以审判长意见为准，故C项说法错误，不当选。根据《民事诉讼法》第148条，定期宣判的，宣判后立即向当事人发送判决书，故D项说法正确，当选。

11.关于对当事人及其法定代理人的缺席判决，下列哪些选项是正确的？（2008-3-79）

A.原告经法院传票传唤，无正当理由拒不到庭的，或者未经法庭许可中

途退庭的，可以按撤诉处理；被告反诉的，法院可以缺席判决

B.无民事行为能力人离婚案件，当事人的法定代理人应当到庭，法定代理人不能到庭的，法院应当在查清事实的基础上，依法作出缺席判决

C.有独立请求权第三人经法院传票传唤，无正当理由拒不到庭的，或者未经法庭许可中途退庭的，法院可以缺席判决

D.无独立请求权第三人经法院传票传唤，无正当理由拒不到庭的，或者未经法庭许可中途退庭的，法院可以缺席判决

【答案】ABD

【解析】根据《民事诉讼法》第143条的规定，A项正确；根据《民诉解释》第235条的规定，B项正确；有独立请求权的第三人在诉讼中相当于原告，其无正当理由拒不到庭的，或者未经法庭许可中途退庭，应当是按照撤诉处理，C项的说法错误；无独立请求权的第三人无正当理由拒不到庭的，或者未经法庭许可中途退庭，不影响案件的审理，所以法院此时可以缺席判决，D项的说法正确，本题正确答案是ABD项。

12.法院开庭审理时一方当事人未到庭，关于可能出现的法律后果，下列哪些选项是正确的？（2011-3-81）

A.延期审理

B.按原告撤诉处理

C.缺席判决

D.采取强制措施拘传未到庭的当事人到庭

【答案】ABCD

【解析】根据《民事诉讼法》第146条的规定，A项正确。根据《民事诉讼法》第143条的规定，B、C项正确。根据《民事诉讼法》第109条的规定，D项正确。

13.齐某起诉宋某要求返还借款8万元，法院适用普通程序审理并向双方当事人送达出庭传票，因被告宋某不在家，宋某的妻子代其签收了传票。开庭时，被告宋某未到庭。经查，宋某已离家出走，下落不明。关于法院对本案的处理，下列哪一选项是正确的？（2009-3-46）

A.法院对本案可以进行缺席判决

B.法院应当对被告宋某重新适用公告方式送达传票

C.法院应当通知宋某的妻子以诉讼代理人的身份参加诉讼

D.法院应当裁定中止诉讼

【答案】A

【解析】根据《民事诉讼法》第144条的规定，A项正确。根据《民事诉讼法》第150条的规定，C、D项错误。根据《民事诉讼法》第85条的规定，B项错误。

14.蔡某出售伪劣奶粉，被消费者赵、钱、孙、李起诉，蔡某应诉答辩后突然失踪。对此法院应当如何处理？（2004-3-38）

A.中止诉讼   B.终结诉讼

C.延期审理   D.缺席判决

【答案】D

【解析】根据《民事诉讼法》第144条的规定，应选D项。

15.法院对于诉讼中有关情况的处理，下列哪些做法是正确的？（2009-3-85）

A.甲起诉其子乙请求给付赡养费。开庭审理前，法院依法对甲、乙进行了传唤，但开庭时乙未到庭，也未向法院说明理由，法院裁定延期审理

B.甲、乙人身损害赔偿一案，甲在前往法院的路上，胃病发作住院治疗。法院决定延期审理

C.甲诉乙离婚案件，在案件审理中甲死亡。法院裁定按甲撤诉处理

D.原告在诉讼中因车祸成为植物人，在原告法定代理人没有确定的期间，法院裁定中止诉讼

【答案】BD

【解析】根据《民事诉讼法》第146条的规定，可知A项错误、B项正确。根据《民事诉讼法》第151条的规定，可知C项错误。根据《民事诉讼法》第150条的规定，可知D项正确。

16.张某因孙某欠款不还向法院起诉。在案件审理中，孙某因盗窃被刑事拘留。关于本案，下列哪一选项是正确的？（2008-3-37）

A.法院应当裁定中止诉讼，待对孙某的刑事审判结束后再恢复诉讼程序

B.法院应当裁定终结诉讼，并告知张某提起刑事附带民事诉讼

C.法院应当继续审理此案

D.法院应当将此案与孙某盗窃案合并审理

【答案】C

【解析】根据《民事诉讼法》第150条的规定，本题中，张某和孙某之间的欠款纠纷与孙某因盗窃被拘留没有关系，所以二者分别审理，本题正确答案是C项。

17.法院对于诉讼中有关情况的处理，下列哪一做法是正确的？（2008-3-40）

A.杨某与赵某损害赔偿一案，杨某在去往法院开庭的路上，突遇车祸，被送至医院急救，法院遂决定中止诉讼

B.毛某与安某专利侵权纠纷一案，法庭审理过程中，发现需要重新进行鉴定，法院裁定延期审理

C.甲公司诉乙公司合同纠纷一案，审理过程中，甲公司与其他公司合并，法院裁定诉讼终结

D.丙公司诉丁公司租赁纠纷一案，法院审理中，发现本案必须以另一案的审理结果为依据，而该案又尚未审结，遂裁定诉讼中止

【答案】D

【解析】根据《民事诉讼法》第150条的规定，A项错误。根据《民事诉讼法》第146条的规定，B项错误；对于合并问题，《民诉解释》第63条规定，企业法人合并的，因合并前的民事活动发生的纠纷，以合并后的企业为当事人，因此C项是错误的；D项是正确的，当选。

18.当事人对法院作出的下列哪些民事决定有权申请复议？（2006-3-77）

A.关于再审的决定　B.关于回避的决定

C.关于罚款的决定　D.关于拘留的决定

【答案】BCD

【解析】根据《民事诉讼法》第47条的规定，B项是正确的。根据《民事诉讼法》第116条的规定，C、D两项是正确的。关于再审的决定不能申请复议，故A项错误。

19.甲公司诉乙公司货款纠纷一案，A市B区法院在审理中查明甲公司的权利主张已超过诉讼时效（乙公司并未提出时效抗辩），遂判决驳回甲公司的诉讼请求。判决作出后上诉期间届满之前，B区法院发现其依职权适用诉讼时效规则是错误的。关于本案的处理，下列哪一说法是正确的？（2012-3-41）

A.因判决尚未发生效力，B区法院可以将判决书予以收回，重新作出新的判决

B.B区法院可以将判决书予以收回，恢复庭审并向当事人释明时效问题，视具体情况重新作出判决

C.B区法院可以作出裁定，纠正原判决中的错误

D.如上诉期间届满当事人未上诉的，B区法院可以决定再审，纠正原判决中的错误

【答案】D

【解析】根据《民诉解释》第242条的规定，D项说法正确。

20.关于民事诉讼的裁定，下列哪一选项是正确的？（2012-3-47）

A.裁定可以适用于不予受理、管辖权异议和驳回诉讼请求

B.当事人有正当理由没有到庭的，法院应当裁定延期审理

C.裁定的拘束力通常只及于当事人、诉讼参与人和审判人员

D.当事人不服一审法院作出的裁定，可以向上一级法院提出上诉

【答案】C

【解析】根据《民事诉讼法》第154条的规定，只有C项正确，当选。

21.某法院对甲乙之间的租赁合同纠份案件作出了判决，当事人在上诉期内均未上诉。后该法院发现判决书将支付房租数额10000元误写成了1000元。法院对此应当如何处理？（2005-3-35）

A.作出补正错误的裁定书并送达双方当事人

B.通知收回判决书，重新制作判决书

C.由院长提交审判委员会讨论决定重审

D.裁定撤销判决书，重新制作

【答案】A

【解析】根据《民事诉讼法》第154条以及《民诉解释》第245条的规定，A项正确。

22.章某作为马某的债权人，对马某的债务人林某提起代位权诉讼。马某作为第三人对章某的债权提出异议。经法院审查，异议成立。人民法院应当如何处理？（2004-3-39）

A.裁定驳回章某起诉　　　　　　　　B.判决驳回章某起诉

C.裁定对章某起诉不予受理   D.继续审理，作出判决

【答案】A

【解析】根据《民诉解释》第208条以及《合同法解释（一）》第18条第2款的规定，可知A项正确。

23.万某起诉吴某人身损害赔偿一案，经过两级法院审理，均判决支持万某的诉讼请求，吴某不服，申请再审。再审中万某未出席开庭审理，也未向法院说明理由。对此，法院的下列哪一做法是正确的？（2014-3-50）

A.裁定撤诉，视为撤回起诉   B.裁定撤诉，视为撤回再审申请

C.裁定诉讼中止   D.缺席判决

【答案】D

【解析】根据《民事诉讼法》第144条，可知D选项正确。

24.甲县法院受理居住在乙县的成某诉居住在甲县的罗某借款纠纷案。诉讼过程中，成某出差归途所乘航班失踪，经全力寻找仍无成某生存的任何信息，主管方宣布机上乘客不可能生还，成妻遂向乙县法院申请宣告成某死亡。对此，下列哪一说法是正确的？（2015-3-43）

A.乙县法院应当将宣告死亡案移送至甲县法院审理

B.借款纠纷案与宣告死亡案应当合并审理

C.甲县法院应当裁定中止诉讼

D.甲县法院应当裁定终结诉讼

【答案】C

【解析】根据《民事诉讼法》第150条规定，C项正确，其他选项错误。

25.张丽因与王旭感情不和，长期分居，向法院起诉要求离婚。法院向王旭送达应诉通知书，发现王旭已于张丽起诉前因意外事故死亡。关于本案，法院应作出下列哪一裁判？（2015-3-48）

A.诉讼终结的裁定   B.驳回起诉的裁定

C.不予受理的裁定   D.驳回诉讼请求的判决

【答案】B

【解析】根据《民事诉讼法》第119条规定，B项正确，其他选项错误。

第十四章　简易程序

※【图表解析】

简易程序
- 适用范围
  - 法定情形F157
    - 事实清楚
    - 权利义务关系明确
    - 争议不大（分歧、标的）
  - 当事人申请约定
  - 不得适用简易程序 J257
    1. 起诉时被告下落不明的案件
    2. 发回重审的
    3. 当事人一方人数众多的
    4. 适用审判监督程序的
    5. 涉及国家利益、社会公共利益的
    6. 第三人起诉请求改变或者撤销生效判决、裁定、调解书的
    7. 其他不宜适用简易程序的案件
- 简易程序的特点 F158~161＋J25～262
  1. 可以口头起诉
  2. 基层独任审判（法院印章）
  3. 传唤简便
  4. 当即审理（应当当庭宣判）
  5. 简易审理、一次开庭《简》23
  6. 审限短（3个月，可延长）
- 具体程序规定
  1. 起诉与答辩：书面起诉为原则，口头起诉为例外
  2. 留置送达：可以在受送达人的从业场所适用
  3. 先行调解的案件范围："老公叫相邻小伙计再婚"
  4. 开庭的次数：一次开庭为原则，再次开庭为例外
  5. 裁判文书的简化J270

※【知识点详解】

简易程序，是指基层人民法院及其派出法庭审理简单民事案件时所适用的程序。

第一节 简易程序概述

一、简易程序的特点

（1）起诉方式简便，可口头起诉。

（2）受理程序简便。

（3）传唤、送达方式简便，实行独任审判。

（4）审理程序简便，可以当即审理，通常一次开庭，且以当庭宣判为原则。

（5）审结案件的期限较短，3个月，可以延长，不超过6个月。《民诉解释》第258条。

（6）文书制作简便。

二、适用范围

（1）适用简易程序的人民法院：基层人民法院、派出法庭。

（2）审级：简易程序只能适用于一审。

（3）适用简易程序的案件（《民事诉讼法》第157条），即事实清楚、权利义务关系明确、争议不大的简单民事案件。其他案件，当事人双方也可以在开庭前约定适用简易程序。已经按普通程序审理的案件，在开庭后不得转为普通程序审理。

（4）不适用简易程序的案件范围：根据《民诉解释》第257条的规定：

①起诉时被告下落不明的；

②发回重审的；

③当事人一方人数众多的；

④应适审判监督程序的；

⑤涉及国家利益、社会公共利益的；

⑥第三人起诉请求改变或者撤销生效判决、裁定、调解书的；

⑦其他不宜适用简易程序的案件。

第二节　简易程序的具体规定

一、起诉与答辩

（一）起诉

原告可以口头起诉。人民法院应当将当事人的基本情况、联系方式、诉讼请求、事实及理由予以准确记录，将相关证据予以登记。人民法院应当将上述记录和登记的内容向原告当面宣读，原告认为无误后应当签名或者捺印。

（二）答辩

双方当事人到庭后，被告同意口头答辩的，人民法院可以当即开庭审理；被告要求书面答辩的，人民法院应当将提交答辩状的期限和开庭的具体日期告知各方当事人，并向当事人说明逾期举证以及拒不到庭的法律后果。

（三）无法通知被告应诉时的处理

（1）原告提供了被告准确的送达地址，但人民法院无法向被告直接送达或者留置送达应诉通知书的，应当将案件转入普通程序审理。

（2）原告不能提供被告准确的送达地址，人民法院经查证后仍不能确定被告送达地址的，可以被告不明确为由裁定驳回原告起诉。

（四）简易程序中留置送达的适用

受送达的自然人以及他的同住成年家属拒绝签收诉讼文书的，或者法人、其他组织负责收件的人拒绝签收诉讼文书的，送达人应当依据《民事诉讼法》第86条的规定可以邀请有关基层组织或者所在单位的代表到场，说明情况，在送达回证上记明拒收事由和日期，由送达人、见证人签名或者盖章，把诉讼文书留在受送达人的住所；也可以把诉讼文书留在受送达人的住所，并采用拍照、录像等方式记录送达过程，即视为送达。

二、审理前准备

（一）举证期限

适用简易程序审理的民事案件，当事人及其诉讼代理人申请人民法院调查收集证据和申请证人出庭作证，应当在举证期限届满前提出，但其提出申请的期限不受《证据规定》第19条第1款"不得迟于举证期限届满前七日"以及第54条第1款"当事人申请证人出庭作证，应当在举证期限届满十日前提出，并经人民法院许可"的限制。

（二）当事人对适用简易程序异议的处理

（1）异议成立的，裁定将案件转入普通程序审理，并将合议庭的组成人员及相关事项以书面形式通知双方当事人。

（2）异议不成立的，口头告知双方当事人，并将上述内容记入笔录。

（三）简易程序中应当先行调解的案件

（1）婚姻家庭纠纷和继承纠纷；

（2）劳务合同纠纷；

（3）交通事故和工伤事故引起的权利义务关系较为明确的损害赔偿纠纷；

（4）宅基地和相邻关系纠纷；

（5）合伙协议纠纷；

（6）诉讼标的额较小的纠纷。

三、开庭审理

（一）按撤诉处理和缺席判决

以捎口信、电话、传真、电子邮件等形式发送的开庭通知，未经当事人确认或者没有其他证据足以证明当事人已经收到的，人民法院不得将其作为按撤诉处理和缺席判决的根据。

（二）审理与裁判

1.举证期限的适用

适用简易程序案件的举证期限由人民法院确定，也可以由当事人协商一致并经人民法院准许，但不得超过十五日。

2.开庭次数

适用简易程序审理的民事案件，应当一次开庭审结，但人民法院认为确有必要再次开庭的除外。

四、宣判

（一）宣判方式

宣判方式有当庭宣判和定期宣判两种，除人民法院认为不宜当庭宣判的以外，都应当当庭宣判。

（二）裁判文书的制作：有条件地简化"认定的事实和裁判理由"

适用简易程序审理的民事案件，有下列情形之一的，人民法院在制作裁判文书时对认定事实或者判决理由部分可以适当简化：

（1）当事人达成调解协议并需要制作民事调解书的；

（2）一方当事人在诉讼过程中明确表示承认对方全部诉讼请求或者部分诉讼请求的；

（3）涉及个人隐私或者商业秘密的案件，当事人一方要求简化裁判文书中的相关内容，人民法院认为理由正当的；

（4）当事人双方一致同意简化裁判文书的。

五、不能简略的事项

（1）必须开庭审理；

（2）告知当事人有申请回避的权利；

（3）必须有书记员；

（4）在法律文书上必须印有法院印章，不能盖法庭的印章。

六、小额诉讼程序（F162）

（一）适用条件

（1）基层人民法院和它派出的法庭审理的符合适用简易程序规定的案件。

（2）标的额为各省、自治区、直辖市上年度就业人员年平均工资30%以下的。

（二）特点

一审终审，不可上诉；符合《民事诉讼法》第200条情形时，可申请再审。当事人对小额案件提出管辖权异议的，法院驳回起诉的裁定，一经作出即生效。当事人增加诉讼请求、提出反诉、追加当事人等，致使案件不符合小额案件的，适用简易程序或裁定转为普通程序。

※【相关法律法规】

《民事诉讼法》

第39条　人民法院审理第一审民事案件，由审判员、陪审员共同组成合议庭或者由审判员组成合议庭。合议庭的成员人数，必须是单数。

适用简易程序审理的民事案件，由审判员一人独任审理。

陪审员在执行陪审职务时，与审判员有同等的权利义务。

第86条　受送达人或者他的同住成年家属拒绝接收诉讼文书的，送达人可以邀请有关基层组织或者所在单位的代表到场，说明情况，在送达回证上记明拒收事由和日期，由送达人、见证人签名或者盖章，把诉讼文书留在受送达人的住所；也可以把诉讼文书留在受送达人的住所，并采用拍照、录像等方式记录送达过程，即视为送达。

第157条　基层人民法院和它派出的法庭审理事实清楚、权利义务关系明确、争议不大的简单的民事案件，适用本章规定。

基层人民法院和它派出的法庭审理前款规定以外的民事案件，当事人双方也可以约定适用简易程序。

第158条　对简单的民事案件，原告可以口头起诉。

当事人双方可以同时到基层人民法院或者它派出的法庭，请求解决纠纷。基层人民法院或者它派出的法庭可以当即审理，也可以另定日期审理。

第159条　基层人民法院和它派出的法庭审理简单的民事案件，可以用简便方式传唤当事人和证人、送达诉讼文书、审理案件，但应当保障当事人陈述意见的权利。

第161条　人民法院适用简易程序审理案件，应当在立案之日起三个月内审结。

第162条　基层人民法院和它派出的法庭审理符合本法第一百五十七条第一款规定的简单的民事案件，标的额为各省、自治区、直辖市上年度就业人员年平均工资百分之三十以下的，实行一审终审。

第163条　人民法院在审理过程中，发现案件不宜适用简易程序的，裁定转为普通程序。

《民诉解释》

第256条　民事诉讼法第一百五十七条规定的简单民事案件中的事实清楚，是指当事人对争议的事实陈述基本一致，并能提供相应的证据，无须人民法院调查收集证据即可查明事实；权利义务关系明确是指能明确区分谁是责任的承担者，谁是权利的享有者；争议不大是指当事人对案件的是非、责任承担以及诉讼标的争执无原则分歧。

第257条　下列案件，不适用简易程序：

（一）起诉时被告下落不明的；

（二）发回重审的；

（三）当事人一方人数众多的；

（四）适用审判监督程序的；

（五）涉及国家利益、社会公共利益的；

（六）第三人起诉请求改变或者撤销生效判决、裁定、调解书的；

（七）其他不宜适用简易程序的案件。

第258条　适用简易程序审理的案件，审理期限到期后，双方当事人同意继续适用简易程序的，由本院院长批准，可以延长审理期限。延长后的审理期限累计不得超过六个月。

人民法院发现案情复杂，需要转为普通程序审理的，应当在审理期限届满前作出裁定并将合议庭组成人员及相关事项书面通知双方当事人。

案件转为普通程序审理的，审理期限自人民法院立案之日计算。

第259条　当事人双方可就开庭方式向人民法院提出申请，由人民法院决定是否准许。经当事人双方同意，可以采用视听传输技术等方式开庭。

第260条　已经按照普通程序审理的案件，在开庭后不得转为简易程序审理。

第261条　适用简易程序审理案件，人民法院可以采取捎口信、电话、短信、传真、电子邮件等简便方式传唤双方当事人、通知证人和送达裁判文书以外的诉讼文书。

以简便方式送达的开庭通知，未经当事人确认或者没有其他证据证明当事人已经收到的，人民法院不得缺席判决。

适用简易程序审理案件，由审判员独任审判，书记员担任记录。

第262条　人民法庭制作的判决书、裁定书、调解书，必须加盖基层人民法院印章，不得用人民法庭的印章代替基层人民法院的印章。

第263条　适用简易程序审理案件，卷宗中应当具备以下材料：

（一）起诉状或者口头起诉笔录；

（二）答辩状或者口头答辩笔录；

（三）当事人身份证明材料；

（四）委托他人代理诉讼的授权委托书或者口头委托笔录；

（五）证据；

（六）询问当事人笔录；

（七）审理（包括调解）笔录；

（八）判决书、裁定书、调解书或者调解协议；

（九）送达和宣判笔录；

（十）执行情况；

（十一）诉讼费收据；

（十二）适用民事诉讼法第一百六十二条规定审理的，有关程序适用的书面告知。

第264条　当事人双方根据民事诉讼法第一百五十七条第二款规定约定适用简易程序的，应当在开庭前提出。口头提出的，记入笔录，由双方当事人签名或者捺印确认。

本解释第二百五十七条规定的案件，当事人约定适用简易程序的，人民法院不予准许。

第265条　原告口头起诉的，人民法院应当将当事人的姓名、性别、工作单位、住所、联系方式等基本信息，诉讼请求，事实及理由等准确记入笔录，由原告核对无误后签名或者捺印。对当事人提交的证据材料，应当出具收据。

第266条　适用简易程序案件的举证期限由人民法院确定，也可以由当事人协商一致并经人民法院准许，但不得超过十五日。被告要求书面答辩的，人民法院可在征得其同意的基础上，合理确定答辩期间。

人民法院应当将举证期限和开庭日期告知双方当事人，并向当事人说明

逾期举证以及拒不到庭的法律后果，由双方当事人在笔录和开庭传票的送达回证上签名或者捺印。

当事人双方均表示不需要举证期限、答辩期间的，人民法院可以立即开庭审理或者确定开庭日期。

第267条　适用简易程序审理案件，可以简便方式进行审理前的准备。

第268条　对没有委托律师、基层法律服务工作者代理诉讼的当事人，人民法院在庭审过程中可以对回避、自认、举证证明责任等相关内容向其作必要的解释或者说明，并在庭审过程中适当提示当事人正确行使诉讼权利、履行诉讼义务。

第269条　当事人就案件适用简易程序提出异议，人民法院经审查，异议成立的，裁定转为普通程序；异议不成立的，口头告知当事人，并记入笔录。

转为普通程序的，人民法院应当将合议庭组成人员及相关事项以书面形式通知双方当事人。

转为普通程序前，双方当事人已确认的事实，可以不再进行举证、质证。

第270条　适用简易程序审理的案件，有下列情形之一的，人民法院在制作判决书、裁定书、调解书时，对认定事实或者裁判理由部分可以适当简化：

（一）当事人达成调解协议并需要制作民事调解书的；

（二）一方当事人明确表示承认对方全部或者部分诉讼请求的；

（三）涉及商业秘密、个人隐私的案件，当事人一方要求简化裁判文书中的相关内容，人民法院认为理由正当的；

（四）当事人双方同意简化的。

第271条　人民法院审理小额诉讼案件，适用民事诉讼法第一百六十二条的规定，实行一审终审。

第272条　民事诉讼法第一百六十二条规定的各省、自治区、直辖市上年度就业人员年平均工资，是指已经公布的各省、自治区、直辖市上一年度就业人员年平均工资。在上一年度就业人员年平均工资公布前，以已经公布的最近年度就业人员年平均工资为准。

第273条　海事法院可以审理海事、海商小额诉讼案件。案件标的额应当以实际受理案件的海事法院或者其派出法庭所在的省、自治区、直辖市上年度就业人员年平均工资百分之三十为限。

第274条 下列金钱给付的案件，适用小额诉讼程序审理：

（一）买卖合同、借款合同、租赁合同纠纷；

（二）身份关系清楚，仅在给付的数额、时间、方式上存在争议的赡养费、抚育费、扶养费纠纷；

（三）责任明确，仅在给付的数额、时间、方式上存在争议的交通事故损害赔偿和其他人身损害赔偿纠纷；

（四）供用水、电、气、热力合同纠纷；

（五）银行卡纠纷；

（六）劳动关系清楚，仅在劳动报酬、工伤医疗费、经济补偿金或者赔偿金给付数额、时间、方式上存在争议的劳动合同纠纷；

（七）劳务关系清楚，仅在劳务报酬给付数额、时间、方式上存在争议的劳务合同纠纷；

（八）物业、电信等服务合同纠纷；

（九）其他金钱给付纠纷。

第275条 下列案件，不适用小额诉讼程序审理：

（一）人身关系、财产确权纠纷；

（二）涉外民事纠纷；

（三）知识产权纠纷；

（四）需要评估、鉴定或者对诉前评估、鉴定结果有异议的纠纷；

（五）其他不宜适用一审终审的纠纷。

第276条 人民法院受理小额诉讼案件，应当向当事人告知该类案件的审判组织、一审终审、审理期限、诉讼费用交纳标准等相关事项。

第277条 小额诉讼案件的举证期限由人民法院确定，也可以由当事人协商一致并经人民法院准许，但一般不超过七日。

被告要求书面答辩的，人民法院可以在征得其同意的基础上合理确定答辩期间，但最长不得超过十五日。

当事人到庭后表示不需要举证期限和答辩期间的，人民法院可立即开庭审理。

第278条 当事人对小额诉讼案件提出管辖异议的，人民法院应当作出裁定。裁定一经作出即生效。

第279条　人民法院受理小额诉讼案件后，发现起诉不符合民事诉讼法第一百一十九条规定的起诉条件的，裁定驳回起诉。裁定一经作出即生效。

第280条　因当事人申请增加或者变更诉讼请求、提出反诉、追加当事人等，致使案件不符合小额诉讼案件条件的，应当适用简易程序的其他规定审理。

前款规定案件，应当适用普通程序审理的，裁定转为普通程序。

适用简易程序的其他规定或者普通程序审理前，双方当事人已确认的事实，可以不再进行举证、质证。

第281条　当事人对按照小额诉讼案件审理有异议的，应当在开庭前提出。人民法院经审查，异议成立的，适用简易程序的其他规定审理；异议不成立的，告知当事人，并记入笔录。

第282条　小额诉讼案件的裁判文书可以简化，主要记载当事人基本信息、诉讼请求、裁判主文等内容。

第283条　人民法院审理小额诉讼案件，本解释没有规定的，适用简易程序的其他规定。

《民事诉讼证据规定》

第19条　当事人及其诉讼代理人申请人民法院调查收集证据，不得迟于举证期限届满前七日。

人民法院对当事人及其诉讼代理人的申请不予准许的，应当向当事人或其诉讼代理人送达通知书。当事人及其诉讼代理人可以在收到通知书的次日起三日内向受理申请的人民法院书面申请复议一次。人民法院应当在收到复议申请之日起五日内作出答复。

第54条　当事人申请证人出庭作证，应当在举证期限届满十日前提出，并经人民法院许可。

人民法院对当事人的申请予以准许的，应当在开庭审理前通知证人出庭作证，并告知其应当如实作证及作伪证的法律后果。

证人因出庭作证而支出的合理费用　由提供证人的一方当事人先行支付，由败诉一方当事人承担。

《简易程序规定》

第2条　基层人民法院适用第一审普通程序审理的民事案件，当事人各方自愿选择适用简易程序，经人民法院审查同意的，可以适用简易程序进行审理。

人民法院不得违反当事人自愿原则，将普通程序转为简易程序。

第14条　下列民事案件，人民法院在开庭审理时应当先行调解：

（一）婚姻家庭纠纷和继承纠纷；

（二）劳务合同纠纷；

（三）交通事故和工伤事故引起的权利义务关系较为明确的损害赔偿纠纷；

（四）宅基地和相邻关系纠纷；

（五）合伙协议纠纷；

（六）诉讼标的额较小的纠纷。

但是根据案件的性质和当事人的实际情况不能调解或者显然没有调解必要的除外。

第15条　调解达成协议并经审判人员审核后，双方当事人同意该调解协议经双方签名或者捺印生效的，该调解协议自双方签名或者捺印之日起发生法律效力。当事人要求摘录或者复制该调解协议的，应予准许。

调解协议符合前款规定的，人民法院应当另行制作民事调解书。调解协议生效后一方拒不履行的，另一方可以持民事调解书申请强制执行。

第16条　人民法院可以当庭告知当事人到人民法院领取民事调解书的具体日期，也可以在当事人达成调解协议的次日起十日内将民事调解书发送给当事人。

第23条　适用简易程序审理的民事案件，应当一次开庭审结，但人民法院认为确有必要再次开庭的除外。

※【历年真题】

1.下列哪种民事诉讼案件不能适用简易程序审理？（2006-3-48）

A.当事人协议不适用简易程序的案件　　B.起诉时被告被监禁的案件

C.发回重审的案件　　　　　　　D.共同诉讼案件

【答案】C

【解析】根据《民诉解释》第257条的规定，发回重审和按照审判监督程序再审的案件，不得适用简易程序审理。因此本题选C项是正确的。

2.下列哪些民事案件适用简易程序进行诉讼，人民法院在开庭审理时应当先行调解？（2004-3-76）

A.劳务合同纠纷　　　　　　　　B.宅基地纠纷

C.著作权纠纷　　　　　　　　　D.继承纠纷

【答案】ABD

【解析】根据《简易程序规定》第14条的规定，应选ABD项。

3.下列哪一选项属于《民事诉讼法》直接规定、具有简易程序特点的内容？（2011-3-43）

A.原告起诉或被告答辩时要向法院提供明确的送达地址

B.适用简易程序审理的劳动合同纠纷在开庭审理时应先行调解

C.在简易程序中，法院指定举证期限可以少于30天

D.适用简易程序审理民事案件时，审判组织一律采用独任制

【答案】D

【解析】根据《简易程序规定》第5条第1款的规定，A项错误。根据《简易程序规定》第14条第1款的规定，B项错误。根据《最高人民法院关于适用〈关于民事诉讼证据的若干规定〉中有关举证时限规定的通知》第2条的规定，C项错误。根据《民事诉讼法》第39条第2款的规定，D项正确。

4.关于适用简易程序的表述，下列哪些选项是正确的？（2010-3-87）

A.基层法院适用普通程序审理的民事案件，当事人双方可协议并经法院同意适用简易程序审理

B.经双方当事人一致同意，法院制作判决书时可对认定事实或者判决理由部分适当简化

C.法院可口头方式传唤当事人出庭

D.当事人对案件事实无争议的，法院可不开庭迳行判决

【答案】BC

【解析】根据《民事诉讼法》第157条的规定，当事人双方约定适用的，

无需法院审查同意，A项现阶段应为不正确。根据《民诉解释》第270条第
（四）项的规定，B项正确。根据《简易程序规定》第6条的规定，C项正确。
一审适用简易程序审理的案件，法院可以不开庭径行判决于法无据，因此D
项错误。

5.甲与乙因借款合同发生纠纷，甲向某区法院提起诉讼，法院受理案件
后，准备适用普通程序进行审理。甲为了能够尽快结案，建议法院适用简易
程序对案件进行审理，乙也同意适用简易程序。下列哪一选项是正确的？
（2008-3-46）

A.普通程序审理的案件不能适用简易程序，因此，法院不可同意适用简
易程序

B.法院有权将普通程序审理转为简易程序，因此，甲、乙的意见无意义

C.甲、乙可以自愿协商选择适用简易程序，无须经法院同意

D.甲、乙有权自愿选择适用简易程序，但须经法院同意

【答案】D

【解析】根据《民事诉讼法》第157条的规定，本题正确答案是C项。

6.某大学陈教授在讲授民事诉讼法课程后，要求学生归纳简易程序的法
律特点，某学生回答了下列几点，你认为哪些是正确的？（2004-3-75）

A.当事人各方可以自愿选择适用简易程序

B.当事人可以就适用简易程序提出异议

C.适用简易程序审理案件，通常应当一次开庭审结

D.适用简易程序审理案件，通常应当当庭宣判

【答案】ABCD

【解析】根据《民事诉讼法》第157条、第158条、《民诉解释》第269条
的规定，ABCD项均应选。

7.下列哪些案件的审理不适用民事诉讼简易程序？（2005-3-75）

A.按审判监督程序审理的案件　　　B.发回重审的案件

C.起诉时被告下落不明的案件　　　D.应当先行调解的案件

【答案】ABC

【解析】根据《民事解释》第257条的规定，A、B、C项是应选选项；根
据《简易程序规定》第14条的规定，D项不是应选选项。

8.赵洪诉陈海返还借款100元,法院决定适用小额诉讼程序审理。关于该案的审理,下列哪一选项是错误的?(2014-3-40)

A.应在开庭审理时先行调解

B.应开庭审理,但经过赵洪和陈海的书面同意后,可书面审理

C.应当庭宣判

D.应一审终审

【答案】B

【解析】民事诉讼案件一审必须开庭审理,故B选项说法错误,当选。

9.郑飞诉万雷侵权纠纷一案,虽不属于事实清楚、权利义务关系明确、争议不大的案件,但双方当事人约定适用简易程序进行审理,法院同意并以电子邮件的方式向双方当事人通知了开庭时间(双方当事人均未回复)。开庭时被告万雷无正当理由不到庭,法院作出了缺席判决。送达判决书时法院通过各种方式均未联系上万雷,遂采取了公告送达方式送达了判决书。对此,法院下列的哪些行为是违法的?(2015-3-83)

A.同意双方当事人的约定,适用简易程序对案件进行审理

B.以电子邮件的方式向双方当事人通知开庭时间

C.作出缺席判决

D.采取公告方式送达判决书

【答案】CD

【解析】根据《民事诉讼法》第157条规定,A项错误。根据《民事诉讼法》第159条规定,B项错误。根据《民事诉讼法》第144条规定,C项正确。根据《民诉解释》第140条规定,D项正确。

10.根据《民事诉讼法》相关司法解释,下列哪些案件不适用小额诉讼程序?(2015-3-84)

A.人身关系案件   B.涉外民事案件

C.海事案件   D.发回重审的案件

【答案】ABD

【解析】根据《民诉解释》第275条规定,A、B项正确。根据《民事诉讼法》第40条规定,D项正确。根据《民诉解释》第273条规定,C项错误。

第十五章 第二审程序

第一节 上诉案件的提起与受理

※【图表解析】

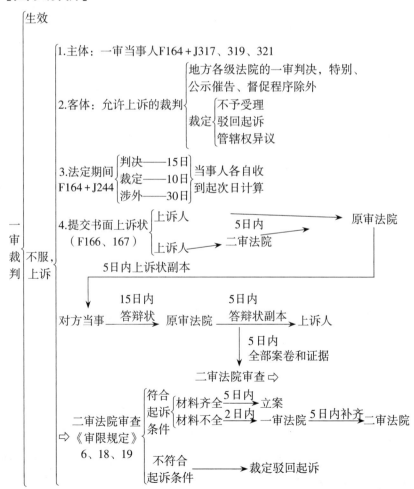

※【知识点详解】

一、上诉的提起

（一）有合法的上诉人和被上诉人

可以上诉的主体主要包括：

（1）一审中的原告、被告；

（2）有独立请求权的第三人；

（3）一审判决承担实体义务的无独立请求权的第三人；

（4）无民事行为能力人、限制民事行为能力人的法定代理人可以代理当事人提起上诉；经特别授权的委托代理人可以代为提起上诉。

注意：《民诉解释》第319条关于必要共同诉讼人上诉的有关规定。

	上诉人	被上诉人	原审地位列明
普通案件	提起上诉的主体	没有提起上诉的主体	
必要共同诉讼	提起上诉的主体	上诉请求针对的对象	上诉请求不涉及的对象

（二）可以上诉的案件

（1）判决：一审法院作出的未生效判决，但最高人民法院作出的一审判决，以及特别程序和公示催告程序作出的判决不能上诉，小额程序作出的判决不得上诉。

（2）裁决：不予受理、驳回起诉、管辖权异议、驳回破产申请的裁定可以上诉。

注意：调解书不能上诉；当事人只对诉讼费用负担不服的，不能上诉。

（三）在法定期间内提出上诉——10、15、30

（1）裁决书——10日。

（2）判决书——15日。

（3）涉外的判决裁定——30日。

上述期间均从判决或裁定送达给当事人的次日起开始计算。第一审判决书和可以上诉的裁定书不能同时送达当事人的，上诉期间从当事人各自收到判决书、裁定书的次日起计算。

（四）提交书面的上诉状——口头上诉的无效

二、上诉案件的受理

（一）诉讼文书的接受与送达

上诉状应当通过原审法院提出，并按照对方当事人或代表人的人数提出副本。当事人也可以直接向二审法院递交上诉状，但第二审法院应在接到上诉状后5日内将上诉状移交原审法院作现行处理。

原审法院收到上诉状，应当在5日内将上诉状副本送达对方当事人，对方当事人可在收到之日起15日内提出答辩状。人民法院应当在收到答辩状之日起5日内将副本送达上诉人。对方当事人，不提出答辩状的，不影响人民法院的审理。

（二）二审法院的立案

原审法院收到上诉状、答辩状后，应当在5日内连同全部案卷和证据，报送第二审法院。第二审法院接到一审法院报送上诉状、上诉答辩状以及全部材料后，对上诉是否具备法定条件进行审查，经审查认为不符合上诉条件的，应裁定驳回上诉。符合条件的，应当在收到一审法院移送的上诉材料及案卷材料后的5日内立案。合法有效的上诉将阻却原一审裁判的生效。

※【相关法律法规】

《民事诉讼法》

第164条　当事人不服地方人民法院第一审判决的，有权在判决书送达之日起十五日内向上一级人民法院提起上诉。

当事人不服地方人民法院第一审裁定的，有权在裁定书送达之日起十日内向上一级人民法院提起上诉。

第165条　上诉应当递交上诉状。上诉状的内容，应当包括当事人的姓名，法人的名称及其法定代表人的姓名或者其他组织的名称及其主要负责人的姓名；原审人民法院名称、案件的编号和案由；上诉的请求和理由。

第166条　上诉状应当通过原审人民法院提出，并按照对方当事人或者代表人的人数提出副本。

当事人直接向第二审人民法院上诉的，第二审人民法院应当在五日内将上诉状移交原审人民法院。

第167条　原审人民法院收到上诉状，应当在五日内将上诉状副本送达对方当事人，对方当事人在收到之日起十五日内提出答辩状。人民法院应当在收到答辩状之日起五日内将副本送达上诉人。对方当事人不提出答辩状的，不影响人民法院审理。

原审人民法院收到上诉状、答辩状，应当在五日内连同全部案卷和证据，报送第二审人民法院。

《民诉解释》

第244条　可以上诉的判决书、裁定书不能同时送达双方当事人的，上诉期从各自收到判决书、裁定书之日计算。

第317条　双方当事人和第三人都提起上诉的，均列为上诉人。人民法院可以依职权确定第二审程序中当事人的诉讼地位。

第318条　民事诉讼法第一百六十六条、第一百六十七条规定的对方当事人包括被上诉人和原审其他当事人。

第319条　必要共同诉讼人的一人或者部分人提起上诉的，按下列情形分别处理：

（一）上诉仅对与对方当事人之间权利义务分担有意见，不涉及其他共同诉讼人利益的，对方当事人为被上诉人，未上诉的同一方当事人依原审诉讼地位列明；

（二）上诉仅对共同诉讼人之间权利义务分担有意见，不涉及对方当事人利益的，未上诉的同一方当事人为被上诉人，对方当事人依原审诉讼地位列明；

（三）上诉对双方当事人之间以及共同诉讼人之间权利义务承担有意见的，未提起上诉的其他当事人均为被上诉人。

第320条　一审宣判时或者判决书、裁定书送达时，当事人口头表示上诉的，人民法院应告知其必须在法定上诉期间内递交上诉状。未在法定上诉期间内递交上诉状的，视为未提起上诉。虽递交上诉状，但未在指定的期限内交纳上诉费的，按自动撤回上诉处理。

第321条　无民事行为能力人、限制民事行为能力人的法定代理人，可以代理当事人提起上诉。

第322条　上诉案件的当事人死亡或者终止的，人民法院依法通知其权利义务承继者参加诉讼。

需要终结诉讼的，适用民事诉讼法第一百五十一条规定。

第336条　在第二审程序中，作为当事人的法人或者其他组织分立的，人民法院可以直接将分立后的法人或者其他组织列为共同诉讼人；合并的，将合并后的法人或者其他组织列为当事人。

《审限规定》

第6条　第一审人民法院收到起诉书（状）或者执行申请书后，经审查认为符合受理条件的应当在七日内立案；收到自诉人自诉状或者口头告诉的，经审查认为符合自诉案件受理条件的应当在十五日内立案。

改变管辖的刑事、民事、行政案件，应当在收到案卷材料后的三日内立案。

第二审人民法院应当在收到第一审人民法院移送的上（抗）诉材料及案卷材料后的五日内立案。

发回重审或指令再审的案件，应当在收到发回重审或指令再审裁定及案卷材料后的次日内立案。

按照审判监督程序重新审判的案件，应当在作出提审、再审裁定（决定）的次日立案。

第18条　第二审人民法院立案时发现上诉案件材料不齐全的，应当在两日内通知第一审人民法院。第一审人民法院应当在接到第二审人民法院的通知后五日内补齐。

第19条　下级人民法院接到上级人民法院调卷通知后，应当在五日内将全部案卷和证据移送，至迟不超过十日。

第二节　上诉案件的审理

※【图表解析】

上诉的审理

1. 审理范围
   - 不告不理，判决违反法律禁止性规定、侵害社会利益或者他人利益的除外（F168＋1998年《经改规定》35、J323）
   - 事实审＋法律审

2. 审理组织：由审判员组成的合议庭（F40、F169）

3. 审理方式（F169）
   - 原则：开庭
   - 补充：不开庭
     - 经过阅卷、调查和询问当事人
     - 没有提出新的事实、证据或理由
     - 合议庭认为不需要

4. 审理地点：一、二审法院＋案发地（F170）

5. 上诉的调解
   - 调解成功——原判视为撤销
   - 不成
     - 及时判决
     - 发回重审
     - 告知另行起诉

6. 审限
   - 判决：3个月＋院长延长3个月
   - 裁定：30日，无延长

7. 裁判结果

事实	法律	程序	裁判
√	√	√	判决维持原裁判
×	√	√	改判
√	×	√	改判
×	×	√	改判
基本事实不清			发回重审或改判
严重违法			发回重审

※【知识点详解】

一、审理范围

（一）原则

事实审和法律审相结合——仅对上诉请求和适用法律进行审查。

（二）例外

原判决违反法律禁止性规定、侵害社会公共利益或他人利益的，应当予以审查。被上诉人在答辩中要求变更或者补充第一审判决内容的，二审人民法院可以予以审查，也可以不予以审查。

二、审理方式

（一）审判组织

审判员组成合议庭，不可有陪审员，不可独任制。

（二）审理方式 F169，J333

开庭审理为原则。

如果同时满足下列情形时，二审可以不开庭审理：①经过阅卷、调查和讯问当事人；②没有提出新的事实、证据或者理由；③合议庭认为不需要开庭审理。

三、审理地点

第二审人民法院审理上诉案件，可以在本院进行，也可以到案件发生地或者原审人民法院所在地进行。

四、审理期限

判决3个月，经本院院长批准可延长；裁定30日。

五、二审的处理结果（详见F170，J325～J335）——参见图表

（一）二审中法院的调解

（1）对于上诉案件，第二审人民法院可在当事人双方自愿的基础上进行

调解，调解协议的内容可以超出上诉请求，并且不受一审诉讼请求的限制。二审调解达成协议后应当制作调解书，调解书一经送达，原判视为撤销。如果调解不成的，根据不同情况，分别处理。

二审中**调解不成**的处理方式

处理方式	具体情形
及时判决	通常情况
发回重审	原审法院对一审中当事人已提出的诉讼请求未作审理、判决的 必须参加诉讼的当事人在一审中没有参加诉讼的或者有独立请求权的第三人，在第一审程序中未参加诉讼； 一审判决不准离婚，二审法院认为应当判决离婚，就子女抚养、财产问题进行调解，调解不成的，双方同意由二审法院一并审理的，二审法院可以一并裁判
告知另行起诉	原审原告新增加独立的诉讼请求或原审被告提出反诉的，二审法院可以根据自愿原则就新增加的诉讼请求或反诉进行调解，调解不成的，告知当事人另行起诉。双方当事人同意由二审法院一并审理的，二审法院可以一并裁判。

（2）当事人在二审中达成和解协议的，法院可以根据当事人的请求，对双方达成的和解协议进行审查并制作调解书送达当事人。

（二）对判决提起上诉的案件的裁判

（1）原判决认定事实清楚、适用法律正确的，判决驳回上诉，维持原判决。

（2）原判决认定事实错误或者适用法律错误的，依法改判。

（3）原判决认定基本事实不清的，裁定撤销原判决，发回原审法院重审，或者查清事实后改判。

（4）原判决遗漏当事人或者违法缺席判决等严重违反法定程序的，裁定撤销原判决，发回原审法院重审。

（5）原审法院对发回重审的案件作出判决后，当事人上诉的，第二审法院不得再次发回重审，即只能发回重审一次。

注意：重审时应当另行组成合议庭，仍算一审案件，可以有陪审员。

（三）对裁定提出上诉案件的裁定

（1）对不服第一审法院裁定的上诉案件，一律使用裁定。

（2）原裁定认定事实清楚、适用法律正确的，裁定驳回上诉，维持原裁定。

（3）原裁定认定事实错误或者适用法律错误的，裁定撤销或变更原裁定。

※【相关法律法规】

《民事诉讼法》

第40条　人民法院审理第二审民事案件，由审判员组成合议庭。合议庭的成员人数，必须是单数。

发回重审的案件，原审人民法院应当按照第一审程序另行组成合议庭。

审理再审案件，原来是第一审的，按照第一审程序另行组成合议庭；原来是第二审的或者是上级人民法院提审的，按照第二审程序另行组成合议庭。

第168条　第二审人民法院应当对上诉请求的有关事实和适用法律进行审查。

第169条　第二审人民法院对上诉案件，应当组成合议庭，开庭审理。经过阅卷、调查和询问当事人，对没有提出新的事实、证据或者理由，合议庭认为不需要开庭审理的，可以不开庭审理。

第二审人民法院审理上诉案件，可以在本院进行，也可以到案件发生地或者原审人民法院所在地进行。

第170条　第二审人民法院对上诉案件，经过审理，按照下列情形，分别处理：

（一）原判决、裁定认定事实清楚，适用法律正确的，以判决、裁定方式驳回上诉，维持原判决、裁定；

（二）原判决、裁定认定事实错误或者适用法律错误的，以判决、裁定方式依法改判、撤销或者变更；

（三）原判决认定基本事实不清的，裁定撤销原判决，发回原审人民法院重审，或者查清事实后改判；

（四）原判决遗漏当事人或者违法缺席判决等严重违反法定程序的，裁定撤销原判决，发回原审人民法院重审。

原审人民法院对发回重审的案件作出判决后，当事人提起上诉的，第二审人民法院不得再次发回重审。

第172条　第二审人民法院审理上诉案件，可以进行调解。调解达成协议，应当制作调解书，由审判人员、书记员署名，加盖人民法院印章。调解

书送达后，原审人民法院的判决即视为撤销。

第176条　人民法院审理对判决的上诉案件，应当在第二审立案之日起三个月内审结。有特殊情况需要延长的，由本院院长批准。

人民法院审理对裁定的上诉案件，应当在第二审立案之日起三十日内作出终审裁定。

《民诉解释》

第323条　第二审人民法院应当围绕当事人的上诉请求进行审理。

当事人没有提出请求的，不予审理，但一审判决违反法律禁止性规定，或者损害国家利益、社会公共利益、他人合法权益的除外。

第324条　开庭审理的上诉案件，第二审人民法院可以依照民事诉讼法第一百三十三条第四项规定进行审理前的准备。

第325条　下列情形，可以认定为民事诉讼法第一百七十条第一款第四项规定的严重违反法定程序：

（一）审判组织的组成不合法的；

（二）应当回避的审判人员未回避的；

（三）无诉讼行为能力人未经法定代理人代为诉讼的；

（四）违法剥夺当事人辩论权利的。

第326条　对当事人在第一审程序中已经提出的诉讼请求，原审人民法院未作审理、判决的，第二审人民法院可以根据当事人自愿的原则进行调解；调解不成的，发回重审。

第327条　必须参加诉讼的当事人或者有独立请求权的第三人，在第一审程序中未参加诉讼，第二审人民法院可以根据当事人自愿的原则予以调解；调解不成的，发回重审。

第328条　在第二审程序中，原审原告增加独立的诉讼请求或者原审被告提出反诉的，第二审人民法院可以根据当事人自愿的原则就新增加的诉讼请求或者反诉进行调解；调解不成的，告知当事人另行起诉。

双方当事人同意由第二审人民法院一并审理的，第二审人民法院可以一并裁判。

第329条　一审判决不准离婚的案件，上诉后，第二审人民法院认为应当判决离婚的，可以根据当事人自愿的原则，与子女抚养、财产问题一并调解；调解不成的，发回重审。

双方当事人同意由第二审人民法院一并审理的，第二审人民法院可以一并裁判。

第330条　人民法院依照第二审程序审理案件，认为依法不应由人民法院受理的，可以由第二审人民法院直接裁定撤销原裁判，驳回起诉。

第331条　人民法院依照第二审程序审理案件，认为第一审人民法院受理案件违反专属管辖规定的，应当裁定撤销原裁判并移送有管辖权的人民法院。

第332条　第二审人民法院查明第一审人民法院作出的不予受理裁定有错误的，应当在撤销原裁定的同时，指令第一审人民法院立案受理；查明第一审人民法院作出的驳回起诉裁定有错误的，应当在撤销原裁定的同时，指令第一审人民法院审理。

第333条　第二审人民法院对下列上诉案件，依照民事诉讼法第一百六十九条规定可以不开庭审理：

（一）不服不予受理、管辖权异议和驳回起诉裁定的；

（二）当事人提出的上诉请求明显不能成立的；

（三）原判决、裁定认定事实清楚，但适用法律错误的；

（四）原判决严重违反法定程序，需要发回重审的。

第334条　原判决、裁定认定事实或者适用法律虽有瑕疵，但裁判结果正确的，第二审人民法院可以在判决、裁定中纠正瑕疵后，依照民事诉讼法第一百七十条第一款第一项规定予以维持。

第335条　民事诉讼法第一百七十条第一款第三项规定的基本事实，是指用以确定当事人主体资格、案件性质、民事权利义务等对原判决、裁定的结果有实质性影响的事实。

第337条　在第二审程序中，当事人申请撤回上诉，人民法院经审查认为一审判决确有错误，或者当事人之间恶意串通损害国家利益、社会公共利益、他人合法权益的，不应准许。

第338条　在第二审程序中，原审原告申请撤回起诉，经其他当事人同意，且不损害国家利益、社会公共利益、他人合法权益的，人民法院可以准许。准许撤诉的，应当一并裁定撤销一审裁判。

原审原告在第二审程序中撤回起诉后重复起诉的，人民法院不予受理。

第339条　当事人在第二审程序中达成和解协议的，人民法院可以根据当事人的请求，对双方达成的和解协议进行审查并制作调解书送达当事人；因和解而申请撤诉，经审查符合撤诉条件的，人民法院应予准许。

第340条　第二审人民法院宣告判决可以自行宣判，也可以委托原审人民法院或者当事人所在地人民法院代行宣判。

第341条　人民法院审理对裁定的上诉案件，应当在第二审立案之日起三十日内作出终审裁定。有特殊情况需要延长审限的，由本院院长批准。

第342条　当事人在第一审程序中实施的诉讼行为，在第二审程序中对该当事人仍具有拘束力。

当事人推翻其在第一审程序中实施的诉讼行为时，人民法院应当责令其说明理由。理由不成立的，不予支持。

《经改规定》

第36条　被上诉人在答辩中要求变更或者补充第一审判决内容的，第二审人民法院可以不予审查。

※【历年真题】

1.下列哪些情况下，法院不应受理当事人的上诉请求？（2013-3-78）

A.宋某和卢某借款纠纷一案，卢某终审败诉，宋某向区法院申请执行，卢某提出执行管辖异议，区法院裁定驳回卢某异议。卢某提起上诉

B.曹某向市中院诉刘某侵犯其专利权，要求赔偿损失1元钱，中院驳回其请求。曹某提起上诉

C.孙某将朱某打伤，经当地人民调解委员会调解达成协议，并申请法院进行了司法确认。后朱某反悔提起上诉

D.尹某诉与林某离婚，法院审查中发现二人系禁婚的近亲属，遂判决二人婚姻无效。尹某提起上诉

【答案】ACD

【解析】对执行管辖权异议裁定不服的，可以向上一级法院申请复议，而不是上诉，故A选项错误；确认调解协议的案件属于特别程序，不属于上诉

案件范围，故C选项错误；根据最高人民法院《关于适用〈中华人民共和国婚姻法〉若干问题的解释（一）》第9条第1款的规定："人民法院审理宣告婚姻无效案件，对婚姻效力的审理不适用调解，应当依法作出判决；有关婚姻效力的判决一经作出，即发生法律效力"，故D选项正确。

2.甲对乙享有10万元到期债权，乙无力清偿，且怠于行使对丙的15万元债权，甲遂对丙提起代位权诉讼，法院依法追加乙为第三人。一审判决甲胜诉，丙应向甲给付10万元。乙、丙均提起上诉，乙请求法院判令丙向其支付剩余5万元债务，丙请求法院判令甲对乙的债权不成立。关于二审当事人地位的表述，下列哪一选项是正确的？（2013-3-48）

A.丙是上诉人，甲是被上诉人

B.乙、丙是上诉人，甲是被上诉人

C.乙是上诉人，甲、丙是被上诉人

D.丙是上诉人，甲、乙是被上诉人

【答案】A

【解析】根据《民诉解释》第82条的规定，可知A选项正确。

3.关于民事诉讼二审程序的表述，下列哪一选项是错误的？（2012-3-43）

A.二审案件的审理，遇有二审程序没有规定的情形，应当适用一审普通程序的相关规定

B.二审案件的审理，以开庭审理为原则

C.二审案件调解的结果变更了一审判决内容的，应当在调解书中写明"撤销原判"

D.二审案件的审理，应当由法官组成的合议庭进行审理

【答案】C

【解析】根据《民事诉讼法》第174条，第二审人民法院审理上诉案件，除依照本章规定外，适用第一审普通程序，可知A选项正确。根据《民事诉讼法》第169条，可知B选项正确。根据《民事诉讼法》第172条，可知调解书中不需写明"撤销原判"，故C选项错误。根据《民事诉讼法》第40条，人民法院审理第二审民事案件，由审判员组成合议庭。可知D选项正确。

4.经审理，一审法院判决被告王某支付原告刘某欠款本息共计22万元，王某不服提起上诉。二审中，双方当事人达成和解协议，约定：王某在3个

月内向刘某分期偿付20万元，刘某放弃利息请求。案件经王某申请撤回上诉而终结。约定的期限届满后，王某只支付了15万元。刘某欲寻求法律救济。下列哪一说法是正确的？（2012-3-42）

　　A.只能向一审法院重新起诉

　　B.只能向一审法院申请执行一审判决

　　C.可向一审法院申请执行和解协议

　　D.可向二审法院提出上诉

【答案】B

【解析】根据《民事诉讼法》第164条，可知一审判决生效，又根据《民事诉讼法》第230条，可知B选项正确。

5.二审法院根据当事人上诉和案件审理情况，对上诉案件作出相应裁判。下列哪一选项是正确的？（2011-3-44）

　　A.二审法院认为原判对上诉请求的有关事实认定清楚、适用法律正确，裁定驳回上诉，维持原判

　　B.二审法院认为原判对上诉请求的有关事实认定清楚，但适用法律有错误，裁定发回重审

　　C.二审法院认为一审判决是在案件未经开庭审理而作出的，裁定撤销原判，发回重审

　　D.原审原告增加独立的诉讼请求，二审法院合并审理，一并作出判决

【答案】C

【解析】根据《民事诉讼法》第170条可知，A选项应该是"判决"驳回上诉，而非"裁定"驳回上诉。B选项仅是"适用法律错误"的，应当依法改判，而不是发回重审。C选项正确，根据《民诉解释》第328条，可知调解不成的，应当告知当事人另行起诉，故D选项错误。

6.吴某被王某打伤后诉至法院，王某败诉。一审判决书送达王某时，其当即向送达人郑某表示上诉，但因其不识字，未提交上诉状。关于王某行为的法律效力，下列哪一选项是正确的？（2011-3-40）

　　A.王某已经表明上诉，产生上诉效力

　　B.郑某将王某的上诉要求告知法院后，产生上诉效力

　　C.王某未提交上诉状，不产生上诉效力

D.王某口头上诉经二审法院同意后，产生上诉效力

【答案】C

【解析】根据《民事诉讼法》第165条，可知上诉必须提交上诉状，王某未提交上诉状，不产生上诉的效力。故C选项正确。

7.丙承租了甲、乙共有的房屋，因未付租金被甲、乙起诉。一审法院判决丙支付甲、乙租金及利息共计10000元，分五个月履行，每月给付2000元。甲、乙和丙均不服该判决，提出上诉：乙请求改判丙一次性支付所欠的租金10000元。甲请求法院判决解除与丙之间租赁关系。丙认为租赁合同中没有约定利息，甲、乙也没有要求给付利息，一审法院不应当判决自己给付利息，请求判决变更一审判决的相关内容。丙还提出，为修缮甲、乙的出租房自己花费了3000元，请求抵销部分租金。关于二审中当事人地位的确定，下列哪一选项是正确的？（2010-3-98）

A.丙是上诉人，甲、乙是被上诉人

B.甲、乙是上诉人，丙是被上诉人

C.乙、丙是上诉人，甲是被上诉人

D.甲、乙、丙都是上诉人

【答案】D

【解析】根据《民诉解释》第317条的规定，可知D选项正确。

8.二审法院审理继承纠纷上诉案时，发现一审判决遗漏另一继承人甲。关于本案，下列哪一说法是正确的？（2010-3-80）

A.为避免诉讼拖延，二审法院可依职权直接改判

B.二审法院可根据自愿原则进行调解，调解不成的裁定撤销原判决发回重审

C.甲应列为本案的有独立请求权第三人

D.甲应是本案的共同原告

【答案】BD

【解析】根据《民诉解释》第327条，可知A选项错误，B选项正确；根据《民诉解释》第70条，可知C选项错误，D选项正确。

9.某借款纠纷案二审中，双方达成调解协议，被上诉人当场将欠款付清。关于被上诉人请求二审法院制作调解书，下列哪一选项是正确的？

（2009-3-45）

A.可以不制作调解书，因为当事人之间的权利义务已经实现

B.可以不制作调解书，因为本案属于法律规定可以不制作调解书的情形

C.应当制作调解书，因为二审法院的调解结果除解决纠纷外，还具有对一审法院的判决效力发生影响的功能

D.应当制作调解书，因为被上诉人已经提出请求，法院应当予以尊重

【答案】C

【解析】根据《民事诉讼法》第172条，可知C选项正确。

10.甲公司因与乙公司合同纠纷起诉至法院，乙公司提出的管辖权异议被一审法院裁定驳回，乙公司不服提起上诉。在二审法院对此进行审理期间，甲公司向一审法院提出撤回起诉的申请。根据法律规定，下列哪一选项是正确的？（2008-3-37）

A.应由一审法院裁定准予撤诉

B.应由二审法院裁定准予撤诉

C.应由二审法院先对被告乙关于驳回管辖权异议裁定的上诉作出裁定后，再由一审法院根据二审法院的裁定作出相应处理

D.若二审法院查明一审法院无管辖权，应直接裁定将案件移送到有管辖权的法院

【答案】C

【解析】根据《民事诉讼法》第127条，管辖权异议提出后，人民法院对管辖权异议成立与否的裁定生效前，有权管辖的法院尚未确定，最终未必由受诉法院进行管辖审理，因此受诉法院的审理权是待定的。而裁定准许撤诉与否，是审理权的一部分，当然受诉法院暂时无权对原告的撤诉申请作出准许与否的裁定，只有等二审法院先对被告的上诉作出裁定后，一审法院再根据裁定作出处理。本题的正确答案为C选项。

11.关于反诉，下列哪一选项是正确的？（2008-3-35）

A.甲诉乙侵权纠纷一案，乙提出反诉后，甲自觉理亏而撤回了本诉，法院则应当将反诉终结审理

B.某法院对自己作出的某案件的二审判决进行再审时，被告提出反诉，法院对此应当进行调解，调解不成的，告知另行起诉

C.丙诉丁交付货物，丁聘请了律师，并出具了仅写明"全权委托"字样的授权委托书，庭审中丁的律师可以代替丁提出反诉

D.戊诉己借款纠纷案，己在庭审中对戊提出人身损害赔偿的反请求，法院对此应当进行调解，调解不成的，告知另行起诉

【答案】B

【解析】反诉提出后，即使本诉的诉讼请求被放弃或者撤回，也不影响反诉的存在，法院仍然要对反诉进行审理并作出裁判，故A选项错误。根据《民诉解释》第328条，可知B选项正确。根据《民诉解释》第89条，可知C选项错误。反诉必须与本诉之间存在牵连关系，即存在法律上或者事实上的联系。D选项中戊对己提出的是借款纠纷方面的请求，而己对戊提出的是关于人身损害赔偿方面的请求，二者不论从法律上还是事实上都没有联系，所以己不能因此提起反诉，法院应当告知己提起新的诉讼，更谈不上调解，故D选项错误。

12.甲在某报发表纪实报道，对明星乙和丙的关系作了富有想象力的描述。乙和丙以甲及报社共同侵害了他们的名誉权为由提起诉讼，要求甲及报社赔偿精神损失并公开赔礼道歉。一审判决甲向乙和丙赔偿1万元，报社赔偿3万元，并责令甲及报社在该报上书面道歉。报社提起上诉，请求二审法院改判甲和自己各承担2万元，以甲的名义在该报上书面道歉。二审法院如何确定当事人的地位？（2007-3-43）

A.报社是上诉人，甲是被上诉人，乙和丙列为原审原告

B.报社是上诉人，甲、乙、丙是被上诉人

C.报社是上诉人，乙和丙是被上诉人，甲列为原审被告

D.报社和甲是上诉人，乙和丙是被上诉人

【答案】A

【解析】根据《民诉解释》第319条的规定，可知A选项正确。

13.李某诉赵某解除收养关系，一审判决解除收养关系，赵某不服提起上诉。二审中双方和解，维持收养关系，向法院申请撤诉。关于本案下列哪一表述是正确的？（2006-3-50）

A.二审法院应当准许当事人的撤诉申请

B.二审法院可以依当事人和解协议制作调解书，送达双方当事人

C.二审法院可以直接改判

D.二审法院可以裁定撤销原判

【答案】A

【解析】根据《民诉解释》第339条，可知A选项正确。

14.某省高级人民法院依照审判监督程序审理某案，发现张某是必须参加诉讼的当事人，而一、二审法院将其遗漏。在这种情况下该省高级人民法院应当如何处理？（2006-3-49）

A.可以通知张某参加诉讼，并进行调解，调解不成的，裁定撤销二审判决，发回二审法院重审

B.可以通知张某参加诉讼，并进行调解，调解不成的，裁定撤销一、二审判决，发回一审法院重审

C.应当直接裁定撤销二审判决，发回二审法院重审

D.只能直接裁定撤销一、二审判决，发回一审法院重审

【答案】B

【解析】根据《民诉解释》第422条，可知B选项正确。注意，重审时追加张某为当事人。

15.甲起诉乙请求离婚，一审判决不准离婚，甲不服提起上诉。二审法院审理后认为应当判决离婚。本案诉讼程序应当如何进行？（2006-3-42）

A.对离婚、子女抚养和财产问题一并进行调解，调解不成的，发回重审

B.直接改判离婚，并对子女抚养和财产问题进行调解，调解不成的，将子女抚养和财产问题发回重审

C.直接改判离婚，并对子女抚养和财产问题进行调解，调解不成的，子女抚养和财产问题另案处理

D.直接改判离婚，子女抚养和财产问题一并判决

【答案】A

【解析】根据《民诉解释》第329条，可知A选项正确。

16.甲起诉乙支付货款。一审判决后，乙提起上诉，并提出产品质量存在问题，要求甲赔偿损失。下列关于二审法院处理本案方式的哪一表述是正确的？（2006-3-39）

A.应当将双方的请求合并审理一并作出判决

B.应当将双方的请求合并进行调解，调解不成的，发回重审

C.应当将双方的请求合并进行调解，调解不成的，对赔偿损失的请求发回重审

D.应当将双方的请求合并进行调解，调解不成的，告知乙对赔偿损失的请求另行起诉

【答案】D

【解析】根据《民诉解释》第328条，可知D选项正确。

17.四方公司与海通公司因合同纠纷进行诉讼，一审判决海通公司胜诉。四方公司不服，提起上诉。在第二审程序中，海通公司分立为海鸥公司和海洋公司。在此情况下，二审法院应如何处理？（2005-3-50）

A.将案件发回原审法院重审

B.将海鸥公司和海洋公司列为共同诉讼人，进行调解，调解不成，发回重审

C.将海鸥公司和海洋公司列为共同诉讼人，进行调解或者判决，不必发回重审

D.仍将海通公司列为当事人，进行调解或者判决，执行程序中再裁定海鸥公司和海洋公司为被执行人

【答案】C

【解析】根据《民诉解释》第336条，可知C选项正确。

18.甲对乙提起财产损害赔偿之诉，一审法院判决甲胜诉。乙不服，提出上诉。二审法院发现丙是必须参加诉讼的共同诉讼人，便追加其参加诉讼。但丙既不参加诉讼，也不表示放弃权利。在此情况下，二审法院应如何处理？（2005-3-43）

A.仍将其列为二审的当事人，依法作出判决

B.仍将其列为二审的当事人，可以缺席判决

C.不能将其列为二审的当事人，但可直接根据上诉人的请求作出判决

D.不能将其列为二审的当事人，可以裁定撤销原判决、发回原审法院重审

【答案】D

【解析】根据《民诉解释》第327条，可知D选项正确。

19.郑某诉刘某离婚一案，一审法院判决不准离婚。郑某不服提出上诉。二审法院审理后认为当事人双方感情确已破裂，应当判决离婚。二审法院采取以下何种做法是正确的？（2003-3-24）

A.直接改判离婚，子女抚养和财产问题另案解决

B.直接改判离婚，子女抚养和财产问题一并判决

C.在当事人自愿的情况下，通过调解解决离婚、子女抚养和财产分割问题，调解不成的，发回重审

D.只对离婚事项作出判决，子女抚养和财产分割问题发回重审

【答案】C

【解析】根据《民诉解释》第329条，可知C选项正确。

20.甲诉乙人身损害赔偿一案，一审法院根据甲的申请，冻结了乙的银行账户，并由李法官独任审理。后甲胜诉，乙提出上诉。二审法院认为一审事实不清，裁定撤销原判，发回重审。关于重审，下列哪一表述是正确的？（2014-3-47）

A.由于原判已被撤销，一审中的审判行为无效，保全措施也应解除

B.由于原判已被撤销，一审中的诉讼行为无效，法院必须重新指定举证时限

C.重审时不能再适用简易程序，应组成合议庭，李法官可作为合议庭成员参加重审

D.若重审法院判决甲胜诉，乙再次上诉，二审法院认为重审认定的事实依然错误，则只能在查清事实后改判

【答案】D

【解析】根据《民诉解释》第165条，可知A选项错误；根据《举证时限规定》第9条，可知B选项错误；根据《民事诉讼法》第40条，可知C选项错误；根据《民事诉讼法》第170条，可知D选项正确。

21.关于民事诉讼二审程序的表述，下列哪些选项是正确的？（2014-3-83）

A.二审既可能因为当事人上诉而发生，也可能因为检察院的抗诉而发生

B.二审既是事实审，又是法律审

C.二审调解书应写明撤销原判

D.二审原则上应开庭审理，特殊情况下可不开庭审理

【答案】B、D

【解析】二审不能因检察院抗诉发生，故A选项错误；根据《民事诉讼法》第168条，可知B选项正确；根据《民事诉讼法》第172条，可知C选项错误；根据《民事诉讼法》第169条，可知D选项正确。

22.齐远、张红是夫妻，因感情破裂诉至法院离婚，提出解除婚姻关系、子女抚养、住房分割等诉讼请求。一审判决准予离婚并对子女抚养问题作出判决。齐远不同意离婚提出上诉。二审中，张红增加诉讼请求，要求分割诉讼期间齐远继承其父的遗产。下列哪一说法是正确的？（2015-3-44）

A.一审漏判的住房分割诉讼请求，二审可调解，调解不成，发回重审

B.二审增加的遗产分割诉讼请求，二审可调解，调解不成，发回重审

C.住房和遗产分割的两个诉讼请求，二审可合并调解，也可一并发回重审

D.住房和遗产分割的两个诉讼请求，经当事人同意，二审法院可一并裁判

【答案】A

【解析】根据《民诉解释》第326条规定，A项正确。根据《民事诉讼法》第140条规定，《民诉解释》第328条规定，B、C、D项错误。

第十六章　再审程序

※ 【图表解析】

一审 { 生效 / 不服，上诉，二审，生效 } → 新证据 + 错（13种情形）F200

当事人申请
- 法院：原则是上一级，但（人数众多、双方公民）可以向原审法院F199
- 范围
  - 可以申请的
    - 判决
    - 不予受理、驳回起诉的裁定J381
    - 调解（内容违法 + 违反自愿）F201
  - 不可以申请的
    - 4种特殊程序J380再审申请被驳回或再审裁判J383
    - 生效的离婚案件F202
- 申请时间：【起算不同】6个月 + …6个月（新证据、伪证、文书、人员）F205
- 法院裁定是否再审的期限：（5，15）⇨ 3个月裁定 + 院长延长F203、204

F209：申请检察建议（抗诉）：法院驳回再审申请；法院逾期未对再审申请作出裁定的；再审裁判有明显错误的。检察院应在3个月内进行审查，作出决定。当事人不得再次向人民检察院申请检察建议或者抗诉

法院决定
F198
- 最高院：地方各级
- 上级：下级
  - 提审 ≈ 二审
  - 指令再审
    - 按一审
    - 按二审
- 本院院长 ⇨ 审委会

检察院抗诉
F208
- 最高检：各级法
- 上级检：下级法
- 地方检：同级法
  - 审监程序
    - 向同级法"检察建议"
    - 提请上级检抗诉
  - 审监程序以外程序——检察建议

F211：法院30日内裁定再审；凡是涉及事实的F200条前5项，可交下一级人民法院审理

⇨ 审判 {
程序：按一审或者按二审 F207
审限：按一审或者按二审 J128
调解不能撤销原裁判 J396
中止执行：原则上决定再审即中止执行，但四费一金一酬可以不中止执行 F206
}

提示：《审判监督程序解释》（20081110）不能指令原审法院：
1.原审法院无权；2.审判人员；3.原裁判系原审法院审委会讨论决定的；4.其他

※【知识点详解】

第一节 再审程序概述

一、概念

再审程序，是指为了纠正生效裁判中的错误而对案件再次进行审理与作出裁判的诉讼程序。我国民事诉讼法学理论上通常认为审判监督程序即再审程序。

二、再审程序的功能和特征

（一）再审程序的功能

（1）纠错功能。

（2）救济功能。

（3）监督与保障功能。

（二）再审程序的特征

（1）它是审级制度结构之外的救济程序。

（2）裁判已经发生法律效力并具备法定事由，程序才能启动。

（3）发动主体具有特殊性。

（4）再审案件没有专门的独立的审判程序。

我国的再审程序主要有三种发动方式：当事人申请再审、法院依职权决定再审、检察院发动再审，但这三种方式不是平行关系，应当奉行申请再审优先原则。

第二节　当事人申请再审

当事人申请再审，也称为再审之诉，是指当事人对已经发生法律效力的判决、裁定和调解书，认为有错误，向法院提出变更或撤销原判决裁定的请求，并提请法院对案件重新审理的诉讼行为。

一、当事人申请再审的条件

当事人是申请再审的最主要主体，根据《民诉解释》第375条的规定，如果当事人死亡或终止的，由其权利义务承受人申请再审。特殊情况下，**案外人**也可以成为申请再审的主体。案外人申请再审的法定情形参见《民事诉讼法》第227条，《民诉解释》第423条、424条。

（一）申请的对象是生效的判决、裁定、调解书

注意：对于下列案件，当事人不得申请再审：

（1）已生效的解除婚姻关系的判决、调解书（注：财产分割问题可以再审）。

（2）按照特别程序、督促程序、公示催告程序、企业法人破产还债程序审理的案件。

（3）当事人再审申请被驳回后；对再审判决、裁定提出申请的；检察院对当事人的申请作出不予提出再审检察建议或抗诉决定后又提出申请的。上述情形之一，法院不予受理。《民诉解释》第383条

（二）具有法定的申请事由：注意区分判决、裁定和调解书申请再审的不同事由

1.以判决和裁定方式结案的案件申请再审的法定事由（《民事诉讼法》第200条）

（1）有新的证据，足以推翻原判决、裁定的（《民诉解释》第388条）。

（2）原判决、裁定认定的基本事实缺乏证据证明的（《审监解释》第11条）。

（3）原判决、裁定认定事实的主要证据是伪造的。

（4）原判决、裁定认定事实的主要证据未经质证的。

（5）审理案件需要的主要证据，当事人因客观原因不能自行收集，书面申请法院调查收集，法院未调查收集的。

（6）原判决、裁定适用法律确有错误的（《民诉解释》第390条）。

（7）审判组织组成不合法或应回避的审判人员没回避的。

（8）无诉讼行为能力人未经法定代理人代为诉讼或应当参加诉讼当事人，因非归责于本人或代理人的事由，未参加诉讼的。

（9）违反法律规定，剥夺当事人辩论权利的。（《民诉解释》第391条）

（10）未经传票传唤，缺席判决的。

（11）原判决、裁定遗漏或者超出诉讼请求的。

（12）据以作出原判决、裁定的法律文书被撤销或变更。

（13）审判人员审理该案件时有贪污受贿、徇私舞弊、枉法裁判行为的。

2.以调解方式结案的案件申请再审的法定事由（《民事诉讼法》第201条）

第一，有证据证明调解违反自愿原则的；

第二，调解协议的内容违反法律规定的。

注意：调解书损害国家、社会公共利益的——上级人民检察院应当抗诉（《民事诉讼法》第208条）。

（三）在法定期限内提出申请（《民事诉讼法》第205条）

当事人申请再审，应当在判决、裁定发生法律效力后6个月内提出；下面四种情形下，**自知道或应当知道之日起6个月内提出**。

第一，有新的证据，足以推翻原判决、裁定的；

第二，原判决、裁定认定事实的主要证据是伪造的；

第三，据以作出原判决、裁定的法律文书被撤销或者变更的；

第四，审判人员审理该案件时有贪污受贿、徇私舞弊、枉法裁判行为的。

该期间为诉讼法上的法定不变期间，不适用中止、中断和延长的规定。

（四）向作出生效裁判的上一级人民法院提出申请

当事人一方人数众多或当事人双方为公民的案件，也可以向原审法院申请。

（五）形式要件

提交再审申请书，口头申请的不产生申请再审的效力。

二、当事人申请再审的程序（《民事诉讼法》第203条、第204条）

当事人向法院提交再审申请书，法院**3个月内**审查是否符合《民事诉讼法》的规定，如果不符合再审条件，应当**裁定驳回**；符合条件，则**裁定再**

审。如果具备《民诉解释》第402条的情形，应当**裁定**终结审查。

注意：再审审查时应当组成合议庭，当事人申请再审的，不停止判决、裁定的执行。

第三节　法院决定再审

一、概念

法院决定再审，是指人民法院发现本院或者下级人民法院已经发生法律效力的判决、裁定、调解书确有错误，根据法律规定，决定对案件进行再次审理的诉讼行为。

二、法院决定再审的适用条件（《民事诉讼法》第198条）

（1）判决、裁定、调解书已经生效。

（2）判决、裁定、调解书确有错误。

（3）由法定的主体提起或决定。

三、法院决定再审的程序

（一）各级院长+审委会

院长发现本院生效裁判有误，应提交本院审委会讨论并决定是否再审。

（二）上级法院/最高院

对下级人民法院的生效裁判、调解书可以提审或者指令再审（《审监解释》第27条、29条）。

第四节　检察院发动再审

一、概念

人民检察院对人民法院已经发生法律效力的民事判决、裁定，发现具有法定再审事由，或者对于生效的调解书，发现其损害了国家利益或社会公共利益时，依照法定程序要求人民法院对案件进行再次审理的诉讼活动。检察院发动再审的方式主要有检察建议和抗诉两种。

二、抗诉的条件（《民事诉讼法》第208条）

（1）主体：（作出生效裁判的）上级检察院或者最高检察院。

注意：①最高检察院可以直接抗诉。

②其他检察院应当是作出生效裁判的法院的上级检察院。

③同级检察院只能提请上级检察院抗诉，或者提出检察建议，并报上级检察院备案。

（2）客体：已生效的裁判、调解书。

（3）具备法定的事由：

> 判决、裁定——《民事诉讼法》第200条
> 调解书——损害国家利益、社会公共利益

三、检察院抗诉的程序

（1）应当制作抗诉书。

（2）法院应当再审。接受抗诉的法院应在收到抗诉书之日起30日内作出再审的裁定。

（3）再审时，检察院派员出席法庭。

（4）审理法院通常是接受抗诉的法院。有《民事诉讼法》第200条第（一）项至第（五）项法定情形时，可以交下一级法院再审。

（5）再审案件的当事人仍为原审案件的当事人，检察院不是当事人。

四、检察建议

（一）检察院提出检察建议

> 具备再审情形时，地方各级检察院对同级法院提出检察建议（报上级备案）
> 检察院针对其他审判程序中审判人员的违法行为可以提出检察建议

（二）当事人申请检察建议或抗诉：

> 法院驳回再审申请的
> 法院逾期未对再审申请作出裁定的
> 再审判决、裁定有明显错误的

注意：（1）检察院对当事人申请应在3个月内审查并决定；（2）当事人不得再向检察院申请检察建议或抗诉；（3）检察院具有调查权。

五、法院对检察院抗诉的处理

（1）人民检察院提出抗诉的案件，接受抗诉的人民法院应当自收到抗诉书之日起30日内作出再审的裁定。

（2）凡是涉及《民事诉讼法》第200条前5项的，可以交下一级人民法院再审，但经该下一级人民法院再审的除外。

※【相关法律法规】

《民事诉讼法》

第198条　各级人民法院院长对本院已经发生法律效力的判决、裁定、调解书，发现确有错误，认为需要再审的，应当提交审判委员会讨论决定。

最高人民法院对地方各级人民法院已经发生法律效力的判决、裁定、调解书，上级人民法院对下级人民法院已经发生法律效力的判决、裁定、调解书，发现确有错误的，有权提审或者指令下级人民法院再审。

第199条　当事人对已经发生法律效力的判决、裁定，认为有错误的，可以向上一级人民法院申请再审；当事人一方人数众多或者当事人双方为公民的案件，也可以向原审人民法院申请再审。当事人申请再审的，不停止判决、裁定的执行。

第200条　当事人的申请符合下列情形之一的，人民法院应当再审：

（一）有新的证据，足以推翻原判决、裁定的；

（二）原判决、裁定认定的基本事实缺乏证据证明的；

（三）原判决、裁定认定事实的主要证据是伪造的；

（四）原判决、裁定认定事实的主要证据未经质证的；

（五）对审理案件需要的主要证据，当事人因客观原因不能自行收集，书面申请人民法院调查收集，人民法院未调查收集的；

（六）原判决、裁定适用法律确有错误的；

（七）审判组织的组成不合法或者依法应当回避的审判人员没有回避的；

（八）无诉讼行为能力人未经法定代理人代为诉讼或者应当参加诉讼的当事人，因不能归责于本人或者其诉讼代理人的事由，未参加诉讼的；

（九）违反法律规定，剥夺当事人辩论权利的；

（十）未经传票传唤，缺席判决的；

（十一）原判决、裁定遗漏或者超出诉讼请求的；

（十二）据以作出原判决、裁定的法律文书被撤销或者变更的；

（十三）审判人员审理该案件时有贪污受贿，徇私舞弊，枉法裁判行为的。

第201条　当事人对已经发生法律效力的调解书，提出证据证明调解违反自愿原则或者调解协议的内容违反法律的，可以申请再审。经人民法院审查属实的，应当再审。

第202条　当事人对已经发生法律效力的解除婚姻关系的判决、调解书，不得申请再审。

第203条　当事人申请再审的，应当提交再审申请书等材料。人民法院应当自收到再审申请书之日起五日内将再审申请书副本发送对方当事人。对方当事人应当自收到再审申请书副本之日起十五日内提交书面意见；不提交书面意见的，不影响人民法院审查。人民法院可以要求申请人和对方当事人补充有关材料，询问有关事项。

第204条　人民法院应当自收到再审申请书之日起三个月内审查，符合本法规定的，裁定再审；不符合本法规定的，裁定驳回申请。有特殊情况需要延长的，由本院院长批准。

因当事人申请裁定再审的案件由中级人民法院以上的人民法院审理，但当事人依照本法第一百九十九条的规定选择向基层人民法院申请再审的除外。最高人民法院、高级人民法院裁定再审的案件，由本院再审或者交其他人民法院再审，也可以交原审人民法院再审。

第205条　当事人申请再审，应当在判决、裁定发生法律效力后六个月内提出；有本法第二百条第一项、第三项、第十二项、第十三项规定情形的，自知道或者应当知道之日起六个月内提出。

第206条　按照审判监督程序决定再审的案件，裁定中止原判决、裁定、调解书的执行，但追索赡养费、扶养费、抚育费、抚恤金、医疗费用、劳动报酬等案件，可以不中止执行。

第208条　最高人民检察院对各级人民法院已经发生法律效力的判决、裁定，上级人民检察院对下级人民法院已经发生法律效力的判决、裁定，发现有本法第二百条规定情形之一的，或者发现调解书损害国家利益、社会公共利益的，应当提出抗诉。

地方各级人民检察院对同级人民法院已经发生法律效力的判决、裁定，发现有本法第二百条规定情形之一的，或者发现调解书损害国家利益、社会公共利益的，可以向同级人民法院提出检察建议，并报上级人民检察院备案；也可以提请上级人民检察院向同级人民法院提出抗诉。

各级人民检察院对审判监督程序以外的其他审判程序中审判人员的违法行为，有权向同级人民法院提出检察建议。

第209条　有下列情形之一的，当事人可以向人民检察院申请检察建议或者抗诉：

（一）人民法院驳回再审申请的；

（二）人民法院逾期未对再审申请作出裁定的；

（三）再审判决、裁定有明显错误的。

人民检察院对当事人的申请应当在三个月内进行审查，作出提出或者不予提出检察建议或者抗诉的决定。当事人不得再次向人民检察院申请检察建议或者抗诉。

第211条　人民检察院提出抗诉的案件，接受抗诉的人民法院应当自收到抗诉书之日起三十日内作出再审的裁定；有本法第二百条第一项至第五项规定情形之一的，可以交下一级人民法院再审，但经该下一级人民法院再审的除外。

第227条　执行过程中，案外人对执行标的提出书面异议的，人民法院应当自收到书面异议之日起十五日内审查，理由成立的，裁定中止对该标的的执行；理由不成立的，裁定驳回。案外人、当事人对裁定不服，认为原判决、裁定错误的，依照审判监督程序办理；与原判决、裁定无关的，可以自裁定送达之日起十五日内向人民法院提起诉讼。

《民诉解释》

第380条　适用特别程序、督促程序、公示催告程序、破产程序等非讼程序审理的案件，当事人不得申请再审。

第381条 当事人认为发生法律效力的不予受理、驳回起诉的裁定错误的，可以申请再审。

第382条 当事人就离婚案件中的财产分割问题申请再审，如涉及判决中已分割的财产，人民法院应当依照民事诉讼法第二百条的规定进行审查，符合再审条件的，应当裁定再审；如涉及判决中未作处理的夫妻共同财产，应当告知当事人另行起诉。

第388条 再审申请人证明其提交的新的证据符合下列情形之一的，可以认定逾期提供证据的理由成立：

（一）在原审庭审结束前已经存在，因客观原因于庭审结束后才发现的；

（二）在原审庭审结束前已经发现，但因客观原因无法取得或者在规定的期限内不能提供的；

（三）在原审庭审结束后形成，无法据此另行提起诉讼的。

再审申请人提交的证据在原审中已经提供，原审人民法院未组织质证且未作为裁判根据的，视为逾期提供证据的理由成立，但原审人民法院依照民事诉讼法第六十五条规定不予采纳的除外。

第390条 有下列情形之一，导致判决、裁定结果错误的，应当认定为民事诉讼法第二百条第六项规定的原判决、裁定适用法律确有错误：

（一）适用的法律与案件性质明显不符的；

（二）确定民事责任明显违背当事人约定或者法律规定的；

（三）适用已经失效或者尚未施行的法律的；

（四）违反法律溯及力规定的；

（五）违反法律适用规则的；

（六）明显违背立法原意的。

第395条 当事人主张的再审事由成立，且符合民事诉讼法和本解释规定的申请再审条件的，人民法院应当裁定再审。

当事人主张的再审事由不成立，或者当事人申请再审超过法定申请再审期限、超出法定再审事由范围等不符合民事诉讼法和本解释规定的申请再审条件的，人民法院应当裁定驳回再审申请。

第402条 再审申请审查期间，有下列情形之一的，裁定终结审查：

（一）再审申请人死亡或者终止，无权利义务承继者或者权利义务承继者声明放弃再审申请的；

（二）在给付之诉中，负有给付义务的被申请人死亡或者终止，无可供执行的财产，也没有应当承担义务的人的；

（三）当事人达成和解协议且已履行完毕的，但当事人在和解协议中声明不放弃申请再审权利的除外；

（四）他人未经授权以当事人名义申请再审的；

（五）原审或者上一级人民法院已经裁定再审的。

（六）有本解释第三百八十三条第一款规定情形的。

第422条　必须共同进行诉讼的当事人因不能归责于本人或者其诉讼代理人的事由未参加诉讼的，可以根据民事诉讼法第二百条第八项规定，自知道或者应当知道之日起六个月内申请再审，但符合本解释第四百二十三条规定情形的除外。

人民法院因前款规定的当事人申请而裁定再审，按照第一审程序再审的，应当追加其为当事人，作出新的判决、裁定；按照第二审程序再审，经调解不能达成协议的，应当撤销原判决、裁定，发回重审，重审时应追加其为当事人。

第423条　根据民事诉讼法第二百二十七条规定，案外人对驳回其执行异议的裁定不服，认为原判决、裁定、调解书内容错误损害其民事权益的，可以自执行异议裁定送达之日起六个月内，向作出原判决、裁定、调解书的人民法院申请再审。

第424条　根据民事诉讼法第二百二十七条规定，人民法院裁定再审后，案外人属于必要的共同诉讼当事人的，依照本解释第四百二十二条第二款规定处理。

案外人不是必要的共同诉讼当事人的，人民法院仅审理原判决、裁定、调解书对其民事权益造成损害的内容。经审理，再审请求成立的，撤销或者改变原判决、裁定、调解书；再审请求不成立的，维持原判决、裁定、调解书。

《审监解释》

第5条第1款　案外人对原判决、裁定、调解书确定的执行标的物主张权利，且无法提起新的诉讼解决争议的，可以在判决、裁定、调解书发生法律效力后二年内，或者自知道或应当知道利益被损害之日起三个月内，向作出原判决、裁定、调解书的人民法院的上一级人民法院申请再审。

第11条 对原判决、裁定的结果有实质影响、用以确定当事人主体资格、案件性质、具体权利义务和民事责任等主要内容所依据的事实，人民法院应当认定为民事诉讼法第179条第一款第（二）项规定的"基本事实"。

第27条 上一级人民法院经审查认为申请再审事由成立的，一般由本院提审。最高人民法院、高级人民法院也可以指定与原审人民法院同级的其他人民法院再审，或者指令原审人民法院再审。

第29条 有下列情形之一的，不得指令原审人民法院再审：

（一）原审人民法院对该案无管辖权的；

（二）审判人员在审理该案件时有贪污受贿，徇私舞弊，枉法裁判行为的；

（三）原判决、裁定系经原审人民法院审判委员会讨论作出的；

（四）其他不宜指令原审人民法院再审的。

第五节　再审案件的审判

一、再审案件的审判程序

（一）裁定中止原判决、裁定或者调解书的执行（《民事诉讼法》第206条）

注意：追索赡养费、扶养费、抚育费、抚恤金、医疗费用、劳动报酬等案件，可以不中止执行。

（二）应当另行组成合议庭（不能独任或简易程序）

（三）分别适用第一、二审程序进行审理（《民事诉讼法》第207条）

（1）按一审程序再审（**原生效文书是一审法院作出的**）：所作裁判未生效，可上诉。

（2）按二审程序再审（**原生效文书是二审法院作出的或上级提审的案件**）：所作裁判已生效，不可上诉。

(四)审限：按一审或者按二审审限

(五)管辖法院

（1）当事人申请的再审案件原则上由中级以上人民法院审理。

可由基层法院审理的情形是：对于基层法院作出的生效判决，当事人向原审的基层法院申请再审时（如当事人一方人数众多或者双方为公民时），由基层法院进行再审。

（2）上一级人民法院经审查认为申请再审事由成立的，一般由本院提审。

（3）最高人民法院、高级人民法院审查的下列案件，可以指令原审人民法院再审：①涉及《民事诉讼法》第200条第（七）项至第（十二）项的案件；②违反程序可能影响案件正确判决、裁定的；③其他认为可以指令的情形。

不指令原审法院的情形：①原审法院没有管辖权；②审判人员在审理该案件时贪污受贿，徇私舞弊，枉法裁判的；③案件的原裁判是由原审人民法院审判委员会讨论决定的；④其他情形。

（4）为了便利当事人行使诉讼权利以及便利人民法院审理等因素，最高人民法院、高级人民法院可以将案件交与原审人民法院同级的其他人民法院审理。

二、再审审理范围和审理方式

（一）审理范围

《民诉解释》第405条：人民法院审理再审案件应当围绕再审请求进行。当事人的再审请求超出原审诉讼请求的，不予审理；符合另案诉讼条件的，告知当事人可以另行起诉。被申请人及原审其他当事人在庭审辩论结束前提出的再审请求，符合民事诉讼法第二百零五条规定的，人民法院应当一并审理。人民法院经再审，发现已经发生法律效力的判决、裁定损害国家利益、社会公共利益、他人合法权益的，应当一并审理。

（二）审理方式

通常应当开庭审理。《民诉解释》第403条

三、再审案件的裁判

（一）判决、裁定维持原裁判

（二）裁定撤销原判决，发回重审

按二审程序再审的案件，对于原判决认定基本事实不清的，可以裁定撤销原判，发回重审或查清事实后改判。根据《民诉解释》第325条规定，原判决严重违反法定程序的，裁定撤销原判，发回重审。根据《民诉解释》第326条、第327条、第329条、第422条，调解不成的，发回重审。

（三）依法改判、撤销或变更

根据《民诉解释》第407条第二款的规定，原判决、裁定认定事实、适用法律错误，导致裁判结果错误的，应当依法改判、撤销或变更。

（四）裁定驳回再审申请

《民诉解释》第409条：人民法院对调解书裁定再审后，按照下列情形分别处理：

（一）当事人提出的调解违反自愿原则的事由不成立，且调解书的内容不违反法律强制性规定的，裁定驳回再审申请；

（二）人民检察院抗诉或者再审检察建议所主张的损害国家利益、社会公共利益的理由不成立的，裁定终结再审程序。

前款规定情形，人民法院裁定中止执行的调解书需要继续执行的，自动恢复执行。

（五）裁定准许再审原告撤回起诉

《民诉解释》第410条：一审原告在再审审理程序中申请撤回起诉，经其他当事人同意，且不损害国家利益、社会公共利益、他人合法权益的，人民法院可以准许。裁定准许撤诉的，应当一并撤销原判决。

一审原告在再审审理程序中撤回起诉后重复起诉的，人民法院不予受理。

注意：不符合《民事诉讼法》受理条件的，裁定撤销一、二审判决，驳回起诉。

（六）裁定准许撤回再审申请和抗诉而引起程序终结

《民诉解释》第406条：再审审理期间，有下列情形之一的，可以裁定终结再审程序：

（一）再审申请人在再审期间撤回再审请求，人民法院准许的；

（二）再审申请人经传票传唤，无正当理由拒不到庭的，或者未经法庭许可中途退庭，按撤回再审请求处理的；

（三）人民检察院撤回抗诉的；

（四）有本解释第四百零二条第一项至第四项规定情形的。

因人民检察院提出抗诉裁定再审的案件，申请抗诉的当事人有前款规定的情形，且不损害国家利益、社会公共利益或者他人合法权益的，人民法院应当裁定终结再审程序。

再审程序终结后，人民法院裁定中止执行的原生效判决自动恢复执行。

四、再审中的调解：应当制作再审调解书

《审监解释》第36条：当事人在再审审理中经调解达成协议的，人民法院应当制作调解书。**调解书经各方当事人签收后，即具有法律效力，原判决、裁定视为被撤销。**

注意：法院在再审中发现原一、二审判决遗漏了应当参加诉讼的当事人，可以调解，调解不成的，裁定撤销原一、二审判决，发回原审人民法院重审。

※【相关法律法规】

《民事诉讼法》

第149条　人民法院适用普通程序审理的案件，应当在立案之日起六个月内审结。有特殊情况需要延长的，由本院院长批准，可以延长六个月；还需要延长的，报请上级人民法院批准。

第176条　人民法院审理对判决的上诉案件，应当在第二审立案之日起三个月内审结。有特殊情况需要延长的，由本院院长批准。

人民法院审理对裁定的上诉案件，应当在第二审立案之日起三十日内作出终审裁定。

第206条　按照审判监督程序决定再审的案件，裁定中止原判决、裁定、调解书的执行，但追索赡养费、扶养费、抚育费、抚恤金、医疗费用、劳动报酬等案件，可以不中止执行。

第207条　人民法院按照审判监督程序再审的案件，发生法律效力的判决、裁定是由第一审法院作出的，按照第一审程序审理，所作的判决、裁定，当事人可以上诉；发生法律效力的判决、裁定是由第二审法院作出的，按照第二审程序审理，所作的判决、裁定，是发生法律效力的判决、裁定；上级人民法院按照审判监督程序提审的，按照第二审程序审理，所作的判决、裁定是发生法律效力的判决、裁定。

人民法院审理再审案件，应当另行组成合议庭。

《民诉解释》

第375条　当事人死亡或者终止的，其权利义务承继者可以根据民事诉讼法第一百九十九条、第二百零一条的规定申请再审。

判决、调解书生效后，当事人将判决、调解书确认的债权转让，债权受让人对该判决、调解书不服申请再审的，人民法院不予受理。

第376条　民事诉讼法第一百九十九条规定的人数众多的一方当事人，包括公民、法人和其他组织。

民事诉讼法第一百九十九条规定的当事人双方为公民的案件，是指原告和被告均为公民的案件。

第377条　当事人申请再审，应当提交下列材料：

（一）再审申请书，并按照被申请人和原审其他当事人的人数提交副本；

（二）再审申请人是自然人的，应当提交身份证明；再审申请人是法人或者其他组织的，应当提交营业执照、组织机构代码证书、法定代表人或者主要负责人身份证明书。委托他人代为申请的，应当提交授权委托书和代理人身份证明；

（三）原审判决书、裁定书、调解书；

（四）反映案件基本事实的主要证据及其他材料。

前款第二项、第三项、第四项规定的材料可以是与原件核对无异的复印件。

第378条　再审申请书应当记明下列事项：

（一）再审申请人与被申请人及原审其他当事人的基本信息；

（二）原审人民法院的名称，原审裁判文书案号；

（三）具体的再审请求；

（四）申请再审的法定情形及具体事实、理由。

再审申请书应当明确申请再审的人民法院，并由再审申请人签名、捺印或者盖章。

第379条　当事人一方人数众多或者当事人双方为公民的案件，当事人分别向原审人民法院和上一级人民法院申请再审且不能协商一致的，由原审人民法院受理。

第383条　当事人申请再审，有下列情形之一的，人民法院不予受理：

（一）再审申请被驳回后再次提出申请的；

（二）对再审判决、裁定提出申请的；

（三）在人民检察院对当事人的申请作出不予提出再审检察建议或者抗诉决定后又提出申请的。

前款第一项、第二项规定情形，人民法院应当告知当事人可以向人民检察院申请再审检察建议或者抗诉，但因人民检察院提出再审检察建议或者抗诉而再审作出的判决、裁定除外。

第384条　当事人对已经发生法律效力的调解书申请再审，应当在调解书发生法律效力后六个月内提出。

第385条　人民法院应当自收到符合条件的再审申请书等材料之日起五日内向再审申请人发送受理通知书，并向被申请人及原审其他当事人发送应诉通知书、再审申请书副本等材料。

第386条　人民法院受理申请再审案件后，应当依照民事诉讼法第二百条、第二百零一条、第二百零四条等规定，对当事人主张的再审事由进行审查。

第387条　再审申请人提供的新的证据，能够证明原判决、裁定认定基本事实或者裁判结果错误的，应当认定为民事诉讼法第二百条第一项规定的情形。

对于符合前款规定的证据，人民法院应当责令再审申请人说明其逾期提供该证据的理由；拒不说明理由或者理由不成立的，依照民事诉讼法第六十五条第二款和本解释第一百零二条的规定处理。

第389条　当事人对原判决、裁定认定事实的主要证据在原审中拒绝发表质证意见或者质证中未对证据发表质证意见的，不属于民事诉讼法第二百条第四项规定的未经质证的情形。

第391条　原审开庭过程中有下列情形之一的，应当认定为民事诉讼法第二百条第九项规定的剥夺当事人辩论权利：

（一）不允许当事人发表辩论意见的；

（二）应当开庭审理而未开庭审理的；

（三）违反法律规定送达起诉状副本或者上诉状副本，致使当事人无法行使辩论权利的；

（四）违法剥夺当事人辩论权利的其他情形。

第392条　民事诉讼法第二百条第十一项规定的诉讼请求，包括一审诉讼请求、二审上诉请求，但当事人未对一审判决、裁定遗漏或者超出诉讼请求提起上诉的除外。

第393条　民事诉讼法第二百条第十二项规定的法律文书包括：

（一）发生法律效力的判决书、裁定书、调解书；

（二）发生法律效力的仲裁裁决书；

（三）具有强制执行效力的公证债权文书。

第394条　民事诉讼法第二百条第十三项规定的审判人员审理该案件时有贪污受贿、徇私舞弊、枉法裁判行为，是指已经由生效刑事法律文书或者纪律处分决定所确认的行为。

第396条　人民法院对已经发生法律效力的判决、裁定、调解书依法决定再审，依照民事诉讼法第二百零六条规定，需要中止执行的，应当在再审裁定中同时写明中止原判决、裁定、调解书的执行；情况紧急的，可以将中止执行裁定口头通知负责执行的人民法院，并在通知后十日内发出裁定书。

第397条　人民法院根据审查案件的需要决定是否询问当事人。新的证据可能推翻原判决、裁定的，人民法院应当询问当事人。

第398条　审查再审申请期间，被申请人及原审其他当事人依法提出再审申请的，人民法院应当将其列为再审申请人，对其再审事由一并审查，审查期限重新计算。经审查，其中一方再审申请人主张的再审事由成立的，应当裁定再审。各方再审申请人主张的再审事由均不成立的，一并裁定驳回再审申请。

第399条　审查再审申请期间，再审申请人申请人民法院委托鉴定、勘验的，人民法院不予准许。

第400条　审查再审申请期间，再审申请人撤回再审申请的，是否准许，由人民法院裁定。

再审申请人经传票传唤，无正当理由拒不接受询问的，可以按撤回再审申请处理。

第401条　人民法院准许撤回再审申请或者按撤回再审申请处理后，再审申请人再次申请再审的，不予受理，但有民事诉讼法第二百条第一项、第三项、第十二项、第十三项规定情形，自知道或者应当知道之日起六个月内提出的除外。

第403条　人民法院审理再审案件应当组成合议庭开庭审理，但按照第二审程序审理，有特殊情况或者双方当事人已经通过其他方式充分表达意见，且书面同意不开庭审理的除外。

符合缺席判决条件的，可以缺席判决。

第404条　人民法院开庭审理再审案件，应当按照下列情形分别进行：

（一）因当事人申请再审的，先由再审申请人陈述再审请求及理由，后由被申请人答辩、其他原审当事人发表意见；

（二）因抗诉再审的，先由抗诉机关宣读抗诉书，再由申请抗诉的当事人陈述，后由被申请人答辩、其他原审当事人发表意见；

（三）人民法院依职权再审，有申诉人的，先由申诉人陈述再审请求及理由，后由被申诉人答辩、其他原审当事人发表意见；

（四）人民法院依职权再审，没有申诉人的，先由原审原告或者原审上诉人陈述，后由原审其他当事人发表意见。

对前款第一项至第三项规定的情形，人民法院应当要求当事人明确其再审请求。

第405条　人民法院审理再审案件应当围绕再审请求进行。当事人的再审请求超出原审诉讼请求的，不予审理；符合另案诉讼条件的，告知当事人可以另行起诉。

被申请人及原审其他当事人在庭审辩论结束前提出的再审请求，符合民事诉讼法第二百零五条规定的，人民法院应当一并审理。

人民法院经再审，发现已经发生法律效力的判决、裁定损害国家利益、社会公共利益、他人合法权益的，应当一并审理。

第406条　再审审理期间，有下列情形之一的，可以裁定终结再审程序：

（一）再审申请人在再审期间撤回再审请求，人民法院准许的；

（二）再审申请人经传票传唤，无正当理由拒不到庭的，或者未经法庭许可中途退庭，按撤回再审请求处理的；

（三）人民检察院撤回抗诉的；

（四）有本解释第四百零二条第一项至第四项规定情形的。

因人民检察院提出抗诉裁定再审的案件，申请抗诉的当事人有前款规定的情形，且不损害国家利益、社会公共利益或者他人合法权益的，人民法院应当裁定终结再审程序。

再审程序终结后，人民法院裁定中止执行的原生效判决自动恢复执行。

第407条　人民法院经再审审理认为，原判决、裁定认定事实清楚、适用法律正确的，应予维持；原判决、裁定认定事实、适用法律虽有瑕疵，但裁判结果正确的，应当在再审判决、裁定中纠正瑕疵后予以维持。

原判决、裁定认定事实、适用法律错误，导致裁判结果错误的，应当依法改判、撤销或者变更。

第408条　按照第二审程序再审的案件，人民法院经审理认为不符合民事诉讼法规定的起诉条件或者符合民事诉讼法第一百二十四条规定不予受理情形的，应当裁定撤销一、二审判决，驳回起诉。

第409条　人民法院对调解书裁定再审后，按照下列情形分别处理：

（一）当事人提出的调解违反自愿原则的事由不成立，且调解书的内容不违反法律强制性规定的，裁定驳回再审申请；

（二）人民检察院抗诉或者再审检察建议所主张的损害国家利益、社会公共利益的理由不成立的，裁定终结再审程序。

前款规定情形，人民法院裁定中止执行的调解书需要继续执行的，自动恢复执行。

第410条　一审原告在再审审理程序中申请撤回起诉，经其他当事人同意，且不损害国家利益、社会公共利益、他人合法权益的，人民法院可以准许。裁定准许撤诉的，应当一并撤销原判决。

一审原告在再审审理程序中撤回起诉后重复起诉的，人民法院不予受理。

第411条 当事人提交新的证据致使再审改判，因再审申请人或者申请检察监督当事人的过错未能在原审程序中及时举证，被申请人等当事人请求补偿其增加的交通、住宿、就餐、误工等必要费用的，人民法院应予支持。

第412条 部分当事人到庭并达成调解协议，其他当事人未作出书面表示的，人民法院应当在判决中对该事实作出表述；调解协议内容不违反法律规定，且不损害其他当事人合法权益的，可以在判决主文中予以确认。

第413条 人民检察院依法对损害国家利益、社会公共利益的发生法律效力的判决、裁定、调解书提出抗诉，或者经人民检察院检察委员会讨论决定提出再审检察建议的，人民法院应予受理。

第414条 人民检察院对已经发生法律效力的判决以及不予受理、驳回起诉的裁定依法提出抗诉的，人民法院应予受理，但适用特别程序、督促程序、公示催告程序、破产程序以及解除婚姻关系的判决、裁定等不适用审判监督程序的判决、裁定除外。

第415条 人民检察院依照民事诉讼法第二百零九条第一款第三项规定对有明显错误的再审判决、裁定提出抗诉或者再审检察建议的，人民法院应予受理。

第416条 地方各级人民检察院依当事人的申请对生效判决、裁定向同级人民法院提出再审检察建议，符合下列条件的，应予受理：细化了检查建议的受理条件

（一）再审检察建议书和原审当事人申请书及相关证据材料已经提交；

（二）建议再审的对象为依照民事诉讼法和本解释规定可以进行再审的判决、裁定；

（三）再审检察建议书列明该判决、裁定有民事诉讼法第二百零八条第二款规定情形；（四）符合民事诉讼法第二百零九条第一款第一项、第二项规定情形；

（五）再审检察建议经该人民检察院检察委员会讨论决定。

不符合前款规定的，人民法院可以建议人民检察院予以补正或者撤回；不予补正或者撤回的，应当函告人民检察院不予受理。

第417条 人民检察院依当事人的申请对生效判决、裁定提出抗诉，符合

下列条件的，人民法院应当在三十日内裁定再审：

（一）抗诉书和原审当事人申请书及相关证据材料已经提交；

（二）抗诉对象为依照民事诉讼法和本解释规定可以进行再审的判决、裁定；

（三）抗诉书列明该判决、裁定有民事诉讼法第二百零八条第一款规定情形；

（四）符合民事诉讼法第二百零九条第一款第一项、第二项规定情形。

不符合前款规定的，人民法院可以建议人民检察院予以补正或者撤回；不予补正或者撤回的，人民法院可以裁定不予受理。

第418条　当事人的再审申请被上级人民法院裁定驳回后，人民检察院对原判决、裁定、调解书提出抗诉，抗诉事由符合民事诉讼法第二百条第一项至第五项规定情形之一的，受理抗诉的人民法院可以交由下一级人民法院再审。

第419条　人民法院收到再审检察建议后，应当组成合议庭，在三个月内进行审查，发现原判决、裁定、调解书确有错误，需要再审的，依照民事诉讼法第一百九十八条规定裁定再审，并通知当事人；经审查，决定不予再审的，应当书面回复人民检察院。

第420条　人民法院审理因人民检察院抗诉或者检察建议裁定再审的案件，不受此前已经作出的驳回当事人再审申请裁定的影响。

第421条　人民法院开庭审理抗诉案件，应当在开庭三日前通知人民检察院、当事人和其他诉讼参与人。同级人民检察院或者提出抗诉的人民检察院应当派员出庭。

人民检察院因履行法律监督职责向当事人或者案外人调查核实的情况，应当向法庭提交并予以说明，由双方当事人进行质证。

第425条　本解释第三百四十条规定适用于审判监督程序。

第426条　对小额诉讼案件的判决、裁定，当事人以民事诉讼法第二百条规定的事由向原审人民法院申请再审的，人民法院应当受理。申请再审事由成立的，应当裁定再审，组成合议庭进行审理。作出的再审判决、裁定，当事人不得上诉。

当事人以不应按小额诉讼案件审理为由向原审人民法院申请再审的，人

民法院应当受理。理由成立的,应当裁定再审,组成合议庭审理。作出的再审判决、裁定,当事人可以上诉。

《审监解释》

第36条　当事人在再审审理中经调解达成协议的,人民法院应当制作调解书。调解书经各方当事人签收后,即具有法律效力,原判决、裁定视为被撤销。

第38条　人民法院按照第二审程序审理再审案件,发现原判决认定事实错误或者认定事实不清的,应当在查清事实后改判。但原审人民法院便于查清事实,化解纠纷的,可以裁定撤销原判决,发回重审;原审程序遗漏必须参加诉讼的当事人且无法达成调解协议,以及其他违反法定程序不宜在再审程序中直接作出实体处理的,应当裁定撤销原判决,发回重审。

《经审规定》(1994年)

第23条　最高人民法院对地方各级人民法院已经发生法律效力的判决、裁定,上级人民法院对下级人民法院已经发生法律效力的判决、裁定,按照审判监督程序,决定提审或者指令再审的,提审或者再审的人民法院除有特殊情况外,适用第一审程序的,应当在六个月内结案;适用第二审程序的,应当在三个月内结案。决定提审的,办案期限自裁定提审的次日起计算。指令再审的,自下级人民法院接到指令再审的裁定的次日起计算。上级人民法院指令再审的案件,下级人民法院在该案审结后,应当将裁判结果报上级人民法院。

※ 【历年真题】

1.韩某起诉翔鹭公司要求其依约交付电脑,并支付迟延履行违约金5万元。经县市两级法院审理,韩某均胜诉。后翔鹭公司以原审适用法律错误为由申请再审,省高院裁定再审后,韩某变更诉讼请求为解除合同,支付迟延履行违约金10万元。再审法院最终维持原判。关于再审程序的表述,下列哪些选项是正确的?(2013-3-82)

A.省高院可以亲自提审,提审应当适用二审程序

B.省高院可以指令原审法院再审，原审法院再审时应当适用一审程序

C.再审法院对韩某变更后的请求应当不予审查

D.对于维持原判的再审裁判，韩某认为有错误的，可以向检察院申请抗诉

【答案】ACD

【解析】根据《民事诉讼法》第204条、207条，可知A选项正确、B选项错误；根据《民诉解释》第405条：人民法院应当在具体的再审请求范围内或在抗诉支持当事人请求的范围内审理再审案件。当事人超出原审范围增加、变更诉讼请求的，不属于再审审理范围。因此，只要不涉及国家、社会公共利益，再审法院对韩某变更后的请求应当不予审查，故C选项正确。再审程序也适用根据《民事诉讼法》第209条，可知D选项正确。

2.周某因合同纠纷起诉，甲省乙市的两级法院均驳回其诉讼请求。周某申请再审，但被驳回。周某又向检察院申请抗诉，检察院以原审主要证据系伪造为由提出抗诉，法院裁定再审。关于启动再审的表述，下列哪些说法是不正确的？（2013-3-81）

A.周某只应向甲省高院申请再审

B.检察院抗诉后，应当由接受抗诉的法院审查后，作出是否再审的裁定

C.法院应当在裁定再审的同时，裁定撤销原判

D.法院应当在裁定再审的同时，裁定中止执行

【答案】ABC

【解析】根据《民事诉讼法》第199条，周某可以向乙市中院和甲省高院申请再审，故A选项说法错误，当选；根据《民事诉讼法》第211条可知，B选项说法错误，当选；根据《民事诉讼法》第206条，可知C选项说法错误，当选，D选项说法正确，故答案为A、B、C选项。

3.关于检察监督，下列哪一选项是正确的？（2013-3-49）

A.甲县检察院认为乙县法院的生效判决适用法律错误，对其提出检察建议

B.丙市检察院就合同纠纷向仲裁委员会提出检察建议，要求重新仲裁

C.丁县检察院认为丁县法院某法官在制作除权判决时收受贿赂，向该法院提出检察建议

D.戊县检察院认为戊县法院认定某公民为无民事行为能力人的判决存在程序错误，报请上级检察院提起抗诉

【答案】C

【解析】根据《民事诉讼法》第208条，可知C选项正确。

4.2010年7月，甲公司不服A市B区法院对其与乙公司买卖合同纠纷的判决，上诉至A市中级法院，A市中级法院经审理维持原判决。2011年3月，甲公司与丙公司合并为丁公司。之后，丁公司法律顾问在复查原甲公司的相关材料时，发现上述案件具备申请再审的法定事由。关于该案件的再审，下列哪一说法是正确的？（2012-3-45）

A.应由甲公司向法院申请再审

B.应由甲公司与丙公司共同向法院申请再审

C.应由丁公司向法院申请再审

D.应由丁公司以案外人身份向法院申请再审

【答案】C

【解析】根据《民诉解释》第63条，如果参加诉讼的法人或者其他组织发生合并或分立，其诉讼权利和诉讼义务由合并或分立后的法人或其他组织承担，因此C选项正确。

5.甲公司诉乙公司货款纠纷一案，A市B区法院在审理中查明甲公司的权利主张已超过诉讼时效（乙公司并未提出时效抗辩），遂判决驳回甲公司的诉讼请求。判决作出后上诉期间届满之前，B区法院发现其依职权适用诉讼时效规则是错误的。关于本案的处理，下列哪一说法是正确的？（2012-3-41）

A.因判决尚未发生效力，B区法院可以将判决书予以收回，重新作出新的判决

B.B区法院可以将判决书予以收回，恢复庭审并向当事人释明时效问题，视具体情况重新作出判决

C.B区法院可以作出裁定，纠正原判决中的错误

D.如上诉期间届满当事人未上诉的，B区法院可以决定再审，纠正原判决中的错误

【答案】D

【解析】根据《民事诉讼法》第198条以及《民诉解释》第242条，可知

D选项正确。

6.三合公司诉两江公司合同纠纷一案，经法院审理后判决两江公司败诉。此后，两江公司与海大公司合并成立了大江公司。在对两江公司财务进行审核时，发现了一份对前述案件事实认定极为重要的证据。关于该案的再审，下列哪一说法是正确的？（2011-3-45）

A.应当由两江公司申请再审并参加诉讼

B.应当由海大公司申请再审并参加诉讼

C.应当由大江公司申请再审并参加诉讼

D.应当由两江公司申请再审，但必须由大江公司参加诉讼

【答案】C

【解析】根据《民诉解释》第63条，可知C选项正确。

7.关于再审程序的说法，下列哪些选项是正确的？（2010-3-82）

A.在再审中，当事人提出新的诉讼请求的，原则上法院应根据自愿原则进行调解，调解不成的告知另行起诉

B.在再审中，当事人增加诉讼请求的，原则上法院应根据自愿原则进行调解，调解不成的裁定发回重审

C.按照第一审程序再审案件时，经法院许可原审原告可撤回起诉

D.在一定条件下，案外人可申请再审

【答案】CD

【解析】根据《民诉解释》第405条，可知新的诉讼请求不属于再审审理范围，故A、B选项错误；根据《民诉解释》第410条，可知C选项正确；根据《民诉解释》第423条，可知D选项正确。

8.张某诉季某人身损害赔偿一案判决生效后，张某以法院剥夺其辩论权为由申请再审，在法院审查张某再审申请期间，检察院对该案提出抗诉。关于法院的处理方式，下列哪一选项是正确的？（2010-3-47）

A.法院继续对当事人的再审申请进行审查，并裁定是否再审

B.法院应当审查检察院的抗诉是否成立，并裁定是否再审

C.法院应当审查检察院的抗诉是否成立，如不成立，再继续审查当事人的再审申请

D.法院直接裁定再审

【答案】D

【解析】根据《民事诉讼法》第211条，可知检察院抗诉的，法院应当再审。本题中，当事人申请再审与检察院抗诉发生了重合，因法律规定检察院提出抗诉，法院必须再审，法院就没有必要再对当事人的再审申请进行审查了，直接裁定再审即可。故D选项正确。

9.李某向A公司追索劳动报酬。诉讼中，李某向法院申请先予执行部分劳动报酬，法院经查驳回李某申请。李某不服，申请复议。法院审查后再次驳回李某申请。李某对复议结果仍不服，遂向上一级法院申请再审。关于上一级法院对该再审申请的处理，下列哪一选项是正确的？（2010-3-42）

A.裁定再审　B.决定再审　C.裁定不予受理　D.裁定驳回申请

【答案】D

【解析】根据《民诉解释》第395条，可知当事人申请再审的，法院有两种处理方式：一种是裁定再审；另一种是裁定驳回再审申请。根据《民事诉讼法》第200条，可知李某对复议结果"不服"申请再审，不属于申请再审的法定事由，故法院应该裁定驳回申请。

10.林某诉张某房屋纠纷案，经某中级法院一审判决后，林某没有上诉，而是于收到判决书20日后，向省高级法院申请再审。期间，张某向中级法院申请执行判决。省高级法院经审查，认为一审判决确有错误，遂指令作出判决的中级法院再审。下列哪些说法是正确的？（2009-3-88）

A.高级法院指令再审的同时，应作出撤销原判决的裁定

B.中级法院再审时应作出撤销原判决的裁定

C.中级法院应裁定中止原裁判的执行

D.中级法院应适用一审程序再审该案

【答案】CD

【解析】根据《民事诉讼法》第206条，可知A选项错误，C选项正确。根据《民诉解释》第396条，可知原审判决需要等再审法院对案件审理完后，针对具体案情来作出相应的判决或裁定，因此，本案不一定是裁定撤销原判决。故B选项错误。根据《民事诉讼法》第207条，可知D选项正确。

11.甲公司诉乙公司合同纠纷案，南山市S县法院进行了审理并作出驳回甲公司诉讼请求的判决，甲公司未提出上诉。判决生效后，甲公司因收集到

新的证据申请再审。下列哪些选项是正确的？（2009-3-87）

A.甲公司应当向S县法院申请再审

B.甲公司应当向南山市中级法院申请再审

C.法院应当适用一审程序再审本案

D.法院应当适用二审程序再审本案

【答案】BD

【解析】根据《民事诉讼法》第199条、第204条，可知当事人申请再审的案件，应向中级以上的人民法院申请再审。因此，A选项错误，B选项正确。根据《民事诉讼法》第207条可知，本案中，南山市中院是S县法院的上一级法院，要进行再审，必须以提审的方式进行，故C选项错误，D选项正确。

12.关于法院调解和当事人和解的区别，下列哪些选项是正确的？（2008-3-79）

A.法院调解必须发生在诉讼过程中，而当事人和解可以发生在诉讼之外

B.法院调解有法院审判权的介入，而当事人和解则无审判权的介入

C.在再审程序中法院不能进行调解，但当事人双方可以进行和解

D.法院调解成功后，法院根据调解协议内容制作调解书；而当事人和解后，法院不能根据当事人的申请依法确认和解协议并制作调解书

【答案】AB

【解析】根据《民诉解释》第412条，可知再审程序适用调解，故C选项错误；根据《民诉解释》第339条，法院可以根据当事人的请求，对双方达成的和解协议进行审查并制作调解书送达当事人，故D选项错误。

13.关于检察机关民事抗诉的表述，下列哪一选项是正确的？（2008-3-44）

A.各级检察机关均享有法律规定的抗诉权

B.检察机关提出抗诉，应当经当事人同意

C.对于检察机关提出抗诉的案件，法院应当再审

D.对于检察机关提出抗诉而进行再审的案件，法院应当组成由审判员组成的合议庭进行审理

【答案】C

【解析】根据《民事诉讼法》第208条，可知A选项中不是各级检察机关

均享有抗诉权；抗诉权是检察机关的权利，不需要当事人同意，故B选项错误；根据《民事诉讼法》第207条，可知按一审审理的再审案件，法庭组成中可以有人民陪审员，故D选项错误。根据《民事诉讼法》第211条，可知C选项正确。

14.甲公司因与乙公司合同纠纷起诉至法院，乙公司提出的管辖权异议被一审法院裁定驳回，乙公司不服提起上诉。在二审法院对此进行审理期间，甲公司向一审法院提出撤回起诉的申请。根据法律规定，下列哪一选项是正确的？（2008-3-37）

A.应由一审法院裁定准予撤诉

B.应由二审法院裁定准予撤诉

C.应由二审法院先对被告乙关于驳回管辖权异议裁定的上诉作出裁定后，再由一审法院根据二审法院的裁定作出相应处理

D.若二审法院查明一审法院无管辖权，应直接裁定将案件移送到有管辖权的法院

【答案】C

【解析】根据《民事诉讼法》第127条，人民法院受理案件后，当事人对管辖权有异议的，应当在提交答辩状期间提出。人民法院对当事人提出的异议，应当审查。异议成立的，裁定将案件移送有管辖权的人民法院；异议不成立的，裁定驳回。管辖权异议提出后，人民法院对管辖权异议成立与否的裁定生效前，有权管辖的法院尚未确定，最终未必由受诉法院进行管辖审理，因此受诉法院的审理权是待定的。而裁定准许撤诉与否，是审理权的一部分，当然受诉法院暂时无权对原告的撤诉申请作出准许与否的裁定，只有等二审法院先对被告的上诉作出裁定后，一审法院再根据裁定作出处理。本题的正确答案为C选项。

15. 1997年6月，刘某与张某离婚，法院判决2岁的儿子由刘某抚养，张某每月给付200元抚养费。2005年8月，刘某觉得每月200元的抚养费根本无法维持儿子的基本生活与学习，在与张某协商无果的情况下，刘某应当通过怎样的程序加以解决？（2008-3-33）

A.可以向法院申请再审，要求增加抚养费

B.可以向法院起诉，要求增加抚养费

C.可以向仲裁委员会申请仲裁，要求增加抚养费

D.可以向民政部门申请裁决，要求增加抚养费

【答案】B

【解析】《婚姻法》第37条规定，离婚后，一方抚养的子女，另一方应负担必要的生活费和教育费的一部或全部，负担费用的多少和期限的长短，由双方协议；协议不成时，由人民法院判决。关于子女生活费和教育费的协议或判决，不妨碍子女在必要时向父母任何一方提出超过协议或判决原定数额的合理要求。故A选项错误，B选项正确。根据《仲裁法》第3条的规定，婚姻、收养、监护、扶养、继承纠纷不能仲裁。故C选项错误。民政部门并没有对此类案件的裁决权，故D选项错误。

16.赵某与黄某因某项财产所有权发生争议，赵某向法院提起诉讼，经一、二审法院审理后，判决该项财产属赵某所有。此后，陈某得知此事，向二审法院反映其是该财产的共同所有人，并提供了相关证据。二审法院经审查，决定对此案进行再审。关于此案的说法，下列哪一选项是正确的？（2008-3-35）

A.陈某不是本案一、二审当事人，不能参加再审程序

B.二审法院可以直接通知陈某参加再审程序，并根据自愿原则进行调解，调解不成的，告知陈某另行起诉

C.二审法院可以直接通知陈某参加再审程序，并根据自愿原则进行调解，调解不成的，裁定撤销一、二审判决，发回原审法院重审

D.二审法院只能裁定撤销一、二审判决，发回原审法院重审

【答案】C

【解析】根据《民诉解释》第422条，选项C正确。

17.根据民事诉讼法的规定，第二审程序与审判监督程序具有下列哪些区别？（2006-3-89）

A.第二审程序与审判监督程序合议庭的组成形式不尽相同

B.适用第二审程序以开庭审理为原则，而适用审判监督程序以书面审理为原则

C.第二审程序中法院可以以调解方式结案，而适用审判监督程序不适用调解

D.适用第二审程序作出的裁判是终审裁判，适用审判监督程序作出的裁判却未必是终审裁判

【答案】AD

【解析】根据《民事诉讼法》第40条，可知A选项正确。无论是第二审程序还是审判监督程序都以开庭审理为原则，故B选项错误。在审判监督程序中可以适用调解，故C选项错误。根据《民事诉讼法》第207条，可知D选项正确。

18.某省甲市检察院根据某当事人的申诉，发现甲市中级法院作出的二审判决适用法律确有错误。在此情况下，甲市检察院应如何处理？（2005-3-41）

A.只能告知当事人向法院申请再审

B.向甲市中级法院提出抗诉

C.向一审法院提出抗诉

D.提请上一级检察院提出抗诉

【答案】D

【解析】根据《民事诉讼法》第208条、第200条，可知D选项正确，B、C选项错误。审判监督程序有三种启动方式：法院依职权，当事人申请，检察院抗诉。对于当事人的申诉，检察院既可以告知当事人向法院申请再审，也可以由自己提出抗诉。因此，A选项错误。

19.甲诉乙的合同纠纷案件，经一审、二审法院的审理，甲胜诉。乙申请再审，法院经审查决定再审。再审过程中，乙提出反诉。对此，法院应如何处理？（2005-3-39）

A.将乙的反诉与甲提出的本诉合并审理

B.裁定驳回乙的反诉

C.判决驳回乙的反诉

D.就反诉进行调解，调解不成的，告知乙另行起诉

【答案】D

【解析】根据《民事诉讼法》第207条和《民诉解释》第328条，在第二审程序中，原审原告增加独立的诉讼请求或原审被告提出反诉的，第二审人民法院可以根据当事人自愿的原则就新增加的诉讼请求或反诉进行调解，调解不成的，告知当事人另行起诉。可知D选项正确。

20.民事诉讼法规定，人民检察院有权对民事审判活动进行法律监督。下列哪一种情形属于人民检察院进行民事检察监督的范围？（2005-3-37）

A.陪审员丁某审理合同纠纷案件的过程中接受当事人礼金1000元

B.证人马某接受当事人礼金2000元并提出了对该当事人有利的证言

C.法官周某就某仲裁案件向仲裁员提供了对该案件当事人红星公司有利的咨询意见，红星公司以咨询费名义付给周法官6000元

D.法官陈某长期为某公司免费做法律顾问

【答案】A

【解析】民事检察监督的途径是民事抗诉，针对人民法院在审理案件过程中的行为。根据《民事诉讼法》第208条、第200条，可知A选项正确。B选项，证人不是检察监督针对的主体；C、D选项中法官的行为没有发生在审理案件过程中。

21.下列何种民事诉讼案件的生效判决，人民检察院应当提出抗诉？（2004-3-35）

A.某案的审判长在审理案件过程中犯交通肇事罪，作出民事判决后被追究刑事责任

B.某案的审判长在审理案件过程中接受一方当事人价值200元的礼品，但其判决认定事实和适用法律正确

C.某案证人在诉讼过程中接受一方当事人价值200元的礼品，但其证言是真实的

D.某案的生效调解书认定的事实不正确

【答案】B

【解析】根据《民事诉讼法》第208条、第200条，可知B选项正确。

22.甲公司诉乙公司侵权一案，在市中级人民法院作出二审判决之后，甲公司新发现一重要证据，遂向省高级人民法院申请再审。省高级人民法院受理后，甲公司与乙公司达成了调解协议。在此情况下，下列哪些说法是错误的？（2003-3-68）

A.由省高级人民法院作出撤销原判决的裁定

B.由省高级人民法院制作调解书并注明撤销原判决

C.在当事人达成调解协议的同时，该判决自动撤销

D.制作调解书送达当事人双方后，该判决视为撤销

【答案】ABC

【解析】根据《审监解释》第36条，可知A、B、C选项错误，应选。

23.就瑞成公司与建华公司的合同纠纷，某省甲市中院作出了终审裁判。建华公司不服，打算启动再审程序。后其向甲市检察院申请检察建议，甲市检察院经过审查，作出驳回申请的决定。关于检察监督，下列哪些表述是正确的？（2014-3-80）

A.建华公司可在向该省高院申请再审的同时，申请检察建议

B.在甲市检察院驳回检察建议申请后，建华公司可向该省检察院申请抗诉

C.甲市检察院在审查检察建议申请过程中，可向建华公司调查核实案情

D.甲市检察院在审查检察建议申请过程中，可向瑞成公司调查核实案情

【答案】C、D

【解析】根据《民事诉讼法》第209条，可知A、B选项错误；根据《民事诉讼法》第210条，可知C、D选项正确。

24.周立诉孙华人身损害赔偿案，一审法院适用简易程序审理，电话通知双方当事人开庭，孙华无故未到庭，法院缺席判决孙华承担赔偿周立医疗费。判决书生效后，周立申请强制执行，执行程序开始，孙华向一审法院提出再审申请。法院裁定再审，未裁定中止原判决的执行。关于本案，下列哪一说法是正确的？（2015-3-46）

A.法院电话通知当事人开庭是错误的

B.孙华以法院未传票通知其开庭即缺席判决为由，提出再审申请是符合法律规定的

C.孙华应向二审法院提出再审申请，而不可向原一审法院申请再审

D.法院裁定再审，未裁定中止原判决的执行是错误的

【答案】B

【解析】根据《民事诉讼法》第159条规定，A项错误。根据《民事诉讼法》第200条规定，B项正确。根据《民事诉讼法》第199条规定，C项错误。根据《民事诉讼法》第206条规定，D项错误。

25.章俊诉李泳借款纠纷案在某县法院适用简易程序审理。县法院判决后，章俊上诉，二审法院以事实不清为由发回重审。县法院征得当事人同意

后，适用简易程序重审此案。在答辩期间，李泳提出管辖权异议，县法院不予审查。案件开庭前，章俊增加了诉讼请求，李泳提出反诉，县法院受理了章俊提出的增加诉讼请求，但以重审不可提出反诉为由拒绝受理李泳的反诉。关于本案，该县法院的下列哪些做法是正确的？（2015-3-82）

A.征得当事人同意后，适用简易程序重审此案

B.对李泳提出的管辖权异议不予审查

C.受理章俊提出的增加诉讼请求

D.拒绝受理李泳的反诉

【答案】BC

【解析】根据《民事诉讼法》第40条规定，A项错误。根据《民事诉讼法》第127条规定，B项正确。根据《民诉解释》第232条规定，C项正确，D项错误。

第十七章　特别程序

第一节　特别程序概述

一、特别程序概念

特别程序，指与通常诉讼程序相对应的、法院审理某些非民事权益争议案件所适用的特殊程序。

二、特别程序的特点

（1）非民事权益争议性案件：选民资格案+非讼案件F177。

（2）确认之诉——确认判决（确认调解协议案件和实现担保物权案件用裁定）。

（3）申请人（起诉人）不一定与本案有直接利害关系。

（4）基层法院、独任审理（例外：选民资格案+重大、疑难，由审判员组成合议庭）。

（5）一审终审，无审判监督程序（F178）当事人、利害关系人认为判决、裁定有错误的，可以向作出判决、裁定的法院提出异议。经审查，异议成立或部分成立的，作出新判决、裁定撤销或改变原判决、裁定；异议不成立的，裁定驳回。J374

（6）审限短（立案之日起或公告期满30日内+院长延长，选民资格案除外）（F180）。

（7）免交诉讼费。

第二节　特别程序的适用范围

※【图表解析】

一、选民资格案
F181、182

- 起诉人：限于公民
  （起诉人、选委会代表和有关公民须参加）
- 起诉时间：选举日的5日以前
- 审限：选举日前
- 管辖：选区所在地基层法院
- 特别提示：前置程序

二、宣告公民失踪、死亡案件（F183-186）

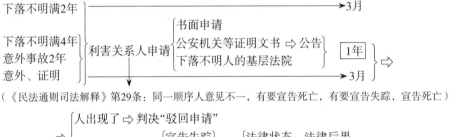

- 下落不明满2年 ────────────────→ 3月
- 下落不明满4年
  意外事故2年
  意外、证明
  ｝利害关系人申请｛书面申请
  公安机关等证明文书 ⇨ 公告 [1年] ｝⇨
  下落不明人的基层法院
  ────────────────→ 3月

（《民法通则司法解释》第29条：同一顺序人意见不一，有要宣告死亡，有要宣告失踪，宣告死亡）

⇨ ｛人出现了 ⇨ 判决"驳回申请"
　人未出现 ⇨ 判决｛宣告失踪／宣告死亡｝生效 ｛法律状态：法律后果／人又出现，新判决（非再审）F186｝

三、认定公民无行为能力人或者限制行为能力人（F187~190）

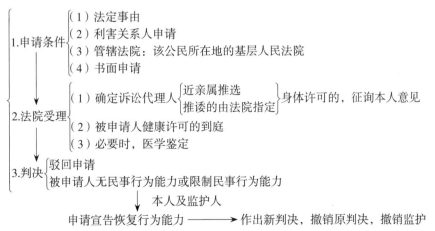

1.申请条件
- （1）法定事由
- （2）利害关系人申请
- （3）管辖法院：该公民所在地的基层人民法院
- （4）书面申请

2.法院受理
- （1）确定诉讼代理人｛近亲属推选／推诿的由法院指定｝身体许可的，征询本人意见
- （2）被申请人健康许可的到庭
- （3）必要时，医学鉴定

3.判决
- 驳回申请
- 被申请人无民事行为能力或限制民事行为能力
  ↓ 本人及监护人
  申请宣告恢复行为能力 ──→ 作出新判决，撤销原判决，撤销监护

四、认定无主财产案件

申请
- 无主财产范围
  - （1）有形财产
  - （2）权利主体不明或不存在的状态持续一段时间
- 管辖：财产所在地基层人民法院
- 书面申请

法院受理 ——→ 公告，1年
- 权利人出现：驳回申请
- 所有权争议：裁定终结程序
- 期满权利人仍不明：判决认定无主财产 ⇨ 申请撤销

⇨ 申请撤销
- 原财产所有人或继承人申请
- 诉讼时效内
- 书面申请

⇨
- 作出新判决
- 撤销原判决
- 物归原主或作价赔偿

五、确认调解协议案件

申请
- 1.属于法院确认调解协议的案件范围
- 2.调解协议当事人或代理人申请
- 3.申请期限：调解协议生效起30日内
- 4.管辖：调解组织所在地基层人民法院
- 5.可口头

受理，审查
- 合法：裁定调解协议有效 ——→ 可申请强制执行
- 不合法：驳回申请 ——→ 变更或达成新调解协议 / 起诉

六、实现担保物权案件（F196、197）

申请人 ⇨ 法院
- 合法
  - 裁定拍卖、变卖
  - 可向法院申请执行
- 不合法
  - 裁定驳回申请
  - 可向法院提起诉讼

※【知识点详解】

一、选民资格案件

（1）起诉人：限于有诉讼行为能力的公民。

审理时，起诉人、选举委员会的代表和有关公民必须参加。

（2）起诉时间：起诉人应当在选举日的5日前起诉。

（3）审理期限：法院应当在选举日到来前审结案件。

（4）管辖：选区所在地基层人民法院。

（5）审判组织：只能由审判员组成合议庭审理。

（6）判决：一审终审，立即生效，不得调解和再审。

（7）申诉前置程序：公民对选民资格名单有意见的，必须先就该选民资格问题向选举委员会申诉，对申诉处理结果有意见的，才能向法院起诉。不能就选民资格争议直接向法院提起诉讼。

二、宣告公民失踪、死亡案（F183~186）

宣告公民失踪，是指公民下落不明达到法定期限，利害关系人请求法院宣告该公民失踪。宣告公民死亡，是指公民下落不明达到法定期限或具备其他法定条件，利害关系人请求法院宣告该公民死亡。

（一）申请的条件

（1）被宣告失踪人下落不明满一定期间：申请宣告失踪为下落不明满2年；申请宣告死亡为下落不明满4年，或者因意外事故下落不明满2年，或者因意外事故下落不明，经有关单位证明不可能生存。宣告失踪不是宣告死亡的必经程序。

（2）利害关系人提出申请。利害关系人的具体顺序是：第一，配偶；第二，父母、子女；第三，祖父母、外祖父母、孙子女、外孙子女；第四，其他利害关系人。在申请宣告公民失踪时，无顺序限制，申请宣告公民死亡时，申请权按申请人顺序排列，同一顺序人意见不一，有要宣告死亡，有要宣告失踪的，宣告死亡。

（3）书面形式的申请。

（4）管辖法院：下落不明人住所地的基层人民法院。

（二）公告

宣告失踪：公告期为3个月；宣告死亡：公告期为1年（意外事故经有关机关证明不可能生存的，公告期为3个月）。

（三）法律后果

（1）宣告失踪：指定财产代管人，财产代管人有权保管失踪人的财产，可以以自己的名义提起或参加有关失踪人及其财产的诉讼或仲裁等纠纷活动。

（2）宣告死亡：人身关系消灭，继承开始。宣告死亡与自然死亡的法律后果完全相同，但该公民异地生存的，宣告死亡的判决不影响该公民在异地的活动。

（四）被宣告失踪人和被宣告死亡人重新出现后的处理

（1）由该公民或他的利害关系人向作出宣告判决的人民法院申请。

（2）由法院作出新判决，撤销原判决。

（3）宣告死亡后重新出现时：

配偶**未再婚**的，原婚姻关系自动恢复；只要再婚的，无论再婚后又离婚还是再婚后配偶又死亡，原婚姻关系不能自行恢复。

子女被收养的，维持收养关系，但收养人和被收养人协商解除的除外。

财产关系上，原物已被第三人合法取得的可不予返还，财产被继承的，继承人返回原物或给予适当补偿。

（五）失踪人财产代管人的变更

（1）代管人申请变更：按特别程序进行。

（2）利害关系人请求变更：利害关系人为原告，原代管人为被告，按普通程序进行。

三、认定公民无行为能力人或者限制行为能力人案件（F187~190）

（一）适用范围

认定精神病人全部或部分丧失民事行为能力，不适用于未成年人。

（二）申请人书面申请

近亲属/其他利害关系人。

（三）管辖

该公民住所地的基层人民法院。

（四）确定诉讼代理人

申请人以外的近亲属为代理人，如果近亲属互相推诿的，由法院指定其中一人为代理人，该公民健康状况许可的，还应当询问本人的意见。

（五）判决并指定监护人

法院判决认定公民为无民事行为能力人或限制民事行为能力人之后，应为该公民确定监护人。无民事行为能力或者限制民事行为能力的精神病人，由下列人员担任监护人：配偶；父母；成年子女；其他近亲属；关系密切的其他亲属、朋友愿意承担监护责任，经精神病人的所在单位或者住所地的居民委员会、村民委员会同意的。对担任监护人有争议的，由精神病人的所在单位或者住所地的居民委员会、村民委员会在近亲属中指定。被指定的监护人不服的，在接到通知之日起30日内向法院提出异议（《民法通则》第17条，J351）。

（六）与其他诉讼程序的关系

在其他诉讼中，需要认定公民的行为能力时，受诉法院依据申请人申请启动特别程序审理，原诉讼中止。

（七）行为能力的恢复

被认定为无民事行为能力或限制行为能力的本人及其监护人，可以向法院申请宣告恢复民事行为能力，法院依申请认定该公民已恢复限制或者完全民事行为能力的，作出新判决，撤销原判决及监护，法律上恢复其行为能力。

四、认定无主财产案件（F191~193）

（一）条件

有形财产（无形财产、精神财富，不属于被认定无主财产的范围）；所有人不明；公民、法人其他组织书面申请；由财产所在地基层人民法院管辖。

（二）审理

公告期1年，独任制（案情复杂时可以合议制）。

（三）裁判

公告满1年且无人认领时，判决为无主财产，归国家或集体所有；公告

期间内若财产权利人出现，经法院确定为合法所有人，则裁定驳回申请，通知权利人认领财产；公告期间有人对财产提出请求，法院裁定终结认定财产无主程序，可以通过诉讼、仲裁等方式解决此争议。

（四）救济途径

请求法院撤销原判决。判决认定无主财产后，如果原财产所有人或继承人出现时，在诉讼时效内，经所有人申请，法院作出新判决，撤销原判决。

五、确认调解协议案件（F194~195）

修改后的《民事诉讼法》新增了法院确认调解协议程序以及实现担保物权程序，并将这两个程序规定于《民事诉讼法》第十五章"特别程序"中，适用特别程序的一般规定。在我国，人民调解委员会、行政机关、行业协会等机构主持达成的调解协议，属于诉讼外调解协议，通常具有民事合同的性质与效力，法院确认调解协议程序的设立，目的是赋予这些调解协议强制执行力，以便充分发挥诉讼外调解制度的纠纷解决功能。

（一）当事人申请确认调解协议的案件范围

理论上，法律所允许的行政机关、人民调解组织、商事调解组织、行业调解组织或者其他具有调解职能的组织调解达成的调解协议（法院调解和仲裁调解除外），均可申请法院确认。现阶段，主要是依《人民调解法》等法律制作的调解协议可申请司法确认。

（二）申请方式

当事人（本人或代理人）共同提出申请。

（三）申请期限

自调解协议生效之日起30日内。

（四）管辖

调解组织所在地的基层人民法院。

（五）法院的审理和确认裁定的法律效力

根据《民事诉讼法》第195条的规定，法院受理申请后，经审查符合法律规定的，**裁定**调解协议有效，一方当事人拒绝履行或者未全部履行的，对方当事人可以向人民法院申请执行。注意：如果调解协议的内容违反了法律、行政法规的强制性规定，或者侵害国家、社会公共利益、案外人的合法权益或违背公序良俗、违反自愿原则、内容不明确等情形下，法院将不予确认。

法院对于不符合法律规定的调解协议，裁定驳回申请，当事人可以通过调解方式变更原调解协议或者达成新的调解协议，也可以向人民法院提起诉讼。

六、实现担保物权案件（F196~197）

担保物权包括抵押权、质权和留置权。实现担保物权案件，是指债务人不履行债务时，担保物权人申请法院经法定程序，通过将担保标的物拍卖、变卖等方式，使债权得到优先受偿的案件。《民事诉讼法》新增的法院实现担保物权程序，改变了以往通过诉讼实现担保物权的方式，与《物权法》有效衔接，简便了担保物权的实现，使担保物权人能够通过更加快捷的司法救济手段实现担保物权。

（一）申请主体

担保物权人（包括抵押权人、质权人和留置权人）或其他有权实现担保物权的人（如《物权法》第220、237条所规定的抵押人、出质人、财产被留置的债务人或者所有权人等）。

（二）管辖法院

担保财产所在地或者担保物权登记地的基层人民法院。

（三）法院的处理

根据《民事诉讼法》第197条的规定，符合法律的，裁定拍卖、变卖担保财产；当事人依据该裁定可以向人民法院申请执行；不符合法律规定的，裁定驳回申请，当事人可以向人民法院提起诉讼。当事人有部分实质性争议的，可以就无争议部分裁定准许拍卖、变卖担保财产。J372

※【相关法律法规】

《民事诉讼法》

第177条　人民法院审理选民资格案件、宣告失踪或者宣告死亡案件、认定公民无民事行为能力或者限制民事行为能力案件、认定财产无主案件、确认调解协议案件和实现担保物权案件，适用本章规定。本章没有规定的，适

用本法和其他法律的有关规定。

第178条　依照本章程序审理的案件，实行一审终审。选民资格案件或者重大、疑难的案件，由审判员组成合议庭审理；其他案件由审判员一人独任审理。

第179条　人民法院在依照本章程序审理案件的过程中，发现本案属于民事权益争议的，应当裁定终结特别程序，并告知利害关系人可以另行起诉。

第180条　人民法院适用特别程序审理的案件，应当在立案之日起三十日内或者公告期满后三十日内审结。有特殊情况需要延长的，由本院院长批准。但审理选民资格的案件除外。

第181条　公民不服选举委员会对选民资格的申诉所作的处理决定，可以在选举日的五日以前向选区所在地基层人民法院起诉。

第182条　人民法院受理选民资格案件后，必须在选举日前审结。

审理时，起诉人、选举委员会的代表和有关公民必须参加。

人民法院的判决书，应当在选举日前送达选举委员会和起诉人，并通知有关公民。

第183条　公民下落不明满二年，利害关系人申请宣告其失踪的，向下落不明人住所地基层人民法院提出。

申请书应当写明失踪的事实、时间和请求，并附有公安机关或者其他有关机关关于该公民下落不明的书面证明。

第184条　公民下落不明满四年，或者因意外事故下落不明满二年，或者因意外事故下落不明，经有关机关证明该公民不可能生存，利害关系人申请宣告其死亡的，向下落不明人住所地基层人民法院提出。

申请书应当写明下落不明的事实、时间和请求，并附有公安机关或者其他有关机关关于该公民下落不明的书面证明。

第185条　人民法院受理宣告失踪、宣告死亡案件后，应当发出寻找下落不明人的公告。宣告失踪的公告期间为三个月，宣告死亡的公告期间为一年。因意外事故下落不明，经有关机关证明该公民不可能生存的，宣告死亡的公告期间为三个月。

公告期间届满，人民法院应当根据被宣告失踪、宣告死亡的事实是否得到确认，作出宣告失踪、宣告死亡的判决或者驳回申请的判决。

第186条　被宣告失踪、宣告死亡的公民重新出现，经本人或者利害关系人申请，人民法院应当作出新判决，撤销原判决。

第187条　申请认定公民无民事行为能力或者限制民事行为能力，由其近亲属或者其他利害关系人向该公民住所地基层人民法院提出。

申请书应当写明该公民无民事行为能力或者限制民事行为能力的事实和根据。

第188条　人民法院受理申请后，必要时应当对被请求认定为无民事行为能力或者限制民事行为能力的公民进行鉴定。申请人已提供鉴定意见的，应当对鉴定意见进行审查。

第189条　人民法院审理认定公民无民事行为能力或者限制民事行为能力的案件，应当由该公民的近亲属为代理人，但申请人除外。近亲属互相推诿的，由人民法院指定其中一人为代理人。该公民健康情况许可的，还应当询问本人的意见。

人民法院经审理认定申请有事实根据的，判决该公民为无民事行为能力或者限制民事行为能力人；认定申请没有事实根据的，应当判决予以驳回。

第190条　人民法院根据被认定为无民事行为能力人、限制民事行为能力人或者他的监护人的申请，证实该公民无民事行为能力或者限制民事行为能力的原因已经消除的，应当作出新判决，撤销原判决。

第191条　申请认定财产无主，由公民、法人或者其他组织向财产所在地基层人民法院提出。

申请书应当写明财产的种类、数量以及要求认定财产无主的根据。

第192条　人民法院受理申请后，经审查核实，应当发出财产认领公告。公告满一年无人认领的，判决认定财产无主，收归国家或者集体所有。

第193条　判决认定财产无主后，原财产所有人或者继承人出现，在民法通则规定的诉讼时效期间可以对财产提出请求，人民法院审查属实后，应当作出新判决，撤销原判决。

第194条　申请司法确认调解协议，由双方当事人依照人民调解法等法律，自调解协议生效之日起三十日内，共同向调解组织所在地基层人民法院提出。

第195条　人民法院受理申请后，经审查，符合法律规定的，裁定调解协

议有效，一方当事人拒绝履行或者未全部履行的，对方当事人可以向人民法院申请执行；不符合法律规定的，裁定驳回申请，当事人可以通过调解方式变更原调解协议或者达成新的调解协议，也可以向人民法院提起诉讼。

第196条　申请实现担保物权，由担保物权人以及其他有权请求实现担保物权的人依照物权法等法律，向担保财产所在地或者担保物权登记地基层人民法院提出。

第197条　人民法院受理申请后，经审查，符合法律规定的，裁定拍卖、变卖担保财产，当事人依据该裁定可以向人民法院申请执行；不符合法律规定的，裁定驳回申请，当事人可以向人民法院提起诉讼。

《民诉解释》

第343条　宣告失踪或者宣告死亡案件，人民法院可以根据申请人的请求，清理下落不明人的财产，并指定案件审理期间的财产管理人。公告期满后，人民法院判决宣告失踪的，应当同时依照民法通则第二十一条第一款的规定指定失踪人的财产代管人。

第344条　失踪人的财产代管人经人民法院指定后，代管人申请变更代管的，比照民事诉讼法特别程序的有关规定进行审理。申请理由成立的，裁定撤销申请人的代管人身份，同时另行指定财产代管人；申请理由不成立的，裁定驳回申请。

失踪人的其他利害关系人申请变更代管的，人民法院应当告知其以原指定的代管人为被告起诉，并按普通程序进行审理。

第345条　人民法院判决宣告公民失踪后，利害关系人向人民法院申请宣告失踪人死亡，自失踪之日起满四年的，人民法院应当受理，宣告失踪的判决即是该公民失踪的证明，审理中仍应依照民事诉讼法第一百八十五条规定进行公告。

第346条　符合法律规定的多个利害关系人提出宣告失踪、宣告死亡申请的，列为共同申请人。

第347条　寻找下落不明人的公告应当记载下列内容：

（一）被申请人应当在规定期间内向受理法院申报其具体地址及其联系方式。否则，被申请人将被宣告失踪、宣告死亡；

（二）凡知悉被申请人生存现状的人，应当在公告期间内将其所知道情况向受理法院报告。

第348条　人民法院受理宣告失踪、宣告死亡案件后，作出判决前，申请人撤回申请的，人民法院应当裁定终结案件，但其他符合法律规定的利害关系人加入程序要求继续审理的除外。

第349条　在诉讼中，当事人的利害关系人提出该当事人患有精神病，要求宣告该当事人无民事行为能力或者限制民事行为能力的，应由利害关系人向人民法院提出申请，由受诉人民法院按照特别程序立案审理，原诉讼中止。

第350条　认定财产无主案件，公告期间有人对财产提出请求的，人民法院应当裁定终结特别程序，告知申请人另行起诉，适用普通程序审理。

第351条　被指定的监护人不服指定，应当自接到通知之日起三十日内向人民法院提出异议。经审理，认为指定并无不当的，裁定驳回异议；指定不当的，判决撤销指定，同时另行指定监护人。判决书应当送达异议人、原指定单位及判决指定的监护人。

第352条　申请认定公民无民事行为能力或者限制民事行为能力的案件，被申请人没有近亲属的，人民法院可以指定其他亲属为代理人。被申请人没有亲属的，人民法院可以指定经被申请人所在单位或者住所地的居民委员会、村民委员会同意，且愿意担任代理人的关系密切的朋友为代理人。

没有前款规定的代理人的，由被申请人所在单位或者住所地的居民委员会、村民委员会或者民政部门担任代理人。

代理人可以是一人，也可以是同一顺序中的两人。

第353条　申请司法确认调解协议的，双方当事人应当本人或者由符合民事诉讼法第五十八条规定的代理人向调解组织所在地基层人民法院或者人民法庭提出申请。

第354条　两个以上调解组织参与调解的，各调解组织所在地基层人民法院均有管辖权。

双方当事人可以共同向其中一个调解组织所在地基层人民法院提出申请；双方当事人共同向两个以上调解组织所在地基层人民法院提出申请的，由最先立案的人民法院管辖。

第355条　当事人申请司法确认调解协议，可以采用书面形式或者口头形

式。当事人口头申请的，人民法院应当记入笔录，并由当事人签名、捺印或者盖章。

第356条　当事人申请司法确认调解协议，应当向人民法院提交调解协议、调解组织主持调解的证明，以及与调解协议相关的财产权利证明等材料，并提供双方当事人的身份、住所、联系方式等基本信息。

当事人未提交上述材料的，人民法院应当要求当事人限期补交。

第357条　当事人申请司法确认调解协议，有下列情形之一的，人民法院裁定不予受理：

（一）不属于人民法院受理范围的；

（二）不属于收到申请的人民法院管辖的；

（三）申请确认婚姻关系、亲子关系、收养关系等身份关系无效、有效或者解除的；

（四）涉及适用其他特别程序、公示催告程序、破产程序审理的；

（五）调解协议内容涉及物权、知识产权确权的。

人民法院受理申请后，发现有上述不予受理情形的，应当裁定驳回当事人的申请。

第358条　人民法院审查相关情况时，应当通知双方当事人共同到场对案件进行核实。

人民法院经审查，认为当事人的陈述或者提供的证明材料不充分、不完备或者有疑义的，可以要求当事人限期补充陈述或者补充证明材料。必要时，人民法院可以向调解组织核实有关情况。

第359条　确认调解协议的裁定作出前，当事人撤回申请的，人民法院可以裁定准许。

当事人无正当理由未在限期内补充陈述、补充证明材料或者拒不接受询问的，人民法院可以按撤回申请处理。

第360条　经审查，调解协议有下列情形之一的，人民法院应当裁定驳回申请：

（一）违反法律强制性规定的；

（二）损害国家利益、社会公共利益、他人合法权益的；

（三）违背公序良俗的；

（四）违反自愿原则的；

（五）内容不明确的；

（六）其他不能进行司法确认的情形。

第361条　民事诉讼法第一百九十六条规定的担保物权人，包括抵押权人、质权人、留置权人；其他有权请求实现担保物权的人，包括抵押人、出质人、财产被留置的债务人或者所有权人等。

第362条　实现票据、仓单、提单等有权利凭证的权利质权案件，可以由权利凭证持有人住所地人民法院管辖；无权利凭证的权利质权，由出质登记地人民法院管辖。

第363条　实现担保物权案件属于海事法院等专门人民法院管辖的，由专门人民法院管辖。

第364条　同一债权的担保物有多个且所在地不同，申请人分别向有管辖权的人民法院申请实现担保物权的，人民法院应当依法受理。

第365条　依照物权法第一百七十六条的规定，被担保的债权既有物的担保又有人的担保，当事人对实现担保物权的顺序有约定，实现担保物权的申请违反该约定的，人民法院裁定不予受理；没有约定或者约定不明的，人民法院应当受理。

第366条　同一财产上设立多个担保物权，登记在先的担保物权尚未实现的，不影响后顺位的担保物权人向人民法院申请实现担保物权。

第367条　申请实现担保物权，应当提交下列材料：

（一）申请书。申请书应当记明申请人、被申请人的姓名或者名称、联系方式等基本信息，具体的请求和事实、理由；

（二）证明担保物权存在的材料，包括主合同、担保合同、抵押登记证明或者他项权利证书，权利质权的权利凭证或者质权出质登记证明等；

（三）证明实现担保物权条件成就的材料；

（四）担保财产现状的说明；

（五）人民法院认为需要提交的其他材料。

第368条　人民法院受理申请后，应当在五日内向被申请人送达申请书副本、异议权利告知书等文书。

被申请人有异议的，应当在收到人民法院通知后的五日内向人民法院提

出，同时说明理由并提供相应的证据材料。

第369条　实现担保物权案件可以由审判员一人独任审查。担保财产标的额超过基层人民法院管辖范围的，应当组成合议庭进行审查。

第370条　人民法院审查实现担保物权案件，可以询问申请人、被申请人、利害关系人，必要时可以依职权调查相关事实。

第371条　人民法院应当就主合同的效力、期限、履行情况，担保物权是否有效设立、担保财产的范围、被担保的债权范围、被担保的债权是否已届清偿期等担保物权实现的条件，以及是否损害他人合法权益等内容进行审查。

被申请人或者利害关系人提出异议的，人民法院应当一并审查。

第372条　人民法院审查后，按下列情形分别处理：

（一）当事人对实现担保物权无实质性争议且实现担保物权条件成就的，裁定准许拍卖、变卖担保财产；

（二）当事人对实现担保物权有部分实质性争议的，可以就无争议部分裁定准许拍卖、变卖担保财产；

（三）当事人对实现担保物权有实质性争议的，裁定驳回申请，并告知申请人向人民法院提起诉讼。

第373条　人民法院受理申请后，申请人对担保财产提出保全申请的，可以按照民事诉讼法关于诉讼保全的规定办理。

第374条　适用特别程序作出的判决、裁定，当事人、利害关系人认为有错误的，可以向作出该判决、裁定的人民法院提出异议。人民法院经审查，异议成立或者部分成立的，作出新的判决、裁定撤销或者改变原判决、裁定；异议不成立的，裁定驳回。

对人民法院作出的确认调解协议、准许实现担保物权的裁定，当事人有异议的，应当自收到裁定之日起十五日内提出；利害关系人有异议的，自知道或者应当知道其民事权益受到侵害之日起六个月内提出。

《中华人民共和国民法通则》

第17条　无民事行为能力或者限制民事行为能力的精神病人，由下列人员担任监护人：

（一）配偶；

（二）父母；

（三）成年子女；

（四）其他近亲属；

（五）关系密切的其他亲属、朋友愿意承担监护责任，经精神病人的所在单位或者住所地的居民委员会、村民委员会同意的。

对担任监护人有争议的，由精神病人的所在单位或者住所地的居民委员会、村民委员会在近亲属中指定。对指定不服提起诉讼的，由人民法院裁决。

没有第一款规定的监护人的，由精神病人的所在单位或者住所地的居民委员会、村民委员会或者民政部门担任监护人。

《最高人民法院关于贯彻执行〈中华人民共和国民法通则〉若干问题的意见（试行）》

第29条 宣告失踪不是宣告死亡的必经程序。公民下落不明，符合申请宣告死亡的条件，利害关系人可以不经申请宣告失踪而直接申请宣告死亡。但利害关系人只申请宣告失踪的，应当宣告失踪；同一顺序的利害关系人，有的申请宣告死亡，有的不同意宣告死亡，则应当宣告死亡。

※【历年真题】

1.甲区A公司将位于丙市价值5000万元的写字楼转让给乙区的B公司。后双方发生争议，经丁区人民调解委员会调解达成协议：B公司在1个月内支付购房款。双方又对该协议申请法院作出了司法确认裁定。关于本案及司法确认的表述，下列哪些选项是不正确的？（2013-3-83）

A.应由丙市中级法院管辖

B.可由乙区法院管辖

C.应由一名审判员组成合议庭，开庭审理司法确认申请

D.本案的调解协议和司法确认裁定，均具有既判力

【答案】ABCD

【解析】根据《民事诉讼法》第194条，本案由丁区基层法院管辖，故A、B选项错误；确认调解协议案件由审判员独任审理，故C选项错误；只有生效判决才具有既判力，故D选项错误。

2.关于《民事诉讼法》规定的特别程序的表述，下列哪一选项是正确

的？（2012-3-44）

A.适用特别程序审理的案件都是非讼案件

B.起诉人或申请人与案件都有直接的利害关系

C.适用特别程序审理的案件都是一审终审

D.陪审员通常不参加适用特别程序案件的审理

【答案】C

【解析】选民资格案，不属于诉讼案件，也不属于非诉案件，故A选项错误。根据《民事诉讼法》第181条、第191条，选民资格案、认定财产无主案件的申请人与案件无直接的利害关系，故B选项错误。根据《民事诉讼法》第178条，特别程序只能由审判员审理，故D选项错误。根据《民事诉讼法》第178条，可知C选项正确。

3.在基层人大代表换届选举中，村民刘某发现选举委员会公布的选民名单中遗漏了同村村民张某的名字，遂向选举委员会提出申诉。选举委员会认为，刘某不是本案的利害关系人无权提起申诉，故驳回了刘某的申诉，刘某不服诉至法院。下列哪一选项是错误的？（2009-3-49）

A.张某、刘某和选举委员会的代表都必须参加诉讼

B.法院应该驳回刘某的起诉，因刘某与案件没有直接利害关系

C.选民资格案件关系到公民的重要政治权利，只能由审判员组成合议庭进行审理

D.法院对选民资格案件做出的判决是终审判决，当事人不得对此提起上诉

【答案】B

【解析】根据《民事诉讼法》第178条、第182条，可知A、C、D选项正确。根据《民事诉讼法》第181条，可知对于选民资格案，起诉人员没有限制，任何人均可起诉。故B选项错误。

4.居民甲与金山房地产公司签订了购买商品房一套的合同，后因甲未按约定付款。金山公司起诉至法院，要求甲付清房款并承担违约责任。在诉讼中，甲的妻子乙向法院主张甲患有精神病，没有辨别行为的能力，要求法院认定购房合同无效。关于本案的说法，下列哪一选项是正确的？（2008-3-34）

A.法院应当通知甲的妻子作为法定诉讼代理人出庭进行诉讼

B.由乙或金山公司申请对甲进行鉴定，鉴定过程中，诉讼继续进行

C.法院可以依职权决定对甲进行鉴定

D.乙或金山公司可以向法院申请认定甲为无民事行为能力人，法院应裁定诉讼中止

【答案】D

【解析】根据《民诉解释》第349条，可知D选项正确。

5.甲公司与银行订立了标的额为8000万元的贷款合同，甲公司董事长美国人汤姆用自己位于W市的三套别墅为甲公司提供抵押担保。贷款到期后甲公司无力归还，银行向法院申请适用特别程序实现对别墅的抵押权。关于本案的分析，下列哪一选项是正确的？（2014-3-44）

A.由于本案标的金额巨大，且具有涉外因素，银行应向W市中院提交书面申请

B.本案的被申请人应是债务人甲公司

C.如果法院经过审查，作出拍卖裁定，可直接移交执行庭进行拍卖

D.如果法院经过审查，驳回银行申请，银行可就该抵押权益向法院起诉

【答案】D

【解析】根据《民事诉讼法》第196条，可知A、B选项错误；根据《执行规定》第46条，可知C选项错误；根据《民事诉讼法》第197条，可知D选项正确。

6.李云将房屋出售给王亮，后因合同履行发生争议，经双方住所地人民调解委员会调解，双方达成调解协议，明确王亮付清房款后，房屋的所有权归属王亮。为确保调解协议的效力，双方约定向法院提出司法确认申请，李云随即长期出差在外。下列哪一说法是正确的？（2015-3-45）

A.本案系不动产交易，应向房屋所在地法院提出司法确认申请

B.李云长期出差在外，王亮向法院提出确认申请，法院可受理

C.李云出差两个月后，双方向法院提出确认申请，法院可受理

D.本案的调解协议内容涉及物权确权，法院不予受理

【答案】D

【解析】根据《民诉解释》第357条规定，D项正确。

第十八章　督促程序

※【图表解析】

```
给付金钱                    1.已到期有价
有价证券          纠纷       2.数额确定                          债权人申请
拖欠劳动报酬               3.没有对待的给付义务                F214＋J429
《劳动合同法》第30条          4.能够送达债务人（不在境内、下落不明）
                                （可以留置送达）
```

⇒（5日内）债务人所在地基层法院独任审查 ×裁定驳回申请
　　（债权债务关系明确、合法）F215 　　∨（15日内）⇒法院发出**支付令**

⇒（15日内）债务人 　还债，程序终结
　F216、217，J430、431　不理会，期满，支付令＝生效判决书
　　　　　　　　　　　书面异议，程序终结，转为诉讼程序，除非申请人不同意

提示：

```
                        （1）时间：收到之日起15日内提出
                        （2）形式：书面形式，口头无效
债务人异议成立的条件      （3）内容：异议须是实体上的拒绝，仅是无清偿能力，
    J433~440                    异议不成立
                        （4）审查：法院应当审查异议是否实质成立
                        （5）向其他法院起诉，不影响支付令生效
```

※【知识点详解】

督促程序，是指法院根据债权人提出的给付金钱或有价证券的申请，不经过开庭审理，以债权人的主张为内容，直接向债务人发出支付令，如果债务人不在法定期间提出异议，则支付令即发生强制执行效力的程序，又称为支付令程序。

一、支付令的申请

（一）督促程序适用的范围

（1）请求债务人给付金钱或其他有价证券。

352

（2）因支付拖欠劳动报酬、工伤医疗费、经济补偿或者赔偿金事项达成调解协议，用人单位在协议约定期限内不履行的。

（3）对于具有合同效力和给付内容的调解协议。

（二）符合关于债务的要件

（1）债务已到期且数额确定。

（2）债权人与债务人之间没有对待给付义务。

（3）支付令能够送达债务人：

①债务人拒绝接受的，法院可以留置送达。

②支付令不能送达的情形：债务人不在我国境内；债务人虽在我国境内但下落不明。

（4）债权人未向法院申请诉前保全。

（三）管辖法院——债务人住所地的基层人民法院

（四）形式要件——向法院提交书面申请书

二、对支付令申请的审查和处理

（一）审查方式

债务人住所地的基层人民法院接到申请后，由审判员一人进行审查和处理，此时审查为形式审查，仅审查债权债务关系是否明确、合法。

（二）审查期限

法院收到债权人申请后，应当在5日内就债权人的申请是否符合法定要件进行审查，并决定是否受理。

（三）对申请的处理

受理申请后，对申请内容进行审查，自受理之日起15日内作出是否发出支付令的决定，不符合条件的，裁定驳回申请；符合条件的，法院发出支付令。

三、支付令的法律效力

（一）督促力

债务人应当在收到支付令之日起15日内清偿债务，或者向法院提出书面异议，督促程序终结。

（二）执行力

债务人不提出异议又不履行支付令的，债权人可以向法院申请执行。

（三）确定力

（1）不得对支付令提起上诉。

（2）债务人自收到支付令之日起15日内不提出书面异议或书面异议被驳回的，支付令才具有实质上的确定力，此时，债务人和债权人不得就支付令所确定的债权债务关系提起诉讼。

注意：法院院长发现本院已生效的支付令确有错误，认为需要撤销的，提交审委会讨论决定后，裁定撤销支付令，驳回债权人申请。

四、债务人异议

债务人对未生效的支付令可以提出异议，使支付令不发生确定力和执行力。异议应当采取书面异议的形式。

（一）债务人异议的内容——实体异议

债务人的异议应当针对债务关系本身，例如认为债权债务关系不存在或对债权的数额大小产生异议。注意下列情况：

（1）对清偿能力、清偿期限、清偿方式的异议，不影响支付令的效力。

（2）债权人基于同一债权关系，向债务人提出多项支付请求，债务人仅就其中一项或几项请求提出异议的，不影响其他请求的效力。

（3）债权人基于同一债务关系，就可分之债向多个债务人提出支付请求，多个债务人中的一人或几人提出异议的，不影响其他请求的效力。

（4）对设有担保的债务的主债务人发出的支付令，对担保人没有拘束力。

（二）对债务人异议的处理

（1）修改后的《民事诉讼法》第217条规定，法院收到债务人提出的书面异议后，经审查，异议成立的，应当裁定终结督促程序，支付令自行失效。

（2）支付令失效的，转入诉讼程序。但申请支付令的一方当事人不同意提起诉讼的除外。

（3）异议不成立的，支付令生效，可强制执行。

（4）债务人的异议具有《民诉解释》第437条规定情形的，裁定终结督促程序，支付令自行失效。

※【相关法律法规】

《民事诉讼法》

第214条　债权人请求债务人给付金钱、有价证券，符合下列条件的，可以向有管辖权的基层人民法院申请支付令：

（一）债权人与债务人没有其他债务纠纷的；

（二）支付令能够送达债务人的。

申请书应当写明请求给付金钱或者有价证券的数量和所根据的事实、证据。

第215条　债权人提出申请后，人民法院应当在五日内通知债权人是否受理。

第216条　人民法院受理申请后，经审查债权人提供的事实、证据，对债权债务关系明确、合法的，应当在受理之日起十五日内向债务人发出支付令；申请不成立的，裁定予以驳回。

债务人应当自收到支付令之日起十五日内清偿债务，或者向人民法院提出书面异议。

债务人在前款规定的期间不提出异议又不履行支付令的，债权人可以向人民法院申请执行。

第217条　人民法院收到债务人提出的书面异议后，经审查，异议成立的，应当裁定终结督促程序，支付令自行失效。

支付令失效的，转入诉讼程序，但申请支付令的一方当事人不同意提起诉讼的除外。

《民诉解释》

第427条　两个以上人民法院都有管辖权的，债权人可以向其中一个基层人民法院申请支付令。

债权人向两个以上有管辖权的基层人民法院申请支付令的，由最先立案的人民法院管辖。

第428条　人民法院收到债权人的支付令申请书后，认为申请书不符合要

求的，可以通知债权人限期补正。人民法院应当自收到补正材料之日起五日内通知债权人是否受理。

第429条　债权人申请支付令，符合下列条件的，基层人民法院应当受理，并在收到支付令申请书后五日内通知债权人：

（一）请求给付金钱或者汇票、本票、支票、股票、债券、国库券、可转让的存款单等有价证券；

（二）请求给付的金钱或者有价证券已到期且数额确定，并写明了请求所根据的事实、证据；

（三）债权人没有对待给付义务；

（四）债务人在我国境内且未下落不明；

（五）支付令能够送达债务人；

（六）收到申请书的人民法院有管辖权；

（七）债权人未向人民法院申请诉前保全。

不符合前款规定的，人民法院应当在收到支付令申请书后五日内通知债权人不予受理。

基层人民法院受理申请支付令案件，不受债权金额的限制。

第430条　人民法院受理申请后，由审判员一人进行审查。经审查，有下列情形之一的，裁定驳回申请：

（一）申请人不具备当事人资格的；

（二）给付金钱或者有价证券的证明文件没有约定逾期给付利息或者违约金、赔偿金，债权人坚持要求给付利息或者违约金、赔偿金的；

（三）要求给付的金钱或者有价证券属于违法所得的；

（四）要求给付的金钱或者有价证券尚未到期或者数额不确定的。

人民法院受理支付令申请后，发现不符合本解释规定的受理条件的，应当在受理之日起十五日内裁定驳回申请。

第431条　向债务人本人送达支付令，债务人拒绝接收的，人民法院可以留置送达。

第432条　有下列情形之一的，人民法院应当裁定终结督促程序，已发出支付令的，支付令自行失效：

（一）人民法院受理支付令申请后，债权人就同一债权债务关系又提起诉讼的；

（二）人民法院发出支付令之日起三十日内无法送达债务人的；

（三）债务人收到支付令前，债权人撤回申请的。

第433条　债务人在收到支付令后，未在法定期间提出书面异议，而向其他人民法院起诉的，不影响支付令的效力。

债务人超过法定期间提出异议的，视为未提出异议。

第434条　债权人基于同一债权债务关系，在同一支付令申请中向债务人提出多项支付请求，债务人仅就其中一项或者几项请求提出异议的，不影响其他各项请求的效力。

第435条　债权人基于同一债权债务关系，就可分之债向多个债务人提出支付请求，多个债务人中的一人或者几人提出异议的，不影响其他请求的效力。

第436条　对设有担保的债务的主债务人发出的支付令，对担保人没有拘束力。

债权人就担保关系单独提起诉讼的，支付令自人民法院受理案件之日起失效。

第437条　经形式审查，债务人提出的书面异议有下列情形之一的，应当认定异议成立，裁定终结督促程序，支付令自行失效：

（一）本解释规定的不予受理申请情形的；

（二）本解释规定的裁定驳回申请情形的；

（三）本解释规定的应当裁定终结督促程序情形的；

（四）人民法院对是否符合发出支付令条件产生合理怀疑的。

第438条　债务人对债务本身没有异议，只是提出缺乏清偿能力、延缓债务清偿期限、变更债务清偿方式等异议的，不影响支付令的效力。

人民法院经审查认为异议不成立的，裁定驳回。

债务人的口头异议无效。

第439条　人民法院作出终结督促程序或者驳回异议裁定前，债务人请求撤回异议的，应当裁定准许。

债务人对撤回异议反悔的，人民法院不予支持。

第440条　支付令失效后，申请支付令的一方当事人不同意提起诉讼的，

应当自收到终结督促程序裁定之日起七日内向受理申请的人民法院提出。

申请支付令的一方当事人不同意提起诉讼的，不影响其向其他有管辖权的人民法院提起诉讼。

第441条 支付令失效后，申请支付令的一方当事人自收到终结督促程序裁定之日起七日内未向受理申请的人民法院表明不同意提起诉讼的，视为向受理申请的人民法院起诉。

债权人提出支付令申请的时间，即为向人民法院起诉的时间。

第442条 债权人向人民法院申请执行支付令的期间，适用民事诉讼法第二百三十九条的规定。

第443条 人民法院院长发现本院已经发生法律效力的支付令确有错误，认为需要撤销的，应当提交本院审判委员会讨论决定后，裁定撤销支付令，驳回债权人的申请。

《中华人民共和国劳动合同法》

第30条 用人单位应当按照劳动合同约定和国家规定，向劳动者及时足额支付劳动报酬。

用人单位拖欠或者未足额支付劳动报酬的，劳动者可以依法向当地人民法院申请支付令，人民法院应当依法发出支付令。

《中华人民共和国劳动争议调解仲裁法》

第16条 因支付拖欠劳动报酬、工伤医疗费、经济补偿或者赔偿金事项达成调解协议，用人单位在协议约定期限内不履行的，劳动者可以持调解协议书依法向人民法院申请支付令。人民法院应当依法发出支付令。

《最高人民法院关于适用督促程序若干问题的规定》

第6条 人民法院受理支付令申请后，债权人就同一债权关系又提起诉讼，或者人民法院发出支付令之日起三十日内无法送达债务人的，应当裁定终结督促程序。

第7条 债务人对债权债务关系没有异议，但对清偿能力、清偿期限、清偿方式等提出不同意见的，不影响支付令的效力。

第8条　债权人基于同一债权债务关系，向债务人提出多项支付请求，债务人仅就其中一项或几项请求提出异议的，不影响其他各项请求的效力。

第9条　债权人基于同一债权债务关系，就可分之债向多个债务人提出支付请求，多个债务人中的一人或几人提出异议的，不影响其他请求的效力。

第10条　人民法院作出终结督促程序前，债务人请求撤回异议的，应当准许。

第11条　人民法院院长对本院已发生法律效力的支付令，发现确有错误，认为需要撤销的，应当提交审判委员会讨论决定后，裁定撤销支付令，驳回债权人的申请。

※【历年真题】

1.胡某向法院申请支付令，督促彗星公司缴纳房租。彗星公司收到后立即提出书面异议称，根据租赁合同，彗星公司的装修款可以抵销租金，因而自己并不拖欠租金。对于法院收到该异议后的做法，下列哪些选项是正确的？（2013-3-84）

A.对双方进行调解，促进纠纷的解决

B.终结督促程序

C.将案件转为诉讼程序审理，但彗星公司不同意的除外

D.将案件转为诉讼程序审理，但胡某不同意的除外

【答案】BD

【解析】根据《民事诉讼法》第217条，可知B、D选项正确。

2.甲公司因乙公司拖欠货款向A县法院申请支付令，经审查甲公司的申请符合法律规定，A县法院向乙公司发出支付令。乙公司收到支付令后在法定期间没有履行给付货款的义务，而是向A县法院提起诉讼，要求甲公司承担因其提供的产品存在质量问题的违约责任。关于本案，下列哪些选项是正确的？（2011-3-85）

A.支付令失效

B.甲公司可以持支付令申请强制执行

C.A县法院应当受理乙公司的起诉

D.A县法院不应受理乙公司的起诉

【答案】AC

【解析】根据《民事诉讼法》第217条、《民诉解释》第433条、第440条，可知A、C选项正确。

3.关于支付令，下列哪些说法是正确的？（2010-3-89）

A.法院送达支付令债务人拒收的，可采取留置送达

B.债务人提出支付令异议的，法院无需审查异议理由客观上是否属实

C.债务人收到支付令后不在法定期间提出异议而向法院起诉的，不影响支付令的效力

D.支付令送达后即具有强制执行力

【答案】A

【解析】根据《民诉解释》第431条，可知A选项正确；根据修改后的《民事诉讼法》第217条，法院应当审查，故不选B选项；债务人向支付令发出的法院起诉的，督促程序终结，故C选项错误；支付令发出15日内，债务人不履行又不提出异议的，支付令才具有被申请强制执行的效力，故D选项错误。

4.甲因乙不返还借款向法院申请支付令，法院依法发出了支付令。关于本案，下列哪些选项是正确的？（2008四川-3-84）

A.法院审理该案时不开庭

B.债务人拒绝签收支付令时，法院可采取留置送达

C.法院对借款事实不作出判决加以认定

D.支付令在债务人没有提出异议或异议被驳回之后才具有法律效力

【答案】ABC

【解析】根据《民事诉讼法》第216条，可知A、C选项正确；根据《民诉解释》第431条，可知B选项正确；支付令制作发出后，即产生督促效力，债务人异议提出后，如果异议成立的，支付令即失效，督促程序终结，不再有法律效力，故D选项错误。

5.甲公司向乙公司购买了5万元的苹果，甲公司以乙公司提供的苹果不符合约定为由拒绝付款。为此，乙公司向法院申请支付令，要求甲公司支付货款。在支付令异议期间，甲公司既不提出异议又不履行义务，而是向另一法院提起诉讼，要求退货。下列说法中哪一项是正确的？（2008-3-49）

A.甲公司的起诉行为使支付令失去效力

B.甲公司的起诉行为不能阻止支付令的效力

C.甲公司的起诉行为产生债务人异议的法律后果

D.甲公司起诉后，受理支付令申请的法院应裁定终结督促程序

【答案】B

【解析】根据《民诉解释》第433条，可知B选项正确。

6.对民事诉讼法规定的督促程序，下列哪一选项是正确的？（2007-3-34）

A.向债务人送达支付令时，债务人拒绝签收的，法院可以留置送达

B.向债务人送达支付令时法院发现债务人下落不明的，可以公告送达

C.支付令送达债务人之后，在法律规定的异议期间，支付令不具有法律效力

D.债务人对支付令提出异议，通常以书面的形式，但书写异议书有困难的，也可以口头提出

【答案】A

【解析】根据《民诉解释》第431条，可知A选项正确；债务人下落不明的，不适用督促程序，故B选项错误；支付令作出后就有法律效力，故C选项错误；债务人口头异议无效，故D选项错误。

7.甲因乙拒不归还到期借款而向法院申请支付令。法院审查后向乙发出支付令。下列哪些说法是正确的？（2006-3-79）

A.乙可以向法院提出异议，由法院审查异议理由是否成立

B.乙可以向法院提出异议，法院不审查理由

C.乙在法定期间既不提出异议也不履行的，甲可以向法院申请强制执行

D.乙在法定期间内向本院就该借款纠纷起诉的，支付令失效

【答案】ACD

【解析】根据《民诉解释》第437条，可知A选项正确，B选项错误；根据《民事诉讼法》第216条，可知C选项正确；根据《民诉解释》第433条，债务人向其他人民法院起诉的，不影响支付令的效力。请注意"本院"和"其他人民法院"的区别，向本院起诉的，支付令失效，可知D选项正确。

8.个体工商户李某拖欠甲公司货款5万元，甲公司多次催讨无果，遂向李某所在地的基层人民法院申请支付令。法院受理后经过审查，认为该申请成

立。下列说法哪些是正确的？（2003-3-76）

A.如果在向李某送达支付令时，李某拒绝接收，人民法院可以留置送达

B.如果李某在法定期间提出书面异议，人民法院应对异议理由是否成立进行审查

C.如果李某在法定期间向法院书面说明目前还钱确有困难并承诺在2个月后一定还清，则支付令可不生效

D.如果李某在法定期间未提出书面异议但向甲公司所在地的人民法院起诉，请求确认该债务已经偿还，则支付令的效力不受影响

【答案】ABD

【解析】根据《民诉解释》第431条，可知A选项正确；根据《民诉解释》第437、438条，可知，债务人异议需要经过法院审查，债务人对债务本身没有异议，只是提出缺乏清偿能力的，不影响支付令的效力，可知B选项正确，C选项错误；根据《民诉解释》第433条，债务人在收到支付令后，不在法定期间提出书面异议，而向其他人民法院起诉的，不影响支付令的效力，故D选项正确。

9.黄某向法院申请支付令，督促陈某返还借款。送达支付令时，陈某拒绝签收，法官遂进行留置送达。12天后，陈某以已经归还借款为由向法院提起书面异议。黄某表示希望法院彻底解决自己与陈某的借款问题。下列哪一说法是正确的？（2014-3-46）

A.支付令不能留置送达，法官的送达无效

B.提出支付令异议的期间是10天，陈某的异议不发生效力

C.陈某的异议并未否认二人之间存在借贷法律关系，因而不影响支付令的效力

D.法院应将本案转为诉讼程序审理

【答案】D

【解析】根据《民诉解释》第431条，可知A选项错误；根据《民事诉讼法》第216条，可知B选项错误；根据《民事诉讼法》第217条第1款，可知C选项错误；根据《民事诉讼法》第217条第2款，可知D选项正确。

10.甲向乙借款20万元，丙是甲的担保人，现已到偿还期限，经多次催讨未果，乙向法院申请支付令。法院受理并审查后，向甲送达支付令。甲在法

定期间未提出异议，但以借款不成立为由向另一法院提起诉讼。关于本案，下列哪一说法是正确的？（2015-3-47）

　　A.甲向另一法院提起诉讼，视为对支付令提出异议

　　B.甲向另一法院提起诉讼，法院应裁定终结督促程序

　　C.甲在法定期间未提出书面异议，不影响支付令效力

　　D.法院发出的支付令，对丙具有拘束力

【答案】C

【解析】根据《民事诉讼法》第216条规定，C项正确。根据《民诉解释》第432条、第433条规定，A、B项错误。根据《民诉解释》第436条规定，D项错误。

第十九章　公示催告程序

※【图表解析】

可背书转让的票据 ┐被盗┐
其他法定事项 ├遗失├票据的最后持有人/申请书 → 支付地的基层人民法院 →
　F218、J444 ┘灭失┘

　　　法院立即审查 ┌×，7日内，裁定驳回申请
　　　（可独任） ┤
F219、220、J445、448、449 └√，当即受理 + 同时通知止付 → 3日内公告（不少于60日）→
　　　　　　　　　　　　　　　　　　↓　　　　　　　　↓
　　　　　　　　　　　　　　（应当止付）（公告期间转让票据的行为无效）

⇨ 公告期满 ┌有人持票来 → 验票 ┌一致，程序终结。争议适用普通程序F221
　　　　　　│　　　　　　　　　└不一致，驳回来人申请J450、451 ──────┐
　　　　　　└无人申报 ──────────────────────────────→

⇨ 1个月内 ┌申请人不再申请，程序终结
　F222、J452 └再次申请 → 法院作出除权判决 ┌公告判决│要求支付
　　　　　　　　　　　　（应合议庭）　　　└通知支付│应当支付

※【知识点详解】

　　公示催告程序，是指人民法院根据申请人的申请，以公示的方法催告不明的利害关系人在一定期限内申报权利，如果逾期无人申报权利，则根据申请人的申请依法作出除权判决的程序。

　　公示催告程序具有如下几个特点：①一审终审；②由公示催告和除权判决两个阶段构成；③两个阶段均由申请人申请启动；④两个阶段由两个不同的审判组织审理；⑤采用书面审查和公告的方式进行审理。

一、公示催告程序的提起

（一）公示催告程序适用的对象（F218，J444，《公司法》第144条，《海事诉讼特别程序法》第100条）

（1）可背书转让的票据。

（2）其他法定事项，如记名股票、提单等提货凭证。

（二）提起的原因

可以背书转让的票据等被盗、遗失、灭失，以及法定的其他事由。

（三）申请人范围

为票据的最后持有人及法律规定的可以申请公示催告程序的股票、提单等丧失前的最后持有人。

（四）管辖法院

票据支付地的基层人民法院提起。

（五）形式要件

公示催告的申请应用书面形式进行，申请费用由申请人承担。

二、公示催告案件的受理与处理

（一）法院审查

（1）法院接到公示催告申请后，应立即审查。

（2）案件是否受理的审查可由审判员独任进行。

（3）审查后，不符合条件的，应当在7日内裁定驳回申请，符合条件的应当受理，同时应当通知支付人停止支付。

（二）法院发出公告

（1）法院受理案件的，应当在3日内发出公示催告的公告。

（2）公示催告期间，不得少于60日，且公示催告期间届满日不得早于票据付款日后15日。

（3）公示催告期间，转让票据权利的行为无效。

（4）公示催告期满，无人申报权利，申请人不再申请的，程序终结，申请人申请的，法院应当作出除权判决。

（5）除权判决作出前，有人申报权利的，法院应当进行审查。审查为形

式审查，不审查具体内容。

三、利害关系人申报权利及处理

这里的利害关系人，是指已经丧失的票据、记名股票、提单等的实际持有人。

（一）利害关系人申报权利的时间

公示催告期间以及公示期满后除权判决作出前的期间。

（二）管辖法院

利害关系人应向受理公示催告申请的法院申报权利，向申请人或其他法院申报权利的均不发生效力。

（三）法院对票据进行形式审查

法院只查看申请人申请公示催告的票据与利害关系人出示的票据是否一致。

（四）法院的处理结果

（1）认为申请合法且申请人申请公示催告的票据与利害关系人出示的票据一致的，法院裁定终结公示催告程序。

（2）认为申请不合法或申请人申请公示催告的票据与利害关系人出示的票据不一致的，裁定驳回。

（3）法院依《民事诉讼法》第221条终结公示催告程序后，公示催告申请人或申报人起诉的，因票据权利纠纷提起的，由票据支付地或被告住所地法院管辖；因非票据权利纠纷提起的，由被告住所地法院管辖。

四、除权判决

除权判决，是指在无人申报权利或者申请无效的前提下，根据公示催告申请人的申请，人民法院作出的宣告票据**无效**的判决。

（一）适用条件

（1）申请人申请自申报权利期间届满的次日起1个月内提出申请。

（2）在权利申报期间没有人申报，或申报权利被驳回。

（二）法院审理

（1）由**合议庭**审理。

（2）除权判决作出后，法院应当公告该判决，通知支付人支付。

（三）法律效力

（1）公示催告申请人享有该票据上的权利。

（2）申请人申请支付的，支付人应当履行票据义务，支付人拒不支付的申请人可以申请强制执行。

（3）除权判决不可提起上诉或申请再审。

（4）记名股票启用公示催告程序后，得到的是"失效"判决，即变更判决。

五、对利害关系人的救济——1年内，向法院起诉

利害关系人因正当理由不能在判决前向人民法院申报的，自知道或者应当知道判决公告之日起1年内，可以向作出除权判决的人民法院起诉。

※【相关法律法规】

《民事诉讼法》

第185条　人民法院受理宣告失踪、宣告死亡案件后，应当发出寻找下落不明人的公告。宣告失踪的公告期间为三个月，宣告死亡的公告期间为一年。因意外事故下落不明，经有关机关证明该公民不可能生存的，宣告死亡的公告期间为三个月。

公告期间届满，人民法院应当根据被宣告失踪、宣告死亡的事实是否得到确认，作出宣告失踪、宣告死亡的判决或者驳回申请的判决。

第191条　申请认定财产无主，由公民、法人或者其他组织向财产所在地基层人民法院提出。

申请书应当写明财产的种类、数量以及要求认定财产无主的根据。

第218条　按照规定可以背书转让的票据持有人，因票据被盗、遗失或者灭失，可以向票据支付地的基层人民法院申请公示催告。依照法律规定可以申请公示催告的其他事项，适用本章规定。

申请人应当向人民法院递交申请书，写明票面金额、发票人、持票人、背书人等票据主要内容和申请的理由、事实。

第219条　人民法院决定受理申请，应当同时通知支付人停止支付，并在三日内发出公告，催促利害关系人申报权利。公示催告的期间，由人民法院根据情况决定，但不得少于六十日。

第220条　支付人收到人民法院停止支付的通知，应当停止支付，至公示催告程序终结。

公示催告期间，转让票据权利的行为无效。

第221条　利害关系人应当在公示催告期间向人民法院申报。

人民法院收到利害关系人的申报后，应当裁定终结公示催告程序，并通知申请人和支付人。

申请人或者申报人可以向人民法院起诉。

第222条　没有人申报的，人民法院应当根据申请人的申请，作出判决，宣告票据无效。判决应当公告，并通知支付人。自判决公告之日起，申请人有权向支付人请求支付。

第223条　利害关系人因正当理由不能在判决前向人民法院申报的，自知道或者应当知道判决公告之日起一年内，可以向作出判决的人民法院起诉。

《民诉解释》

第444条　民事诉讼法第二百一十八条规定的票据持有人，是指票据被盗、遗失或者灭失前的最后持有人。

第445条　人民法院收到公示催告的申请后，应当立即审查，并决定是否受理。经审查认为符合受理条件的，通知予以受理，并同时通知支付人停止支付；认为不符合受理条件的，七日内裁定驳回申请。

第446条　因票据丧失，申请公示催告的，人民法院应结合票据存根、丧失票据的复印件、出票人关于签发票据的证明、申请人合法取得票据的证明、银行挂失止付通知书、报案证明等证据，决定是否受理。

第447条　人民法院依照民事诉讼法第二百一十九条规定发出的受理申请的公告，应当写明下列内容：

（一）公示催告申请人的姓名或者名称；

（二）票据的种类、号码、票面金额、出票人、背书人、持票人、付款期限等事项以及其他可以申请公示催告的权利凭证的种类、号码、权利范围、权利人、义务人、行权日期等事项；

（三）申报权利的期间；

（四）在公示催告期间转让票据等权利凭证，利害关系人不申报的法律后果。

第448条　公告应当在有关报纸或者其他媒体上刊登，并于同日公布于人民法院公告栏内。人民法院所在地有证券交易所的，还应当同日在该交易所公布。

第449条　公告期间不得少于六十日，且公示催告期间届满日不得早于票据付款日后十五日。

第450条　在申报期届满后、判决作出之前，利害关系人申报权利的，应当适用民事诉讼法第二百二十一条第二款、第三款规定处理。

第451条　利害关系人申报权利，人民法院应当通知其向法院出示票据，并通知公示催告申请人在指定的期间查看该票据。公示催告申请人申请公示催告的票据与利害关系人出示的票据不一致的，应当裁定驳回利害关系人的申报。

第452条　在申报权利的期间无人申报权利，或者申报被驳回的，申请人应当自公示催告期间届满之日起一个月内申请作出判决。逾期不申请判决的，终结公示催告程序。

裁定终结公示催告程序的，应当通知申请人和支付人。

第453条　判决公告之日起，公示催告申请人有权依据判决向付款人请求付款。

付款人拒绝付款，申请人向人民法院起诉，符合民事诉讼法第一百一十九条规定的起诉条件的，人民法院应予受理。

第454条　适用公示催告程序审理案件，可由审判员一人独任审理；判决宣告票据无效的，应当组成合议庭审理。

第455条　公示催告申请人撤回申请，应在公示催告前提出；公示催告期间申请撤回的，人民法院可以径行裁定终结公示催告程序。

第456条　人民法院依照民事诉讼法第二百二十条规定通知支付人停止支付，应当符合有关财产保全的规定。支付人收到停止支付通知后拒不止付的，除可依照民事诉讼法第一百一十一条、第一百一十四条规定采取强制措

施外，在判决后，支付人仍应承担付款义务。

第457条　人民法院依照民事诉讼法第二百二十一条规定终结公示催告程序后，公示催告申请人或者申报人向人民法院提起诉讼，因票据权利纠纷提起的，由票据支付地或者被告住所地人民法院管辖；因非票据权利纠纷提起的，由被告住所地人民法院管辖。

第458条　依照民事诉讼法第二百二十一条规定制作的终结公示催告程序的裁定书，由审判员、书记员署名，加盖人民法院印章。

第459条　依照民事诉讼法第二百二十三条的规定，利害关系人向人民法院起诉的，人民法院可按票据纠纷适用普通程序审理。

第460条　民事诉讼法第二百二十三条规定的正当理由，包括：

（一）因发生意外事件或者不可抗力致使利害关系人无法知道公告事实的；

（二）利害关系人因被限制人身自由而无法知道公告事实，或者虽然知道公告事实，但无法自己或者委托他人代为申报权利的；

（三）不属于法定申请公示催告情形的；

（四）未予公告或者未按法定方式公告的；

（五）其他导致利害关系人在判决作出前未能向人民法院申报权利的客观事由。

第461条　根据民事诉讼法第二百二十三条的规定，利害关系人请求人民法院撤销除权判决的，应当将申请人列为被告。

利害关系人仅诉请确认其为合法持票人的，人民法院应当在裁判文书中写明，确认利害关系人为票据权利人的判决作出后，除权判决即被撤销。

《中华人民共和国公司法》

第144条　记名股票被盗、遗失或者灭失，股东可以依照《中华人民共和国民事诉讼法》规定的公示催告程序，请求人民法院宣告该股票失效。人民法院宣告该股票失效后，股东可以向公司申请补发股票。

《海诉》

第100条　提单等提货凭证持有人，因提货凭证失控或者灭失，可以向货物所在地海事法院申请公示催告。

《民事调解规定》

第2条　对于有可能通过调解解决的民事案件，人民法院应当调解。但适用特别程序、督促程序、公示催告程序、破产还债程序的案件，婚姻关系、身份关系确认案件以及其他依案件性质不能进行调解的民事案件，人民法院不予调解。

※【历年真题】

1.甲公司因票据遗失向法院申请公示催告。在公示催告期间届满的第3天，乙向法院申报权利。下列哪一说法是正确的？（2012-3-46）

A.因公示催告期间已经届满，法院应当驳回乙的权利申报

B.法院应当开庭，就失票的权属进行调查，组织当事人进行辩论

C.法院应当对乙的申报进行形式审查，并通知甲到场查验票据

D.法院应当审查乙迟延申报权利是否具有正当事由，并分别情况作出处理

【答案】C

【解析】权利申报只要在除权判决作出之前进行即可，故A、D选项错误；公示催告程序不适用辩论原则，故B选项错误；根据《民诉解释》第451条，可知C选项正确。

2.甲公司因遗失一张汇票向A县法院申请公示催告，在公示催告期满后，乙公司向A县法院申报权利。经审查，乙公司的权利申报成立。法院应当如何处理此案？（2008-3-43）

A.法院应当直接判决汇票权利归乙公司享有

B.法院应当裁定将公示催告程序转为普通程序审理此案

C.因乙公司未能在公示催告期间届满前申报权利，法院应当作出除权判决

D.法院应当裁定终结公示催告程序

【答案】D

【解析】根据《民事诉讼法》第221条，可知D选项正确。

3.根据我国民事诉讼法的规定，下列哪些案件的审理程序中公告是必经的程序？（2007-3-82）

A.甲在车祸中导致精神失常，其妻向法院申请要求认定甲为无民事行为能力人

B.2005年1月乙被冲入大海后一直杳无音信，2007年3月其妻向法院申请宣告乙死亡

C.丙拿一张5万元的支票到银行兑现，途中遗失，丙向银行所在地的区法院提出申请公示催告

D.某施工单位施工时挖出一个密封的金属盒，内藏一本宋代经书，该施工单位向法院申请认定经书及盒子为无主财产

【答案】BCD

【解析】认定公民无民事行为能力案件，《民事诉讼法》并没有规定公告程序，因此A选项不能选。根据《民事诉讼法》第185条，可知B选项是正确的；根据《民事诉讼法》第218条，可知C选项是正确的；根据《民事诉讼法》第191条，可知D选项正确。

4.甲的汇票遗失，向法院申请公示催告。公告期满后无人申报权利，甲申请法院作出了除权判决。后乙主张对该票据享有票据权利，只是因为客观原因而没能在判决前向法院申报权利。乙可以采取哪种法律对策？（2007-3-46）

A.申请法院撤销该除权判决

B.在知道或者应当知道判决公告之日起一年内，向作出除权判决的法院起诉

C.依照审判监督程序的规定，申请法院对该案件进行再审

D.在2年的诉讼时效期间之内，向作出除权判决的法院起诉

【答案】B

【解析】根据《民事诉讼法》第223条，可知B选项正确。

5.下列哪些民事案件法院不予调解？（2006-3-86）

A.适用公示催告程序的案件   B.请求确认婚姻无效的案件

C.请求确认收养无效的案件   D.选民资格案件

【答案】ABCD

【解析】根据《民事调解规定》第2条，可知A、B、C、D选项正确。

6.关于法院按公示催告程序作出的判决，下列哪些表述是正确的？（2006-3-81）

A.可称之为无效判决

B.可称之为除权判决

C.是可以再审的判决

D.利害关系人可以在判决公告之日起1年内起诉

【答案】BD

【解析】宣告票据无效的判决，称为除权判决，故B选项正确；根据《民事诉讼法》第223条，可知D选项正确。

7.下列关于公示催告程序特点的哪些说法是正确的？（2006-3-76）

A.公示催告程序仅适用于基层人民法院

B.公示催告程序实行一审终审

C.公示催告程序中没有答辩程序

D.公示催告程序中没有开庭审理程序

【答案】ABCD

【解析】根据《民事诉讼法》第218条，可知A选项正确；根据《民事诉讼法》第221~223条，可知B选项正确；公示催告程序具有非讼性，因此不存在答辩和开庭审理程序。

8.下列哪一项表述符合公示催告程序的法律规定？（2005-3-40）

A.公示催告程序只适用于基层人民法院

B.公示催告程序仅适用于各种票据的公示催告

C.除权判决应当宣告票据是否无效

D.当事人不服法院的除权判决，可以提起上诉

【答案】A

【解析】根据《民事诉讼法》第218条，可知A选项正确；股票等其他法律规定的事项也适用公示催告程序，故B选项错误；除权判决是确定判决无效，故C选项错误；对除权判决不服的，可以另行起诉，不能上诉，故D选项错误。

9.从民事诉讼法的规定来看，督促程序和公示催告程序具有下列哪些共同特点？（2004-3-74）

A.程序的启动是基于权利人的申请，无答辩程序

B.程序设计上无开庭审理阶段

C.都设置了义务人或利害关系人申报权利的程序

D.对法院的处理结果不服者，均不能提出上诉，也不能申请再审

【答案】ABD

【解析】根据《民事诉讼法》第215条、第217条、第218条、第223条，可知ABD选项正确。C选项错，督促程序中没有设置"申报权利"的程序。

10.甲公司财务室被盗，遗失金额为80万元的汇票一张。甲公司向法院申请公示催告，法院受理后即通知支付人A银行停止支付，并发出公告，催促利害关系人申报权利。在公示催告期间，甲公司按原计划与材料供应商乙企业签订购货合同，将该汇票权利转让给乙企业作为付款。公告期满，无人申报，法院即组成合议庭作出判决，宣告该汇票无效。关于本案，下列哪些说法是正确的？（2015-3-85）

A.A银行应当停止支付，直至公示催告程序终结

B.甲公司将该汇票权利转让给乙企业的行为有效

C.甲公司若未提出申请，法院可以作出宣告该汇票无效的判决

D.法院若判决宣告汇票无效，应当组成合议庭

【答案】AD

【解析】根据《民事诉讼法》第220条规定，A项正确，B项错误。根据《民事诉讼法》第222条规定，C项错误。根据《民诉解释》第454条规定，D项正确。

第二十章　民事裁判

※【图表解析】

一、民事裁定：

可上诉 ⎰ 不予受理
　　　　驳回起诉
　　　　驳回管辖权异议
　　　　管辖权下放裁定

可复议 ⎰ 保全
　　　　先予执行
　　　　对驳回执行行为异议的
　　　　对执行管辖的异议（10日内）

二、民事决定：

4个可以复议决定 ⎰ 回避
　　　　　　　　罚款
　　　　　　　　拘留
　　　　　　　　不予准许调查收集证据（通知）

民事决定的内容 ⎰ 回避
　　　　　　　　强制措施的采取
　　　　　　　　是否再审
　　　　　　　　诉讼费用的减缓免
　　　　　　　　审限的延长
　　　　　　　　审判组织形式

※【知识点详解】

　　民事裁判，是指人民法院在对民事案件进行审理的过程中或之后，对当事人之间的民事权利义务关系及诉讼程序的进行与保障问题作出具有公权性质的判定或表示。人民法院作出裁判属于法院的审判行为，是人民法院行使审判权的一种方式。根据裁判内容的不同，民事裁判分为判决、裁定、决定和命令。

第一节　民事判决

民事判决是指人民法院依法对案件进行审理后就案件的实体性问题所作出的权威性判定。

一、民事判决的内容

民事判决解决的是事实认定、法律适用、诉讼费用分担等问题。

二、民事判决的法律效力

（一）拘束力

主要是指对法院自身产生的一种判决效力。判决一旦宣告或者送达当事人之后，作出判决的法院必须受到判决的约束，同一审级内不得随意予以撤销或变更。

（二）既判力

既判力也称为实质上的确定力，主要是指当事人不得对人民法院生效判决确定的民事法律关系提起诉讼或在以后的诉讼中主张与判决相反的内容，人民法院也不得对生效判决中确定的民事法律关系再次判决或作出与该判决相冲突的判决。

（三）执行力

具有给付内容的判决生效以后，判决履行义务方当事人不自动履行判决义务的，权利方当事人可以申请人民法院强制执行。

三、判决书的制作

判决书的内容包括：①案由、诉讼请求、争议的事实和内容；②判决认定的事实和理由、适用的法律和理由；③判决结果和诉讼费用的负担；④上诉期间和上诉法院。判决书由审判人员、书记员署名，加盖人民法院印章。

第二节　民事裁定

民事裁定，是指人民法院在诉讼过程中为处理程序事项和个别实体事项而作出的具有约束力的权威性判定。

一、裁定的适用范围

（1）不予受理。

（2）对管辖权有异议的。

（3）驳回起诉。

（4）保全和先予执行。

（5）准许或者不准许撤诉。

（6）中止或者终结诉讼。

（7）补正判决书中的笔误。

（8）中止或者终结执行。

（9）撤销或者不予执行仲裁裁决。

（10）不予执行公证机关赋予强制执行效力的债权文书。

（11）其他需要裁定解决的事项。

二、可以上诉的裁定

不予受理、驳回起诉、驳回管辖权异议、上级法院将自己审理的案件交由下级法院审理的裁定。

三、可以复议的裁定

保全、先予执行、驳回执行行为异议、对执行管辖异议的裁定。

四、裁定书的制作

裁定书应当写明裁定结果和作出该裁定的理由；裁定书由审判人员、书记员署名，加盖复议印章；裁定可以是口头的，口头裁定的，记入笔录。

第三节　民事决定

民事决定，是指人民法院为了解决诉讼过程中发生的影响诉讼正常顺利进行的特殊事项所作出的具有约束力的权威性判定。

一、适用范围

（1）当事人申请回避。

（2）对妨碍民事诉讼行为采取强制措施的采取。

（3）审判委员会对本院院长认为需要再审的案件的处理。

（4）当事人申请诉讼费用的缓交、减交、免交。

（5）审限的延长。

（6）审判组织形式。

（7）当事人申请暂缓执行。

（8）当事人申请重新调查、鉴定或者勘验。

（9）其他。

二、可以复议的决定

回避决定、罚款决定、拘留决定、不予准许调查收集证据的通知。

第四节　民事命令

民事命令，是指人民法院对程序进行的事项或者某些无争议事实问题依法发出的指令，如支付令、搜查令等。

※【历年真题】

1.当事人对法院作出的下列哪些民事决定有权申请复议？（2006-3-77）

A.关于再审的决定　　　　　　　B.关于回避的决定

C.关于罚款的决定　　　　　　　D.关于拘留的决定

【答案】BCD

【解析】根据《民事诉讼法》第47条的规定，B项是正确的。根据《民事诉讼法》第115条的规定，C、D两项是正确的。关于再审的决定不能申请复议，故A项错误。

2.关于民事诉讼程序中的裁判，下列哪些表述是正确的？（2014-3-82）

A.判决解决民事实体问题，而裁定主要处理案件的程序问题，少数涉及实体问题

B.判决都必须以书面形式作出，某些裁定可以口头方式作出

C.一审判决都允许上诉，一审裁定有的允许上诉，有的不能上诉

D.财产案件的生效判决都有执行力，大多数裁定都没有执行力

【答案】AB

【解析】根据《民事诉讼法》第152条、第154条，可知A、B选项正确；根据《民事诉讼法》第155条，可知C选项错误；根据《民事诉讼法》第224条，可知D选项错误。

第二十一章　执行程序

※【图表解析】

一、执行程序的一般规定

1. 根据——发生法律效力的文书
2. 标的——财产或行为
3. 管辖
　　地域管辖
　　　判决、裁定：一审法院＋被执行财产所在地的一审同级法院
　　　保全、先予执行：审判庭
　　　二审法院先予执行：一审法院
　　　支付令：制作支付令法院与其同级的被执行财产所在地法院
　　　其他法律文书：被执行人住所地＋被执行人的财产所在地法院
　　　当事人向两个以上具有执行管辖权的法院申请：先立案的
　　级别管辖
　　　原则：一审作出生效法律文书的法院
　　　补充：中院管辖
　　　　上级法院指定
　　　　中国仲裁机构作出的仲裁
　　　　承认的外国判决、仲裁
　　　　认可的港、澳、台判决、仲裁
　　管辖权异议
　　　10日内
　　　法院应当审查
　　　可复议，不能上诉
　　　不停止执行
4. 执行和解
　　自愿
　　受欺诈、胁迫或不履行的，经申请，恢复执行
5. 执行担保
　　执行义务人提出申请
　　可以财保，也可以人保
　　申请执行人同意
　　法院准许
　　⇒暂缓执行⇒
　　转、藏、卖、毁
　　——恢复执行
　　期满不履行
　　——执行担保财产
6. 委托执行
　　被执行人或被执行财产在外地
　　受托法院15日内必须执行
　　30日内未履行完毕，函告委托法院

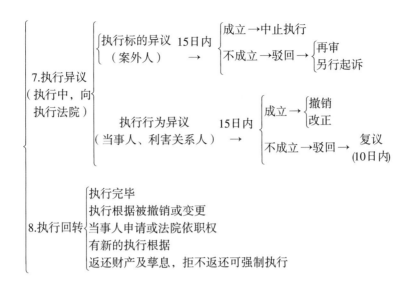

7.执行异议
（执行中，向
执行法院）

执行标的异议 15日内
（案外人）　→
　成立→中止执行
　不成立→驳回→ 再审
　　　　　　　　 另行起诉

执行行为异议　15日内
（当事人、利害关系人）　→
　成立→ 撤销
　　　　 改正
　不成立→驳回→ 复议
　　　　　　　　（10日内）

8.执行回转
执行完毕
执行根据被撤销或变更
当事人申请或法院依职权
有新的执行根据
返还财产及孳息，拒不返还可强制执行

二、执行的申请和移送

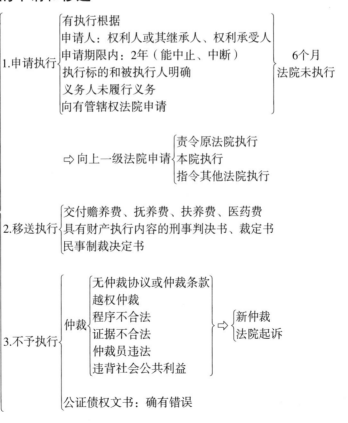

1.申请执行
有执行根据
申请人：权利人或其继承人、权利承受人
申请期限内：2年（能中止、中断）
执行标的和被执行人明确
义务人未履行义务
向有管辖权法院申请
　6个月
　法院未执行

⇨ 向上一级法院申请
责令原法院执行
本院执行
指令其他法院执行

2.移送执行
交付赡养费、抚养费、扶养费、医药费
具有财产执行内容的刑事判决书、裁定书
民事制裁决定书

3.不予执行
仲裁
无仲裁协议或仲裁条款
越权仲裁
程序不合法
证据不合法
仲裁员违法
违背社会公共利益
　⇨ 新仲裁
　　法院起诉

公证债权文书：确有错误

三、执行中止和终结

1.执行中止 — 申请人同意延期
执行标的异议
人（自然人、法人）死，未确定权利义务承受人

2.执行终结 — 申请人撤销申请
执行根据被撤销
权利人死亡：追索赡养费、扶养费、抚育费的案件
被执行人 — 死亡，且无遗产和义务承担人
无法执行 — 生活困难无力偿还借款，无收入来源，又丧失劳动能力

四、执行措施

1.对财产的执行 — 财产：扣押、冻结、划拨、拍卖、变卖 — 保留生活必需品
收入：扣留、提取

代位执行 — 不能清偿到期债务
对第三人享有到期债权 → 法院通知 第三人
申请执行人或被执行人申请

⇨ 第三人 — 履行→强制执行
（15日内） 异议
（见执行异议）

2.对行为的执行 — 交付指定的财物或票证
强制迁出房屋、退出土地

3.保障性执行措施 — 罚款、拘留
支付利息、延迟履行金
限制高消费令
财产申报：前1年
限制出境
征信系统记录
媒体发布不履行义务信息

※【知识点详解】

民事执行，也称为民事强制执行或强制执行，是指国家机关依债权人的

申请，依据执行依据，运用国家强制力强制债务人履行义务，以实现债权人的民事权利的活动。

第一节　执行程序的一般规定

一、民事执行的基本原则

（一）执行合法原则

民事执行活动必须以生效的法律文书为依据。

（二）执行标的有限原则

执行标的通常是财产或者行为。

（三）执行适度原则

依法保护权利人的合法权益与适当照顾被执行人的利益相结合。

二、执行依据

执行依据是执行机关据以执行的法律文书，是由有关机构依法出具的、载明债权人享有一定债权，债权人可以据以请求执行的法律文书。主要可分为两类：

（一）法院制作的法律文书

包括民事判决、裁定、调解书、支付令以及刑事判决、裁定中的财产部分等。

（二）法律规定由法院执行的其他法律文书

主要包括仲裁裁决、赋予强制执行效力的公证债权文书等。

三、执行主体

是指在执行法律关系中，依照执行法律规定，享有权利和承担义务，并能引起执行程序发生、变更或终结的组织或个人。具体包括执行机关、执行当事人（即申请执行人与被执行人）以及执行参与人。法律文书生效后，执行程序中，案外人因实体法上的原因承受执行当事人地位，享有申请执行人的权利或者承担被执行人的义务的，即为执行承担。主要包括当事人死亡或

者被执行主体的变更、追加等情形。主要注意下列几种情形：

（1）被执行人死亡：裁定变更不放弃继承的继承人为被执行人，放弃继承的，直接执行遗产。

（2）法人其他组织合并、分立：裁定变更后的法人或其他组织为被执行人。

（3）合伙组织：可追加合伙人。

（4）法人分支机构：企业法人（其他分支机构）。

（5）其他组织不能履行的：裁定执行对该其他组织依法承担义务的法人或公民个人的财产。

（6）法人或其他组织被注销的：裁定权利义务承受人为被执行人。法人或其他组织名称变更的，裁定变更后的法人或其他组织为被执行人。

四、执行标的

法院强制执行行为所指向的对象，又称为执行对象或执行客体。现代社会尊重人权，因而民事执行以财产执行为原则，以人身执行为例外。财产执行包括有体物、无形财产权，行为执行标的可以是作为或不作为。注意：生活必需品以及某些特定的物品、无形财产权豁免于执行。

五、执行管辖（F224，J462，《执行解释》第1~4条）

主要包括对法院制作的法律文书以及其他机构制作的法律文书的执行。

（1）发生法律效力的民事判决、裁定，以及刑事判决、裁定中的财产部分，由第一审人民法院或者与第一审人民法院同级的被执行的财产所在地人民法院执行。

（2）发生法律效力的实现担保物权裁定、确认调解协议裁定、支付令，由作出裁定、支付令的人民法院或者与其同级的被执行财产所在地法院执行。

（3）保全、先予执行由审判庭执行。

（4）仲裁裁决书、公证债权文书和行政处理决定书、处罚决定书等其他法律文书由被执行人住所地或者被执行人的财产所在地人民法院执行。

（5）仲裁裁决通常由中院执行。

确定执行管辖以立案先后为准，避免重复立案。当事人收到执行通知书

10日内，可以向法院提出对执行管辖的异议，法院经审查后根据情况撤销执行案件或裁定驳回，当事人如不服可向上一级法院申请复议。

六、执行和解（F230，J466、467，《执行规定》第86、87条）

是指在执行过程中，双方当事人自愿作出相互谅解和让步，就如何履行生效法律文书的有关内容达成协议，从而结束执行程序的一种活动。

（一）条件

（1）发生在执行过程中；

（2）双方自行和解；

（3）自愿行为；

（4）不得违反法律禁止性规定。

（二）内容

可以变更履行主体、数额、履行方式、履行期限、标的物等。

（三）程序

执行中当事人自行和解达成协议的，执行员将协议记入笔录，双方签名或盖章。

（四）效力

（1）和解协议无强制力，不得申请强制执行和解协议。

（2）仅约束当事人，不具有撤销原执行文书的效力。

（3）申请执行人因受欺诈、胁迫达成和解协议；或者当事人不履行和解协议的，法院可根据当事人申请，恢复执行原法律文书，已履行的部分应当扣除。

（4）协议全部履行完毕，不得恢复执行。

七、执行担保（F231，J470）

（一）条件

（1）被执行人向执行法院书面申请。

（2）被执行人或第三人向法院提供担保。

（3）经申请执行人（债权人）同意。

（4）法院准许。

（二）效果

（1）法院准许的，可暂缓执行。

（2）被执行人/担保人转移、隐匿、变卖担保财产，法院可恢复执行。

（3）暂缓执行期满：被执行人逾期不履行义务，法院执行担保财产。

八、委托执行

（一）禁止委托的事项

（1）被执行人无确切住所或长期下落不明，又无财产可供执行的。

（2）有关法院已经受理以被执行人为债务人的破产案件或已经宣告破产。

（二）受托法院的义务

（1）受托法院收到委托函件后，必须在15日内开始执行，不得拒绝。

（2）在30日内未执行完毕的，应当将执行需求函告委托法院。

（三）委托法院的权利

受托法院15日内不执行的，委托法院可以请求受托法院的上级法院指令受托法院执行。

九、参与分配

执行程序中，因债务人的财产不足以清偿各债权人的全部债权，申请执行人以外的其他债权人凭有效的执行依据也申请加入已经开始的执行程序，各债权人从执行标的物的变价中获得公平清偿的制度（《执行解释》第25、26条）、《民诉解释》第508~512条。

（一）申请参与分配的条件

（1）主体：被执行人为公民/其他组织。

（2）被执行人财产不足以清偿所有债权。

（3）债权人已取得执行依据，对法院查封、扣押、冻结的财产有优先权、担保物权的债权人，可以直接申请参与分配，主张优先受偿权。

（4）客体：申请参与分配的债权均为金钱债权。

（5）时间：执行程序开始后，被执行人的财产被清偿或被执行完毕前。

（二）参与分配的程序

（1）书面申请。

（2）由首先采取查封、扣押、冻结的法院主持，并制作财产分配方案。

（3）制作财产分配方案：多个债权人对同一被执行人申请执行或者对执行财产申请参与分配的，执行法院应当制作财产分配方案，并送达各债权人和被执行人。

（4）书面异议：债权人或者被执行人对分配方案有异议的，应当自收到分配方案之日起15日内向执行法院提出书面异议。对方提出反对意见的，异议人可以向执行法院提起诉讼，即参与分配异议之诉（《民诉解释》第512条）。

（5）优先权：对查封、扣押、冻结的财产拍卖变卖后，有优先权的债权人仍可主张优先受偿。

十、执行救济

当事人或者利害关系人的利益，因法院的执行行为违法或者不当而受到侵害时，为了保护当事人和第三人的合法权益，法律所规定的救济方法和制度。我国现行民事诉讼法中，主要包括当事人或利害关系人对执行行为的异议、案外人对执行标的提出的异议以及执行回转等制度。

（一）执行行为异议（F225）

即针对**执行行为**提出的程序性异议，是指当事人或利害关系人认为**执行程序、执行措施方法**违反法律规定的，请求执行法院予以救济的制度。

（1）主体：当事人、利害关系人。

（2）客体：法院的执行行为。

（3）事由：执行程序、措施、方法等违反法律规定。

（4）管辖：执行法院。

（5）方式：书面异议。

（6）处理：法院应当在15日内审查，如果理由成立：裁定撤销或改正；如果理由不成立的，裁定驳回，当事人在10日内可向上一级法院复议。

（7）对复议的审查：上一级法院自收到复议申请之日起30日内审查完毕，并作出裁定，有特殊情况需要延长的，经本院院长批准，可以延长，延长期限不超过30日。

（8）对执行的影响：执行异议审查和复议期间，不停止执行。但被申请

人、利害关系人提供充分、有效的担保请求停止相应处分措施的，人民法院可以准许；申请执行人提供充分、有效的担保请求继续执行的，应当继续执行。

（二）案外人执行标的异议 F227，J304~316、464、465

《民事诉讼法》第227条是关于案外人针对执行标的提出实体性异议时的具体规定。案外人对执行标的的有足以排除强制执行的权利时，可以通过提起执行异议以及执行异议之诉来阻止对该标的的执行。根据《民事诉讼法》第227条的规定，在执行过程中，案外人对执行标的提出书面异议的，人民法院应当自收到书面异议之日起十五日内审查，理由成立的，裁定中止对该标的的执行；理由不成立的，裁定驳回。案外人、当事人对裁定不服，认为原判决、裁定错误的，依照审判监督程序办理；与原判决、裁定无关的，可以自裁定送达之日起十五日内向人民法院提起诉讼。此次《民诉解释》第304条至第316条对执行异议之诉作出了更为详尽的规定。

1.执行异议之诉提起的条件：

（1）案外人异议之诉提起的条件。根据《民诉解释》第305条的规定，案外人提起执行异议之诉，除符合民事诉讼法第119条规定外，还应当具备下列条件：①案外人的执行异议申请已经被法院裁定驳回；②有明确的排除对执行标的的执行的诉讼请求，且诉讼请求与原判决、裁定无关；（如果案外人认为原判决、裁定错误的，应当提起案外人再审而不是异议之诉）③自执行异议裁定送达之日起十五日内提起。人民法院应当在收到起诉状之日起十五日内决定是否立案。

（2）申请人异议之诉提起的条件。根据《民诉解释》第306条的规定，申请执行人提起执行异议之诉，除符合民事诉讼法第119条规定外，还应当具备下列条件：①依案外人执行异议申请，人民法院裁定中止执行；②有明确的对执行标的的继续执行的诉讼请求，且诉讼请求与原判决、裁定无关；（如果当事人认为原判决、裁定错误的，应当申请再审而不是提起异议之诉）③自执行异议裁定送达之日起十五日内提起。人民法院应当在收到起诉状之日起十五日内决定是否立案。

2.执行异议之诉的当事人：

（1）案外人异议之诉的当事人。根据《民诉解释》第307条的规定，案外人提起执行异议之诉的，以申请执行人为被告。被执行人反对案外人异议的，被执行人为共同被告；被执行人不反对案外人异议的，可以列被执行人为第三人。

（2）申请人异议之诉的当事人。根据《民诉解释》第308条的规定，申请执行人提起执行异议之诉的，以案外人为被告。被执行人反对申请执行人主张的，以案外人和被执行人为共同被告；被执行人不反对申请执行人主张的，可以列被执行人为第三人。

3.执行异议之诉的管辖：该诉讼由执行法院管辖

4.执行异议之诉的审理程序：根据《民诉解释》第310条的规定，适用普通程序。

5.执行异议之诉的举证责任：根据《民诉解释》第311条的规定，案外人或者申请执行人提起执行异议之诉的，案外人应当就其对执行标的享有足以排除强制执行的民事权益承担举证证明责任。

6.与原执行程序的关系。根据《民诉解释》第315条的规定，案外人执行异议之诉审理期间，人民法院不得对执行标的进行处分。申请执行人请求人民法院继续执行并提供相应担保的，人民法院可以准许。被执行人与案外人恶意串通，通过执行异议、执行异议之诉妨害执行的，法院应当依照民事诉讼法第113条规定处理。申请执行人因此受到损害的，可以提起诉讼要求被执行人、案外人赔偿。

7.法院对执行异议之诉的处理：

（1）对案外人异议之诉的处理。根据《民诉解释》第312条的规定，对案外人提起的执行异议之诉，法院经审理，按照下列情形分别处理：①案外人就执行标的享有足以排除强制执行的民事权益的，判决不得执行该执行标的；②案外人就执行标的不享有足以排除强制执行的民事权益的，判决驳回诉讼请求。案外人同时提出确认其权利的诉讼请求的，法院可以在判决中一并作出裁判。

（2）对申请人异议之诉的处理。根据《民诉解释》第313条的规定，对申请执行人提起的执行异议之诉，法院经审理，按照下列情形分别处理：①案外人就执行标的不享有足以排除强制执行的民事权益的，判决准许执行该执行标的的；②案外人就执行标的享有足以排除强制执行的民事权益的，判决驳回诉讼请求。

（三）执行回转（F233）

1.概念

在执行中或执行完毕后，据以执行的法律文书被法院或其他有关机关撤销或变更的，执行机关对已被执行的财产重新采取执行措施，恢复到执行开始时的状况的一种救济制度。

2.适用条件与程序

（1）原执行依据全部/部分执行完毕。

（2）原执行依据被撤销或变更。

（3）原申请执行人已取得财产。

（4）当事人提出申请，如果是移送执行的案件由法院依职权。

（5）原执行法院应当制作执行回转裁定。

（四）人民法院逾期执行的救济

人民法院自收到申请执行书之日起超过6个月未执行的，申请执行人可以向上一级人民法院申请执行。上一级人民法院经审查，可以责令原人民法院在一定期限内执行，也可以决定由本院执行或者指令其他人民法院执行。

"未执行"，是指申请执行时被申请人有可供执行的财产，法院自收到申请执行书之日起超过6个月对该财产未执行完结的；执行过程中发现被执行人可供执行的财产，执行法院自发现财产之日起6个月对该财产未执行完结的；对法律文书确定的行为义务的执行，执行法院自收到申请执行书之日起超过6个月未依法采取相应执行措施的。

第二节　执行的申请和移送

一、申请执行

（一）申请执行的条件

（1）申请执行的法律文书已经生效。

（2）申请人：生效文书确定的实体权利人或继承人、权利承受人。

（3）执行依据具有给付内容，且执行标的和被执行人明确。

（4）债务人拒绝履行义务。

（5）在法定期限内提出申请：2年。

（6）向有管辖权的法院提出申请。

（二）法院的处理

符合条件的，应当在7日内予以立案；不符合条件的，7日内裁定不予受理。

注意：执行时效的适用。《民事诉讼法》第239条规定，申请执行的期间为2年。申请执行时效的中止、中断，适用法律有关诉讼时效中止、中断的规定。前款规定的期间，从法律文书规定履行期间的最后一日起计算；法律文书规定分期履行的，从规定的每次履行期间的最后一日起计算；法律文书未规定履行期间的，从法律文书生效之日起计算。

二、移送执行

移送执行的案件主要有：①判决、裁定具有交付赡养费、抚养费、扶养费、医药费等内容的案件；②具有财产执行内容的刑事判决书、裁定书；③民事制裁决定书；④审判人员认为确应执行的其他法律文书。

三、不予执行（F237、238，J477）

（一）不予执行仲裁裁决

（1）当事人在合同中没有订立仲裁条款或事后没有达成书面仲裁协议。

（2）仲裁的事项不属于仲裁协议的范围或仲裁机构无权仲裁。

（3）仲裁庭的组成或仲裁的程序违反法定程序的。

（4）裁决所根据的证据是伪造的。

（5）对方当事人向仲裁机构隐瞒了足以影响公正裁决的证据的。

（6）仲裁员在仲裁该案件时有贪污受贿、枉法裁决执行的。

（7）法院认为该裁决违背社会公共利益的，不需要被申请人提出申请，法院可依职权裁定不予执行。

（二）不予执行公证债权文书

公证债权文书确有错误的，法院裁定不予执行，并将裁定书送达双方当事人和公证机关。

（三）不予执行外国法院的判决、裁定

如果当事人向法院申请承认和执行的外国法院判决、裁定违反了我国法律的基本原则或国家主权、社会公共利益的，不予承认和执行。

第三节　执行中止和终结

一、执行中止（F256，《执行规定》第102~104、107条）

（1）申请人表示可以延期执行的。

（2）案外人对执行标的提出确有理由的异议的。

（3）作为一方当事人的公民死亡，需要等待继承人继承权利或者承担义务的。

（4）作为一方当事人的法人或者其他组织终止，尚未确定权利义务承受人的。

（5）按照审判监督程序决定再审。

（6）法院认为应当中止执行的其他情况，主要包括：①法院已受理以被执行人为债务人的破产申请的；②被执行人确无财产可供执行的；③执行标的物是其他法院或仲裁机构正在审理的案件争议标的物，需要等待该案件审理完毕确定权属的；④一方当事人申请执行仲裁裁决，另一方当事人申请撤销仲裁裁决的；⑤仲裁裁决的被申请执行人向人民法院提出不予执行请求，并提供适当担保的。

中止的情形消失后，恢复执行。

二、执行终结（F257、258）

（1）申请人撤销申请的。

（2）据以执行的法律文书被撤销的。

（3）作为被执行人的公民死亡，无遗产可供执行，又无义务承担人的。

（4）追索赡养费、扶养费、抚育费案件的权利人死亡的。

（5）作为被执行人的公民因生活困难无力偿还借款，无收入来源，又丧失劳动能力的。

（6）其他情形。

中止和终结执行的裁定，送达当事人后立即生效。

第四节　执行措施

执行措施是指法院依照法定程序，强制执行生效法律文书，实现债权人权利的方法、手段和程序。采取执行措施的行为，称为执行行为。

一、对金钱债权的执行措施

金钱债权又称金钱给付请求权，是指以给付一定数额金钱为内容的请求权。被执行人未按执行通知履行义务时，法院可扣押、冻结、划拨、变价被执行人的财产，但不得超出被执行人应当履行义务的范围。法院决定扣押、冻结、划拨、变价财产，应作出裁定，发出协助执行通知书，有关单位必须办理。

（一）动产或不动产

主要采取查封、扣押和拍卖、变卖等方式。

详细措施与要求可以参照《民诉解释》第486至494条的规定、2004年最高人民法院《关于人民法院民事执行中查封、扣押、冻结财产的若干规定》以及《关于人民法院民事执行中拍卖、变卖财产的若干规定》，此处略。

（二）财产权的执行

冻结、划拨、扣留、提取被执行人的存款、收入，也可以通过执行被执行人的知识产权、股权等其他的特殊财产权来实现债权人的债权，此外，还可以就被执行人对第三人到期债权代位执行。

补充：代位执行，也称为就被执行人对第三人到期债权的执行。

1.代位执行的适用条件

第一，被执行人不能清偿债务但对第三人享有合法到期债权；

第二，申请执行人或被执行人提出申请；

第三，第三人在履行通知指定的期限内不提出异议也不履行债务。

2.第三人异议

第三人收到履行通知后15日内提出书面异议，异议有效的，法院不得对

第三人强制执行。利害关系人对到期债权有异议的，法院应按《民事诉讼法》第227条规定处理。

3.代位执行的法律后果

第三人在履行通知指定的期限内没有提出异议也不履行的，法院有权对其执行；第三人擅自向被执行人履行的，在已履行财产范围内与被执行人承担连带清偿责任。

二、非金钱债权的执行措施

（一）交付物的执行

主要包括交付动产的执行以及不动产的执行。前者主要适用《民事诉讼法》第249条关于交付指定的财物或票证的规定，后者主要适用《民事诉讼法》第250条关于强制迁出房屋或退出土地的规定。

（二）对完成行为的执行

对于可替代行为的执行，在被执行人不履行法律文书指定的可替代行为时，执行法院可以委托他人或单位代为完成，代为履行的费用由被执行人负担。对于不可替代行为及不作为义务的执行，在被执行人不履行时，法院可以对被执行人处以罚款或拘留，被执行人还应当加倍支付迟延履行金，造成损失的，双倍赔偿。

三、《民事诉讼法》修订后新增的执行措施和威慑制度

（1）财产报告制度（F241，《执行解释》第31~35条）。

（2）限制出境。

（3）征信系统记录。

（4）通过媒体公布不履行义务信息（F255）。

（5）限制高消费。

※【相关法律法规】

《民事诉讼法》

第224条　发生法律效力的民事判决、裁定，以及刑事判决、裁定中的财

产部分，由第一审人民法院或者与第一审人民法院同级的被执行的财产所在地人民法院执行。

法律规定由人民法院执行的其他法律文书，由被执行人住所地或者被执行的财产所在地人民法院执行。

第225条　当事人、利害关系人认为执行行为违反法律规定的，可以向负责执行的人民法院提出书面异议。当事人、利害关系人提出书面异议的，人民法院应当自收到书面异议之日起十五日内审查，理由成立的，裁定撤销或者改正；理由不成立的，裁定驳回。当事人、利害关系人对裁定不服的，可以自裁定送达之日起十日内向上一级人民法院申请复议。

第226条　人民法院自收到申请执行书之日起超过六个月未执行的，申请执行人可以向上一级人民法院申请执行。上一级人民法院经审查，可以责令原人民法院在一定期限内执行，也可以决定由本院执行或者指令其他人民法院执行。

第227条　执行过程中，案外人对执行标的提出书面异议的，人民法院应当自收到书面异议之日起十五日内审查，理由成立的，裁定中止对该标的的执行；理由不成立的，裁定驳回。案外人、当事人对裁定不服，认为原判决、裁定错误的，依照审判监督程序办理；与原判决、裁定无关的，可以自裁定送达之日起十五日内向人民法院提起诉讼。

第229条　被执行人或者被执行的财产在外地的，可以委托当地人民法院代为执行。受委托人民法院收到委托函件后，必须在十五日内开始执行，不得拒绝。执行完毕后，应当将执行结果及时函复委托人民法院；在三十日内如果还未执行完毕，也应当将执行情况函告委托人民法院。

受委托人民法院自收到委托函件之日起十五日内不执行的，委托人民法院可以请求受委托人民法院的上级人民法院指令受委托人民法院执行。

第230条　在执行中，双方当事人自行和解达成协议的，执行员应当将协议内容记入笔录，由双方当事人签名或者盖章。

申请执行人因受欺诈、胁迫与被执行人达成和解协议，或者当事人不履行和解协议的，人民法院可以根据当事人的申请，恢复对原生效法律文书的执行。

第231条　在执行中，被执行人向人民法院提供担保，并经申请执行人同

意的，人民法院可以决定暂缓执行及暂缓执行的期限。被执行人逾期仍不履行的，人民法院有权执行被执行人的担保财产或者担保人的财产。

第232条 作为被执行人的公民死亡的，以其遗产偿还债务。作为被执行人的法人或者其他组织终止的，由其权利义务承受人履行义务。

第233条 执行完毕后，据以执行的判决、裁定和其他法律文书确有错误，被人民法院撤销的，对已被执行的财产，人民法院应当作出裁定，责令取得财产的人返还；拒不返还的，强制执行。

第236条 发生法律效力的民事判决、裁定，当事人必须履行。一方拒绝履行的，对方当事人可以向人民法院申请执行，也可以由审判员移送执行员执行。

调解书和其他应当由人民法院执行的法律文书，当事人必须履行。一方拒绝履行的，对方当事人可以向人民法院申请执行。

第237条 对依法设立的仲裁机构的裁决，一方当事人不履行的，对方当事人可以向有管辖权的人民法院申请执行。受申请的人民法院应当执行。

被申请人提出证据证明仲裁裁决有下列情形之一的，经人民法院组成合议庭审查核实，裁定不予执行：

（一）当事人在合同中没有订有仲裁条款或者事后没有达成书面仲裁协议的；

（二）裁决的事项不属于仲裁协议的范围或者仲裁机构无权仲裁的；

（三）仲裁庭的组成或者仲裁的程序违反法定程序的；

（四）裁决所根据的证据是伪造的；

（五）对方当事人向仲裁机构隐瞒了足以影响公正裁决的证据的；

（六）仲裁员在仲裁该案时有贪污受贿，徇私舞弊，枉法裁决行为的。

人民法院认定执行该裁决违背社会公共利益的，裁定不予执行。

裁定书应当送达双方当事人和仲裁机构。

仲裁裁决被人民法院裁定不予执行的，当事人可以根据双方达成的书面仲裁协议重新申请仲裁，也可以向人民法院起诉。

第238条 对公证机关依法赋予强制执行效力的债权文书，一方当事人不履行的，对方当事人可以向有管辖权的人民法院申请执行，受申请的人民法院应当执行。

公证债权文书确有错误的，人民法院裁定不予执行，并将裁定书送达双方当事人和公证机关。

第239条 申请执行的期间为二年。申请执行时效的中止、中断，适用法律有关诉讼时效中止、中断的规定。

前款规定的期间，从法律文书规定履行期间的最后一日起计算；法律文书规定分期履行的，从规定的每次履行期间的最后一日起计算；法律文书未规定履行期间的，从法律文书生效之日起计算。

第240条 执行员接到申请执行书或者移交执行书，应当向被执行人发出执行通知，并可以立即采取强制执行措施。

第241条 被执行人未按执行通知履行法律文书确定的义务，应当报告当前以及收到执行通知之日前一年的财产情况。被执行人拒绝报告或者虚假报告的，人民法院可以根据情节轻重对被执行人或者其法定代理人、有关单位的主要负责人或者直接责任人员予以罚款、拘留。

第242条 被执行人未按执行通知履行法律文书确定的义务，人民法院有权向有关单位查询被执行人的存款、债券、股票、基金份额等财产情况。人民法院有权根据不同情形扣押、冻结、划拨、变价被执行人的财产。人民法院查询、扣押、冻结、划拨、变价的财产不得超出被执行人应当履行义务的范围。

人民法院决定扣押、冻结、划拨、变价财产，应当作出裁定，并发出协助执行通知书，有关单位必须办理。

第243条 被执行人未按执行通知履行法律文书确定的义务，人民法院有权扣留、提取被执行人应当履行义务部分的收入。但应当保留被执行人及其所扶养家属的生活必需费用。

人民法院扣留、提取收入时，应当作出裁定，并发出协助执行通知书，被执行人所在单位、银行、信用合作社和其他有储蓄业务的单位必须办理。

第244条 被执行人未按执行通知履行法律文书确定的义务，人民法院有权查封、扣押、冻结、拍卖、变卖被执行人应当履行义务部分的财产。但应当保留被执行人及其所扶养家属的生活必需品。

采取前款措施，人民法院应当作出裁定。

第248条 被执行人不履行法律文书确定的义务，并隐匿财产的，人民法

院有权发出搜查令，对被执行人及其住所或者财产隐匿地进行搜查。

采取前款措施，由院长签发搜查令。

第252条　对判决、裁定和其他法律文书指定的行为，被执行人未按执行通知履行的，人民法院可以强制执行或者委托有关单位或者其他人完成，费用由被执行人承担。

第255条　被执行人不履行法律文书确定的义务的，人民法院可以对其采取或者通知有关单位协助采取限制出境，在征信系统记录、通过媒体公布不履行义务信息以及法律规定的其他措施。

第256条　有下列情形之一的，人民法院应当裁定中止执行：

（一）申请人表示可以延期执行的；

（二）案外人对执行标的提出确有理由的异议的；

（三）作为一方当事人的公民死亡，需要等待继承人继承权利或者承担义务的；

（四）作为一方当事人的法人或者其他组织终止，尚未确定权利义务承受人的；

（五）人民法院认为应当中止执行的其他情形。

中止的情形消失后，恢复执行。

第257条　有下列情形之一的，人民法院裁定终结执行：

（一）申请人撤销申请的；

（二）据以执行的法律文书被撤销的；

（三）作为被执行人的公民死亡，无遗产可供执行，又无义务承担人的；

（四）追索赡养费、扶养费、抚育费案件的权利人死亡的；

（五）作为被执行人的公民因生活困难无力偿还借款，无收入来源，又丧失劳动能力的；

（六）人民法院认为应当终结执行的其他情形。

第258条　中止和终结执行的裁定，送达当事人后立即生效。

《民诉解释》

第304条　根据民事诉讼法第二百二十七条规定，案外人、当事人对执行异议裁定不服，自裁定送达之日起十五日内向人民法院提起执行异议之诉的，由执行法院管辖。

第305条　案外人提起执行异议之诉，除符合民事诉讼法第一百一十九条规定外，还应当具备下列条件：

（一）案外人的执行异议申请已经被人民法院裁定驳回；

（二）有明确的排除对执行标的执行的诉讼请求，且诉讼请求与原判决、裁定无关；

（三）自执行异议裁定送达之日起十五日内提起。

人民法院应当在收到起诉状之日起十五日内决定是否立案。

第306条　申请执行人提起执行异议之诉，除符合民事诉讼法第一百一十九条规定外，还应当具备下列条件：

（一）依案外人执行异议申请，人民法院裁定中止执行；

（二）有明确的对执行标的继续执行的诉讼请求，且诉讼请求与原判决、裁定无关；

（三）自执行异议裁定送达之日起十五日内提起。

人民法院应当在收到起诉状之日起十五日内决定是否立案。

第307条　案外人提起执行异议之诉的，以申请执行人为被告。被执行人反对案外人异议的，被执行人为共同被告；被执行人不反对案外人异议的，可以列被执行人为第三人。

第308条　申请执行人提起执行异议之诉的，以案外人为被告。被执行人反对申请执行人主张的，以案外人和被执行人为共同被告；被执行人不反对申请执行人主张的，可以列被执行人为第三人。

第309条　申请执行人对中止执行裁定未提起执行异议之诉，被执行人提起执行异议之诉的，人民法院告知其另行起诉。

第310条　人民法院审理执行异议之诉案件，适用普通程序。

第311条　案外人或者申请执行人提起执行异议之诉的，案外人应当就其对执行标的享有足以排除强制执行的民事权益承担举证证明责任。

第312条　对案外人提起的执行异议之诉，人民法院经审理，按照下列情形分别处理：

（一）案外人就执行标的享有足以排除强制执行的民事权益的，判决不得执行该执行标的；

（二）案外人就执行标的不享有足以排除强制执行的民事权益的，判决驳

回诉讼请求。案外人同时提出确认其权利的诉讼请求的，人民法院可以在判决中一并作出裁判。

第313条 对申请执行人提起的执行异议之诉，人民法院经审理，按照下列情形分别处理：

（一）案外人就执行标的不享有足以排除强制执行的民事权益的，判决准许执行该执行标的；

（二）案外人就执行标的享有足以排除强制执行的民事权益的，判决驳回诉讼请求。

第314条 对案外人执行异议之诉，人民法院判决不得对执行标的的执行的，执行异议裁定失效。

对申请执行人执行异议之诉，人民法院判决准许对该执行标的的执行的，执行异议裁定失效，执行法院可以根据申请执行人的申请或者依职权恢复执行。

第315条 案外人执行异议之诉审理期间，人民法院不得对执行标的的进行处分。申请执行人请求人民法院继续执行并提供相应担保的，人民法院可以准许。

被执行人与案外人恶意串通，通过执行异议、执行异议之诉妨害执行的，人民法院应当依照民事诉讼法第一百一十三条规定处理。申请执行人因此受到损害的，可以提起诉讼要求被执行人、案外人赔偿。

第316条 人民法院对执行标的的裁定中止执行后，申请执行人在法律规定的期间内未提起执行异议之诉的，人民法院应当自起诉期限届满之日起七日内解除对该执行标的的采取的执行措施。

第462条 发生法律效力的实现担保物权裁定、确认调解协议裁定、支付令，由作出裁定、支付令的人民法院或者与其同级的被执行财产所在地的人民法院执行。

认定财产无主的判决，由作出判决的人民法院将无主财产收归国家或者集体所有。

第463条 当事人申请人民法院执行的生效法律文书应当具备下列条件：

（一）权利义务主体明确；

（二）给付内容明确。

法律文书确定继续履行合同的，应当明确继续履行的具体内容。

第464条　根据民事诉讼法第二百二十七条规定，案外人对执行标的提出异议的，应当在该执行标的的执行程序终结前提出。

第465条　案外人对执行标的提出的异议，经审查，按照下列情形分别处理：

（一）案外人对执行标的不享有足以排除强制执行的权益的，裁定驳回其异议；

（二）案外人对执行标的享有足以排除强制执行的权益的，裁定中止执行。

驳回案外人执行异议裁定送达案外人之日起十五日内，人民法院不得对执行标的进行处分。

第466条　申请执行人与被执行人达成和解协议后请求中止执行或者撤回执行申请的，人民法院可以裁定中止执行或者终结执行。

第467条　一方当事人不履行或者不完全履行在执行中双方自愿达成的和解协议，对方当事人申请执行原生效法律文书的，人民法院应当恢复执行，但和解协议已履行的部分应当扣除。和解协议已经履行完毕的，人民法院不予恢复执行。

第468条　申请恢复执行原生效法律文书，适用民事诉讼法第二百三十九条申请执行期间的规定。申请执行期间因达成执行中的和解协议而中断，其期间自和解协议约定履行期限的最后一日起重新计算。

第469条　人民法院依照民事诉讼法第二百三十一条规定决定暂缓执行的，如果担保是有期限的，暂缓执行的期限应当与担保期限一致，但最长不得超过一年。被执行人或者担保人对担保的财产在暂缓执行期间有转移、隐藏、变卖、毁损等行为的，人民法院可以恢复强制执行。

第470条　根据民事诉讼法第二百三十一条规定向人民法院提供执行担保的，可以由被执行人或者他人提供财产担保，也可以由他人提供保证。担保人应当具有代为履行或者代为承担赔偿责任的能力。

他人提供执行保证的，应当向执行法院出具保证书，并将保证书副本送交申请执行人。被执行人或者他人提供财产担保的，应当参照物权法、担保法的有关规定办理相应手续。

第471条　被执行人在人民法院决定暂缓执行的期限届满后仍不履行义务的，人民法院可以直接执行担保财产，或者裁定执行担保人的财产，但执行担保人的财产以担保人应当履行义务部分的财产为限。

第472条　依照民事诉讼法第二百三十二条规定，执行中作为被执行人的法人或者其他组织分立、合并的，人民法院可以裁定变更后的法人或者其他组织为被执行人；被注销的，如果依照有关实体法的规定有权利义务承受人的，可以裁定该权利义务承受人为被执行人。

第473条　其他组织在执行中不能履行法律文书确定的义务的，人民法院可以裁定执行对该其他组织依法承担义务的法人或者公民个人的财产。

第474条　在执行中，作为被执行人的法人或者其他组织名称变更的，人民法院可以裁定变更后的法人或者其他组织为被执行人。

第475条　作为被执行人的公民死亡，其遗产继承人没有放弃继承的，人民法院可以裁定变更被执行人，由该继承人在遗产的范围内偿还债务。继承人放弃继承的，人民法院可以直接执行被执行人的遗产。

第476条　法律规定由人民法院执行的其他法律文书执行完毕后，该法律文书被有关机关或者组织依法撤销的，经当事人申请，适用民事诉讼法第二百三十三条规定。

第477条　仲裁机构裁决的事项，部分有民事诉讼法第二百三十七条第二款、第三款规定情形的，人民法院应当裁定对该部分不予执行。

应当不予执行部分与其他部分不可分的，人民法院应当裁定不予执行仲裁裁决。

第478条　依照民事诉讼法第二百三十七条第二款、第三款规定，人民法院裁定不予执行仲裁裁决后，当事人对该裁定提出执行异议或者复议的，人民法院不予受理。当事人可以就该民事纠纷重新达成书面仲裁协议申请仲裁，也可以向人民法院起诉。

第479条　在执行中，被执行人通过仲裁程序将人民法院查封、扣押、冻结的财产确权或者分割给案外人的，不影响人民法院执行程序的进行。

案外人不服的，可以根据民事诉讼法第二百二十七条规定提出异议。

第480条　有下列情形之一的，可以认定为民事诉讼法第二百三十八条第二款规定的公证债权文书确有错误：

（一）公证债权文书属于不得赋予强制执行效力的债权文书的;

（二）被执行人一方未亲自或者未委托代理人到场公证等严重违反法律规定的公证程序的;

（三）公证债权文书的内容与事实不符或者违反法律强制性规定的;

（四）公证债权文书未载明被执行人不履行义务或者不完全履行义务时同意接受强制执行的。

人民法院认定执行该公证债权文书违背社会公共利益的，裁定不予执行。

公证债权文书被裁定不予执行后，当事人、公证事项的利害关系人可以就债权争议提起诉讼。

第481条　当事人请求不予执行仲裁裁决或者公证债权文书的，应当在执行终结前向执行法院提出。

第482条　人民法院应当在收到申请执行书或者移交执行书后十日内发出执行通知。

执行通知中除应责令被执行人履行法律文书确定的义务外，还应通知其承担民事诉讼法第二百五十三条规定的迟延履行利息或者迟延履行金。

第483条　申请执行人超过申请执行时效期间向人民法院申请强制执行的，人民法院应予受理。被执行人对申请执行时效期间提出异议，人民法院经审查异议成立的，裁定不予执行。

被执行人履行全部或者部分义务后，又以不知道申请执行时效期间届满为由请求执行回转的，人民法院不予支持。

第484条　对必须接受调查询问的被执行人、被执行人的法定代表人、负责人或者实际控制人，经依法传唤无正当理由拒不到场的，人民法院可以拘传其到场。

人民法院应当及时对被拘传人进行调查询问，调查询问的时间不得超过八小时;情况复杂，依法可能采取拘留措施的，调查询问的时间不得超过二十四小时。

人民法院在本辖区以外采取拘传措施时，可以将被拘传人拘传到当地人民法院，当地人民法院应予协助。

第485条　人民法院有权查询被执行人的身份信息与财产信息，掌握相关信息的单位和个人必须按照协助执行通知书办理。

第486条　对被执行的财产，人民法院非经查封、扣押、冻结不得处分。对银行存款等各类可以直接扣划的财产，人民法院的扣划裁定同时具有冻结的法律效力。

第487条　人民法院冻结被执行人的银行存款的期限不得超过一年，查封、扣押动产的期限不得超过两年，查封不动产、冻结其他财产权的期限不得超过三年。

申请执行人申请延长期限的，人民法院应当在查封、扣押、冻结期限届满前办理续行查封、扣押、冻结手续，续行期限不得超过前款规定的期限。

人民法院也可以依职权办理续行查封、扣押、冻结手续。

第488条　依照民事诉讼法第二百四十七条规定，人民法院在执行中需要拍卖被执行人财产的，可以由人民法院自行组织拍卖，也可以交由具备相应资质的拍卖机构拍卖。

交拍卖机构拍卖的，人民法院应当对拍卖活动进行监督。

第489条　拍卖评估需要对现场进行检查、勘验的，人民法院应当责令被执行人、协助义务人予以配合。被执行人、协助义务人不予配合的，人民法院可以强制进行。

第490条　人民法院在执行中需要变卖被执行人财产的，可以交有关单位变卖，也可以由人民法院直接变卖。

对变卖的财产，人民法院或者其工作人员不得买受。

第491条　经申请执行人和被执行人同意，且不损害其他债权人合法权益和社会公共利益的，人民法院可以不经拍卖、变卖，直接将被执行人的财产作价交申请执行人抵偿债务。对剩余债务，被执行人应当继续清偿。

第492条　被执行人的财产无法拍卖或者变卖的，经申请执行人同意，且不损害其他债权人合法权益和社会公共利益的，人民法院可以将该项财产作价后交付申请执行人抵偿债务，或者交付申请执行人管理;申请执行人拒绝接收或者管理的，退回被执行人。

第493条　拍卖成交或者依法定程序裁定以物抵债的，标的物所有权自拍卖成交裁定或者抵债裁定送达买受人或者接受抵债物的债权人时转移。

第494条　执行标的物为特定物的，应当执行原物。原物确已毁损或者灭失的，经双方当事人同意，可以折价赔偿。

双方当事人对折价赔偿不能协商一致的，人民法院应当终结执行程序。申请执行人可以另行起诉。

第495条　他人持有法律文书指定交付的财物或者票证，人民法院依照民事诉讼法第二百四十九条第二款、第三款规定发出协助执行通知后，拒不转交的，可以强制执行，并可依照民事诉讼法第一百一十四条、第一百一十五条规定处理。

他人持有期间财物或者票证毁损、灭失的，参照本解释第四百九十四条规定处理。

他人主张合法持有财物或者票证的，可以根据民事诉讼法第二百二十七条规定提出执行异议。

第496条　在执行中，被执行人隐匿财产、会计账簿等资料的，人民法院除可依照民事诉讼法第一百一十一条第一款第六项规定对其处理外，还应责令被执行人交出隐匿的财产、会计账簿等资料。被执行人拒不交出的，人民法院可以采取搜查措施。

第497条　搜查人员应当按规定着装并出示搜查令和工作证件。

第498条　人民法院搜查时禁止无关人员进入搜查现场;搜查对象是公民的，应当通知被执行人或者他的成年家属以及基层组织派员到场;搜查对象是法人或者其他组织的，应当通知法定代表人或者主要负责人到场。拒不到场的，不影响搜查。

搜查妇女身体，应当由女执行人员进行。

第499条　搜查中发现应当依法采取查封、扣押措施的财产，依照民事诉讼法第二百四十五条第二款和第二百四十七条规定办理。

第500条　搜查应当制作搜查笔录，由搜查人员、被搜查人及其他在场人签名、捺印或者盖章。拒绝签名、捺印或者盖章的，应当记入搜查笔录。

第501条　人民法院执行被执行人对他人的到期债权，可以作出冻结债权的裁定，并通知该他人向申请执行人履行。

该他人对到期债权有异议，申请执行人请求对异议部分强制执行的，人民法院不予支持。利害关系人对到期债权有异议的，人民法院应当按照民事诉讼法第二百二十七条规定处理。

对生效法律文书确定的到期债权，该他人予以否认的，人民法院不予

支持。

第502条　人民法院在执行中需要办理房产证、土地证、林权证、专利证书、商标证书、车船执照等有关财产权证照转移手续的，可以依照民事诉讼法第二百五十一条规定办理。

第503条　被执行人不履行生效法律文书确定的行为义务，该义务可由他人完成的，人民法院可以选定代履行人;法律、行政法规对履行该行为义务有资格限制的，应当从有资格的人中选定。必要时，可以通过招标的方式确定代履行人。

申请执行人可以在符合条件的人中推荐代履行人，也可以申请自己代为履行，是否准许，由人民法院决定。

第504条　代履行费用的数额由人民法院根据案件具体情况确定，并由被执行人在指定期限内预先支付。被执行人未预付的，人民法院可以对该费用强制执行。

代履行结束后，被执行人可以查阅、复制费用清单以及主要凭证。

第505条　被执行人不履行法律文书指定的行为，且该项行为只能由被执行人完成的，人民法院可以依照民事诉讼法第一百一十一条第一款第六项规定处理。

被执行人在人民法院确定的履行期间内仍不履行的，人民法院可以依照民事诉讼法第一百一十一条第一款第六项规定再次处理。

第506条　被执行人迟延履行的，迟延履行期间的利息或者迟延履行金自判决、裁定和其他法律文书指定的履行期间届满之日起计算。

第507条　被执行人未按判决、裁定和其他法律文书指定的期间履行非金钱给付义务的，无论是否已给申请执行人造成损失，都应当支付迟延履行金。已经造成损失的，双倍补偿申请执行人已经受到的损失;没有造成损失的，迟延履行金可以由人民法院根据具体案件情况决定。

第508条　被执行人为公民或者其他组织，在执行程序开始后，被执行人的其他已经取得执行依据的债权人发现被执行人的财产不能清偿所有债权的，可以向人民法院申请参与分配。

对人民法院查封、扣押、冻结的财产有优先权、担保物权的债权人，可以直接申请参与分配，主张优先受偿权。

第509条　申请参与分配，申请人应当提交申请书。申请书应当写明参与分配和被执行人不能清偿所有债权的事实、理由，并附有执行依据。

参与分配申请应当在执行程序开始后，被执行人的财产执行终结前提出。

第510条　参与分配执行中，执行所得价款扣除执行费用，并清偿应当优先受偿的债权后，对于普通债权，原则上按照其占全部申请参与分配债权数额的比例受偿。清偿后的剩余债务，被执行人应当继续清偿。债权人发现被执行人有其他财产的，可以随时请求人民法院执行。

第511条　多个债权人对执行财产申请参与分配的，执行法院应当制作财产分配方案，并送达各债权人和被执行人。债权人或者被执行人对分配方案有异议的，应当自收到分配方案之日起十五日内向执行法院提出书面异议。

第512条　债权人或者被执行人对分配方案提出书面异议的，执行法院应当通知未提出异议的债权人、被执行人。

未提出异议的债权人、被执行人自收到通知之日起十五日内未提出反对意见的，执行法院依异议人的意见对分配方案审查修正后进行分配；提出反对意见的，应当通知异议人。异议人可以自收到通知之日起十五日内，以提出反对意见的债权人、被执行人为被告，向执行法院提起诉讼；异议人逾期未提起诉讼的，执行法院按照原分配方案进行分配。

诉讼期间进行分配的，执行法院应当提存与争议债权数额相应的款项。

第513条　在执行中，作为被执行人的企业法人符合企业破产法第二条第一款规定情形的，执行法院经申请执行人之一或者被执行人同意，应当裁定中止对该被执行人的执行，将执行案件相关材料移送被执行人住所地人民法院。

第514条　被执行人住所地人民法院应当自收到执行案件相关材料之日起三十日内，将是否受理破产案件的裁定告知执行法院。不予受理的，应当将相关案件材料退回执行法院。

第515条　被执行人住所地人民法院裁定受理破产案件的，执行法院应当解除对被执行人财产的保全措施。被执行人住所地人民法院裁定宣告被执行人破产的，执行法院应当裁定终结对该被执行人的执行。

被执行人住所地人民法院不受理破产案件的，执行法院应当恢复执行。

《最高人民法院关于人民法院执行工作若干问题的规定（试行）》

第2条　执行机构负责执行下列生效法律文书：

（1）人民法院民事、行政判决、裁定、调解书，民事制裁决定、支付令，以及刑事附带民事判决、裁定、调解书；

（2）依法应由人民法院执行的行政处罚决定、行政处理决定；

（3）我国仲裁机构作出的仲裁裁决和调解书；人民法院依据《中华人民共和国仲裁法》有关规定作出的财产保全和证据保全裁定；

（4）公证机关依法赋予强制执行效力的关于追偿债款、物品的债权文书；

（5）经人民法院裁定承认其效力的外国法院作出的判决、裁定，以及国外仲裁机构作出的仲裁裁决；

（6）法律规定由人民法院执行的其他法律文书。

第18条　人民法院受理执行案件应当符合下列条件：

（1）申请或移送执行的法律文书已经生效；

（2）申请执行人是生效法律文书确定的权利人或其继承人、权利承受人；

（3）申请执行人在法定期限内提出申请；

（4）申请执行的法律文书有给付内容，且执行标的和被执行人明确；

（5）义务人在生效法律文书确定的期限内未履行义务；

（6）属于受申请执行的人民法院管辖。

人民法院对符合上述条件的申请，应当在七日内予以立案；不符合上述条件之一的，应当在七日内裁定不予受理。

第19条　生效法律文书的执行，一般应当由当事人依法提出申请。

发生法律效力的具有给付赡养费、扶养费、抚育费内容的法律文书、民事制裁决定书，以及刑事附带民事判决、裁定、调解书，由审判庭移送执行机构执行。

第40条　人民法院对被执行人所有的其他人享有抵押权、质押权或留置权的财产，可以采取查封、扣押措施。财产拍卖、变卖后所得价款，应当在抵押权人、质押权人或留置权人优先受偿后，其余额部分用于清偿申请执行人的债权。

第60条　被执行人拒不履行生效法律文书中指定的行为的，人民法院可以强制其履行。对于可以替代履行的行为，可以委托有关单位或他人完成，因完成上述行为发生的费用由被执行人承担。

对于职能由被执行人完成的行为，经教育，被执行人仍拒不履行的，人民法院应当按照妨害执行行为的有关规定处理。

第61条　被执行人不能清偿债务，但对本案以外的第三人享有到期债权的，人民法院可以依申请执行人或被执行人的申请，向第三人发出履行到期债务的通知（以下简称履行通知）。履行通知必须直接送达第三人。履行通知应当包含下列内容：

（1）第三人直接向申请执行人履行其对被执行人所负的债务，不得向被执行人清偿；

（2）第三人应当在收到履行通知后的十五日内向申请执行人履行债务；

（3）第三人对履行到期债权有异议的，应当在收到履行通知后的十五日内向执行法院提出；

（4）第三人违背上述义务的法律后果。

第62条　第三人对履行通知的异议一般应当以书面形式提出，口头提出的，执行人员应记入笔录，并由第三人签字或盖章。

第63条　第三人在履行通知指定的期间内提出异议的，人民法院不得对第三人强制执行，对提出的异议不进行审查。

第64条　第三人提出自己无履行能力或其与申请执行人无直接法律关系，不属于本规定所指的异议。

第三人对债务部分承认、部分有异议的，可以对其承认的部分强制执行。

第65条　第三人在履行通知指定的期限内没有提出异议，而又不履行的，执行法院有权裁定对其强制执行。此裁定同时送达第三人和被执行人。

第66条　被执行人收到人民法院履行通知后，放弃其对第三人的债权或延缓第三人履行期限的行为无效，人民法院仍可在第三人无异议又不履行的情况下予以强制执行。

第67条　第三人收到人民法院要求其履行到期债务的通知后，擅自向被执行人履行，造成已向被执行人履行的财产不能追回的，除在已履行的财产范围内与被执行人承担连带清偿责任外，可以追究其妨害执行的责任。

第68条　在对第三人作出强制执行裁定后，第三人确无财产可供执行

的，不得就第三人对他人享有的到期债权强制执行。

第69条 第三人按照人民法院履行通知向申请执行人履行了债务或已被强制执行后，人民法院应当出具有关证明。

第70条 案外人对执行标的主张权利的，可以向执行法院提出异议。

案外人异议一般应当以书面形式提出，并提供相应的证据。以书面形式提出确有困难的，可以允许以口头形式提出。

第71条 对案外人提出的异议，执行法院应当依照民事诉讼法第二百零八条（现为第227条）的规定进行审查。

审查期间可以对财产采取查封、扣押、冻结等保全措施，但不得进行处分。正在实施的处分措施应当停止。

经审查认为案外人的异议理由不成立的，裁定驳回其异议，继续执行。

第72条 案外人提出异议的执行标的物是法律文书指定交付的特定物，经审查认为案外人的异议成立的，报经院长批准，裁定对生效法律文书中该项内容中止执行。

第73条 执行标的物不属生效法律文书指定交付的特定物，经审查认为案外人的异议成立的，报经院长批准，停止对该标的物的执行。已经采取的执行措施应当裁定立即解除或撤销，并将该标的物交还案外人。

第74条 对案外人提出的异议一时难以确定是否成立，案外人已提供确实有效的担保的，可以解除查封、扣押措施。申请执行人提供确实有效的担保的，可以继续执行。因提供担保而解除查封扣押或继续执行有错误，给对方造成损失的，应裁定以担保的财产予以赔偿。

第75条 执行上级人民法院的法律文书遇有本规定72条规定的情形的，或执行的财产是上级人民法院裁定保全的财产时遇有本规定73条、74条规定的情形的，需报经上级人民法院批准。

第76条 被执行人为无法人资格的私营独资企业，无能力履行法律文书确定的义务的，人民法院可以裁定执行该独资企业业主的其他财产。

第77条 被执行人为个人合伙组织或合伙型联营企业，无能力履行生效法律文书确定的义务的，人民法院可以裁定追加该合伙组织的合伙人或参加该联营企业的法人为被执行人。

第78条 被执行人为企业法人的分支机构不能清偿债务时，可以裁定企业法人为被执行人。企业法人直接经营管理的财产仍不能清偿债务的，人民法院可以裁定执行该企业法人其他分支机构的财产。

若必须执行已被承包或租赁的企业法人分支机构的财产时，对承包人或承租人投入及应得的收益应依法保护。

第79条　被执行人按法定程序分立为两个或多个具有法人资格的企业，分立后存续的企业按照分立协议确定的比例承担债务；不符合法定程序分立的，裁定由分立后存续的企业按照其从被执行企业分得的资产占原企业总资产的比例对申请执行人承担责任。

第80条　被执行人无财产清偿债务，如果其开办单位对其开办时投入的注册资金不实或抽逃注册资金，可以裁定变更或追加其开办单位为被执行人，在注册资金不实或抽逃注册资金的范围内，对申请执行人承担责任。

第81条　被执行人被撤销、注销或歇业后，上级主管部门或开办单位无偿接受被执行人的财产，致使被执行人无遗留财产清偿债务或遗留财产不足清偿的，可以裁定由上级主管部门或开办单位在所接受的财产范围内承担责任。

第82条　被执行人的开办单位已经在注册资金范围内或接受财产的范围内向其他债权人承担了全部责任的，人民法院不得裁定开办单位重复承担责任。

第83条　依照民事诉讼法第二百一十三条（现为第232条）、最高人民法院关于适用民事诉讼法若干问题的意见第271条至第274条及本规定裁定变更或追加被执行主体的，由执行法院的执行机构办理。

第84条　被执行人或其担保人以财产向人民法院提供执行担保的，应当依据《中华人民共和国担保法》的有关规定，按照担保物的种类、性质，将担保物移交执行法院，或依法到有关机关办理登记手续。

第85条　人民法院在审理案件期间，保证人为被执行人提供保证，人民法院据此未对被执行人的财产采取保全措施或解除保全措施的，案件审结后如果被执行人无财产可供执行或其财产不足清偿债务时，即使生效法律文书中未确定保证人承担责任，人民法院有权裁定执行保证人在保证责任范围内的财产。

第86条　在执行中，双方当事人可以自愿达成和解协议，变更生效法律

文书确定的履行义务主体、标的物及其数额、履行期限和履行方式。

和解协议一般应当采取书面形式。执行人员应将和解协议副本附卷。无书面协议的，执行人员应将和解协议的内容记入笔录，并由双方当事人签名或盖章。

第87条　当事人之间达成的和解协议合法有效并已履行完毕的，人民法院作执行结案处理。

第101条　在执行过程中遇有被执行人或其他人拒不履行生效法律文书或者妨害执行情节严重，需要追究刑事责任的，应将有关材料移交有关机关处理。

第102条　有下列情形之一的，人民法院应当依照民事诉讼法第二百三十四条（现为第256条）第一款第五项的规定裁定中止执行：

（1）人民法院已受理以被执行人为债务人的破产申请的；

（2）被执行人确无财产可供执行的；

（3）执行的标的物是其他法院或仲裁机构正在审理的案件争议标的物，需要等待该案件审理完毕确定权属的；

（4）一方当事人申请执行仲裁裁决，另一方当事人申请撤销仲裁裁决的；

（5）仲裁裁决的被申请执行人依据民事诉讼法第二百一十七条（现为第237条）第二款的规定向人民法院提出不予执行请求，并提供适当担保的。

第103条　按照审判监督程序提审或再审的案件，执行机构根据上级法院或本院作出的中止执行裁定书中止执行。

第104条　中止执行的情形消失后，执行法院可以根据当事人的申请或依职权恢复执行。

恢复执行应当书面通知当事人。

第107条　人民法院执行生效法律文书，一般应当在立案之日起六个月内执行结案，但中止执行的期间应当扣除。确有特殊情况需要延长的，由本院院长批准。

第109条　在执行中或执行完毕后，据以执行的法律文书被人民法院或其他有关机关撤销或变更的，原执行机构应当依照民事诉讼法第二百一十四条（现为第233条）的规定，依当事人申请或依职权，按照新的生效法律文书，作出执行回转的裁定，责令原申请执行人返还已取得的财产及其孳息。拒不返还的，强制执行。

执行回转应重新立案，适用执行程序的有关规定。

第110条　执行回转时，已执行的标的物系特定物的，应当退还原物。不能退还原物的，可以折价抵偿。

第111条　凡需要委托执行的案件，委托法院应在立案后一个月内办妥委托执行手续。超过此期限委托的，应当经对方法院同意。

第112条　委托法院明知被执行人有下列情形的，应当及时依法裁定中止执行或终结执行，不得委托当地法院执行：

（一）无确切住所，长期下落不明，又无财产可供执行的；

（二）有关法院已经受理以被执行人为债务人的破产案件或者已经宣告其破产的。

第113条　委托执行一般应在同级人民法院之间进行。经对方法院同意，也可委托上一级的法院执行。

被执行人是军队企业的，可以委托其所在地的军事法院执行。

执行标的物是船舶的，可以委托有关海事法院执行。

第114条　委托法院应当向受委托法院出具书面委托函，并附送据以执行的生效法律文书副本原件、立案审批表复印件及有关情况说明，包括财产保全情况、被执行人的财产状况、

生效法律文书履行的情况，并注明委托法院地址、联系电话、联系人等。

第115条　委托执行案件的实际支出费用，由受托法院向被执行人收取，确有必要的，可以向申请执行人预收。委托法院已经向申请执行人预收费用的，应当将预收的费用转交受托法院。

第116条　案件委托执行后，未经受托法院同意，委托法院不得自行执行。

第117条　受托法院接到委托后，应当及时将指定的承办人、联系电话、地址等告知委托法院；如发现委托执行的手续、资料不全，应及时要求委托法院补办。但不得据此拒绝接受委托。

第118条　受托法院对受托执行的案件应当严格按照民事诉讼法和最高人民法院有关规定执行，有权依法采取强制执行措施和对妨害执行行为的强制措施。

第119条　被执行人在受托法院当地有工商登记或户籍登记，但人员下落不明，如有可供执行的财产，可以直接执行其财产。

第120条　对执行担保和执行和解的情况以及案外人对非属法律文书指定交付的执行标的物提出的异议，受托法院可以按照有关法律规定处理，并及时通知委托法院。

第121条　受托法院在执行中，认为需要变更被执行人的，应当将有关情况函告委托法院，由委托法院依法决定是否作出变更被执行人的裁定。

第122条　受托法院认为受托执行的案件应当中止、终结执行的，应提供有关证据材料，

函告委托法院作出裁定。受托法院提供的证据材料确实、充分的，委托法院应当及时作出中止或终结执行的裁定。

第123条　受托法院认为委托执行的法律文书有错误，如执行可能造成执行回转困难或无法执行回转的，应当首先采取查封、扣押、冻结等保全措施，必要时要将保全款项划到法院帐户，然后函请委托法院审查。受托法院按照委托法院的审查结果继续执行或停止执行。

第124条　人民法院在异地执行时，当地人民法院应当积极配合，协同排除障碍，保证执行人员的人身安全和执行装备、执行标的物不受侵害。

第125条　两个或两个以上人民法院在执行相关案件中发生争议的，应当协商解决。协商不成的，逐级报请上级法院，直至报请共同的上级法院协调处理。

执行争议经高级人民法院协商不成的，由有关的高级人民法院书面报请最高人民法院协调处理。

第126条　执行中发现两地法院或人民法院与仲裁机构就同一法律关系作出不同裁判内容的法律文书的，各有关法院应当立即停止执行，报请共同的上级法院处理。

第127条　上级法院协调处理有关执行争议案件，认为必要时，可以决定将有关款项划到本院指定的账户。

第128条　上级法院协调下级法院之间的执行争议所作出的处理决定，有关法院必须执行。

《最高人民法院关于适用〈中华人民共和国民事诉讼法〉执行程序若干问题的解释》

第1条　申请执行人向被执行的财产所在地人民法院申请执行的，应当提供该人民法院辖区有可供执行财产的证明材料。

第2条　对两个以上人民法院都有管辖权的执行案件，人民法院在立案前发现其他有管辖权的人民法院已经立案的，不得重复立案。

立案后发现其他有管辖权的人民法院已经立案的，应当撤销案件；已经采取执行措施的，应当将控制的财产交先立案的执行法院处理。

第3条　人民法院受理执行申请后，当事人对管辖权有异议的，应当自收到执行通知书之日起十日内提出。

人民法院对当事人提出的异议，应当审查。异议成立的，应当撤销执行案件，并告知当事人向有管辖权的人民法院申请执行；异议不成立的，裁定驳回。当事人对裁定不服的，可以向上一级人民法院申请复议。

管辖权异议审查和复议期间，不停止执行。

第4条　对人民法院采取财产保全措施的案件，申请执行人向采取保全措施的人民法院以外的其他有管辖权的人民法院申请执行的，采取保全措施的人民法院应当将保全的财产交执行法院处理。

第5条　执行过程中，当事人、利害关系人认为执行法院的执行行为违反法律规定的，可以依照民事诉讼法第二百零二条的规定提出异议。

执行法院审查处理执行异议，应当自收到书面异议之日起十五日内作出裁定。

第6条　当事人、利害关系人依照民事诉讼法第二百零二条规定申请复议的，应当采取书面形式。

第7条　当事人、利害关系人申请复议的书面材料，可以通过执行法院转交，也可以直接向执行法院的上一级人民法院提交。

执行法院收到复议申请后，应当在五日内将复议所需的案卷材料报送上一级人民法院；上一级人民法院收到复议申请后，应当通知执行法院在五日内报送复议所需的案卷材料。

第8条　上一级人民法院对当事人、利害关系人的复议申请，应当组成合

议庭进行审查。

第9条　当事人、利害关系人依照民事诉讼法第二百零二条规定申请复议的，上一级人民法院应当自收到复议申请之日起三十日内审查完毕，并作出裁定。有特殊情况需要延长的，经本院院长批准，可以延长，延长的期限不得超过三十日。

第10条　执行异议审查和复议期间，不停止执行。

被执行人、利害关系人提供充分、有效的担保请求停止相应处分措施的，人民法院可以准许；申请执行人提供充分、有效的担保请求继续执行的，应当继续执行。

第11条　依照民事诉讼法第二百零三条的规定，有下列情形之一的，上一级人民法院可以根据申请执行人的申请，责令执行法院限期执行或者变更执行法院：

（一）债权人申请执行时被执行人有可供执行的财产，执行法院自收到申请执行书之日起超过六个月对该财产未执行完结的；

（二）执行过程中发现被执行人可供执行的财产，执行法院自发现财产之日起超过六个月对该财产未执行完结的；

（三）对法律文书确定的行为义务的执行，执行法院自收到申请执行书之日起超过六个月未依法采取相应执行措施的；

（四）其他有条件执行超过六个月未执行的。

第13条　上一级人民法院责令执行法院限期执行，执行法院在指定期间内无正当理由仍未执行完结的，上一级人民法院应当裁定由本院执行或者指令本辖区其他人民法院执行。

第14条　民事诉讼法第二百零三条规定的六个月期间，不应当计算执行中的公告期间、鉴定评估期间、管辖争议处理期间、执行争议协调期间、暂缓执行期间以及中止执行期间。

第15条　案外人对执行标的主张所有权或者有其他足以阻止执行标的的转让、交付的实体权利的，可以依照民事诉讼法第二百零四条的规定，向执行法院提出异议。

第16条　案外人异议审查期间，人民法院不得对执行标的进行处分。

案外人向人民法院提供充分、有效的担保请求解除对异议标的的查封、

扣押、冻结的，人民法院可以准许；申请执行人提供充分、有效的担保请求
继续执行的，应当继续执行。

因案外人提供担保解除查封、扣押、冻结有错误，致使该标的无法执行
的，人民法院可以直接执行担保财产；申请执行人提供担保请求继续执行有
错误，给对方造成损失的，应当予以赔偿。

第17条　案外人依照民事诉讼法第二百零四条规定提起诉讼，对执行标
的主张实体权利，并请求对执行标的停止执行的，应当以申请执行人为被
告；被执行人反对案外人对执行标的所主张的实体权利的，应当以申请执行
人和被执行人为共同被告。

第18条　案外人依照民事诉讼法第二百零四条规定提起诉讼的，由执行
法院管辖。

第19条　案外人依照民事诉讼法第二百零四条规定提起诉讼的，执行法
院应当依照诉讼程序审理。经审理，理由不成立的，判决驳回其诉讼请求；
理由成立的，根据案外人的诉讼请求作出相应的裁判。

第20条　案外人依照民事诉讼法第二百零四条规定提起诉讼的，诉讼期
间，不停止执行。

案外人的诉讼请求确有理由或者提供充分、有效的担保请求停止执行
的，可以裁定停止对执行标的进行处分；申请执行人提供充分、有效的担保
请求继续执行的，应当继续执行。

案外人请求停止执行、请求解除查封、扣押、冻结或者申请执行人请求
继续执行有错误，给对方造成损失的，应当予以赔偿。

第21条　申请执行人依照民事诉讼法第二百零四条规定提起诉讼，请求
对执行标的许可执行的，应当以案外人为被告；被执行人反对申请执行人请
求的，应当以案外人和被执行人为共同被告。

第22条　申请执行人依照民事诉讼法第二百零四条规定提起诉讼的，由
执行法院管辖。

第23条　人民法院依照民事诉讼法第二百零四条规定裁定对异议标的中
止执行后，申请执行人自裁定送达之日起十五日内未提起诉讼的，人民法院
应当裁定解除已经采取的执行措施。

第24条　申请执行人依照民事诉讼法第二百零四条规定提起诉讼的，执

行法院应当依照诉讼程序审理。经审理，理由不成立的，判决驳回其诉讼请求；理由成立的，根据申请执行人的诉讼请求作出相应的裁判。

第25条　多个债权人对同一被执行人申请执行或者对执行财产申请参与分配的，执行法院应当制作财产分配方案，并送达各债权人和被执行人。债权人或者被执行人对分配方案有异议的，应当自收到分配方案之日起十五日内向执行法院提出书面异议。

第26条　债权人或者被执行人对分配方案提出书面异议的，执行法院应当通知未提出异议的债权人或被执行人。

未提出异议的债权人、被执行人收到通知之日起十五日内未提出反对意见的，执行法院依异议人的意见对分配方案审查修正后进行分配；提出反对意见的，应当通知异议人。异议人可以自收到通知之日起十五日内，以提出反对意见的债权人、被执行人为被告，向执行法院提起诉讼；异议人逾期未提起诉讼的，执行法院依原分配方案进行分配。

诉讼期间进行分配的，执行法院应当将与争议债权数额相应的款项予以提存。

第31条　人民法院依照民事诉讼法第二百一十七条规定责令被执行人报告财产情况的，应当向其发出报告财产令。报告财产令中应当写明报告财产的范围、报告财产的期间、拒绝报告或者虚假报告的法律后果等内容。

第32条　被执行人依照民事诉讼法第二百一十七条的规定，应当书面报告下列财产情况：

（一）收入、银行存款、现金、有价证券；

（二）土地使用权、房屋等不动产；

（三）交通运输工具、机器设备、产品、原材料等动产；

（四）债权、股权、投资权益、基金、知识产权等财产性权利；

（五）其他应当报告的财产。

被执行人自收到执行通知之日前一年至当前财产发生变动的，应当对该变动情况进行报告。

被执行人在报告财产期间履行全部债务的，人民法院应当裁定终结报告程序。

第33条　被执行人报告财产后，其财产情况发生变动，影响申请执行人债权实现的，应当自财产变动之日起十日内向人民法院补充报告。

第34条　对被执行人报告的财产情况，申请执行人请求查询的，人民法院应当准许。申请执行人对查询的被执行人财产情况，应当保密。

第35条　对被执行人报告的财产情况，执行法院可以依申请执行人的申请或者依职权调查核实。

※【历年真题】

1.甲不履行仲裁裁决，乙向法院申请执行。甲拟提出不予执行的申请并提出下列证据证明仲裁裁决应不予执行。针对下列哪一选项，法院可裁定驳回甲的申请？（2011-3-49）

A.甲、乙没有订立仲裁条款或达成仲裁协议

B.仲裁庭组成违反法定程序

C.裁决事项超出仲裁机构权限范围

D.仲裁裁决没有根据经当事人质证的证据认定事实

【答案】D

【解析】根据《民事诉讼法》第237条，可知D选项正确。

2.关于执行行为异议与案外人对诉讼标的异议的比较，下列哪一选项是错误的？（2011-3-47）

A.异议都是在执行过程中提出

B.异议都应当向执行法院提出

C.申请异议当事人有部分相同

D.申请异议人对法院针对异议所作裁定不服，可采取的救济手段相同

【答案】D

【解析】根据《民事诉讼法》第225、第227条，可知D选项的说法错误，当选。

3.执行程序的参与分配制度对适用条件作了规定。下列哪一选项不属于参与分配适用的条件？（2011-3-46）

A.被执行人的财产无法清偿所有的债权

B.被执行人为法人或其他组织而非自然人

C.有多个申请人对同一被申请人享有债权

D.参与分配的债权只限于金钱债权

【答案】B

【解析】根据《民诉解释》第508条，可知B选项不属于参与分配适用的条件，当选。

4.根据《民事诉讼法》和相关司法解释规定，关于执行程序中的当事人，对下列哪些事项可享有异议权？（2010-3-90）

A.法院对某案件的执行管辖权

B.执行法院的执行行为的合法性

C.执行标的的所有权归属

D.执行法院作出的执行中止的裁定

【答案】AB

【解析】根据《执行解释》第3条，可知A选项正确；根据《民事诉讼法》第225条，可知B选项正确；执行标的异议的主体为案外人，不是案件的当事人，故C选项错误；D选项法律无相关规定。

5.甲公司申请强制执行乙公司的财产，法院将乙公司的一处房产列为执行标的。执行中，丙银行向法院主张，乙公司已将该房产抵押贷款，并以自己享有抵押权为由提出异议。乙公司否认将房产抵押给丙银行。经审查，法院驳回丙银行的异议。丙银行拟向法院起诉，关于本案被告的确定，下列哪一选项是正确的？（2010-3-49）

A.丙银行只能以乙公司为被告起诉

B.丙银行只能以甲公司为被告起诉

C.丙银行可选择甲公司为被告起诉，也可选择乙公司为被告起诉

D.丙银行应当以甲公司和乙公司为共同被告起诉

【答案】D

【解析】根据《民诉解释》第307条，可知D选项正确。

6.法院受理甲出版社、乙报社著作权纠纷案，判决乙赔偿甲10万元，并登报赔礼道歉。判决生效后，乙交付10万元，但未按期赔礼道歉，甲申请强制执行。执行中，甲、乙自行达成口头协议，约定乙免于赔礼道歉，但另付甲1万元。关于法院的做法，下列哪一选项是正确的？（2010-3-45）

A.不允许，因协议内容超出判决范围，应当继续执行生效判决

B.允许，法院视为申请人撤销执行申请

C.允许，将当事人协议内容记入笔录，由甲、乙签字或盖章

D.允许，根据当事人协议内容制作调解书

【答案】C

【解析】根据《民事诉讼法》第230条，可知C选项正确；执行和解可以变更生效法律文书的内容，故A选项错误；一方当事人不履行或者不完全履行在执行中双方自愿达成的和解协议，对方当事人申请执行原生效法律文书的，人民法院应当恢复执行，故执行申请没有撤销，B选项错误；不存在执行调解书，故D选项错误。

7.关于民事审判程序与民事执行程序的关系，下列哪些说法是错误的？（2009-3-86）

A.民事审判程序是确认民事权利义务的程序，民事执行程序是实现民事权利义务关系的程序

B.法院对案件裁定进行再审时，应当裁定终结执行

C.民事审判程序是民事执行程序的前提

D.民事执行程序是民事审判程序的继续

【答案】BCD

【解析】根据《民事诉讼法》第206条，应当裁定中止执行，而非终结执行，故B选项错误。执行程序具有相对的独立性，例如：公证机关制作的赋予强制执行效力的债权文书，仲裁机构作出的生效裁决书等，如需要执行的，也由法院适用执行程序进行执行，故C、D选项错误。

8.在民事执行中，被执行人朱某申请暂缓执行，提出由吴某以自有房屋为其提供担保，申请执行人刘某同意。法院作出暂缓执行裁定，期限为六个月。对于暂缓执行期限届满后朱某仍不履行义务的情形，下列哪一选项是正确的？（2009-3-50）

A.刘某应起诉吴某，取得执行依据可申请执行吴某的担保房产

B.朱某财产不能清偿全部债务时刘某方能起诉吴某，取得执行依据可申请执行吴某的担保房产

C.朱某财产不能清偿刘某债权时法院方能执行吴某的担保房产

D.法院可以直接裁定执行吴某的担保房产

【答案】D

【解析】根据《民诉解释》第471条，可知D选项正确。

9.张某诉江某财产所有权纠纷案经判决进入执行程序，案外人李某向法院主张对该项财产享有部分权利。关于本案，下列哪一说法是错误的？（2009-3-48）

A.李某有权向法院申请再审

B.李某有权向法院起诉

C.如法院启动了再审程序，应当追加李某为当事人

D.李某有权向法院提出执行异议

【答案】B

【解析】根据《民事诉讼法》第227条，可知A、D选项的说法正确；李某无权就"原案"提起诉讼，故B选项的说法错误，当选；根据《民诉解释》第422条的规定，因案外人申请人民法院裁定再审的，人民法院经审理认为案外人应为必要的共同诉讼当事人，在按第一审程序再审时，应追加其为当事人，作出新的判决；在按第二审程序再审时，经调解不能达成协议的，应撤销原判，发回重审，重审时应追加案外人为当事人，可知C选项的说法正确。

10.朱某诉孙某合同纠纷一案，法院判决孙某赔偿朱某损失5万元。孙某拒不履行赔偿义务，朱某申请强制执行。因无金钱可供执行，法院遂将孙某仅有的某项财产拍卖得8万元。在执行中，发现并查实孙某已将该项财产作为抵押向某银行贷款6万元且尚未清偿，该银行现提出行使抵押权。关于本案，下列哪一选项是正确的？（2008-3-50）

A.某银行应当优先受偿

B.朱某应当优先受偿，因其主张权利在先

C.某银行可以直接申请参与分配，与朱某按比例受偿

D.某银行应先行向法院起诉，取得执行依据后再向法院申请参与分配，与朱某按比例受偿

【答案】A

【解析】根据《执行规定》第40条，可知A选项正确。

11.甲、乙、丙三人合伙经营一小食品店，并依法登记取得了字号。因该

合伙组织分别与A、B、C三公司纠纷的诉讼全部败诉而进入到执行程序。在执行中，该合伙组织的财产不足以清偿A、B、C三公司的债务。对此，法院应当如何处理？（2008-3-38）

A.裁定追加甲、乙、丙为被执行人

B.就合伙组织的财产依A、B、C三公司申请执行的先后顺序进行清偿

C.应当按A、B、C三公司的债权比例进行清偿

D.应当告知A、B、C三公司申请该合伙组织破产，按破产程序清偿

【答案】A

【解析】根据《执行规定》第77条，可知A选项正确。

12.执行法院对下列哪些财产不得采取执行措施？（2008-3-89）

A.被执行人未发表的著作

B.被执行人及其所扶养家属完成义务教育所必需的物品

C.金融机构交存在中国人民银行的存款准备金和备付金

D.金融机构的营业场所

【答案】ABCD

【解析】《最高人民法院关于人民法院民事执行中查封、扣押、冻结财产的规定》第5条规定，人民法院对被执行人下列的财产不得查封、扣押、冻结：……（三）被执行人及其所扶养家属完成义务教育所必需的物品；（四）未公开的发明或者未发表的著作；……故A、B选项正确；根据《执行规定》第34条，可知C、D选项正确。

13.关于现行民事执行制度，下列哪些选项是正确的？（2008-3-85）

A.发生法律效力的判决的执行法院，包括案件的第一审法院和与第一审法院同级的被执行财产所在地的法院

B.案外人对执行标的异议的裁定不服的，可以根据执行标的的不同情况，选择提起诉讼或通过审判监督程序进行救济

C.申请执行人与被申请执行人达成和解协议的，在和解协议履行期间，执行程序终结

D.申请执行的期限因申请人与被申请人为自然人或法人而不同

【答案】AB

【解析】根据《民事诉讼法》第224条，可知A选项正确；根据《民事诉

423

讼法》第227条，可知B选项正确；申请执行人因受欺诈、胁迫与被执行人达成和解协议，或者当事人不履行和解协议的，人民法院可以根据当事人的申请，恢复对原生效法律文书的执行，故C选项错误；申请执行期限统一为2年，故D选项错误。

14.甲诉乙侵权赔偿一案，经A市B区法院一审、A市中级法院二审，判决乙赔偿甲损失。乙拒不履行生效判决所确定的义务，甲向B区法院申请强制执行，B区法院受理后委托乙的财产所在地C市D区法院执行，在执行中，案外人丙向D区法院提出执行异议。对于丙的执行异议，D区法院应当采取下列哪种处理方式？（2008-3-47）

A.应当对异议进行审查，异议不成立的，应当裁定驳回；异议成立的，应当裁定中止执行，并函告B区法院

B.应当函告B区法院，由B区法院作出处理

C.应当报请C市中级法院处理

D.应当报请A市中级法院处理

【答案】B

【解析】根据《执行规定》第122条，可知B选项正确。

15.甲公司对乙公司的50万元债权经法院裁判后进入到强制执行程序，被执行人乙公司不能清偿债务，但对第三人（即丙公司）享有30万元的到期债权。甲公司欲申请法院对被执行人的到期债权予以执行。关于该执行程序，下列哪些选项是错误的？（2007-3-84）

A.丙公司应在接到法院发出的履行到期债务通知后的30日内，向甲公司履行债务或提出异议

B.丙公司如果对法院的履行通知提出异议，必须采取书面方式

C.丙公司在履行通知指定的期间内提出异议的，法院应当对提出的异议进行审查

D.在对丙公司作出强制执行裁定后，丙公司确无财产可供执行的，法院可以就丙公司对他人享有的到期债权强制执行

【答案】ABCD

【解析】根据《执行规定》第61条，第三人异议期为15天，故A选项当选；第三人对履行通知的异议一般应当以书面形式提出，口头提出的，执行

人员应记入笔录，并由第三人签字或盖章，故B选项当选；根据《执行规定》第63条，法院对第三人异议不进行审查，故C选项当选；根据《执行规定》第68条，第三人确无财产可供执行的，不得就第三人对他人享有的到期债权强制执行，故D选项当选。

16.在执行程序中，甲和乙自愿达成和解协议：将判决中确定的乙向甲偿还1万元人民币改为给付价值相当的化肥、农药。和解协议履行完毕后，甲以化肥质量不好向法院提出恢复执行程序。下列哪一选项是正确的？（2007-3-42）

A.和解协议无效，应恢复执行原判决

B.和解协议有效，但甲反悔后应恢复执行原判决

C.和解协议已履行完毕，应执行回转

D.和解协议已履行完毕，法院应作执行结案处理

【答案】D

【解析】根据《民事诉讼法》第230条、《民诉解释》第467条，可知D选项正确。

17.根据民事诉讼法的规定，下列哪些情况下，法院应当裁定终结执行？（2006-3-87）

A.申请执行人撤销申请

B.据以执行的法律文书被撤销

C.追索赡养费案件的权利人死亡

D.案外人对执行标的提出了确有理由的异议

【答案】ABC

【解析】根据《民事诉讼法》第256～257条，可知A、B、C选项正确；D选项属于中止执行的情形。

18.甲向法院申请执行乙的财产，乙除对案外人丙享有到期债权外，并无其他财产可供执行。法院根据甲的申请，通知丙向甲履行债务。但丙提出其与乙之间的债权债务关系存在争议，拒不履行。法院对此如何处理？（2006-3-78）

A.强制执行丙的财产

B.不得对丙强制执行

C.中止对乙的执行

D.裁定驳回甲对乙的执行申请

【答案】BC

【解析】根据《民诉解释》第501条，可知B选项正确；根据《执行规定》第102条，可知C选项正确。

19.下列关于执行的说法，哪些是正确的？（2005-3-80）

A.执行程序都是因当事人的申请而开始的

B.申请执行的期限，双方或一方当事人是公民的为一年，双方是法人或其他组织的为六个月

C.作为执行根据的法律文书具有确定性和给付性的特点

D.具有执行力的裁判文书由作出该裁判文书的法院负责执行

【答案】C

【解析】执行程序可以因法院依职权开始，故A选项错误；现阶段，申请执行的期限统一为2年，故B选项错误；裁判文书还可以由一审法院或一审法院同级的被执行财产所在地的法院执行，故D选项错误。

20.甲在网上发表文章指责某大学教授乙编造虚假的学术经历，乙为此起诉。经审理，甲被判决赔礼道歉，但甲拒绝履行该义务。对此，法院可采取下列哪些措施？（2005-3-73）

A.由甲支付迟延履行金

B.采取公告、登报等方式，将判决的主要内容公布于众，费用由甲负担

C.决定罚款

D.决定拘留

【答案】ABCD

【解析】根据《民事诉讼法》第253条，可知A选项正确；根据《最高人民法院关于审理名誉权案件若干问题的解答》，侵权人拒不执行生效判决，不为对方恢复名誉、消除影响的，人民法院可以采取公告、登报等方式，将判决的主要内容和有关情况公布于众，费用由被执行人负担，并可依照《民事诉讼法》第111条第（六）项的规定处理。依照《民事诉讼法》第111条第（六）项拒不履行人民法院已经发生法律效力的判决、裁定的，人民法院可以根据情节轻重予以罚款、拘留；构成犯罪的，依法追究刑事责任。因此，B、

C、D选项是正确选项。

21.下列哪些文书可以作为民事执行根据？（2005-3-72）

A.法院按督促程序发出的支付令

B.行政判决书

C.刑事附带民事判决书

D.公证机关依法赋予强制执行效力的关于追偿债款的债权文书

【答案】ABCD

【解析】根据《执行规定》第2条，可知A、B、C、D选项正确。

22.中国甲公司与某国乙公司发生买卖合同纠纷，在中国仲裁过程中，乙公司申请财产保全，即要求扣押甲公司在某港口的一批机器设备。仲裁委员会对此申请应如何处理？（2005-3-47）

A.不予受理，告知当事人直接向有关法院提出申请

B.审查后直接作出财产保全裁定，由有关法院执行

C.将乙公司的申请提交甲公司所在地的中级法院裁定

D.将乙公司的申请提交机器设备所在地的基层法院裁定

【答案】C

【解析】根据《民事诉讼法》第272条，可知C选项正确；根据《仲裁法》第28条，当事人申请财产保全的，仲裁委员会应当将当事人的申请依照民事诉讼法的有关规定提交人民法院，故A、B选项错误。根据《执行规定》第11条，可知D选项属于国内仲裁案件的执行规定，故D选项错误。

23.甲诉乙侵权一案经某市东区法院一审终结，判决乙赔偿甲6万元。乙向该市中级法院提出上诉，二审法院驳回了乙的上诉请求。乙居住在该市南区，家中没有什么值钱的财产，但其在该市西区集贸市场存有价值5万元的货物。甲应当向下列哪一个法院申请执行？（2005-3-44）

A.该市东区法院

B.该市南区法院

C.该市西区法院

D.该市中级法院

【答案】AC

【解析】根据《民事诉讼法》第224条，可知A、C选项正确。

24.北京A区的甲公司与上海B区的乙公司因合同纠纷诉至法院，A区人民法院判决乙公司向甲公司赔偿损失10万元。判决生效后，乙公司未自动履行，甲公司遂向A区法院申请执行。A区法院立案后委托乙公司所在地的B区人民法院代为执行。B区法院接到委托执行书后，发现乙公司早已资不抵债，无财产可供执行。对此，下列哪一种处理方法是正确的？（2004-3-50）

A.由B区法院裁定中止执行，并及时告知A区人民法院

B.由B区法院裁定终结执行，并及时告知A区人民法院

C.B区法院应及时函告A区法院，由A区法院裁定中止执行

D.B区法院应及时函告A区法院，由A区法院裁定终结执行

【答案】C

【解析】根据《执行规定》第102条、第122条，可知C选项正确。

25.甲公司因侵犯乙公司的商标权被法院判决赔偿乙公司损失10万元。该生效判决强制执行完毕后不久，乙公司的注册商标因不具有显著性被依法定程序撤销。下列说法哪一个是正确的？（2004-3-49）

A.甲公司有权直接申请法院执行回转

B.甲公司有权在原判决生效之日起6个月内申请再审撤销原判决

C.甲公司无权直接要求乙公司返还10万元

D.甲公司有权要求乙公司赔偿损失

【答案】C

【解析】根据《执行规定》第109条，可知C选项正确。

26.甲公司根据生效判决书向法院申请强制执行。执行开始后，甲公司与乙公司达成和解协议。和解协议约定：将80万元债务减少为70万，协议生效之日起1个月内还清。协议生效1个月后，乙公司并未履行协议的约定。下列做法哪一个是正确的？（2004-3-48）

A.甲就乙违反协议的行为，向乙住所地法院提起民事诉讼

B.由法院执行和解协议

C.由法院依职权恢复原判决的执行

D.甲向法院申请恢复原判决的执行

【答案】D

【解析】根据《民事诉讼法》第230条，可知D选项正确。

27.法院制作的生效法律文书的执行，一般应当由当事人依法提出申请，但有些情况下法院也可依职权进行。下列哪些生效法律文书可以由审判庭直接移送执行机构执行？（2003-3-75）

A.具有给付赡养费、扶养费、抚育费内容的法律文书

B.具有强制执行内容的民事制裁决定书

C.刑事附带民事判决、裁定、调解书

D.以撤销或变更已执行完毕的法律文书为内容的新判决书

【答案】ABCD

【解析】根据《执行规定》第19条，可知A、B、C选项正确；根据《执行规定》第109条，可知D选项正确。

28.甲公司诉乙公司支付货款一案，乙公司在判决生效后未履行判决书所确定的义务，甲公司向法院申请强制执行。在执行过程中，乙公司提出目前暂时没有偿付能力，申请提供担保，对此，下列说法哪些是正确的？（2003-3-69）

A.乙公司的执行担保申请须经甲公司同意，并由人民法院决定

B.人民法院批准申请后，乙公司应当向人民法院提供财产担保，不能由第三人作担保

C.乙公司提供担保后，可以在人民法院决定的暂缓执行期间内与甲公司达成执行和解的协议

D.在暂缓执行期间，甲公司发现乙公司有转移担保财产的行为，人民法院可以恢复执行

【答案】ACD

【解析】根据《民事诉讼法》第231条，可知A选项正确；执行担保可以是人保，故B选项错误；执行和解达成的时间没有强制性规定，故C选项正确；根据《民诉解释》第469条，可知D选项正确。

29.拓海公司系私营独资企业，因欠债被诉诸法院，后被判令履行金钱给付义务。履行期限届满后，拓海公司仍未还债。经债权人申请，人民法院对其予以强制执行。经查，该公司无偿还能力。在下列后续措施中何种是正确的？（2003-3-23）

A.裁定中止执行，待被执行人有履行能力时再恢复执行

B.裁定终结执行

C.裁定宣告该公司破产

D.裁定执行该公司投资人的其他财产

【答案】D

【解析】根据《执行规定》第76条，可知D选项正确。

30.对于甲和乙的借款纠纷，法院判决乙应归还甲借款。进入执行程序后，由于乙无现金，法院扣押了乙住所处的一架钢琴准备拍卖。乙提出钢琴是其父亲的遗物，申请用一台价值与钢琴相当的相机替换钢琴。法院认为相机不足以抵偿乙的债务，未予同意。乙认为扣押行为错误，提出异议。法院经过审查，驳回该异议。关于乙的救济渠道，下列哪一表述是正确的？（2014-3-49）

A.向执行法院申请复议

B.向执行法院的上一级法院申请复议

C.向执行法院提起异议之诉

D.向原审法院申请再审

【答案】B

【解析】根据《民事诉讼法》第225条，可知B选项正确。

31. 甲诉乙返还10万元借款。胜诉后进入执行程序，乙表示自己没有现金，只有一枚祖传玉石可抵债。法院经过调解，说服甲接受玉石抵债，双方达成和解协议并当即交付了玉石。后甲发现此玉石为赝品，价值不足千元，遂申请法院恢复执行。关于执行和解，下列哪些说法是正确的？（2014-3-85）

A.法院不应在执行中劝说甲接受玉石抵债

B.由于和解协议已经即时履行，法院无须再将和解协议记入笔录

C.由于和解协议已经即时履行，法院可裁定执行中止

D.法院应恢复执行

【答案】AD

【解析】执行程序中不允许法院调解，故A选项正确；根据《民事诉讼法》第230条第1款，可知B选项错误；根据《民诉解释》第467条，可知C选项错误；根据《民事诉讼法》第230条第2款，可知D选项正确。

32.甲乙双方合同纠纷，经仲裁裁决，乙须偿付甲货款100万元，利息5万元，分5期偿还。乙未履行该裁决。甲据此向法院申请执行，在执行过程

中，双方达成和解协议，约定乙一次性支付货款100万元，甲放弃利息5万元并撤回执行申请。和解协议生效后，乙反悔，未履行和解协议。关于本案，下列哪一说法是正确的？（2015-3-49）

A.对甲撤回执行的申请，法院裁定中止执行

B.甲可向法院申请执行和解协议

C.甲可以乙违反和解协议为由提起诉讼

D.甲可向法院申请执行原仲裁裁决，法院恢复执行

【答案】D

【解析】根据《民事诉讼法》第230条，《民诉解释》第467条规定，D项正确，其他选项错误。

33.张山承租林海的商铺经营饭店，因拖欠房租被诉至饭店所在地甲法院，法院判决张山偿付林海房租及利息，张山未履行判决。经律师调查发现，张山除所居住房以外，其名下另有一套房屋，林海遂向该房屋所在地乙法院申请执行。乙法院对该套房屋进行查封拍卖。执行过程中，张山前妻宁虹向乙法院提出书面异议，称两人离婚后该房屋已由丙法院判决归其所有，目前尚未办理房屋变更登记手续。请回答下列问题。（2015-3-98）

（1）对于宁虹的异议，乙法院的正确处理是：

A.应当自收到异议之日起15日内审查

B.若异议理由成立，裁定撤销对该房屋的执行

C.若异议理由不成立，裁定驳回

D.应当告知宁虹直接另案起诉

【答案】AC

【解析】根据《民事诉讼法》第227条规定，A、C项正确，B、D错误。

（2）如乙法院裁定支持宁虹的请求，林海不服提出执行异议之诉，有关当事人的诉讼地位是：

A.林海是原告，张山是被告，宁虹是第三人

B.林海和张山是共同原告，宁虹是被告

C.林海是原告，张山和宁虹是共同被告

D.林海是原告，宁虹是被告，张山视其态度而定

【答案】D

【解析】根据《民诉解释》第308条规定，D项正确，其他选项错误。

（3）乙法院裁定支持宁虹的请求，林海提出执行异议之诉，下列说法可成立的是：

A.林海可向甲法院提起执行异议之诉

B.如乙法院审理该案，应适用普通程序

C.宁虹应对自己享有涉案房屋所有权承担证明责任

D.如林海未对执行异议裁定提出诉讼，张山可以提出执行异议之诉

【答案】BC

【解析】根据《民诉解释》第304条规定，A项错误。根据《民诉解释》第310条规定，B项正确。根据《民事诉讼法》第64条规定，C项正确。根据《民诉解释》第309条规定，D项错误。

34.案情：赵文、赵武、赵军系亲兄弟，其父赵祖斌于2013年1月去世，除了留有一个元代青花瓷盘外，没有其他遗产。该青花瓷盘在赵军手中，赵文、赵武要求将该瓷盘变卖，变卖款由兄弟三人平均分配。赵军不同意。2013年3月，赵文、赵武到某省甲县法院（赵军居住地和该瓷盘所在地）起诉赵军，要求分割父亲赵祖斌的遗产。经甲县法院调解，赵文、赵武与赵军达成调解协议：赵祖斌留下的青花瓷盘归赵军所有，赵军分别向赵文、赵武支付人民币20万元。该款项分2期支付：2013年6月各支付5万元、2013年9月各支付15万元。

但至2013年10月，赵军未向赵文、赵武支付上述款项。赵文、赵武于2013年10月向甲县法院申请强制执行。经法院调查，赵军可供执行的款项有其在银行的存款10万元，可供执行的其他财产折价为8万元，另外赵军手中还有一把名家制作的紫砂壶，市场价值大约5万元。赵军声称其父亲留下的那个元代青花瓷盘被卖了，所得款项50万元做生意亏掉了。法院全力调查也未发现赵军还有其他的款项和财产。法院将赵军的上述款项冻结，扣押了赵军可供执行的财产和赵军手中的那把紫砂壶。

2013年11月，赵文、赵武与赵军拟达成执行和解协议：2013年12月30日之前，赵军将其在银行的存款10万元支付给赵文，将可供执行财产折价8万元与价值5万元的紫砂壶交付给赵武。赵军欠赵文、赵武的剩余债务予以免除。

此时，出现了以下情况：①赵军的朋友李有福向甲县法院报告，声称赵军手中的那把紫砂壶是自己借给赵军的，紫砂壶的所有权是自己的。②赵祖斌的朋友张益友向甲县法院声称，赵祖斌留下的那个元代青花瓷盘是他让赵祖斌保存的，所有权是自己的。自己是在一周之前（2013年11月1日）才知道赵祖斌已经去世以及赵文、赵武与赵军进行诉讼的事。③赵军的同事钱进军向甲县法院声称，赵军欠其5万元。同时，钱进军还向法院出示了公证机构制作的债权文书执行证书，该债权文书所记载的钱进军对赵军享有的债权是5万元，债权到期日是2013年9月30日。（2014-4-六）

（1）在不考虑李有福、张益友、钱进军提出的问题的情况下，如果赵文、赵武与赵军达成了执行和解协议，将产生什么法律后果？（考生可以就和解协议履行的情况作出假设）

【答案】如果赵文、赵武与赵军达成了执行和解协议，将产生的法律后果是：1）和解协议达成后，执行程序中止；2）如果在执行和解履行期内赵军履行了和解协议，执行程序终结，调解书视为执行完毕；3）如果在执行期届满后，赵军没有履行执行和解协议，赵文、赵武可以申请恢复执行，执行将以调解书作为根据，执行和解协议失效。如果赵军履行了执行和解协议的一部分，执行时应当对该部分予以扣除。

【解析】根据《民诉解释》第466-468条。

（2）根据案情，李有福如果要对案中所提到的紫砂壶主张权利，在民事诉讼制度的框架下，其可以采取什么方式？采取相关方式时，应当符合什么条件？（考生可以就李有福采取的方式可能出现的后果作出假设）

【答案】李有福如果要对案中所提到的紫砂壶主张权利，在赵文、赵武与赵军的案件已经进入了执行阶段的情况下，在民事诉讼制度的框架下，其可以采取的方式是：第一，提出对执行标的的异议。提出异议应当以书面的形式向甲县法院提出。第二，如果法院裁定驳回了李有福的执行标的异议，李有福可以提出案外人异议之诉。提出案外人异议之诉应当符合的条件是：1）起诉的时间应当在收到执行法院对执行标的异议作出驳回裁定后15日内；2）管辖法院为执行法院，即甲县法院；3）李有福作为原告，赵文、赵武作为被告，如果赵军反对李有福的主张，赵军也作为共同被告。

【解析】根据《民事诉讼法》第227条，《民诉解释》第305条、第

307条。

（3）根据案情，张益友如果要对那个元代青花瓷盘所涉及的权益主张权利，在民事诉讼制度的框架下，其可以采取什么方式？采取该方式时，应当符合什么条件？

【答案】张益友如果要对那个元代青花瓷盘所涉及的权益主张权利，在赵文、赵武与赵军的案件已经进入了执行阶段的情况下，在民事诉讼制度的框架下，其可以提出第三人撤销之诉；张益友提出第三人撤销之诉应当符合的条件是：张益友作为原告，赵文、赵武、赵军作为被告；向作出调解书的法院即甲县法院提出诉讼；应当在2013年11月1日之后的6个月内提出。

【解析】根据《民事诉讼法》第56条规定。

（4）根据案情，钱进军如果要对赵军主张5万元债权，在民事诉讼制度的框架下，其可以采取什么方式？为什么？

【答案】钱进军如果要对其对赵军所享有的那5万元债权主张权利，在赵文、赵武与赵军的案件已经进入了执行阶段的情况下，在民事诉讼制度的框架下，其可以申请参与分配。

因为其条件符合申请参与分配的条件。按照民事诉讼法的规定，参与分配的条件包括：第一，被执行人的财产无法清偿所有债权，本案中赵军的财产不足以清偿其所有的债务。第二，被执行人为自然人或其他组织，而非法人，本案中赵军为自然人。第三，有多个申请人对同一被申请人享有债权，本案中有三个申请人对赵军享有债权。第四，申请人必须取得生效的执行根据，本案中钱进军有经过公证的债权文书作为执行根据。第五，参与分配的债权只限于金钱债权，本案中钱进军对赵军享有的就是金钱债权。第六，参与分配必须发生在执行程序开始后，被执行人的财产清偿完毕之前，本案情形与此相符。

【解析】根据《民诉解释》第508-512条。

35.案情：杨之元开设古玩店，因收购藏品等所需巨额周转资金，即以号称"镇店之宝"的一块雕有观音图像的翡翠（下称翡翠观音）作为抵押物，向胜洋小额贷款公司（简称胜洋公司）贷款200万元，但翡翠观音仍然置于杨之元店里。后，古玩店经营不佳，进入亏损状态，无力如期偿还贷款。胜洋公司遂向法院起诉杨之元。

法院经过审理，确认抵押贷款合同有效，杨之元确实无力还贷，遂判决翡翠观音归胜洋公司所有，以抵偿200万元贷款及利息。判决生效后，杨之元未在期限内履行该判决。胜洋公司遂向法院申请强制执行。

在执行过程中，案外人商玉良向法院提出执行异议，声称该翡翠观音属于自己，杨之元无权抵押。并称：当初杨之元开设古玩店，需要有"镇店之宝"装点门面，经杨之元再三请求，商玉良才将自己的翡翠观音借其使用半年（杨之元为此还支付了6万元的借用费），并约定杨之元不得处分该翡翠观音，如造成损失，商玉良有权索赔。

法院经审查，认为商玉良提出的执行异议所提出的事实没有充分的证据，遂裁定驳回商玉良的异议。（2015-4-4）

问题：

1.执行异议被裁定驳回后，商玉良是否可以提出执行异议之诉？为什么？

2.如商玉良认为作为法院执行根据的判决有错，可以采取哪两种途径保护自己的合法权益？

3.与第2问"两种途径"相关的两种民事诉讼制度（或程序）在适用程序上有何特点？

4.商玉良可否同时采用上述两种制度（或程序）维护自己的权益？为什么？

参考答案：

1.商玉良不可以提出执行异议之诉。因为，商玉良主张被抵押的翡翠观音属自己所有，即法院将翡翠观音用以抵偿杨之元的债务的判决是错误的，该执行异议与原判决有关，不能提起执行异议之诉。

2.商玉良可以根据《民事诉讼法》第56条第3款规定，提起第三人撤销之诉；或根据《民事诉讼法》第227条规定，以案外人身份申请再审。

3.（1）第三人撤销之诉在适用上的特点：

①诉讼主体：有权提起第三人撤销之诉的须是当事人以外的第三人，该第三人应当具备诉的利益，即其民事权益受到了原案判决书的损害。商玉良是原告，杨之元和胜洋公司是被告。

②诉讼客体：损害了第三人民事权益的发生法律效力的判决书。

③提起诉讼的期限、条件与受理法院：期限是自知道或应当知道其民事权益受到损害之日起6个月内。条件为：因不能归责于本人的事由未参加诉

讼；发生法律效力的判决的全部或者部分内容错误；判决书内容错误，损害其民事权益。受诉法院为作出生效判决的人民法院。

（2）案外人申请再审程序特点：

①适用一审程序进行再审的，得追加案外人为当事人；适用二审程序进行再审的，可以进行调解，调解不成的，应撤销原判决，发回重审，并在重审中追加案外人为当事人。

②其它程序内容与通常的再审程序基本相同。

4.商玉良不可以同时适用上述两种制度（或程序）。

根据《民诉解释》第303条，第三人提起撤销之诉后，未中止生效判决、裁定、调解书执行的，执行法院对第三人依照《民事诉讼法》第227条规定提出的执行异议，应予审查。第三人不服驳回执行异议裁定，申请对原判决、裁定、调解书再审的，人民法院不予受理。

案外人对人民法院驳回其执行异议裁定不服，认为原判决、裁定、调解书内容错误损害其合法权益的，应当根据《民事诉讼法》第227条规定申请再审，提起第三人撤销之诉的，人民法院不予受理。

第二十二章　涉外民事诉讼

※【图表解析】

一、涉外程序的一般规定

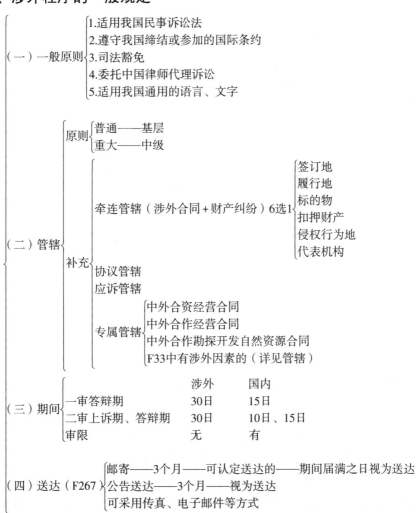

二、涉外仲裁

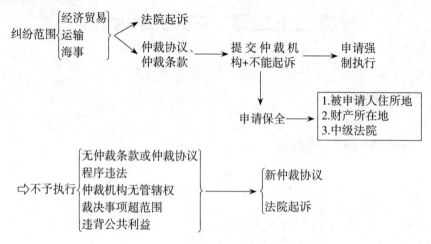

三、司法协助

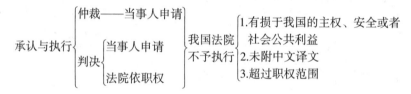

※【知识点详解】

第一节 涉外程序的一般规定

一、涉外民事诉讼的一般原则

（1）适用《中华人民共和国民事诉讼法》。

（2）遵守我国缔结或参加的国际条约。

（3）司法豁免。

（4）委托中国律师代理诉讼（F263）。

涉外民事诉讼中的外籍当事人，可以委托本国人为诉讼代理人，也可以委托本国律师以非律师身份担任诉讼代理人，如果需要委托律师代理诉讼时，只能委托中国律师机构的律师。

（5）使用我国通用的语言、文字。

二、管辖

原则上，一般的案件由基层人民法院管辖，重大涉外案件由中级人民法院管辖。

（一）牵连管辖（涉外合同+财产纠纷）（F265）

合同纠纷/其他财产纠纷：对在我国无住所的被告提起的诉讼，如合同在我国签订或者履行，或诉讼标的物在我国，或被告在我国有可供扣押的财产，或者被告在我国境内有代表机构，可以由合同签订地、合同履行地、诉讼标的物所在地、可供扣押财产所在地、侵权行为地或代表机构住所地人民法院管辖。

（二）协议管辖（F34、127、J531）

用书面协议选择与争议有实际联系地点的法院管辖。选择我国法院管辖的，不得违反级别管辖和专属管辖的规定。涉外合同或其他财产纠纷的当事人，可以书面选择被告住所地、合同履行地、合同签订地、原告住所地、标的物所在地、侵权行为地等与争议有实际联系的外国法院管辖。

（三）专属管辖（F266）

因在我国领域内履行中外合资经营企业合同、中外合作经营企业合同、中外合作勘探开发自然资源合同发生纠纷提起的诉讼，由我国法院管辖。但是，双方当事人可以通过协议仲裁的方式，选择由仲裁机构仲裁解决。

三、特殊期间

（1）境内无住所的被告答辩期为30日（国内15日）。

（2）境内无住所当事人的上诉期间和答辩期均为30日（国内15日、10日）。

（3）法院的审理期限不受F149、176（一审、二审的审限）限制。法院对涉外案件当事人申请再审进行审查的期间，不受民事诉讼法第204条的限制。

四、送达方式

根据《民事诉讼法》第267条的规定，人民法院对在中国领域内没有住所的当事人送达诉讼文书，可以采用下列方式：

（1）依照受送达人所在国与中华人民共和国缔结或者共同参加的国际条约中规定的方式送达；

（2）通过外交途径送达；

（3）对具有中华人民共和国国籍的受送达人，可以委托中华人民共和国驻受送达人所在国的使领馆代为送达；

（4）向受送达人委托的有权代其接受送达的诉讼代理人送达；

（5）向受送达人在中华人民共和国领域内设立的代表机构或者有权接受送达的分支机构、业务代办人送达；

（6）受送达人所在国的法律允许邮寄送达的，可以邮寄送达，自邮寄之日起满3个月，送达回证没有退回，但根据各种情况足以认定已经送达的，期间届满之日视为送达；

（7）采用传真、电子邮件等能够确认受送达人收悉的方式送达；

（8）不能用上述方式送达的，公告送达，自公告之日起满3个月，即视为送达。

第二节　涉外仲裁程序

一、仲裁范围

涉外经济贸易、运输和海事中发生的纠纷。

二、仲裁协议的效力

有仲裁协议，当事人不得向法院起诉（或裁或审原则）。

三、申请保全

当事人申请保全的，中华人民共和国的涉外仲裁机构应当将当事人的申请，提交被申请人住所地或者财产所在地的中级人民法院裁定。

四、仲裁裁决的效力

仲裁裁决一经作出，与法院的判决书拥有同样的法律效力。纠纷经涉外仲裁机构裁决的，当事人不得向法院起诉。

五、仲裁裁决的执行

（1）启动方式：只能由当事人申请执行。

（2）管辖法院：被申请人住所地或财产所在地的中级法院。

（3）不予执行的情形（F274）：

①当事人在合同中没有订有仲裁条款或者事后没有达成书面仲裁协议的；

②被申请人没有得到指定仲裁员或者进行仲裁程序的通知，或者由于其他不属于被申请人负责的原因未能陈述意见的；

③仲裁庭的组成或者仲裁的程序与仲裁规则不符的；

④裁决的事项不属于仲裁协议的范围或者仲裁机构无权仲裁的。

人民法院认定执行该裁决违背社会公共利益的，裁定不予执行。

第三节　司法协助

一、一般司法协助

不同国家的法院之间，可以相互请求，代为送达法律文书、代为取证以及代为进行其他的诉讼行为。

二、特殊司法协助

即对外国法院裁判、仲裁机构裁决的承认和执行。外国法院的判决在我国得到承认和执行，首先应当根据该国与我国缔结或者参加的国际条约，或

者按照互惠原则进行。并且需要满足以下条件：第一，必须是已生效的外国法院裁判；第二，被执行人或者被执行财产在我国境内；第三，该外国法院裁判不违反我国法律的基本原则或者国家主权、安全、社会公共利益。可以由对该判决享有权利的当事人直接向被执行人住所地或者被执行财产所在地的中级法院提出申请，或者由外国法院直接向我国有管辖权的中级法院提出请求。

※【相关法律法规】

《民事诉讼法》

第18条　中级人民法院管辖下列第一审民事案件：

（一）重大涉外案件；

（二）在本辖区有重大影响的案件；

（三）最高人民法院确定由中级人民法院管辖的案件。

第33条　下列案件，由本条规定的人民法院专属管辖：

（一）因不动产纠纷提起的诉讼，由不动产所在地人民法院管辖；

（二）因港口作业中发生纠纷提起的诉讼，由港口所在地人民法院管辖；

（三）因继承遗产纠纷提起的诉讼，由被继承人死亡时住所地或者主要遗产所在地人民法院管辖。

第34条　合同或者其他财产权益纠纷的当事人可以书面协议选择被告住所地、合同履行地、合同签订地、原告住所地、标的物所在地等与争议有实际联系的地点的人民法院管辖，但不得违反本法对级别管辖和专属管辖的规定。

第127条　人民法院受理案件后，当事人对管辖权有异议的，应当在提交答辩状期间提出。人民法院对当事人提出的异议，应当审查。异议成立的，裁定将案件移送有管辖权的人民法院；异议不成立的，裁定驳回。

当事人未提出管辖异议，并应诉答辩的，视为受诉人民法院有管辖权，但违反级别管辖和专属管辖规定的除外。

第149条　人民法院适用普通程序审理的案件，应当在立案之日起六个月内审结。有特殊情况需要延长的，由本院院长批准，可以延长六个月；还需要延长的，报请上级人民法院批准。

第176条　人民法院审理对判决的上诉案件，应当在第二审立案之日起三个月内审结。有特殊情况需要延长的，由本院院长批准。

人民法院审理对裁定的上诉案件，应当在第二审立案之日起三十日内作出终审裁定。

第259条　在中华人民共和国领域内进行涉外民事诉讼，适用本编规定。本编没有规定的，适用本法其他有关规定。

第260条　中华人民共和国缔结或者参加的国际条约同本法有不同规定的，适用该国际条约的规定，但中华人民共和国声明保留的条款除外。

第261条　对享有外交特权与豁免的外国人、外国组织或者国际组织提起的民事诉讼，应当依照中华人民共和国有关法律和中华人民共和国缔结或者参加的国际条约的规定办理。

第262条　人民法院审理涉外民事案件，应当使用中华人民共和国通用的语言、文字。当事人要求提供翻译的，可以提供，费用由当事人承担。

第263条　外国人、无国籍人、外国企业和组织在人民法院起诉、应诉，需要委托律师代理诉讼的，必须委托中华人民共和国的律师。

第264条　在中华人民共和国领域内没有住所的外国人、无国籍人、外国企业和组织委托中华人民共和国律师或者其他人代理诉讼，从中华人民共和国领域外寄交或者托交的授权委托书，应当经所在国公证机关证明，并经中华人民共和国驻该国使领馆认证，或者履行中华人民共和国与该所在国订立的有关条约中规定的证明手续后，才具有效力。

第265条　因合同纠纷或者其他财产权益纠纷，对在中华人民共和国领域内没有住所的被告提起的诉讼，如果合同在中华人民共和国领域内签订或者履行，或者诉讼标的物在中华人民共和国领域内，或者被告在中华人民共和国领域内有可供扣押的财产，或者被告在中华人民共和国领域内设有代表机构，可以由合同签订地、合同履行地、诉讼标的物所在地、可供扣押财产所在地、侵权行为地或者代表机构住所地人民法院管辖。

第266条　因在中华人民共和国履行中外合资经营企业合同、中外合作经营企业合同、中外合作勘探开发自然资源合同发生纠纷提起的诉讼，由中华人民共和国人民法院管辖。

第267条　人民法院对在中华人民共和国领域内没有住所的当事人送达诉讼文书，可以采用下列方式：

（一）依照受送达人所在国与中华人民共和国缔结或者共同参加的国际条约中规定的方式送达；

（二）通过外交途径送达；

（三）对具有中华人民共和国国籍的受送达人，可以委托中华人民共和国驻受送达人所在国的使领馆代为送达；

（四）向受送达人委托的有权代其接受送达的诉讼代理人送达；

（五）向受送达人在中华人民共和国领域内设立的代表机构或者有权接受送达的分支机构、业务代办人送达；

（六）受送达人所在国的法律允许邮寄送达的，可以邮寄送达，自邮寄之日起满三个月，送达回证没有退回，但根据各种情况足以认定已经送达的，期间届满之日视为送达；

（七）采用传真、电子邮件等能够确认受送达人收悉的方式送达；

（八）不能用上述方式送达的，公告送达，自公告之日起满三个月，即视为送达。

第268条　被告在中华人民共和国领域内没有住所的，人民法院应当将起诉状副本送达被告，并通知被告在收到起诉状副本后三十日内提出答辩状。被告申请延期的，是否准许，由人民法院决定。

第269条　在中华人民共和国领域内没有住所的当事人，不服第一审人民法院判决、裁定的，有权在判决书、裁定书送达之日起三十日内提起上诉。被上诉人在收到上诉状副本后，应当在三十日内提出答辩状。当事人不能在法定期间提起上诉或者提出答辩状，申请延期的，是否准许，由人民法院决定。

第270条　人民法院审理涉外民事案件的期间，不受本法第一百四十九条、第一百七十六条规定的限制。

第271条　涉外经济贸易、运输和海事中发生的纠纷，当事人在合同中订有仲裁条款或者事后达成书面仲裁协议，提交中华人民共和国涉外仲裁机构或者其他仲裁机构仲裁的，当事人不得向人民法院起诉。

当事人在合同中没有订有仲裁条款或者事后没有达成书面仲裁协议的，

可以向人民法院起诉。

第272条　当事人申请采取保全的，中华人民共和国的涉外仲裁机构应当将当事人的申请，提交被申请人住所地或者财产所在地的中级人民法院裁定。

第273条　经中华人民共和国涉外仲裁机构裁决的，当事人不得向人民法院起诉。一方当事人不履行仲裁裁决的，对方当事人可以向被申请人住所地或者财产所在地的中级人民法院申请执行。

第274条　对中华人民共和国涉外仲裁机构作出的裁决，被申请人提出证据证明仲裁裁决有下列情形之一的，经人民法院组成合议庭审查核实，裁定不予执行：

（一）当事人在合同中没有订有仲裁条款或者事后没有达成书面仲裁协议的；

（二）被申请人没有得到指定仲裁员或者进行仲裁程序的通知，或者由于其他不属于被申请人负责的原因未能陈述意见的；

（三）仲裁庭的组成或者仲裁的程序与仲裁规则不符的；

（四）裁决的事项不属于仲裁协议的范围或者仲裁机构无权仲裁的。

人民法院认定执行该裁决违背社会公共利益的，裁定不予执行。

第275条　仲裁裁决被人民法院裁定不予执行的，当事人可以根据双方达成的书面仲裁协议重新申请仲裁，也可以向人民法院起诉。

第276条　根据中华人民共和国缔结或者参加的国际条约，或者按照互惠原则，人民法院和外国法院可以相互请求，代为送达文书、调查取证以及进行其他诉讼行为。

外国法院请求协助的事项有损于中华人民共和国的主权、安全或者社会公共利益的，人民法院不予执行。

第277条　请求和提供司法协助，应当依照中华人民共和国缔结或者参加的国际条约所规定的途径进行；没有条约关系的，通过外交途径进行。

外国驻中华人民共和国的使领馆可以向该国公民送达文书和调查取证，但不得违反中华人民共和国的法律，并不得采取强制措施。

除前款规定的情况外，未经中华人民共和国主管机关准许，任何外国机关或者个人不得在中华人民共和国领域内送达文书、调查取证。

第278条　外国法院请求人民法院提供司法协助的请求书及其所附文件，

应当附有中文译本或者国际条约规定的其他文字文本。

人民法院请求外国法院提供司法协助的请求书及其所附文件，应当附有该国文字译本或者国际条约规定的其他文字文本。

第279条　人民法院提供司法协助，依照中华人民共和国法律规定的程序进行。外国法院请求采用特殊方式的，也可以按照其请求的特殊方式进行，但请求采用的特殊方式不得违反中华人民共和国法律。

第280条　人民法院作出的发生法律效力的判决、裁定，如果被执行人或者其财产不在中华人民共和国领域内，当事人请求执行的，可以由当事人直接向有管辖权的外国法院申请承认和执行，也可以由人民法院依照中华人民共和国缔结或者参加的国际条约的规定，或者按照互惠原则，请求外国法院承认和执行。

中华人民共和国涉外仲裁机构作出的发生法律效力的仲裁裁决，当事人请求执行的，如果被执行人或者其财产不在中华人民共和国领域内，应当由当事人直接向有管辖权的外国法院申请承认和执行。

第281条　外国法院作出的发生法律效力的判决、裁定，需要中华人民共和国人民法院承认和执行的，可以由当事人直接向中华人民共和国有管辖权的中级人民法院申请承认和执行，也可以由外国法院依照该国与中华人民共和国缔结或者参加的国际条约的规定，或者按照互惠原则，请求人民法院承认和执行。

第282条　人民法院对申请或者请求承认和执行的外国法院作出的发生法律效力的判决、裁定，依照中华人民共和国缔结或者参加的国际条约，或者按照互惠原则进行审查后，认为不违反中华人民共和国法律的基本原则或者国家主权、安全、社会公共利益的，裁定承认其效力，需要执行的，发出执行令，依照本法的有关规定执行。违反中华人民共和国法律的基本原则或者国家主权、安全、社会公共利益的，不予承认和执行。

第283条　国外仲裁机构的裁决，需要中华人民共和国人民法院承认和执行的，应当由当事人直接向被执行人住所地或者其财产所在地的中级人民法院申请，人民法院应当依照中华人民共和国缔结或者参加的国际条约，或者按照互惠原则办理。

《民诉解释》

第522条　有下列情形之一，人民法院可以认定为涉外民事案件：

（一）当事人一方或者双方是外国人、无国籍人、外国企业或者组织的；

（二）当事人一方或者双方的经常居所地在中华人民共和国领域外的；

（三）标的物在中华人民共和国领域外的；

（四）产生、变更或者消灭民事关系的法律事实发生在中华人民共和国领域外的；

（五）可以认定为涉外民事案件的其他情形。

第523条　外国人参加诉讼，应当向人民法院提交护照等用以证明自己身份的证件。

外国企业或者组织参加诉讼，向人民法院提交的身份证明文件，应当经所在国公证机关公证，并经中华人民共和国驻该国使领馆认证，或者履行中华人民共和国与该所在国订立的有关条约中规定的证明手续。

代表外国企业或者组织参加诉讼的人，应当向人民法院提交其有权作为代表人参加诉讼的证明，该证明应当经所在国公证机关公证，并经中华人民共和国驻该国使领馆认证，或者履行中华人民共和国与该所在国订立的有关条约中规定的证明手续。

本条所称的"所在国"，是指外国企业或者组织的设立登记地国，也可以是办理了营业登记手续的第三国。

第524条　依照民事诉讼法第二百六十四条以及本解释第五百二十三条规定，需要办理公证、认证手续，而外国当事人所在国与中华人民共和国没有建立外交关系的，可以经该国公证机关公证，经与中华人民共和国有外交关系的第三国驻该国使领馆认证，再转由中华人民共和国驻该第三国使领馆认证。

第525条　外国人、外国企业或者组织的代表人在人民法院法官的见证下签署授权委托书，委托代理人进行民事诉讼的，人民法院应予认可。

第526条　外国人、外国企业或者组织的代表人在中华人民共和国境内签署授权委托书，委托代理人进行民事诉讼，经中华人民共和国公证机构公证的，人民法院应予认可。

第527条　当事人向人民法院提交的书面材料是外文的，应当同时向人民法院提交中文翻译件。

当事人对中文翻译件有异议的，应当共同委托翻译机构提供翻译文本；当事人对翻译机构的选择不能达成一致的，由人民法院确定。

第528条　涉外民事诉讼中的外籍当事人，可以委托本国人为诉讼代理人，也可以委托本国律师以非律师身份担任诉讼代理人；外国驻华使领馆官员，受本国公民的委托，可以以个人名义担任诉讼代理人，但在诉讼中不享有外交或者领事特权和豁免。

第529条　涉外民事诉讼中，外国驻华使领馆授权其本馆官员，在作为当事人的本国国民不在中华人民共和国领域内的情况下，可以以外交代表身份为其本国国民在中华人民共和国聘请中华人民共和国律师或者中华人民共和国公民代理民事诉讼。

第530条　涉外民事诉讼中，经调解双方达成协议，应当制发调解书。当事人要求发给判决书的，可以依协议的内容制作判决书送达当事人。

第531条　涉外合同或者其他财产权益纠纷的当事人，可以书面协议选择被告住所地、合同履行地、合同签订地、原告住所地、标的物所在地、侵权行为地等与争议有实际联系地点的外国法院管辖。

根据民事诉讼法第三十三条和第二百六十六条规定，属于中华人民共和国法院专属管辖的案件，当事人不得协议选择外国法院管辖，但协议选择仲裁的除外。

第532条　涉外民事案件同时符合下列情形的，人民法院可以裁定驳回原告的起诉，告知其向更方便的外国法院提起诉讼：

（一）被告提出案件应由更方便外国法院管辖的请求，或者提出管辖异议；

（二）当事人之间不存在选择中华人民共和国法院管辖的协议；

（三）案件不属于中华人民共和国法院专属管辖；

（四）案件不涉及中华人民共和国国家、公民、法人或者其他组织的利益；

（五）案件争议的主要事实不是发生在中华人民共和国境内，且案件不适用中华人民共和国法律，人民法院审理案件在认定事实和适用法律方面存在

重大困难;

(六)外国法院对案件享有管辖权,且审理该案件更加方便。

第533条 中华人民共和国法院和外国法院都有管辖权的案件,一方当事人向外国法院起诉,而另一方当事人向中华人民共和国法院起诉的,人民法院可予受理。判决后,外国法院申请或者当事人请求人民法院承认和执行外国法院对本案作出的判决、裁定的,不予准许;但双方共同缔结或者参加的国际条约另有规定的除外。

外国法院判决、裁定已经被人民法院承认,当事人就同一争议向人民法院起诉的,人民法院不予受理。

第534条 对在中华人民共和国领域内没有住所的当事人,经用公告方式送达诉讼文书,公告期满不应诉,人民法院缺席判决后,仍应当将裁判文书依照民事诉讼法第二百六十七条第八项规定公告送达。自公告送达裁判文书满三个月之日起,经过三十日的上诉期当事人没有上诉的,一审判决即发生法律效力。

第535条 外国人或者外国企业、组织的代表人、主要负责人在中华人民共和国领域内的,人民法院可以向该自然人或者外国企业、组织的代表人、主要负责人送达。

外国企业、组织的主要负责人包括该企业、组织的董事、监事、高级管理人员等。

第536条 受送达人所在国允许邮寄送达的,人民法院可以邮寄送达。

邮寄送达时应当附有送达回证。受送达人未在送达回证上签收但在邮件回执上签收的,视为送达,签收日期为送达日期。

自邮寄之日起满三个月,如果未收到送达的证明文件,且根据各种情况不足以认定已经送达的,视为不能用邮寄方式送达。

第537条 人民法院一审时采取公告方式向当事人送达诉讼文书的,二审时可径行采取公告方式向其送达诉讼文书,但人民法院能够采取公告方式之外的其他方式送达的除外。

第538条 不服第一审人民法院判决、裁定的上诉期,对在中华人民共和国领域内有住所的当事人,适用民事诉讼法第一百六十四条规定的期限;对在中华人民共和国领域内没有住所的当事人,适用民事诉讼法第二百六十九

条规定的期限。当事人的上诉期均已届满没有上诉的，第一审人民法院的判决、裁定即发生法律效力。

第539条　人民法院对涉外民事案件的当事人申请再审进行审查的期间，不受民事诉讼法第二百零四条规定的限制。

第540条　申请人向人民法院申请执行中华人民共和国涉外仲裁机构的裁决，应当提出书面申请，并附裁决书正本。如申请人为外国当事人，其申请书应当用中文文本提出。

第541条　人民法院强制执行涉外仲裁机构的仲裁裁决时，被执行人以有民事诉讼法第二百七十四条第一款规定的情形为由提出抗辩的，人民法院应当对被执行人的抗辩进行审查，并根据审查结果裁定执行或者不予执行。

第542条　依照民事诉讼法第二百七十二条规定，中华人民共和国涉外仲裁机构将当事人的保全申请提交人民法院裁定的，人民法院可以进行审查，裁定是否进行保全。裁定保全的，应当责令申请人提供担保，申请人不提供担保的，裁定驳回申请。

当事人申请证据保全，人民法院经审查认为无需提供担保的，申请人可以不提供担保。

第543条　申请人向人民法院申请承认和执行外国法院作出的发生法律效力的判决、裁定，应当提交申请书，并附外国法院作出的发生法律效力的判决、裁定正本或者经证明无误的副本以及中文译本。外国法院判决、裁定为缺席判决、裁定的，申请人应当同时提交该外国法院已经合法传唤的证明文件，但判决、裁定已经对此予以明确说明的除外。

中华人民共和国缔结或者参加的国际条约对提交文件有规定的，按照规定办理。

第544条　当事人向中华人民共和国有管辖权的中级人民法院申请承认和执行外国法院作出的发生法律效力的判决、裁定的，如果该法院所在国与中华人民共和国没有缔结或者共同参加国际条约，也没有互惠关系的，裁定驳回申请，但当事人向人民法院申请承认外国法院作出的发生法律效力的离婚判决的除外。

承认和执行申请被裁定驳回的，当事人可以向人民法院起诉。

第545条　对临时仲裁庭在中华人民共和国领域外作出的仲裁裁决，一方当事人向人民法院申请承认和执行的，人民法院应当依照民事诉讼法第二百八十三条规定处理。

第546条　对外国法院作出的发生法律效力的判决、裁定或者外国仲裁裁决，需要中华人民共和国法院执行的，当事人应当先向人民法院申请承认。人民法院经审查，裁定承认后，再根据民事诉讼法第三编的规定予以执行。

当事人仅申请承认而未同时申请执行的，人民法院仅对应否承认进行审查并作出裁定。

第547条　当事人申请承认和执行外国法院作出的发生法律效力的判决、裁定或者外国仲裁裁决的期间，适用民事诉讼法第二百三十九条的规定。

当事人仅申请承认而未同时申请执行的，申请执行的期间自人民法院对承认申请作出的裁定生效之日起重新计算。

第548条　承认和执行外国法院作出的发生法律效力的判决、裁定或者外国仲裁裁决的案件，人民法院应当组成合议庭进行审查。

人民法院应当将申请书送达被申请人。被申请人可以陈述意见。

人民法院经审查作出的裁定，一经送达即发生法律效力。

第549条　与中华人民共和国没有司法协助条约又无互惠关系的国家的法院，未通过外交途径，直接请求人民法院提供司法协助的，人民法院应予退回，并说明理由。

第550条　当事人在中华人民共和国领域外使用中华人民共和国法院的判决书、裁定书，要求中华人民共和国法院证明其法律效力的，或者外国法院要求中华人民共和国法院证明判决书、裁定书的法律效力的，作出判决、裁定的中华人民共和国法院，可以本法院的名义出具证明。

第551条　人民法院审理涉及香港、澳门特别行政区和台湾地区的民事诉讼案件，可以参照适用涉外民事诉讼程序的特别规定。

※【历年真题】

1.住所位于我国A市B区的甲公司与美国乙公司在我国M市N区签订了一份买卖合同，美国乙公司在我国C市D区设有代表处。甲公司因乙公司提供的产品质量问题诉至法院。关于本案，下列哪些选项是正确的？（2010-3-85）

A.M市N区法院对本案有管辖权

B.C市D区法院对本案有管辖权

C.法院向乙公司送达时,可向乙公司设在C市D区的代表处送达

D.如甲公司不服一审判决,应当在一审判决书送达之日起十五日内提起上诉

【答案】ABCD

【解析】根据《民事诉讼法》第265条,可知A、B选项正确;根据《民事诉讼法》第267条,可知C选项正确;根据《民事诉讼法》第269条,可知D选项正确。

2.中国公民甲与外国公民乙因合同纠纷诉至某市中级法院,法院判决乙败诉。判决生效后,甲欲请求乙所在国家的法院承认和执行该判决。关于甲可以利用的途径,下列哪些说法是正确的?(2009-3-90)

A.可以直接向有管辖权的外国法院申请承认和执行

B.可以向中国法院申请,由法院根据我国缔结或者参加的国际条约,或者按照互惠原则,请求外国法院承认和执行

C.可以向司法行政部门申请,由司法行政部门根据我国缔结或者参加的国际条约,或者按照互惠原则,请求外国法院承认和执行

D.可以向外交部门申请,由外交部门向外国中央司法机关请求协助

【答案】AB

【解析】根据《民事诉讼法》第280条,可知A、B选项正确。

3.根据《民事诉讼法》规定,关于涉外民事诉讼,下列哪些选项是正确的?(2008-3-90)

A.基层法院可以管辖相应的涉外案件

B.经我国法院同意,外国当事人可以委托其本国律师以律师名义代理诉讼

C.当事人在诉讼中达成调解协议的,可以要求法院依调解协议的内容制作判决书

D.住所在我国领域内的当事人,对一审判决不服提起上诉的期限是15日

【答案】ACD

【解析】根据《民事诉讼法》第18条,可知A选项正确;根据《民事诉讼法》第263条,可知委托律师代理诉讼的,必须委托中国律师,故B选项错

误；根据《民诉解释》第530条，可知C选项正确；根据《民事诉讼法》第269条，可知D选项正确。

4.中日合资的甲公司与设在日本的日本乙公司（其在中国没有住所）在中国A县订立一份购销合同，合同约定乙公司向甲公司出售5台电子设备，并由乙公司负责将该电子设备运到甲公司所在地的B县。此外，还约定一旦发生争议无论向哪国法院起诉，均适用日本民事诉讼法。在合同履行过程中，甲公司发现乙公司提供的产品中有2台电子设备存在严重质量瑕疵，经交涉未能解决，于是向我国法院起诉，要求乙公司承担违约责任。下列哪些选项是正确的？（2008-3-82）

A.A县法院对本案有管辖权

B.B县法院对本案有管辖权

C.本案应当适用中国民事诉讼法

D.本案应当适用日本民事诉讼法

【答案】ABC

【解析】根据《民事诉讼法》第265条，可知A、B、C选项正确。

5.根据《民事诉讼法》的规定，我国法院与外国法院可以进行司法协助，互相委托，代为一定的诉讼行为。但是在下列哪些情况下，我国法院应予以驳回或说明理由退回外国法院？（2008-3-81）

A.委托事项同我国的主权、安全不相容的

B.不属于我国法院职权范围的

C.违反我国法律的基本准则或者我国国家利益、社会利益的

D.外国法院委托我国法院代为送达法律文书，未附中文译本的

【答案】ABCD

【解析】根据《民事诉讼法》第282条，可知A、C选项正确；根据《民事诉讼法》第278条，可知D选项正确；法院进行司法协助必须在职权范围内，故B选项正确。

6.关于涉外民事诉讼及仲裁中相关问题的说法，下列哪一选项是错误的？（2008-3-50）

A.涉外民事诉讼的财产保全，只能依申请开始，法院不能依职权进行

B.涉外财产保全中的诉前财产保全，法院可以责令申请人提供担保

C.涉外仲裁裁决在外国的承认与执行，只能由当事人向有关外国法院申请

D.涉外民事判决的承认与执行，既可以由当事人向有管辖权的外国法院申请，也可以由人民法院请求外国法院承认与执行

【答案】B

【解析】涉外财产保全只能依当事人申请，故A选项表述正确；涉外诉前财产保全和国内财产保全适用相同规定，必须提供担保，因本题要求选错误的表述，故B选项当选；根据《民事诉讼法》第280条，可知C选项表述正确；根据《民事诉讼法》第281条，可知D选项表述正确。

7.关于涉外民事诉讼，下列哪一选项是正确的？（2007-3-36）

A.涉外民事诉讼中的司法豁免是无限的

B.当事人可以就涉外合同纠纷或者涉外财产权益纠纷协议确定管辖法院

C.涉外民事诉讼中，双方当事人的上诉期无论是不服判决还是不服裁定一律都是30日

D.对居住在国外的外国当事人，可以通过我国驻该国的使领馆代为送达诉讼文书

【答案】B

【解析】外交人员涉及继承纠纷等案件中，不享有司法豁免权，故A选项错误；根据《民诉解释》第531条，可知B选项正确；只有当事人在我国境内没有住所的，上诉期为30日，故C选项错误；只有在我国境内无住所的当事人才适用外交送达，故D选项错误。

8.下列关于涉外民事诉讼的表述，哪些符合民事诉讼法的规定？（2004-3-78）

A.被告对人民法院管辖不提出异议，并应诉答辩的，视为承认该人民法院是有管辖权的法院

B.中外合资经营企业合同的中外双方当事人有权约定外方当事人所在国的法院管辖

C.财产保全可以依当事人申请进行，也可由法院主动依职权进行

D.当事人不服一审判决的，有权在判决送达之日起30日内提起上诉

【答案】A

【解析】根据《民事诉讼法》第127条，可知A选项正确；协议管辖不得违

反专属管辖的相关规定，故 B 选项错误；涉外财产保全应依当事人申请，故 C 选项错误；根据《民事诉讼法》第 269 条，可知在中国无住所的一方当事人有权在 30 日内上诉，因此 D 选项表述不准确。

9.2012 年 1 月，中国甲市公民李虹（女）与美国留学生琼斯（男）在中国甲市登记结婚，婚后两人一直居住在甲市 B 区。2014 年 2 月，李虹提起离婚诉讼，甲市 B 区法院受理了该案件，适用普通程序审理。关于本案，下列哪些表述是正确的？（2014-3-84）

A.本案的一审审理期限为 6 个月

B.法院送达诉讼文书时，对李虹与琼斯可采取同样的方式

C.不服一审判决，李虹的上诉期为 15 天，琼斯的上诉期为 30 天

D.美国驻华使馆法律参赞可以个人名义作为琼斯的诉讼代理人参加诉讼

【答案】BD

【解析】根据《民事诉讼法》第 149 条、第 270 条，可知 A 选项错误；李虹和琼斯在我国境内有住所，故可以以同样的方式送达诉讼文书，B 选项正确；根据《民事诉讼法》第 164、269 条，琼斯在我国境内有住所，上诉期为 15 天，故 C 选项错误；根据《民诉解释》第 528 条，可知 D 选项正确。

附录 法律法规目录

1.中华人民共和国民事诉讼法

（1991年4月9日第七届全国人民代表大会第四次会议通过，2007年10月28日第十届全国人民代表大会常务委员会第三十次会议《关于修改〈中华人民共和国民事诉讼法〉的决定》第一次修正，2012年8月31日第十一届全国人民代表大会常务委员会第二十八次会议第二次修正）

2.最高人民法院关于适用《中华人民共和国民事诉讼法》若干问题的解释

（2014年12月18日最高人民法院审判委员会第1636次会议通过）法释〔2015〕5号）

3.最高人民法院关于审理民事级别管辖异议案件若干问题的规定

（2009年7月20日最高人民法院审判委员会第1471次会议通过 2009年11月12日公布 自2010年1月1日起施行）法释〔2009〕17号

4.最高人民法院关于民事诉讼证据的若干规定

（2001年12月6日最高人民法院审判委员会第1201次会议通过 2001年12月21日公布 自2002年4月1日起施行）法释〔2001〕33号

5.最高人民法院关于适用《关于民事诉讼证据的若干规定》中有关举证时限规定的通知

（2008年12月11日公布）法发〔2008〕42号

6.最高人民法院关于人民法院民事调解工作若干问题的规定

（2004年8月18日最高人民法院审判委员会第1321次会议通过 2004年9月16日公布 自2004年11月1日起施行）法释〔2004〕12号

7.最高人民法院关于适用简易程序审理民事案件的若干规定

（2003年7月4日最高人民法院审判委员会第1280次会议通过 2003年9月10日公布 自2003年12月1日起施行）法释〔2003〕15号

8.最高人民法院关于审理名誉权案件若干问题的解答

（1993年6月15日最高人民法院审判委员会第579次会议讨论通过）法发〔1993〕15号

9.最高人民法院关于审理名誉权案件若干问题的解释

（1998年7月14日最高人民法院审判委员会第1002次会议通过　自1998年9月15日起施行）法释〔1998〕26号

10.最高人民法院关于适用《中华人民共和国民事诉讼法》审判监督程序若干问题的解释

（2008年11月10日最高人民法院审判委员会第1453次会议通过　2008年11月25日公布　自2008年12月1日起施行）法释〔2008〕14号

11.最高人民法院关于适用《中华人民共和国民事诉讼法》执行程序若干问题的解释

（2008年9月8日最高人民法院审判委员会第1452次会议通过　2008年11月3日公布　自2009年1月1日起施行）法释〔2008〕13号

12.最高人民法院关于人民法院民事执行中查封、扣押、冻结财产的规定

（2004年10月26日最高人民法院审判委员会第1330次会议通过　2004年11月4日公布　自2005年1月1日起施行）法释〔2004〕15号

13.最高人民法院关于人民法院民事执行中拍卖、变卖财产的规定

（2004年10月26日最高人民法院审判委员会第1330次会议通过　2004年11月15日公布　自2005年1月1日起施行）法释〔2004〕16号

14.中华人民共和国海事诉讼特别程序法

（1999年12月25日第九届全国人民代表大会常务委员会第十三次会议通过　1999年12月25日中华人民共和国主席令第28号公布　自2000年7月1日起施行）

15.中华人民共和国仲裁法

（1994年8月31日第八届全国人民代表大会常务委员会第九次会议通过　1994年8月31日中华人民共和国主席令第31号公布　自1995年9月1日起施行）

16.最高人民法院关于适用《中华人民共和国仲裁法》若干问题的解释

（2005年12月26日最高人民法院审判委员会第1375次会议通过　2006年

8月23日公布 自2006年9月8日起施行）法释〔2006〕7号

17.中国国际经济贸易仲裁委员会仲裁规则

（中国国际贸易促进委员会／中国国际商会2014年11月4日修订 2015年1月1日起施行）

18.最高人民法院关于民事经济审判方式改革问题的若干规定

（最高人民法院1998年7月6日通过）法释〔1998〕14号

19.最高人民法院关于在经济审判工作中严格执行《中华人民共和国民事诉讼法》的若干规定

（最高人民法院1994年12月22日发布）法发〔1994〕29号

参考文献

［1］江伟.民事诉讼法［M］.3版.北京：高等教育出版社，2007.

［2］江伟.民事诉讼法［M］.4版.北京：高等教育出版社，2013.

［3］江伟，肖建国.民事诉讼法［M］.6版.北京：中国人民大学出版社，2013.

［4］张卫平.民事诉讼法学［M］.3版.北京：法律出版社，2013.

［5］谭兵，李浩.民事诉讼法学［M］.2版.北京：法律出版社，2013.

［6］常怡.民事诉讼法学［M］.2版.北京：中国政法大学出版社，2012.

［7］田平安.民事诉讼法［M］.3版.北京：中国人民大学出版社，2010.

［8］全国人大法工委.《中华人民共和国民事诉讼法》条文说明、立法理由及相关规定（2012修订版）［M］.北京：北京大学出版社，2012.

［9］江伟.民事诉讼法学原理［M］.北京：中国人民大学出版社，1999.

［10］齐树洁.民事诉讼法［M］.3版.北京：中国人民大学出版社，2013.

［11］常怡.比较民事诉讼法［M］.北京：中国政法大学出版社，2002.

［12］汤维建.民事诉讼法学原理与案例教程［M］.2版.北京：中国人民大学出版社，2010.

［13］杨荣馨.民事诉讼原理［M］.北京：法律出版社，2003.

［14］杨秀清.司法考试名师讲义：民事诉讼法与仲裁制度［M］.北京：法律出版社，2013.

［15］江必新，孙祥壮，王朝辉.新民事诉讼法审判监督程序讲座［M］.北京：法律出版社，2012.

［16］张卫平.诉讼构架与程式——民事诉讼的法理分析［M］.北京：清华大学出版社，2000.

［17］章武生.司法现代化与民事诉讼制度的建构（修订本）［M］.北京：法律出版社，2003.

［18］景汉朝.司法实践中的理论探索［M］.北京：法律出版社，2003.

［19］杨与龄.强制执行法论［M］.北京：中国政法大学出版社，2002.

［20］［德］奥特马·尧厄尼希.民事诉讼法［M］.27版.周翠译.北京：法律出版社，2003.

［21］［德］汉斯-约阿希姆·穆泽拉克.德国民事诉讼法基础教程［M］.周翠译.北京：中国政法大学出版社，2005.

［22］［日］棚濑孝雄.纠纷的解决与审判制度［M］.王亚新译.北京：中国政法大学出版社，2004.

［23］［日］谷口安平.程序的正义与诉讼（增补本）［M］.王亚新，刘荣军译.北京：中国政法大学出版社，2002.

［24］［日］高桥宏志.民事诉讼法制度与理论的深层分析［M］.林剑锋译.北京：法律出版社，2003.

［25］［日］三ヶ月章.日本民事诉讼法［M］.汪一凡译.台北：五南图书出版有限公司，1997.

［26］［日］新堂幸司.新民事诉讼法［M］.林剑峰译.北京：法律出版社，2008.